대한법률연구회가 만드는 생활법률 기본지식

일반인을 위한
新 상속과 세금
생활법률의 기본지식

변호사 **박동섭** 지음

가림M&B

대한법률연구회가 만드는 생활법률 기본지식

일반인을 위한
新 상속과 세금
생활법률의 기본지식

변호사 **박동섭** 지음

가림M&B

일러두기

1. 괄호 안의 다음 약자가 의미하는 바는 아래와 같다.

민 1108조 2항 : 민법 제1108조 제2항
상 773조 3항 : 상법 제773조 제3항
민소 232조 2항 : 민사소송법 제232조 제2항
가소 34조 : 가사소송법 제34조
가소규 11조 : 가사소송규칙 제11조
대결 2000. 11. 14, 자 99스38, 39 : 대법원 2000. 11. 14 고지 99스38, 39호 결정
서울가심 1995. 9. 3, 94느2926 : 서울가정법원 1995. 9. 3 고지 94느2926호 심판
서울고판 1991. 1. 18, 89르2400 : 서울고등법원 1991. 1. 18 선고 89르2400호 판결
서울민지판 1968. 9. 27, 67나2494 : 서울민사지방법원 1968. 9. 27 선고 67나2494호 판결
춘천지판 1991. 12. 11, 91가단486(확정) : 춘천지방법원 1991. 12. 11 선고 91가단 486호 판결(확정된 판결)
대구지법 경주지판 1999. 9. 7, 98가합4217 : 대구지방법원 경주지원 1999. 9. 7 선고 98가합4217호 판결
일본 최고재 1976. 7. 1 판결 : 일본 최고재판소 1976. 7. 1 선고 판결
동경고재 1982. 5. 31 판결 : 일본 동경고등법원재판소 1982. 5. 31 선고 판결
일대심원 결정 1916. 6. 1 : 일본 대심원 1916. 6. 1 결정

2. 2부의 괄호 안 '법'은 상속세및증여세법을 의미한다.

책머리에

상속을 둘러싸고 법정에서 다투는 사람들이 많아지고, 상속재산분, 상속회복청구, 유류분반환청구, 상속세부과처분취소 등의 사건이 늘어나는 추세에 있다. 이런 시대 흐름에 따라 이 책은 상속법과 상속세법을 한꺼번에 찾아 볼 수 있도록 엮었다. '상속'에 관한 법률 해설을 민법학과 세법학에서 따로 취급하고 있어서 일반들이 접하기에는 매우 불편하였다. 본서는 이러한 불편을 조금이라도 해소하려고 시도하였다.

필자는 국내 학설과 판례(일본의 판례도 참고)에 따라 상속에 관한 법률을 알기 쉽게 해설하려고 노력하였다. 법률 용어는 너무 생소하여 일반인들은 물론 법학도들조차 쉽게 이해하기 어려운 면이 많은 것이 사실이다. 필자는 이런 점을 염두에 두고 알기 쉬운 말로, 실례를 들어가며 이해하기 쉽도록 서술하려고 고심하였다.

한 가지 문제는 상속세및증여세법의 규정 중 자녀에게 비과세로 증여할 수 있는 금액이 1,500만 원까지(미성년자인 경우), 또는 3,000만 원까지(성년자인 경우)로 제한 규정된 것이 1970년대 중반인데, 근 30년이 지난 지금까지 상향조정되지 못하고 있다는 점이다. 이는 시대 상황과 경제실정을 제대로 반영하지 못하여 재화의 수직이동을 불가능하게 하고 나아가 경제의 활성화에 장애가 된다고 생각한다. 이 부분은 국회에서 하루 속히 개정하여야 할 것이다.

  이 책이 상속과 세금에 관한 문제들을 해결하는 데 길잡이가 될 수 있다면 저자로서는 더 이상 바랄 것이 없겠다. 아울러 이 책을 읽고 필자의 홈페이지(www.p.co.kr)를 접속하여 실제 사례를 검색하면 상속과 세금에 관한 문제를 훨씬 쉽게 이해할 수 있는 데 많은 도움이 되리라 확신한다.

  책이 나오기까지 여러 모로 도움을 주신 가림출판사 사장님을 비롯한 직원 여러분께 고마움을 표하는 바이다.

2008년 4월
우면산을 바라보면서 박 동 섭

차례

책머리에 ● 9

| 제1부 | 상속법

제1장 상속법 총론

상속법 총론 ● 29
1. 상속 ● 29
   1) 상속의 의미 ● 29
   2) 유사개념과 구별 ● 30
   3) 상속제도의 존재이유(사유재산제도와 상속) ● 31
2. 우리나라 상속법의 약사(略史)와 그 변천 ● 32
   1) 상속법의 간단한 역사 ● 32
   2) 상속법의 변천 ● 33
3. 상속법의 구조와 특색 · 상속의 형태 ● 35
   1) 상속법의 구조 ● 35
   2) 상속의 형태 ● 36
   3) 현행 상속법의 특징 ● 38

제2장 상속의 개시

상속의 개시 ● 45

1. 상속의 개시와 상속개시의 원인(자연사망·인정사망·실종선고·부재선고) ● 45
  1) 자연사망 ● 45
  2) 실종선고와 부재선고 ● 47
  3) 동시사망의 추정 ● 49

2. 상속개시의 시기와 장소 ● 50
  1) 상속개시의 시기 ● 50
  2) 상속개시의 장소 ● 51

3. 상속에 관한 비용 ● 52
  1) 상속비용의 의미 ● 52
  2) '상속재산 중에서 지급한다'는 말의 의미 ● 52

4. 상속과 등기(부동산의 경우) ● 53
  1) 상속등기 ● 53
  2) 매매계약 등을 한 후 당사자가 사망한 경우(상속인에 의한 등기) ● 57
  3) 상속재산의 처분과 등기 ● 57

상속능력 ● 59

1. 상속능력과 상속능력자 ● 59
2. 동시존재(同時存在)의 원칙 ● 59
3. 태아의 상속능력 ● 60

상속결격 ● 64

1. 개념 ● 64
2. 상속결격 사유 ● 64
  1) 피상속인 등의 생명을 침해한 사람 ● 64
  2) 유언행위에 대한 부정행위 ● 66
  3) 결격의 효과 ● 67

상속회복청구권 ● 70

1. 개념 ● 70
   1) 상속회복청구권   ● 70
   2) 존재이유와 연혁   ● 71
   3) 유사개념과 구별   ● 71

2. 상속회복청구권의 법률적 성질 ● 73

3. 상속회복청구권의 범위 ● 75
   1) 당사자   ● 75
   2) 참칭상속인의 범위   ● 78

4. 상속회복청구권의 행사 ● 79

5. 상속회복청구권의 소멸 ● 81
   1) 상속회복청구권의 포기   ● 81
   2) 제척기간의 경과   ● 81

제3장 상속인의 종류와 순위

총설 ● 87
   1) 상속인의 종류   ● 87
   2) 상속인의 순위   ● 87
   3) 상속인의 법적 지위   ● 88

혈족상속인 ● 90
   1) 직계비속   ● 90
   2) 직계존속   ● 94
   3) 형제자매   ● 97
   4) 4촌 이내의 방계혈족   ● 98

배우자 상속인 ● 100

대습상속 ● 104

1. 의미와 근거, 성질 ● 104

2. 대습상속의 요건 ● 105
   1) 민법상 대습상속인(상속인인 직계비속 혹은 형제자매가 먼저 사망한 경우에 한정) ● 105
   2) 대습상속의 요건 ● 108
3. 재대습상속 ● 114
4. 대습상속의 효과 ● 115

인공수정자 등의 상속법상 지위 ● 116

제4장 상속의 효과

상속재산의 포괄승계 ● 121
1. 원칙 ● 121
2. 상속재산의 범위 ● 121
   1) 재산상 권리 ● 122
   2) 재산상 의무 ● 130
   3) 법률상 지위나 계약상 지위 ● 133
   4) 상속되지 아니하는 것(일신전속권) ● 137
   5) 제사용 재산 ● 138

공동상속 ● 143
   1) 의미 ● 143
   2) 상속재산 공유의 법적 성질 ● 143
   3) 불가분채권·채무의 공동상속 ● 145
   4) 가분채권·가분채무의 공동상속 ● 146
   5) 공동상속재산의 관리 ● 148
   6) 공동상속재산의 처분 ● 150
   7) 상속재산의 처분과 등기 ● 151
   8) 공동상속재산에 대한 소송관계 ● 151

법정상속분(法定相續分) ● 152
1. 서론 ● 152

1) 개념 ● 152
　　　2) 상속분의 결정 ● 153
　2. 법정상속분 ● 154
　　　1) 혈족상속인의 상속분 : 균분 평등상속의 원칙 ● 154
　　　2) 배우자상속인의 상속분(50% 가산) ● 156
　　　3) 대습상속인의 상속분(피대습자의 상속분) ● 157
　　　4) 구체적 상속분의 계산 ● 157
　3. 특별수익자의 상속분 ● 161
　　　1) 개념과 존재이유 ● 161
　　　2) 입법례 ● 162
　　　3) 우리나라 민법 ● 162
　　　4) 특별수익 ● 163
　　　5) 초과특별수익자의 문제 ● 169
　4. 기여분(기여상속인의 상속분) ● 172
　　　1) 의미 ● 172
　　　2) 기여행위의 요건 ● 175
　　　3) 기여분의 결정과 상속분 ● 180
　　　4) 기여분이 있는 경우의 상속분 산정 ● 182
　　　5) 기여분의 양도와 상속·포기 ● 182
　　　6) 구체적인 기여분(상속분) 산정 예 ● 183
　5. 상속분의 양도와 양수(환수) ● 185
　　　1) 상속분의 양도 ● 185
　　　2) 상속분의 양수(환수) ● 186
　6. 상속재산의 분할 ● 188

상속의 승인과 포기 ● 204

1. 서론 ● 204
　　　1) 개념 ● 204
　　　2) 존재이유 ● 205
　　　3) 현행법은 승인과 포기제도를 규정하고 있다 ● 206
　　　4) 성질 ● 206
2. 상속승인과 포기의 기간(고려기간 또는 숙려기간) ● 209
3. 상속승인·포기의 철회·취소 및 무효 ● 216
　　　1) 상속의 승인·포기를 철회할 수 있는가(부정 : 소극) ● 216
　　　2) 승인과 포기의 취소(가능) ● 217

3) 한정승인과 상속포기의 무효(판례는 부정, 학설은 긍정) ● 218
 4. 단순승인 ● 220
 　　1) 개념과 성질 ● 220
 　　2) 법정 단순승인(민 1026조) ● 221
 　　3) 단순승인의 효과 ● 227
 5. 한정승인 ● 228
 　　1) 의미 ● 228
 　　2) 한정승인의 방법 ● 229
 　　3) 한정승인의 효과 ● 231
 6. 상속의 포기 ● 236
 　　1) 의미 ● 236
 　　2) 상속포기의 방법 ● 237
 　　3) 포기의 효과 ● 238

상속재산의 분리 ● 243
 　1) 개념 ● 243
 　2) 존재이유 ● 244
 　3) 다른 제도와의 관계 ● 244
 　4) 재산분리의 절차 ● 245
 　5) 재산분리의 효과 ● 247

상속인의 부존재 ● 251
 1. 서론 ● 251
 2. 개념 ● 252
 　1) '상속인의 부존재'는 '상속인의 존부가 분명하지 아니한 때'이다(민 1053조 1항) ● 252
 　2) 아래와 같은 경우는 '상속인의 부존재'에 해당하지 아니한다 ● 252
 　3) 상속인의 부존재 범위 ● 252
 3. 상속재산의 관리·청산과 상속인의 수색 ● 254
 　1) 상속재산의 관리 ● 254
 　2) 상속재산의 청산 ● 257
 　3) 상속인의 최종 수색공고(제3차 공고) ● 259
 　4) 구 민법 시대의 판례 ● 260
 　5) 신 민법 시행 이후의 판례 ● 261

특별연고자의 상속재산분여청구 ● 262
  1) 개념 ● 262
  2) 현행법의 규정과 그 법적 성질 ● 262
  3) 재산분여의 요건 ● 263
  4) 재산분여청구의 절차 ● 265
  5) 재산분여의 효과 ● 265

제5장 유언

서론 ● 269
1. 유언의 의미 ● 269
2. 유언제도의 약사(略史)와 유언의 기능 ● 269
3. 유언의 법률적 성질 ● 270
4. 유언의 자유와 제한 ● 275
5. 유언능력 ● 275

유언의 성립과 철회 ● 279
유언의 성립(유언의 방식) ● 279
1. 총설 ● 279
  1) 요식성(要式性) ● 279
  2) 유언의 종류와 필수적인 검인절차 ● 281
  3) 증인의 자격 ● 283
2. 자필증서 유언 ● 285
  1) 개념 ● 285
  2) 요건 ● 286
  3) 유언내용의 변경 ● 290
  4) 검인 ● 290
3. 녹음 유언 ● 290
  1) 문명의 이기를 사용하는 유언방식 ● 291
  2) 요건 ● 291
  3) 금치산자의 유언 ● 291

4. 공정증서 유언 ● 292
  1) 장·단점 ● 292
  2) 요건 ● 292

5. 비밀증서 유언 ● 294
  1) 유언자가 유언의 취지·자신의 성명을 기입한 증서를 만들어서 엄봉(嚴封)·날인해야 한다 ● 295
  2) 엄봉 날인한 증서를 2인 이상 증인 면전에 제출하여 자신의 유언서임을 표시해야 한다 ● 295
  3) 봉서표면에 유언서의 제출 연월일을 기재하고, 유언자와 증인들이 각자 서명 또는 기명날인해야 한다 ● 296
  4) 확정일자인(確定日字印) ● 296
  5) 다른 유언서로 전환 ● 296

6. 구수증서 유언(특별방식에 의한 유언) ● 297
  1) 급박한 사유로 다른 방식의 유언이 불가능해야 한다 ● 297
  2) 유언자가 2명 이상의 증인이 참여한 가운데 그 중 1인에게 유언의 취지를 구수해야 한다(1인의 증인만이 참여한 경우는 무효하다) ● 297
  3) 구수받은 증인이 필기·낭독하여 유언자와 증인이 그 정확함을 승인한 후 각자 서명 또는 기명날인함으로써 성립된다 ● 298
  4) 급박한 사유 종료 후 7일 이내에 가정법원에 검인신청을 하여 검인심판을 받아야 한다 ● 298
  5) 금치산자의 경우 ● 299
  6) 입법론 ● 300

유언의 철회 ● 300

1. 개념 ● 300
  1) 유언의 철회자유와 철회의 법적 성질 ● 300
  2) 철회와 취소의 차이 ● 301
  3) 의사표시의 철회는 자유 ● 301
  4) 유언철회의 특질 ● 301

2. 철회의 방법 ● 302
  1) 임의철회(철회의 유언) ● 302
  2) 법정철회 ● 303

3. 철회의 효과와 그 효력발생시점 ● 307

4. 철회의 철회와 철회의 취소 ● 307
  1) 철회를 철회한 경우 ● 307

2) 철회의 취소 ● 308
  5. 유언철회의 규정이 사인증여의 취소에 준용되는가 ● 308

유언의 효력 ● 309
 1. 서론 ● 309
 2. 유언의 효력발생시기(유언자의 사망 시) ● 309
   1) 유언서가 작성된 때 유언은 성립되지만, 유언의 효력발생시기는 유언자의 사망 시이다(민 1073조 1항) ● 309
   2) 조건부 · 기한부 유언 ● 309
   3) 시기부 · 종기부 유언 ● 310
   4) 유언자의 사망 시 효력이 생기지 아니하는 유언 ● 311
 3. 유언의 무효와 취소 ● 312
   1) 유언무효 ● 312
   2) 유언의 취소 ● 313

유증 ● 315
 1. 개념과 성질, 종류 ● 315
   1) 개념 ● 315
   2) 성질(유사개념과 구별) ● 315
   3) 유산처분의 자유 ● 319
   4) 유증의 종류 ● 319
 2. 유언자 · 수유자와 유증의무자 ● 325
   1) 수유자(수증자)가 될 수 있는 사람은 누구인가 ● 325
   2) 유증의무자는 누구인가 ● 327
 3. 포괄유증과 유증의 효력 ● 327
 4. 특정유증(特定遺贈) ● 330
   1) 특정유증의 승인과 포기 ● 330
   2) 특정물유증의 효력 ● 333
   3) 불특정물(종류물)유증의 효력(상속인 등 유증의무자의 담보책임) ● 337
 5. 부담부유증 ● 338
   1) 서론 ● 338
   2) 부담의 무효와 부담부유증의 효력 ● 339
   3) 부담이행의 의무와 청구 ● 340

    4) 수유자의 책임범위 ● 340
    5) 유증의 포기와 부담 ● 342
    6) 부담부유증의 취소(부담의 불이행 시) ● 342
    7) 부담부사인증여의 취소 ● 344
  6. 유증의 무효와 취소 ● 345

유언집행 ● 347
  1. 의미 ● 347
  2. 유언서의 검인과 개봉 ● 348
    1) 검인 ● 348
    2) 개봉 ● 348
    3) 관할법원 등 ● 349
    4) 이해관계인의 검인청구 ● 349
  3. 유언집행자 ● 350
    1) 유언집행자의 결정 ● 350
    2) 유언집행자의 승낙 여부 ● 351

제6장 유류분

  1. 서론 ● 361
    1) 개념 ● 361
    2) 독일 민법과 프랑스 민법상의 유류분 ● 361
    3) 민법의 규정과 의미 ● 362
    4) 유사개념과 구별 : 기여분과 유류분 ● 363
    5) 존재 이유 ● 365
  2. 유류분의 포기 ● 366
  3. 유류분의 범위 ● 368
    1) 유류분권리자는 누구인가(유류분권리자 범위를 정하는 것은 각국 입법정책의 문제) ● 368
    2) 유류분(민 1112조) ● 370
    3) 유류분의 산정 ● 371
  4. 유류분 반환청구권의 행사(유류분의 보전) ● 380
    1) 유류분침해행위의 의미와 그 효력 ● 380

2) 유류분반환청구권의 법적 성질 ● 380
　　3) 유류분반환청구의 당사자 ● 381
　　4) 유류분반환청구권의 행사 ● 383
5. 반환청구권 행사의 효력 ● 389
6. 반환청구권의 소멸 ● 390

| 제2부 | 상속세법

개설 ● 395
1. 상속세의 의미·기능·성격과 그 필요성 ● 395
　　1) 상속세의 의미 ● 395
　　2) 상속세의 경제적 효과 ● 396
　　3) 상속세의 성격 ● 397
2. 상속세의 과세방식(유산세방식과 유산취득세방식) ● 398
　　1) 개설 ● 398
　　2) 유산세 방식(피상속인의 처지) ● 398
　　3) 유산취득세 방식(상속인의 처지) ● 399
　　4) 상속세및증여세법의 규정 ● 400
3. 상속과 자본이득에 대한 과세 ● 401
　　1) 개설 ● 401
　　2) 우리나라 소득세법 ● 401
4. 우리나라 상속세및증여세법의 체계 ● 402

상속세의 납세의무 ● 405
1. 상속세의 납세의무자 ● 405
　　1) 자연인과 법인 ● 405
　　2) 상속포기자 ● 406
　　3) 추정상속인과 유언집행자 등 ● 406
　　4) 사실상의 처 ● 406

2. 상속세 납세의무의 성립 · 확정 ● 407
  1) 납세의무의 성립시기 ● 407
  2) 납세의무와 공동상속 ● 408
  3) 유증과 사인증여로 인한 납세의무의 성립 ● 408
  4) 피상속인의 소득금액에 대한 납세의무 ● 410
  5) 납세의무의 확정과 시효기간 ● 411
3. 상속세 납세의무의 범위 ● 412
  1) 일반론 ● 412
  2) 상속재산의 협의분할과 분담비율 ● 412
  3) 상속재산의 재분할과 증여세 ● 413
  4) 공동상속인의 연대납세의무 ● 416

납세지 ● 419
1. 납세지의 의미 ● 419
2. 상속개시지 ● 419
3. 상속재산 소재지 ● 420

상속재산 ● 421
1. 상속재산의 범위 ● 421
  1) 세법상 본래의 의미의 상속재산 ● 421
  2) 의제상속재산 ● 421
  3) 실질과세의 원칙과 상속재산의 범위 문제 ● 422
2. 처분 또는 취득 도중의 상속재산 ● 423
3. 기여분 ● 427
4. 비과세재산 ● 427
  1) 전사자 등의 모든 재산(법 11조) ● 428
  2) 비과세되는 상속재산 ● 428

상속세 과세가액의 계산 ● 430
1. 기본구조 ● 430
2. 생전증여의 가산 ● 431
  1) 입법취지와 증여의 상대방 ● 431
  2) 가산에서 제외되는 증여재산 ● 432

3) 가산의 효과　● 432
　3. 상속재산가액에서 공제할 금액　● 433
　　　1) 공과금　● 433
　　　2) 병원비·장례비용　● 433
　　　3) 채무　● 434
　4. 생전처분재산 등의 상속추정　● 436
　　　1) 규정내용과 그 입법취지　● 436
　　　2) 적용요건　● 438
　　　3) 적용의 효과　● 439
　5. 공익목적 출연재산의 불산입　● 440
　　　1) 공익사업 출연재산　● 440
　　　2) 공익신탁재산 등　● 442

상속세의 과세표준과 세액의 계산　● 443

　1. 총설　● 443
　2. 상속 공제　● 443
　　　1) 기초 공제(2억 원)　● 443
　　　2) 인적 공제　● 443
　　　3) 기타의 인적 공제　● 449
　　　4) 일괄 공제　● 450
　　　5) 금융재산 상속 공제(최고 2억 원까지)　● 451
　　　6) 재해손실 공제　● 453
　　　7) 상속 공제금액 적용의 한도와 비거주자의 경우　● 454
　3. 상속세의 과세표준과 세율　● 456
　　　1) 과세표준　● 456
　　　2) 세율　● 456
　4. 상속세의 세액계산　● 458
　　　1) 산출세액과 결정세액　● 458
　　　2) 세대를 건너 뛴 상속에 대한 할증과세　● 458
　　　3) 세액 공제　● 459

상속세의 부과　● 466

　1. 신고와 자진납부　● 466
　2. 세액의 결정과 통지　● 467

1) 과세표준과 세금액수의 결정(부과세방식의 조세=상속세) ● 467
　　　2) 가산세 ● 467
　　　3) 상속세금 액수의 결정 통지 ● 468
　　　4) 경정청구의 특례 ● 468
　3. 상속세 납세의무의 완화 ● 469
　　　1) 연부연납(年賦延納) ● 469
　　　2) 물납(物納) ● 470
　　　3) 문화재 등에 대한 세금 징수유예 ● 471
　4. 상속세의 소멸(10년) ● 471

상속재산의 평가 ● 473
1. 평가의 기본원칙 ● 473
2. 평가의 기준시점 ● 474
3. 시가에 의한 평가 ● 474
4. 보충적 평가방법 ● 477
　　　1) '시가를 산정하기 어려운 경우'의 의미 ● 477
　　　2) 부동산의 평가 ● 478
　　　3) 유가증권 등의 평가 ● 479
　　　4) 조건부 권리 등의 평가 ● 484
　　　5) 저당권 등 담보로 제공된 재산의 평가 ● 486
　　　6) 기타 재산의 평가 ● 488
　　　7) 상속재산의 공매처분에 따르는 배당우선순위 문제 ● 488

상속세의 절세(節稅) 기타 ● 489
　　　1) 상속재산분할협의의 시기 ● 489
　　　2) 가수금, 가지급금 등의 처리 ● 489
　　　3) 30억 원 이상의 재산을 상속한 경우 ● 489
　　　4) 상속재산의 처분시기와 양도소득세 ● 490
　　　5) 속칭 사전(事前)상속의 특전 ● 490

제1부

상속법

제1장

상속법 총론

상속법 총론

1. 상속

1) 상속의 의미

상속은, 자연인(自然人)이 사망하여 그의 재산이 그의 자녀들에게 무상으로 승계되는 것을 의미한다. 예를 들면, 홍길동이 사망하면 그의 재산은 홍길동의 아내와 자녀들에게 내려간다. 이 경우 홍길동을 '피상속인'이라고 부르고, 그 처와 자녀들을 '상속인'이라고 부른다. 사람이 생전에 가지고 있던 모든 재산상의 권리, 의무는 그의 사망과 동시에 그 상속인들에게 '포괄적'으로 승계된다(민 1005조). 예를 들면, 망인의 자동차는 아들에게 내려가고, 망인의 시계는 딸에게 내려간다는 식으로 특정적, 개별적으로 승계되는 것이 아니고, 자녀들이 알든 모르든 망인이 남긴 모든 재산상 권리와 의무는 무조건 뭉뚱그려서 모든 자녀들에게 일정한 비율로 승계된다는 뜻이다. 이것이 상속이다.

상속은 재산의 포괄적 승계이므로 특정재산의 개별적인 처분과는 서로 다르다. 상속이라는 말은 넓은 의미에서는 법정상속과 유언상속을 포함하고, 좁은 의미로는 법정상속만을 가리킨다.

법인의 경우
상속은 자연인의 사망에서 개시되므로, 회사 등 '법인'이 사망하거나 법인이 상속할 수는 없다. 다만, 자연인의 유언에 따라 법인이 재산을 증여(유증)받을 수는 있다.

상속의 절차

사람이 부모의 재산을 상속하기 위하여 관청에 신고하거나, 등기소에 등기신청을 하거나, 다른 사람에게 '내가 상속하려고 한다'는 등의 의사표시를 할 필요는 없다. 사람의 사망 순간에 관념상, 이론상 당연히 그 망인의 재산상의 일체의 권리, 의무, 지위가 상속인에게 승계되기 때문이다. 상속인이 피상속인 사망 후 세무서에 상속재산을 신고하는 것은 신고에 따른 세금감면의 혜택이 따르기 때문이지, 상속을 받기 위한 것은 아니다.

상속법의 지위 · 기능

학자들은 친족법과 상속법을 가족법이라고 부르고 있다. 그러나 상속의 본질은 재산취득의 한 가지 형태이므로, 상속법을 재산법의 일부라고 주장하는 학설도 있다〔프랑스 민법은 상속을 물권취득법(재산법)으로 규정하고 있다〕.

상속법은 사망한 사람의 재산귀속을 둘러싼 권리, 의무를 확정지어 줌으로써, 상속에 관한 분쟁을 미리 방지하고 거래의 안전에 기여한다.

2) 유사개념과 구별

상속은 재산의 무상이전(無償移轉 : 이른바 횡재)인데, 이와 비슷한 것으로 유증과 사인증여가 있다.

유증(遺贈)은 사람이 유언이라는 의사표시로 남에게 재산을 증여하는 단독행위이다. 상속은 재산의 무상이전이라는 점에서 유증과 같으나, 유증은 사람의 의사표시에 따른 것이고, 상속은 사람의 의사표시가 없어도 사망이라는 하나의 자연적 사실에 법률효과(재산의 무상이전)를 부여한 법률요건이다.

사인증여(死因贈與)는 "내가 죽으면 이 재산을 ㅇㅇㅇ에게 준다"는 내용의 무상계약(無償契約)이다. 유언은 '단독행위'이지만 이 사인증여는 증여자(재산을 주는 사람)와 수증자(재산을 받는 사람)사이의 '계약'이고 단지 그 효과가 증여자의 사망 시에 발생한다는 점에서 상속과 비슷하다. 그래서 사인증여에 관하여는 민법 상속편 중 유증에 관한 규정이 준용된다(민 562조).

3) 상속제도의 존재이유(사유재산제도와 상속)

상속은 사유재산제도(私有財産制度)의 반영이고, 사유재산제도 그 자체와 근거를 같이 한다.

① 초기자연법학파는 '사람의 권리주체로서의 자격은 사망과 동시에 소멸된다. 그러므로 상속이란 있을 수 없다'고 주장하였다(후기자연법학파는 상속을 긍정함).

② 사유재산제도를 부정하는 사회주의·공산주의자들은 상속제도 그 자체를 부정하였다. 이들은, '상속은 인간을 출발선상에서부터 불평등하게 만들어 사회계층간의 위화감을 조성하므로 결국 사회정의에 어긋난다. 개인의 활동능력에 따른 소유(富·재산)의 불평등은 참을 수 있을지라도, 조상(상속)으로 인한 소유(富·재산)의 불평등은 참을 수 없다'고 주장한다. 그러나 사유재산제도가 완전히 폐지될 수 없는 것과 같이 상속제도 역시 폐지될 수 없다. 1918년 상속제도를 폐지하였던 구소련이 1922년 이후 상속제도를 부활시켜 오늘에 이르고 있는 현실이 이를 단적으로 증명하고 있다. 공산주의 국가들도 일정한 범위의 상속은 인정하고 있다〔중국 상속법(1985. 4. 10) 제1조, 북한 가족법(원래 이름은 조선민주주의인민공화국 가족법, 1990. 10. 24 결정) 제46~53조〕.

상속제도는 그대로 둘 가치가 있는가? 사유재산제도하에서 개인은 자유경쟁을 하여 무한히 재산을 소유하고 싶어한다. 또한 근검절약하고 열심히 일하고 재산을 모아서 그 자녀들에게 물려준다. 이것은 인간의 무의식적인 생존본능이다. 그러한 의미에서 상속은 인간의 재산소유본능, 생존본능의 반영이라고 말할 수 있다.

2. 우리나라 상속법의 약사(略史)와 그 변천

1) 상속법의 간단한 역사

우리나라는 옛날부터 지리적으로 가까운 중국의 영향을 많이 받아왔다. 그래서 우리나라의 고대 상속법은 중국의 종법제(宗法制)를 도입한 것으로 보인다. 그 영향으로 장자독점상속(長子獨占相續) 또는 일인상속주의(一人相續主義)가 아니고, 제사상속과 재산상속이 별개로 나뉘어져 있었다. 제사를 승계하는 자식을 승중자(承重子)라 하고 그 외의 자식은 중자(衆子)라고 하여 승중자에게는 제사조로 재산과 노비를 더 주도록 하였고 중자에게는 재산을 평등하게 나누어주었다.

제사상속(祭祀相續)은 남계장남(男系長男)이 승계하고, 장남에게 아들이 없으면 차남이 승계한다. 이것이 이른바 형망제급(兄亡弟及 : 형이 없으면 그 동생이 상속한다)의 법이었다. 재산상속은 부모의 유산을 자녀가 분배하는 것이 원칙이고, 제1순위 상속인은 자녀들이었다. 자녀는 남녀를 구분하지 않고 균등상속을 하도록 하여 공동상속인이 되었다. 첩자녀(妾子女)에게는 적자녀(嫡子女)에 비하여 일정한 비율로 감액 분배하였다. 자녀가 없을 때는 생존배우자가 종신(終身 : 살아있는 동안)토록 제사를 지내면 망배우자의 재산을 상속하였다. 시집간 딸의 집안 자손이 외가의 제사를 지내게 하는 외손봉사(外孫奉祀)도 사실상 있었으나, 제사상속으로 논의할 정도는 아니라고 한다.

조선조 시대에는 재산상속의 공동균등분할상속제도를 확립하려고 하였다. 그래서 부모가 생전에 나누어주지 아니한 재산은, 삼년상(三年喪)을 끝낸 후 상속인인 형제가 모여서 분재하도록 하되, 상속재산을 독점하여 분할청구에 응하지 않는 자와 화해한 내용을 이행하지 아니하는 자에 대하여는 제재가 가하여 졌다고 한다.

일본 식민지 시대
호주상속(戶主相續)과 재산상속(財産相續)이 동시에 이루어지는 경우는 호주상속을 하는 장남이 재산을 독점상속하였다가, 동생(중자)들이 분가할 때 재산을 일정한 비율로 나누어 주었고, 여자 특히 출가외인은 상속에서 완전히 제외되었다. 이는 종가(宗家) 재산의 유지와 계승을 도모함과 동시에 재산의 세분화를 억제하기 위한 조치였다.

2) 상속법의 변천

제2차 세계대전이 1945년 8월 15일 일본의 무조건 항복으로 종결되면서, 우리나라가 독립되었고 이에 따라 상속법, 즉 민법의 제정작업이 시작되었다. 신 민법이 1958년 2월 22일 법률 제471호로 공포되어 1960년 1월 1일부터 시행되었는데, 1959년 12월 31일까지는 종전의 일본 민법이 그대로 시행되고 있었다. 새 법은 호주상속과 재산상속을 분리하였다. 그리고 호주상속으로 생전상속도 인정하고 호주상속인은 호주권, 분묘에 속한 1정보 이내의 금양임야, 1,983.48m²(600평) 이내의 묘토인 농지, 족보와 제구의 소유권만 승계하도록 하였다. 호주가 재산상속도 하는 경우는 호주에게 고유상속분에 50%를 가산하여 받도록 하였고, 가문의 유지를 위하여 호주상속권을 포기할 수 없도록 하였다.

관습법상 호주상속의 순위는 호주의 직계비속남자(호주의 아들) → 직계존속 여자(호주의 모, 조모) → 호주의 처→ 가족인 직계비속의 처(호주의 며느리) → 가족인 직계비속 여자(호주의 '시집 안 간' 딸)로 되어 있었다.

민법은 이를 부부중심, 친자중심으로 전환하기 위하여 호주의 딸을 제2순위로 올리고, 호주의 처를 호주의 어머니나 할머니보다 선순위로 올렸다. 그러나 호주의 혼인 외의 출생자인 아들을 혼인 중의 출생자인 딸보다, 선순위로 호주상속을 할 수 있도록 하여 남계중심주의를 탈피하지 못하고 있다.

1990년 민법의 개정으로 호주상속을 호주승계로 변경하고 호주승계권의 포기를 인정할 뿐만 아니라(강제상속에서 임의상속으로 변경), 이를 상속편에서 친족편으로 옮겨서 호주제도는 상속편에서 완전히 삭제하였다. 분묘 등의 소유권이 호주에게 승계되던 것을 이제는 제사를 주재하는 사람에게 승계되도록 하였다. 근래 다시 호주제도 폐지를 내용으로 하는 개정민법이 공포되었다. 그리하여 과거에 존재하던 호주상속과 제사상속이 민법에서 완전히 사라졌다.

재산상속의 경우는 호주 사망으로 상속이 개시된 때, 직계비속 남자가 일단 상속하였다가 동생들이 분가할 때 분재(分財)하여 주던 것이 관습이라, 딸이나 처는 재산을 상속받을 수 없었다. 제정 당시의 민법은 이를 고쳐 호주나 가족이 사망한 경우 망인의 딸이나 처는 아들과 같은 순위의 상속인이 되도록 하였다. 비속의 경우는 혼인 중 자녀나 혼인 외의 자녀냐를 구별하지 않았다. 직계비속이 없을 때 처는 직계존속과 같은 순위로 공동상속하고, 그러한 존속도 없을 때는 처가 단독으로 상속하도록 하였다. 시집간 딸(호적이 달라지고 가(家)가 달라진다)에게도 상속권을 주었고, 처에게 남편의 대습상속권까지 부여하였다.

그러나 상속분(상속비율)에는 남녀차이를 인정하여 여자는 남자의 1/2로 하고, 시집 간 여자는 남자의 1/4로 정함으로써 '출가외인의 원칙'을 확인하였다. 이는 일가의 가산(家産)을 유지, 보존하려는 전통의 반영이다.

　1977년 민법의 일부 개정으로 여자의 상속분을 남자의 것과 동일하게 고쳐서 남녀차별을 없애고, 처에게 상속분을 50% 가산하여 주도록 하고, 유류분제도를 신설하였다. 그러나 출가외인에 대한 차별 상속분은 그대로 유지되었다.

　1990년의 민법개정으로 인하여 1991년 1월 1일부터는 처에게만 인정하던 대습상속권을 남편에게도 인정하고, 역차별(逆差別 : 종래 '남녀평등'을 내세우며 여자의 권리를 일방적으로 주장하여 남자가 오히려 불리한 대우와 차별을 받는 것)을 당하고 있던 남편의 상속분도 처의 상속분과 같이, '배우자의 상속분'이라고 표현하여 50% 가산하고, 출가외인의 상속분을 남자의 상속분과 동일하게 개정하여 이제는 상속법에서 남녀차별을 완전히 철폐하였다. 개정민법은 상속인의 범위를 8촌 이내의 혈족에서 4촌 이내의 혈족으로 축소하고, 기여분제도와 특별연고자에 대한 재산분여제도를 신설하였다.

3. 상속법의 구조와 특색 · 상속의 형태

1) 상속법의 구조

　우리나라 상속법은 아래와 같은 구조를 취하고 있다. 옛날의 호주상속제도를 폐지하고, 순수한 재산상속만을 규정하고 있다.

제1장 상속
　　　　제1절 총칙
　　　　제2절 상속인
　　　　제3절 상속의 효력
　　　　제4절 상속의 승인 및 포기
　　　　제5절 재산의 분리
　　　　제6절 상속인의 부존재
　　제2장 유언
　　제3장 유류분

2) 상속의 형태

신분상속(호주상속과 제사상속)·재산상속

　상속의 대상(객체)에 따라, 즉 무엇이 상속되느냐에 따라 나누어진 개념이다. 호주 등 신분이 상속되는 경우는 신분상속이고, 재산이 상속되는 경우는 재산상속이다. 현행민법(1991년 1월 1일 이후 시행)은 호주상속을 호주승계로 변경하여 이를 상속편에서 분리하였으므로 상속에는 재산상속만이 남아 있다. 그러나 호주승계는 실질적인 의미에서 신분상속이다. 2005년 3월 31일의 민법개정으로 호주제도가 2008년 1월 1일부터 폐지되었다. 1990년 1월 13일 개정 전의 민법에 따르면 호주상속과 재산상속의 두 가지가 인정되고 있었고, 그 이전의 관습법에 따르면 신분상속의 일종으로 제사상속(祭祀相續)까지 인정되고 있었다.

생전상속·사망상속

　상속개시의 시기에 따라, 사람(자연인)이 생존 중인데도 상속이 이루어지는 경우가 생전상속(生前相續)이다(구 민법 제980조는 국적상실, 입양

36 ｜제1부｜ 상속법

무효 등의 경우 생전호주승계를 규정하고 있었다). 현행법상 재산상속에는 사람의 사망으로 일어나는 사망상속이 있을 뿐이다(구 민법 시대의 호주상속인은 전호주의 사망과 동시에 호주상속과 재산상속을 하고 그의 재산상속분은 고유 상속분의 50%를 더 받았다). 호주상속인이 생전상속을 하는 경우는 호주상속과 동시에 족보, 제구, 분묘와 그 부속재산만을 승계하였다.

법정상속 · 유언상속

상속인의 범위, 순위, 상속분 등을 정하는 방법을 법률로 정하는 것이 법정상속이고, 이를 유언으로 정하는 것이 유언상속이다. 현행 상속법은 유언의 자유와 유언상속을 인정하고 있다. 유언이 없는 경우는 법정상속으로 처리할 수밖에 없으니, 유언상속우선의 원칙을 채택하고 있다고 말할 수 있다.

단독상속 · 공동상속, 본위상속 · 대습상속

상속인의 숫자에 따라, 상속인 한 사람이 모든 것을 승계하면 단독상속이고, 상속인 두 사람 이상이 공동승계하면 공동상속이다. 민법은 (2007년 12월 31일까지 존속) 재산상속의 경우 공동상속 또는 상속인이 1인밖에 없는 경우는 단독상속제도를 채택하고 있다.

사람이 나이 순서에 따라 사망하여 보통 그 자녀들이 상속하는 것이 본위상속과 본래상속이고, 나이 어린 사람이 먼저 사망하고 연장자가 나중 사망하여 1세대 아래 사람의 배우자와 자녀가 대신 상속하는 것이 대습상속이다. 우리 법은 1순위 상속인과 3순위 상속인의 경우 대습상속을 인정하고 있다.

강제상속 · 임의상속

상속포기의 자유가 있느냐에 따라 구분되는 개념이다. 종전에 호주상속의 경우 상속포기를 할 수 없는 강제상속제도를 택하고 있었으나, 1990년의 민법개정으로 호주승계도 포기할 수 있게 되었다. 그러므로 현행법상 강제상속은 없고 오직 임의상속이 있을 뿐이다. 상속인 자신이 스스로 싫으면 호주승계든, 재산상속이든 모두 포기할 수 있다.

균분(평등)상속 · 불균분(불평등)상속

공동상속인들 사이의 재산상속비율이 평등한 경우의 상속이 균분상속, 비율이 불평등한 상속이 불균분상속이다. 우리 민법은 균분상속의 원칙을 채택하고 있다.

혈족상속인 · 배우자상속인

상속인이 혈족이냐 아니냐에 따라 '혈족인' 혈족상속인이 있고, '혈족이 아닌' 배우자 상속인이 있다. 민법은 직계비속, 직계존속, 형제자매, 4촌 이내의 방계혈족을 혈족상속인으로 규정하고 있고, '혈족이 아닌' 배우자의 상속을 인정하고 있다.

3) 현행 상속법의 특징

현행 상속법은 1990년 1월 13일 개정(법률 4199호)되어, 1991년 1월 1일부터 시행되어 왔다. 그 특색은 균등상속주의, 호주상속제도 폐지(호주승계와 재산상속의 분리), 남녀차별 철폐 등이다.

적서(嫡庶)의 차별 철폐

혼인 외의 자녀도 인지를 받으면 혼인 중 출생자와 동일한 순위의 상속인이 되어 똑같은 비율로 상속한다. 이러한 현행 제도에 대하여 이는 첩(妾)제도, 일부다처(一夫多妻)제도를 조장한다는 비난을 할 수 있다. 그러나 태어난 아이에게는 아무 잘못이 없으므로, 인도적 견지에서 현행법은 타당하다.

남녀의 차별 철폐(여자상속권의 확립, 균분상속 : 1979. 1. 1 이후)

1977년의 민법개정 이전에는 남녀간의 차이를 설정하여 여자(망인의 처도 포함)는 남자의 상속분의 1/2을 상속하도록 되어 있었으나, 민법개정으로 1979년 1월 1일부터는 남녀간의 차별을 없애고 처에게 상속분을 50% 가산하여 주게 되었다. 상속인이 아들(남자)이냐 딸(여자)이냐에 따라 상속분이 다르지 않고 모두 평등하게 되었다.

호적의 이동(출가외인?)(1991. 1. 1 이후 균등)

상속인이 동일한 가적(家籍 : 호적) 내에 있느냐 없느냐 즉, 출가녀냐 아니냐에 따라 상속분에 차이가 있었다. 즉, 시집간 딸의 상속분은 친정 오빠나 남동생의 상속분의 1/4로 정하고 있었다. 이것이 이른바 출가외인의 전통이고, 이는 부계가산(父系家産)의 보호와 유지를 위한 제도였다. 이 제도는 1990년 12월 31일까지 유지되고 있었으나, 민법개정으로 1991년 1월 1일부터는 출가녀(出嫁女 : 시집간 딸)에 대한 차별대우가 폐지되어 지금은 출가녀도 아들과 똑같이 상속하게 되었다.

호주상속인에 대한 가산(加算) 폐지(1991. 1. 1 이후)

1990년도의 민법개정에 따라 호주상속인에게 50%를 더 얹어주던 상속분가산제도도 폐지되었다. 그러므로 장남이 호주상속을 하더라도, 그의 상속분은 시집간 누이동생의 상속분과 동일하게 되었다. 예컨대, 아버지가 사망한 경우 아들과 시집간 딸만 남아 있으면 아버지의 재산은 아들(호주승계자)과 딸이 1/2씩 나누어 상속한다. 호주제는 2008년부터 폐지되었다.

남편과 아내의 차별 폐지(1991. 1. 1 이후)

배우자의 상속분도 남편이냐 아내냐에 따라 차이가 있었다. 지금은 망인의 배우자는 평등하게 50% 가산하여 상속하게 되었다〔1990년의 개정 전에는 처만 50% 가산하여 주어 남편이 아내보다 불리하게 차별(이른바 역차별)을 받던 것인데, 1990년의 개정으로 남편도 50%를 더 받게 되었다〕.

> **참고 판례**
>
> 구 민법 시대(1959년 12월 31일 까지)에는 호주가 사망하면 호주의 유산(遺産)을 호주상속인이 모두 상속하는 것이 당시의 관습이었다(대판 1990. 10. 30, 90다카23301). 장자(長子)상속의 원칙에 따라 장자가 단독으로 호주상속, 재산상속을 하여 동생들에게 재산을 나누어주었다. 차남 이하 동생들의 분재청구권은 차남 등이 '혼인하여 분가하여야' 행사할 수 있었다.

상속인의 범위 축소

구 민법은 직계비속, 배우자, 직계존속, 형제자매, 8촌 이내의 방계혈족 등을 모두 상속인으로 규정하고 있었다. 민법은 종전의 상속인들 중 8촌 이내를 4촌 이내의 혈족으로 규정하여 혈족상속인의 범위를 축소하였고, 상속인의 범위, 순위, 비율 등에서 상속의 단순화를 도모하고 있다.

기여분제도 신설

상속인들 중 일부 사람이 망인의 재산 형성, 유지에 기여하였거나, 망인의 생전에 망인을 특별히 부양한 경우 기여한 만큼 재산을 가산하여 상속분을 인정하여 주는 제도를 신설하였다.

친정 어머니를 오래 봉양하여 온 딸에게 그의 고유상속분 이외에 별도로 1억 5천만 원을 기여분으로 인정한 사례가 있다(대판 1998. 12. 8,

97므513, 520, 97스12).

특별연고자에 대한 재산분여제도 신설

상속인이 없는 경우 망인(피상속인)과 생계를 같이 하거나, 망인을 요양·간호한 사람, 기타 망인과 특별한 연고가 있는 사람에게 상속재산의 전부나 일부를 나누어 줄 수 있는 제도를 신설하였다. 사실혼부부가 오래 동거생활을 하다가 일방이 사망한 경우, 또는 사실상의 양부모가 사망한 경우의 사실상 양자 등이 특별연고자에 해당한다.

유류분제도 신설

피상속인이 상속재산을 상속인 중 1인 또는 제3자에게 모두 증여한다고 유언한 경우 그 나머지 상속인들은 상당한 기대를 하고 있었을 터인데도 한 푼도 받지 못하고 만다. 이 경우 유언자의 유언은 그 상속인에게 너무 가혹하므로, 상속인은 최소한 어느 정도의 재산을 반환하여 달라고 청구할 수 있는 제도를 신설하였다. 이것이 유류분제도이다.

제2장 상속의 개시

상속의 개시

1. 상속의 개시와 상속개시의 원인(자연사망 · 인정사망 · 실종선고 · 부재선고)

자연인이 사망하면 상속인이 이를 알든 모르든, 상속법상 효과가 발생한다. 이것이 상속의 개시다. 상속으로 인하여 여러 가지 법률효과가 발생하는 것(권리의무의 승계, 상속인의 확정, 상속분이나 유류분의 확정 등)이 상속의 개시이다.

민법 제997조는 '상속은 사망으로 인하여 개시된다'고 규정하고 있다. 이는 상속개시의 원인이 사망이라는 것과 개시의 시기는 사망시점임을 정한 것이다. 이 사망에는 자연사망 · 실종선고 · 인정사망 · 부재선고등에관한특별조치법상의 부재선고 등이 모두 포함된다.

법인에는 상속이 있을 수 없다. 법인은 사망하지 아니하는데다 해산, 소멸로 인한 법인재산의 청산은 자연인의 사망과 같은 포괄승계가 아니기 때문이다.

국적상실도 상속개시의 원인이 아니다. 국적을 상실하더라도 그 사람이 생존하고 있는 경우가 많기 때문이다. 외국국적을 취득한 한국 국적상실자도 상속을 받을 수 있다.

1) 자연사망

사망의 시기

① 사람이 사망한 때는 언제인가? 이에 관해서는 맥박(심장)정지설,

호흡정지설, 뇌사설 등이 있다. 이 중 맥박정지설이 다수설이다. 근래 장기이식의 보급, 뇌사판정 문제와 관련하여 어느 시점을 사람의 사망 시각으로 결정할 것인가 하는 문제가 의학상 논의되고 있다.

② 호적상 사망신고의 시점이 상속개시의 시점이 아니고, 사람이 '사실상 사망한 때'가 상속개시 시점이다. 이 점을 특히 주의하여야 한다.

③ 재산이 없는 경우(이때는 망인의 재산상 권리와 의무가 없다)

사람이 사망하더라도, 그 망인에게 재산이 없는 경우는 상속이 개시될 여지가 없다. 왜냐하면 상속이란 원래 재산의 승계이기 때문이다. 그러나 채무(債務 : 마이너스 상태 ; 재산상 의무)만 남긴 경우도 상속은 개시된다. '신분의 승계가 아닌' 재산상 권리와 의무의 승계가 상속이기 때문이다.

④ 사망시점을 어떻게 알 수 있고 언제로 인정할 것인가?

사람이 사망한 때 동거친족 등은 그 사망사실을 안 날로부터 1개월 이내에 진단서, 검안서 등을 첨부하여 동사무소에 사망신고를 하여야 한다. 호적공무원은 사망신고서에 첨부된 사망진단서, 사체검안서(사고사의 경우), 공무원이 작성한 사망증명서 등을 보고 망인의 사망일시를 호적부에 기재한다. 이처럼 사망신고서에 첨부되어 있는 사망진단서 등에 명기된 '사망 연월일시분'을 '사망의 시기' 내지 '상속개시의 시기'로 해석하는 학설도 있다.

호적부에 기재된 사망 연월일시는 사망시기를 인정하는 중요한 근거가 된다. 만일 추정시각으로 표시한 경우 '2000. 5. 5 17:00 ~ 5. 6 10:00' 사이라든가, '2000. 5. 5 ~ 5. 10' 사이라고 기재한 경우는 최후의 시각이나 일시(2000. 5. 6 10:00 또는 5. 10 24:00)를 추정사망시각으로 본다.

상속개시 시점의 중요성

사람의 사망시점은 ① 상속인의 자격, 범위, 순위, 능력을 결정하고, ② 상속분, 유류분 등의 계산의 기준시점이 되며, ③ 상속에 관한 소권과 청구권의 소멸시효·제척기간의 기산점이 되고, ④ 상속재산분할·상속포기도 사망시점(상속개시시)으로 소급하여 효력이 생긴다.

인정사망

화재, 수재 등 재해 발생 시 사람의 시체가 발견되지 아니하여 진단서, 검안서를 작성할 수 없는 경우, 경찰관 등 공무원의 사망보고서에 의거하여 시, 읍, 면의 장은 호적부에 사망기재를 한다. 이 경우의 상속개시시기는 사망보고서, 호적부에 기록된 사망의 일시이다. 이것이 인정사망인데 이는 사람의 사망을 추정하는 효력이 있다.

나중에 시체가 발견되어 추정사망 시가 판명되는 경우는 사망신고를 다시 할 수 있고, 이 경우 당초의 인정사망기재는 효력을 잃고, 사망신고에 따른 추정사망 시가 사망시기로 확정된다고 해석된다.

사망의 증명

호적부의 기재는 사망사실에 관한 증명력(추정적 증명력)이 있다. 추정적인 것이므로 반증으로 뒤집을 수 있다. 반증은 사망신고서나 첨부서류의 위조나 변조 사실을 증명하여야 한다.

2) 실종선고와 부재선고

실종선고

부재자(집을 떠나 행방불명, 생사불명인 사람)의 생사가 5년 동안 분명하지 아니하거나, 전쟁이나 선박 또는 항공기 등의 사고 후 거기에 타고 있던 사람의 생사가 1년간 분명하지 아니한 경우, 친족이나 이해관계인이 청구하면 그 사람에 관하여 가정법원은 실종선고를 한다. 그러면 그 부재자는 실종기간 만료일(그 날의 24시)에 사망한 것으로 간주되고 이때에 상속이 개시된다. 그러나 실종선고 시와 관련하여 문제가 생길 수 있다. 실종기간이 오래전에 만료되었으나, 실종선고는 신 민법시행후 내려졌다면 상속은 신 민법에 따라야 한다(민법 부칙 25조).

실종선고가 내려지면 '실종자는 사망한 것'으로 법률상 간주되기 때문에 반대증거로 이를 번복할 수 없고, 반드시 법원에서 실종선고취소의 심판을 받아야 한다.

부재선고등에관한특별조치법상의 부재선고

호적상 미수복지구 거주자로 표시된 '잔류자'에 관하여 호주, 가족, 검사의 청구에 따라 법원(잔류자의 본적지 관할가정법원)은 부재선고를 할 수 있다. 이 경우 선고를 받은 사람은 호적에서 제적되고, 상속(호주승계 포함), 혼인에 관하여는 실종선고를 받은 것으로 보게 된다. 부재기간이 따로 없기 때문에 부재선고 심판이 확정된 때를 사망의 시기로 본다고 해석된다.

실종선고 등의 취소

실종선고, 부재선고가 나중에 취소된 경우 선의자는 상속을 받지만, 그 받은 이익이 현존하는 한도 내에서 반환할 의무가 있고, 악의자는 그 받은 이익에 이자를 붙여서 반환하여야 한다. 취소 전에 선의로 한 행위의 효력에는 영향이 없으므로, 상속인이 재산을 처분한 경우 그 처분은 그대로 유효하다.

실종자 A의 재산을 상속한 B가 상속재산을 C에게 양도하고 C는 이를 다시 D에게 양도하였다. B, C, D 중 누군가가 악의(실종자의 생존사실을 알고 있었던 것)인 경우 실종자 A는 D를 상대로 반환을 청구할 수 있다(통설).

> **참고 판례**
>
> 실종기간 만료 이전(사망 간주 이전)에 일부의 공동상속인들(예컨대, 홍길동, 홍이동)이 이 사건의 부동산 이외 망인의 상속부동산을 매각·처분하여 소비하였고, 그 소비액이 자신들의 상속지분을 초과하고 있다. 그렇다면 홍길동과 홍이동은 자신들의 상속지분을 초과하는 재산을 사실상 취득한 셈이 되므로, 이 사건의 부동산이 상속재산이라고 하더라도, 이에 대하여는 상속할 아무런 권리가 없다(대판 1973. 5. 8, 71다1554).

3) 동시사망의 추정

동시존재의 원칙

사람이 사망하면 상속이 개시되지만 사망 당시 '재산을 물려받을' 상속인은 권리능력자로서 살아 있어야 한다. 이를 동시존재(同時存在)의 원칙이라고 한다(상속인과 피상속인이 어느 순간, 즉 임종 순간에는 동시에 살아있어야 한다는 원칙).

동시사망자들 사이의 상속

① 사회가 복잡하게 되면서 병사(病死) 이외에 사고사(事故死)도 많이 발생하고 있고, 지진, 홍수 등 천재지변으로 인한 사망도 자주 발생하고 있다. 이와 같은 경우는 사람의 사망시점이 불분명한 때도 많고, 특히 여러 명의 공동상속인이 동일한 사고로 사망한 경우는 그 사망시점이 서로 달라 상속개시의 시기가 문제된다. 이 문제를 해결하기 위하여 민법 제30조는 두 사람 이상이 동일한 위난으로 사망한 경우 그들은 동시에 사망한 것으로 추정한다(동시사망 추정)고 규정하고 있다. 이는 '추정규정'이고, 실종선고의 경우와 같은 '간주규정'은 아니다. 그러므로 추정받는 사람의 사망일시가 명백하여 이를 입증하면 위 추

정을 깨뜨릴 수 있다.

② 동시사망자들 사이에는 상속이 개시되지 아니한다. 유언자와 수유자(망인의 유언으로 재산을 받을 사람, 수증자라고도 부른다)가 동시에 사망한 경우는 유언의 효력이 생기지 아니한다고 해석할 것이다(민 1089조의 유추해석). 수유자가 유언자보다 먼저 사망한 경우는 유증의 효력이 발생하지 아니하나, 유언 중에 특별히 수유자의 상속인에게라도 주겠다는 의사표시를 한 때는 그 뜻에 따라야 한다(민 1089조 단서). 이것이 보충유언이다.

동일한 위난이 아닌 경우

사람이 동일한 위난이 아니라 각각 다른 위난으로 사망하였는데, 그 사망시기를 확정할 수 없다면 역시 동시사망 추정규정이 적용되어 동시에 사망한 것으로 추정하여야 할 것이다.

대습상속과 동시사망

동시사망 추정규정은 대습상속에도 영향을 미친다. 아버지와 할아버지가 동일한 비행기 사고로 사망한 경우 아버지는 할아버지의 재산을 상속할 수 없지만, 그 손자는 아버지를 대습하여 할아버지의 재산을 상속할 수 있다.

2. 상속개시의 시기와 장소

1) 상속개시의 시기

상속개시의 시기는 상속개시 원인의 발생 시, 즉 피상속인이 실제로 사망한 때, 실종선고에 따라 사망한 것으로 간주된 때(실종선고심판 확정 시)이며, 천재지변 등으로 사망한 경우는 관청에서 사망을 추정한 때이다. 호적신고, 즉 사망신고의 일시는 아니다. 호적신고는 실제의 사망시점보다 더 늦게 하는 경우도 많기 때문이다. 호적부에 기재되어 있는 사람의 사망일시는 대개 사망진단서 등을 근거로 하고 있으므로 그 사망일시를 상속개시의 시기로 볼 수 있을 것이다. 상속인이 사망시점을 알았든 몰랐든 상속은 개시된다. 상속인이 이를 모르고 있는 사이에 시효가 진행되어 상속회복청구권 등이 소멸한다면 이는 매우 불합리하다. 그래서 민법은 기간의 계산에 관하여는 상속인이 상속의 침해를 안 날, 또는 상속의 개시사실을 안 날부터 기간계산을 하도록 하는 특칙을 두고 있다(민 999조 2항, 1117조).

2) 상속개시의 장소

상속은 망인(피상속인)의 주소지에서 개시된다(민 998조). 상속에 관한 분쟁사건의 관할법원을 정하는 데는 민사소송법 제22조(피상속인의 보통재판적 소재지), 제23조(상속재산의 소재지 관할법원)에 규정이 있으나, 이 규정은 별로 의미가 없다(가사소송법 44조 6호, 7호에 특별규정이 있기 때문). 상속개시의 장소는 상속재산의 가액평가의 표준지(標準地)도 되고, 상속개시지의 가정법원은 상속에 관한 사건을 관할한다. 상속인의 주소지나 망인(피상속인)의 본적지는 상속개시의 장소가 아니다.

주소가 여러 곳일 경우는 먼저 소가 제기된 법원이 관할법원이 된다. 주된 주소지, 주된 재산의 소재지를 상속의 개시장소로 보아야 할 것이다. 주소를 알 수 없거나 한국에 주소가 없을 때는 거소를 주소로, 그것도 알 수 없는 때는 사망지를 상속개시지로 보아야 할 것이다.

3. 상속에 관한 비용

1) 상속비용의 의미

상속으로 인하여 발생된 비용, 즉 상속재산 관리비용, 재산목록작성 비용, 상속재산에 관한 소송비용, 감정평가, 청산비용 등, 상속채무에 관한 공고·최고·변제의 비용, 상속재산의 경매비용, 유언집행비용 등이다. 상속에 관한 비용은 상속재산 중에서 지급된다. 상속재산 관리비용은 상속재산의 유지, 보전을 위하여 객관적으로 필요한 비용이다. 상속인이 과실로 지출한 비용은 상속비용이 아니므로 그 상속인 스스로 부담하여야 한다.

① 상속재산에 포함되어 있는 개별적 권리의 이전 등기비용은 상속비용이 아니고 상속인이 부담하여야 한다. 상속재산에 대한 상속세 등 세금이나 공과금은 상속으로 발생한 비용이고, 이는 상속인의 개인적 채무가 아니라, 상속재산의 부담이라고 해석하여야 할 것이다. 상속재산 그 자체가 상속세의 과세대상이기 때문이다.

② 장례비는 상속에 관한 비용이다. 그러므로 상속재산 총액에서 장례비용 등을 공제한 금액을 과세가액으로 보고 상속세를 부과하고 있다. 부의금이나 조위금은 누구의 소유로 보아야 할 것인가? 장례비용에 충당하고 남는 것은 상속인들이 법정상속분의 비율로 상속한다고 보아야 할 것이다. 부의금은 상속재산이 아니다.

2) '상속재산 중에서 지급한다' 는 말의 의미

상속비용채무는 망인이 남긴 상속채무와 같이 취급하여 상속재산 중에서 지급되어야 할 것이다. 이는 한정승인과 관련한 문제가 생긴다 (한정승인이나 포기를 한 경우는 포기자 등을 제외하고 '새로 상속인이 된' 사람이 이를 부담한다). 단순승인의 경우는 상속인의 부담이 되고 만다.

4. 상속과 등기(부동산의 경우)

1) 상속등기

어떤 사람이 사망하면서 부동산을 남긴 경우 그 상속인은 등기를 하지 않더라도 그 부동산의 소유권을 취득한다. 상속은 '법률행위에 의하지 아니한' 물권변동이기 때문이다. 이렇게 소유권을 취득한 상속인은 제3자에게도 이를 주장하고 대항할 수 있다. 그러나 자기 앞으로 상속등기를 하지 아니하면 상속인이 이를 제3자에게 처분하지 못한다(민 187조).

① 단독신청의 원칙

상속등기의 경우 등기의무자(피상속인)는 이미 사망하여 세상에 없기 때문에 상속인이 단독신청할 수 있다. 이 경우 신청자는 상속사실을 증명하는 가족관계증명서 기타 서면을 첨부하여야 한다.

공동상속의 경우는 공동상속인들 전원의 이름으로 전원이 공동권리자로서 신청(그 성질은 단독신청)한다. 공동상속등기는 공동상속인 각자의 법정상속분을 지분으로 하는 공유등기(共有登記)가 된다(예컨대, 처 3/7지분, 장남 2/7지분, 장녀 2/7지분 등으로 등기한다). 매매 등의 경우 매매당사자 쌍방의 공동신청으로 등기하는데, 상속의 경우는 상속인이 단독신청하는 점이 서로 다르다.

② 유증의 경우

망인의 유언에 따른 증여를 원인으로 등기하는 경우는 수유자 단독으로 신청할 수 없고, 상속인 기타 유언집행자(등기의무자)와 수유자(등기권리자)가 공동신청하여야 한다. 등기의무자가 불응하면 이전등기 청구 소송을 제기한다.

공동상속 · 상속포기와 등기

갑과 을, 2명이 공동상속한 부동산을 을이 마음대로 단독소유권 취득의 등기를 하고, 이어서 병에게 이전등기를 넘겼다. 이 경우 갑은 자기 이름으로 등기가 되어 있지 않더라도, 병에 대하여 갑의 지분에 관하여 권리를 주장하고 그 말소를 청구할 수 있다.

상속인이 가정법원에 상속포기신고를 하면 그 포기자는 상속개시의 시점으로 소급하여, '상속개시 당초에 상속인이 아니었던 것'과 같이 된다. 상속포기의 효력은 등기의 유무와 관계없이 누구에 대하여서도 그 효력이 생긴다.

예컨대, 상속인 A의 채권자가 A를 대위하여 A명의로 상속등기나 소유권보존등기를 한 다음, A의 상속지분에 대하여 가압류 등기를 마쳤다. 그러나 사실은 A가 이미 그 이전에 상속포기신고를 한 자라면 그 가압류등기는 무효가 된다.

유증 · 상속재산분할과 등기

① 갑이 그 소유의 특정 부동산을 을에게 유증(유언으로 증여)하였다. 갑이 사망하면 그 목적물은 일단 상속인(A)에게 귀속되므로, 수유자(을)는 상속인(A)에 대하여 유증의 이행을 청구할 수 있을 뿐이다.

수유자(을)는 이전등기를 넘겨받아야 비로소 소유권을 취득하게 된다. 따라서 만일 을이 이전등기를 넘겨받기 전에 갑의 상속인(A)에 대한 채권자 병이 A를 대위하여 A의 상속지분등기를 하고, 이어서 강제경매를 신청하고 그 등기를 하였다면, 을은 채권자 병에게 대항할 수 없다. 을은 이전등기를 넘겨받지 아니하여 소유권을 취득하지 못하였기 때문이다.

② 포괄유증(상속재산의 전부 또는 그 몇 분의 1을 유증)의 경우는 달라진다. 포괄유증의 수유자는 상속의 경우와 동일하게 '등기 없이도', 유언자의 사망으로 당연히 권리를 취득한다. 이는 법률의 규정에 의한 소유권이전이다. 유언자의 사망으로 인하여 전소유자의 인격이 소멸하므로, 그 물건의 소유권을 귀속시킬 주체가 없어져 불합리가 생긴다. 그래서 상속, 포괄유증의 경우는 등기가 필요하지 않다.

상속의 경우는 상속인이 단독으로 등기신청을 할 수 있지만, 포괄유증의 경우는 수유자와 유언집행자나 상속인(등기의무자)의 공동신청으로 하여야 한다(등기예규 940호). 유증으로 인한 소유권이전등기는 상속등기(망인 → 상속인 → 수증자)를 거칠 필요 없이 망인(유증자)에서 수증자 명의로 직접 등기를 신청한다. 미등기부동산의 경우는 유언집행자가 일단 상속인 명의로 소유권보존등기를 한 다음 수유자 앞으로 다시 이전등기를 하게 된다.

등기의무자가 등기에 협력하지 아니할 경우 수유자는 그를 상대로 유증을 원인으로 삼아 이전등기청구의 소를 제기할 수밖에 없다. 상속인의 채권자가 이러한 포괄수유자가 있는 줄 모르고, 유증목적물의 일부에 대하여 가압류신청, 이어서 강제집행신청을 하는 경우, 수유자는 등기에 관계없이 그 가압류에 대한 이의신청과 가압류말소청구를 할 수 있다.

③ 상속재산의 협의분할과 등기

공동상속인들이 협의(이는 일종의 계약)하여 상속재산을 분할(공동소유 → 단독소유)하는 경우 법정상속분을 초과하는 부분(부동산)의 권리의 변동[예컨대, 어떤 건물에 관하여 법정상속지분이 1/3인데 협의로 이를 전부(3/3) 취득한 경우]에 관하여 등기가 필요한가? 이 초과부분은 등기하지 아니하면 권리를 취득할 수 없다[참고 : 일본은 대항요건주의라서 등기하지 아니한 상태에서 초과부분의 취득을 제3자에게 대항할 수 없다고 한다(일본 최고재 1971. 1. 26 판결)].

예컨대, 홍길동이 대지 330.58m²(100평)와 건물 1채, 예금 2억 원을 남겼고, 상속인으로 장남과 차남이 있다고 가정하자.

장남이 위 대지와 건물을 제3자 병에게 매도하였다.

그 후 장남과 차남의 상속재산분할협의결과 장남이 예금을 가지고 엉뚱하게 차남이 그 집과 대지를 차지하게 되었다. 매수인인 병은 집과 대지의 소유권을 취득할 수 없게 된다.

왜냐하면 차남이 상속개시 당초에 소급하여 부동산소유권을 취득한 것이 되므로 병은 부동산을 취득할 수 없고, 단지 장남을 상대로 채무불이행책임으로 매매계약을 해제하여 손해배상청구를 하거나, 매매대금 상당의 부당이득반환청구를 할 수 있을 뿐이다. 상속재산분할 전에는 공동상속인 1인 명의로 부동산등기를 할 수도 없고, 공동상속인 전원의 동의 없이는 매수인(제3자) 명의로 이전등기도 할 수 없기 때문이다.

상속재산의 협의분할로 소유권이전등기를 할 때는 피상속인이 사망한 날을 등기원인일자로 기재하여야 한다. 협의분할로 권리를 취득한 상속인은 피상속인으로부터 직접 자기 앞으로 이전등기를 하여도 좋고, 공동상속에 의한 공유등기를 마친 후에 이전등기를 할 수도 있다. 협의분할로 새로 취득하는 부분도, 소급하여 상속개시시에 취득한 것이 된다. 선의의 제3자와의 관계가 문제된다.

이미 공동상속등기를 마친 후에 공동상속인 중 1인이나 여러 사람에게 재산을 취득하게 하려고 상속재산협의분할 또는 재판에 의한 분할을 한 경우, 그 등기신청절차는 권리를 취득하는 사람(등기권리자)이 권리를 잃는 사람(등기의무자)과 함께 소유권경정등기(등기원인일자 : 협의분할일자, 등기원인 : 협의분할, 또는 ○○가정법원의 확정판결(화해, 조정, 인낙)로 인한 재산상속이라고 기재)를 신청하여야 한다. 이러한 경정등기로 지분을 상실한 공동상속인의 해당 지분을 목적으로 하는 저당권등기 등은 직권말소하여야 하고, 공유지분이 변경된 경우는 변경 전 지분을 목적으로 하는 저당권등기 등을 직권으로 경정한다.

요컨대, '특정유증'과 '협의분할로 부동산에 관한 상속분 초과부분의 권리를 얻게 되는' 사람은 등기하여야 그 권리를 취득하고 권리이전의 효력이 생기므로, 그러한 등기를 하기 전에 먼저 그 부동산에 관하여 권리를 취득한 사람에게 권리주장을 할 수 없고 이에 우선할 수 없다.

2) 매매계약 등을 한 후 당사자가 사망한 경우 (상속인에 의한 등기)

예컨대, 갑이 을에게 부동산을 매도한 후 이전등기를 하지 않고 있는 동안에 매도인(갑)이 사망하였다.

그러면 갑의 상속인이 A인 경우 A와 을이 공동신청으로 갑과 을의 매매를 등기원인으로 하는 '갑 → 을로 이전등기'를 신청하게 된다. 만일 매수인 을이 사망하여 그 아들 B가 상속한 경우는 갑과 B가 공동신청하여 '갑 → 을로 이전등기'를 신청하고 이어서 '을 → B로 상속등기'를 신청하게 된다. 어느 경우이든 호적등본 등 상속사실을 증명하는 문서를 붙여야 한다. 이를 상속인에 의한 등기라고 한다.

위의 경우 어느 일방이 등기에 협력하지 아니하면 이전등기청구의 소를 제기하여 승소판결을 받아 그 판결로 등기할 수 있다.

3) 상속재산의 처분과 등기

공동상속인이 상속인들 전원의 의견일치로 상속부동산을 상속재산 분할 전에 처분할 수 있다. 이 경우 등기는 공동상속인 각자의 공유등기를 먼저 한 다음, 각자의 지분을 매수인에게 이전하는 등기를 한다.

공동상속인 중 1인이 자신의 지분만을 처분하려고 할 때는, 먼저 혼자서 그 상속재산 전부에 관하여 보존행위로서 공동상속인 전원을 위한 상속등기를 신청하고 이어서 자신의 지분만을 매수인에게 이전하는 등기를 할 수 있다.

> **참고 판례**
>
> 상속인이 자기 명의로 등기하지 아니하고, 상속부동산을 제3자에게 처분한 경우라도 그 처분행위가 무효가 되는 것은 아니고 일단 제3자 명의로 이전등기가 된 이상, 그것이 진실한 권리상태와 합치되면 그 등기절차에 다소의 흠이 있어도 유효하다(대판 1972. 2. 22, 71다2687 ; 1967. 5. 2, 66다2642).

상속능력

1. 상속능력과 상속능력자

상속능력은 '상속인이 될 수 있는' 능력 또는 자격이다. 민법에는 상속능력에 관한 특별한 규정이 없다. 상속은 순수한 재산권의 승계이므로, 상속능력은 재산권(재산상 권리의무)을 승계할 수 있는 능력이다. 따라서 상속능력은 권리능력과 같다. 그러므로 권리능력자인 자연인은 모두 상속능력자들이다. 국적의 여하를 묻지 아니하며, 아직 태어나지 아니한 태아에게도 상속능력이 있다.

그러나 법인에게는 권리능력은 있으나 상속능력이 없다. 법인은 유증(유언에 의한 증여)을 받을 수 있으므로 수유능력(受遺能力)이 있고, 포괄수증자가 되는 경우는 상속인과 동일한 권리와 의무가 있지만(이 경우는 실질적으로 상속과 동일한 결과를 가져오게 할 수 있다), 상속능력은 없다. 민법은 상속인이 될 수 있는 사람을 일정한 범위 내의 친족에 한정하고 있기 때문이다.

2. 동시존재(同時存在)의 원칙

상속은 사람이 사망할 때(상속개시시)에 그 망인(피상속인)의 권리와 의무가 상속인에게 포괄적으로 승계되는 것이므로 망인과 상속인 사이에 권리와 의무의 단절을 피하기 위하여 이들이 짧은 시간 동안(임종

직전)이라도 동시에 권리능력을 가지고 있는 것이 필요하다. 이를 '동시존재의 원칙' 또는 '인격계속의 원칙'이라고 한다.

시아버지가 살아 계시는데, 남편이 처를 남기고 미혼의 외동딸과 함께 동일한 위난으로 사망한 경우, 남편의 상속인은 누구인가? 동시사망의 경우는 사망자는 상속인(외동딸)이라도 상속개시시에 부존재하는 것으로 취급되므로, 위와 같은 경우 상속인은 배우자(처)와 직계존속(시아버지)이다. 배우자와 시아버지는 공동상속인이 된다.

> **참고 판례**
>
> 대법원 2001. 3. 9, 선고 99다13157 판결에서는 사위가 상속을 원인으로 자기의 이름으로 부동산소유권 이전등기를 하였는데, 망인의 형제자매들이 그 등기의 말소청구를 한 사건에서 '자녀가 모두 이미 사망한 경우 손자녀가 대습상속을 하는 것이지, 본위상속을 하는 것이 아니라'고 하고, '장인이 딸과 동시에 사망한 경우 그 사위는 딸을 대습상속한다'고 판시하고 있다.
> 장인과 딸은 동시사망자 간이라서 상속이 일어나지 아니하지만, 딸의 배우자는 대습상속을 할 수 있다.

3. 태아의 상속능력

동시존재의 원칙에 따라 상속인이 상속을 받으려면 상속개시의 시점에 이미 출생하여 생존하고 있어야 한다. 그런데 태아에 관하여 민법은 예외 조항을 두어서 상속에 관하여 태아는 이미 출생한 것으로 본다고 규정하여 출생하지 아니한 태아에게도 예외적으로 상속능력을 인정하고 있다(민법 제762조에서는 손해배상청구에 관하여도 태아에게 권리능력을 인정하고 있다. 그러므로 나중에 살아서 출생한 아이는 불법행위자를 상대로 위자료 기타 손해배상을 청구할 수 있다). 여기서 태아는 상속개시 전에 포태(임신)되었으나, 상속개시 당시까지 출생하지 아니한 아이를 말한다.

'이미 출생한 것으로 본다'는 말의 법률상 의미에 관하여 아래와 같이 학설이 대립하고 있다.

정지조건설(停止條件說)

태아는 태아인 상태에서는 상속능력이 없고, 살아서 출생하면 출생으로 비로소 권리능력을 취득하는데 이 권리능력(상속능력)이 상속개시의 시점까지 소급된다. 이는 인격소급설(人格遡及說)이라고도 한다.

해제조건설(解除條件說)

태아는 태아인 상태에서도 상속능력이 있고, 살아서 출생하면 상속개시시에 상속인이 되고, 만일 상속개시 후 죽어서 태어나는 때는 상속개시시로 소급하여 능력을 상실한다고 한다. 이 설은 제한적 인격설(制限的 人格說)이라고도 한다.

구체적인 적용

배우자와 태아 그리고 존속이 상속하는 경우 위의 정지조건설에 따르면 일단 배우자와 직계존속이 상속하고, 태아가 출생하면 그 자녀에게 상속을 회복시킨다. 예컨대, 남편이 5,000만 원을 남기고 사망하였는데 시어머니와 배우자(임신)가 상속할 경우 정지조건설에 따르면 배우자인 처가 3,000만 원, 시어머니는 2,000만 원을 상속한다. 나중에 태아가 출생하면 시어머니가 2,000만 원을 태아에게 반환하여야 한다. 시어머니는 태아가 출생하면 상속순위에서 후순위(제2순위)가 되기 때문이다.

해제조건설에 따르면 당연히 배우자(3,000만 원)와 태아(2,000만 원)

만이 상속한다. 태아가 사산(死産)된 경우에만 태아의 상속분 2,000만 원을 시어머니에게 반환하여야 한다. 남편의 사망 시 적어도 태아는 태아상태에서 생존하고 있어야 한다. 태아가 사산된 경우는 결과적으로 태아는 상속능력을 취득하지 못하고 시어머니와 배우자가 공동상속을 하게 된다.

남편이 사망하였고 사망 당시 아이가 태어난 직후 사망한 경우는 어떻게 될 것인가? 이때는 배우자와 그 아이가 일단 순간적이지만 남편의 재산을 상속받고, 그 후 아이가 사망한 것으로 보므로, 배우자가 단독상속하게 된다.

판례

① '태아는 출생을 정지조건으로 상속능력이 부여된다' 고 하면서 위 정지조건설을 지지하고 있다(대판 1976. 9. 14, 76다1365). 태아상태인 동안에는 태아의 재산을 관리하고 태아를 대리(代理)하는 제도가 없기 때문이라고 한다.

② 태아가 살아서 출생하면 출생시점을 상속·불법행위의 시점까지 소급하여 그때에 태아가 이미 출생한 것과 같이 법률상으로 보아준다는 의미로 해석하여야 하므로 태아가 모체와 같이 사망하여 출생의 기회를 못 가진 이상 태아의 손해배상청구권을 논할 여지가 없다(대판 1976. 9. 14, 76다 1365).

③ 유복자(遺腹子)는 아버지의 사망 당시에 소급하여 상속권을 가지는 것이 우리나라의 관습이다.

태아와 대습상속

태아는 대습상속을 받을 수도 있고 그때는 이미 출생한 것으로 보아야 한다. 상속인이 상속권을 상실한 당시에 이미 임신 중일 필요는 없고, 상속개시 당시에 포태된 태아이면 대습상속을 받을 수 있다고 해석하여야 할 것이다.

태아의 수유능력

　유언에 따라 재산을 받을 수 있는 능력이 수유능력인데, 태아의 수유능력은 법률상 인정되고 있다(민 1064조, 1000조 3항). 그러므로 어떤 사람이 태어나지 아니한 태아를 지칭하면서 '이 태아에게 나의 재산 중 대지 330.58m²(100평)을 주노라' 하는 유언을 할 수 있고, 태아는 이를 받을 능력이 있다. 생전증여는 계약이고 유언은 단독행위이기 때문이다. 결국 태아는 상속능력, 불법행위로 인한 손해배상청구능력, 수유능력이 인정되고 있다.

　그러나 태아에게는 증여계약능력(수증능력), 상속등기신청능력은 없다.

상속결격

1. 개념

상속결격은 상속인이 상속에 관하여 부정한 이득을 얻으려고 도의(道義)에 어긋나는 행위를 하여 그 상속인 자격을 잃게 되는 것이다. 즉 상속인에게 법정결격사유가 발생하면 그 상속인은 법률상 당연히 (특별한 재판절차나 선언을 기다리지 않고) 상속자격을 상실하게 된다(민 1004조). 그러한 행위로 인하여 상속인 자격을 잃은 사람을 상속결격자라고 부른다.

2. 상속결격 사유

1) 피상속인 등의 생명을 침해한 사람

고의로 직계존속·피상속인·그 배우자 또는 선순위나 '동순위' 상속인을 살해하거나 살해하려고 한 사람

가해자가 상속상 유리하게 되었느냐 불리하게 되었느냐는 아무 상관이 없다(동순위자를 살해하거나 살해하려고 한 사람은 호주승계를 할 수 있어서 호주승계에는 결격자가 아닌데, 재산상속에는 결격자가 된다).

① '고의(故意)'로 살해한 경우 즉 고의범(故意犯 : 살인죄의 기수, 미수 등)에 한정된다. 따라서 과실로 인하여 사람을 사망하게 한 경우(과실

치사)는 제외된다.

그렇다면 고의로 '살해한' 사실을 알고, 나아가 '그 살해로 인하여 상속상 유리하게 된다'는 점을 인식할 필요가 있는가? 그러한 인식은 필요하지 않다는 것이 판례와 다수설이다.

도덕적인 면에서 상속인의 패륜성, 범죄성에 상속자격박탈의 근거가 있다고 보이므로 다수설이 타당할 것이다.

② 피해자는 누구인가?

● 직계존속, 피상속인, 그의 배우자 선순위 또는 동순위의 상속인이다. 그러므로 상속과 관계없는 직계존속을 살해한 경우도 결격사유가 된다. 예컨대, 외할머니를 살해한 사람은 자기 아버지의 재산을 상속할 수 없다.

● 가해자는 상속인 또는 상속인이 될 사람이다. 포괄수유자[상속재산 중 일정한 비율이나 지분(몇 분의 몇)을 증여 받은 사람]는 가해자도 될 수 있고 피해자도 될 수 있다고 본다.

'선순위 상속인이나 같은 순위의 상속인이 될' 태아를 낙태한 경우는 살인에 준하는 것이고, 재산상속의 결격사유가 된다. 예를 들면, '남편의 사망 당시 태아를 임신하고 있던' 아내가 낙태하였다면 그 아내는 같은 순위의 상속인인 태아를 살해한 자로서 상속인자격을 잃게 된다. 즉 남편의 재산을 상속할 수 없게 된다.

고의로 직계존속, 피상속인과 그 배우자에게 상해를 가하여 사망에 이르게 한 경우

여기서 사망이란 존속상해치사 등을 의미한다. 선순위 상속인 또는 동순위 상속인을 상해치사한 경우는 결격자 사유가 아니다. 이 경우도 고의가 있어야 하고, 단순한 폭행, 상해, 과실치사는 제외된다. 단순히 피상속인에게 행패를 부리거나 폭행하는 등의 행동을 하여 패륜아라고 불려지는 정도로는 상속인 자격을 잃지 아니한다.

상속개시 후에 범죄행위를 한 경우(예컨대, 피상속인 이외의 사람이 살해된 경우)

이 경우에도 결격이 된다고 해석할 것이다.

2) 유언행위에 대한 부정행위

① 사기나 강박으로 피상속인의 상속에 관한 유언 또는 유언의 철회를 방해한 경우

여기서 상속에 관한 유언이란 상속재산이나 상속인의 범위에 직접 또는 간접으로 영향을 주는 유언을 의미하고, 그것은 유효한 유언이라야 한다. 상속재산분할방법의 지정이나 위탁, 유증, 인지나 재단법인 설립의 유언 등이 그 예이다. '사기'는 피상속인을 속여 착오에 빠지게 하는 것이고, '강박'은 피상속인에게 협박을 가하여 공포심을 생기게 하는 행위이다.

행위자의 고의는 사기와 강박의 사실에 대한 고의와 유언행위를 방해하여 자기를 유리하게 하려는 고의 즉 이중의 고의가 있어야 결격사유가 된다.

이러한 방해행위로 피상속인이 '유언행위를 하지 않았다'든지, '유언을 철회하지 않았다'는 결과가 발생하여야 한다. 미수에 그친 경우는 결격이 되지 아니한다.

② 사기 또는 강박으로 피상속인의 상속에 관해 유언하게 한 경우

사기나 강박으로 상속에 관한 유언을 한 경우는 유언자가 사기, 강박을 이유로 이를 취소할 수도 있으나, 상속결격의 문제로 해결할 수도 있다.

③ 피상속인의 상속에 관한 유언서를 위조, 변조, 파기 또는 은닉한 경우

위조는 상속인이 망인(피상속인) 이름으로 마친 진정한 유언을 한 것

처럼 유언서를 작성하는 것이고, 변조는 이미 작성되어 있는 유언서에 가감삭제(加減削除), 정정(訂正), 기타 방법으로 내용을 변경하는 행위이다.

파기는 유언서를 찢어버리든지, 녹음테이프를 부수는 등으로 유언의 효력을 소멸하게 하는 모든 행위를 포함한다.

은닉은 유언서를 숨겨서 찾을 수 없게 하는 행위이다. 위와 같은 행위는 모두 고의로 한 것이어야 하고, 일단 유효하게 성립된 유언서를 그 대상으로 삼아야 한다.

④ 양자에 관한 유언(삭제됨)

유언으로 양자를 지정하는 제도, 즉 사후양자(死後養子)제도가 폐지(1991. 1. 1 이후)되었으므로, 양자에 관한 유언은 이제는 더 이상 할 수 없다. 그러므로 개정민법 제1004조 제3~5호에서는 이를 삭제하였다.

⑤ 위에 열거된 사유는 제한적 열거라고 해석되므로, 그 이외의 사유 예컨대, 상속인인 배우자의 가출이나 불륜행위는 상속결격 사유가 될 수 없다. 사실상 오래 전에 가출하여 이혼한 것과 다름없는 배우자라도 상속이 개시되면 나타나서 자기의 상속권을 주장하는 사례가 더러 있다.

⑥ 상속개시 후에 유언서 위조 등 범죄행위를 한 경우에도 결격이 된다고 해석할 것이다.

3) 결격의 효과

결격사유가 있으면 그 상속인은 자격을 상실하여 상속을 받을 수 없다.

① 특별한 절차의 필요 여부

위와 같은 비행(非行)을 한 상속인은 특별한 절차를 밟을 필요 없이 당연히 상속인자격을 잃게 된다. 이해관계인의 청구나 재판절차, 예컨대, '상속인 ○○○는 상속인자격을 상실한 자임을 확인한다' 는 등의 확인판결 등은 필요하지 않다.

② 결격의 시점

상속개시 전에 결격사유가 생기면 그 후 상속이 개시되더라도 그 비행상속인은 상속을 할 수 없고(그 결격자를 제외하고 나머지 상속인들만 상속을 하여 그들 사이에서 상속분을 결정), 상속개시 후에 결격사유가 생기면 일단 유효하게 상속을 받았다고 하더라도 상속은 상속개시시로 소급하여 무효가 된다. 이처럼 상속결격사유의 발생은 상속개시 전후를 불문하므로, 결격사유가 발생하면 그 상속인은 상속인자격을 상실한다.

③ 결격자가 상속재산을 제3자에게 넘긴 경우

제3자는 진정한 상속인에게서 청구를 당하여도 법률상 보호받을 수 없다(소급무효).

결격자가 상속을 받아서 제3자에게 재산을 넘긴 경우 제3자가 선의가 인정되고 무과실이라 하더라도, 그것은 모두 무권리자에 의한 상속과 양도이므로 처음부터 당연히 무효라서 제3자는 아무런 권리도 취득하지 못한다. 제3자는 선의취득의 규정으로 보호받을 수 있을 뿐이다. 이 경우 진정한 상속인은 상속회복의 청구를 하여 관계를 정리하게 된다.

상속결격자는 수유결격자도 되므로, 유증도 받을 수 없다고 해석할 것이다.

결격효과의 범위는 특정의 상속관계(상속사건)에 한정하여 상속자격을 박탈할 뿐이다. 그러므로 그 효과는 상대적이다.

① 결격의 효과는 그 비행자의 자격을 일반적으로 박탈하는 것은 아니다. 그래서 그 결격자 일신에만 그치고 그 처나 비속에게는 결격의

효과가 미치지 아니하므로, 그 처자의 대습상속에는 지장이 없다.

예컨대, 아버지 홍길동을 살해한 아들(홍불효)은 홍길동의 재산을 상속할 수 없지만, 손녀 홍아람과 며느리 이순자는 홍길동의 재산을 대습상속할 수 있다(예컨대, 홍길동의 유언서를 위조한 홍불효는 상속에서 제외된다. 홍길동은 1억 원을 남겼고, 아들로 홍불효와 홍○○가 있으며, 홍불효에게는 처(W)와 딸(D)이 있다고 가정하자. 이 경우 홍○○은 본위상속으로 5,000만 원을 상속하고 W는 3,000만 원, D는 2,000만 원을 대습상속한다). 또 홍불효가 홍아람을 살해한 경우 홍불효는 피살자의 재산을 상속할 수는 없으나, 홍길동의 재산을 상속할 수는 있다.

② 대습상속과 결격

'결격자(비행자)만' 상속결격자가 된다. 그러나 직계존속의 상속재산에 관하여 상속결격이 된 자(아버지를 살해한 자)는 그 아버지를 대습하여 조부모 등의 재산을 상속할 자격을 잃는다고 해석하여야 할 것이다. 대습상속인 자신이 결격자이면 그는 대습상속도 할 수 없다는 의미다.

③ 결격자의 용서 불가

피상속인 등이 결격자를 용서하여 상속인자격을 회복시킬 수 없다(다수설).

상속회복청구권

1. 개념

1) 상속회복청구권

상속회복청구권은 진정상속인이 참칭(僭稱)상속인에 대하여 상속재산의 회복을 청구할 수 있는 권리이다.

상속이 개시되면 상속인은 상속개시와 동시에 법률상 당연히 상속재산을 포괄적으로 승계한다. 그러므로 만일 진정한 상속인이 아닌 사람이 사실상 상속재산을 점유한다든지 하여 상속인의 권리를 침해할 때는 진정한 상속인은 그 참칭상속인(부진정상속인, 표현상속인이라고도 함, 참칭이라는 말은 자기의 신분보다는 상위신분의 칭호를 함부로 자칭하는 것을 의미한다)을 상대로 상속재산의 반환이나 회복청구를 할 수 있다. 이것이 상속회복청구권이다.

민법 제999조는 '상속권이 참칭상속권자로 인하여 침해된 때에는 상속권자 또는 그 법정대리인은 상속회복의 소를 제기할 수 있다' 고 규정하고, 이러한 '상속회복청구권은 그 침해를 안 날부터 3년, 상속이 개시된 날(2001. 12. 20 개정 민법은 상속권의 침해행위가 있은 날)부터 10년을 경과하면 소멸된다' 고 규정하고 있다. 종전에는 호주상속회복에 관하여 이를 규정하고, 재산상속에도 이를 준용하고 있었다. 그러나 그 후 호주상속이 호주승계로 변경되면서 상속편에서 삭제되어 사라지고, 이제는 순전히 재산상속만 남게 되어 위와 같이 별개조문으로 전문을 개정하였다.

2) 존재이유와 연혁

 진정한 상속인의 권리가 침해된 경우 이를 회복하여 보호하기 위하여 상속회복청구권 제도가 인정되고 있다. 연혁적으로는 로마법상의 상속청구의 제도가 독일 보통법을 거쳐 독일 민법에 정착되고 우리 민법도 이를 도입한 것이다.

3) 유사개념과 구별

물권적 청구권과 구별
 상속인은 피상속인의 재산상 권리를 당연히 포괄승계(당연상속주의)하므로 소유권 등 물권도 승계한다. 그러므로 상속인은 참칭상속인에 대하여 개개의 상속재산에 관하여 소유물반환청구권 등 물권적 청구권을 행사하여 상속재산을 회복할 수 있다. 이와 별도로 상속회복청구권을 인정하는 이유는 무엇일까?
- 상속에는 '포괄적 성격'이 있으므로, 상속재산을 일일이 열거하지 않고 침해자에 대하여 일괄하여 포괄적으로 회복청구를 할 수 있도록 하기 위하여 이를 인정하였다.
- 상속인에게 입증책임을 경감하여 자신이 진정한 상속인이고, 목적물이 상속개시 당시 피상속인의 점유하에 있었다는 사실만 입증하면 족하도록 하였다.
- 거래안전(제3자) 보호를 위하여 단기 제척기간(3~10년)을 둠으로써 상속에 관한 권리관계를 조속히 안정시키기 위한 것이다.

 대법원은 이 문제에 관하여 진정상속인이 소유권과 지분권의 귀속을 주장하는 것이 상속을 원인으로 하는 것임이 명백한 이상 그 청구원인 여하에 불구하고 이는 민법 제999조 소정의 상속회복청구의 소라고 해석함이 옳으므로, 이 경우에도 민법 제982조 제2항 소정의 제척기간이 적용된다고 선언하여 물권적 청구권으로써 상속재산을 회복할 수 있는 길을 막아버린 것으로 판단된다. 이는 근래 문제점으로 등장하고 있다.

공동상속인간의 청구권

옛날의 판례는 공동상속인들 사이에는 상속회복청구권을 인정하지 않고 있었다. 그들 사이에는 소유물반환청구권의 행사로 해결된다고 보았던 것 같다. 그러므로 공동상속인 중 1인이 상속재산을 점유하여 취득시효가 완성되지 아니한 이상 다른 상속인은 제척기간의 제한을 받지 않고 언제든지 소유물반환청구를 할 수 있다고 하였다.

그러나 현재의 판례는 공동상속인들 사이의 반환청구권의 행사를 상속회복청구로 보기 때문에 제척기간(3년 또는 10년)의 제한을 받게 되었다(대판 1981. 1. 27, 79다854 전원합의체 ; 1992. 10. 9, 92다11046).

상속재산의 점유자나 전득자도 피고가 되는지 여부〔점유소권(占有訴權)과의 관계〕

상속권을 주장하지 아니하는 상속재산의 사실상 점유자나, 전득자(제3자)도 상속회복청구의 상대방이 될 수 있는가? 이는 긍정하여야 할 것이다. 상속회복청구권은 상속재산의 점유의 반환(회복)을 청구할 수 있는 권리이기 때문이다. 따라서 상속회복청구가 인정되면 점유물반환청구권과의 경합은 인정되지 아니한다.

점유소권으로 상속재산의 반환을 청구하는 경우는 1년의 단기 제척기간이 적용되므로, 점유소권 쪽이 상속회복청구의 쪽보다는 제3자를 더 보호하는 길이 될 수 있다는 설이 있다.

부당이득반환청구권 및 불법행위로 인한 손해배상청구권과의 관계

민법이 인정하는 상속회복청구권제도는 특수한 부당이득반환청구권 내지 불법행위제도라고 해석함이 상당하다. 그러므로 이들 청구권들의 경합문제는 일어나지 아니한다(특별법우선의 원칙). 그래서 상속회복청구권행사의 효과를 논의할 경우에는 부당이득이나 불법행위에 관한 규정(일반법 규정)들을 유추적용할 수 있을 것이다.

상속재산분할청구권과의 관계

상속재산분할청구는 진정한 공동상속인들이 각자의 상속분에 따라 상속재산을 나누어 단독소유로 만드는 것이 그 목적이고, 상속회복청구는 허위의 상속인들을 상대로 상속재산의 반환 등을 청구하는 것이므로 서로 차원을 달리하고 있다는 설이 있다.

통설은 상속재산분할 그 자체가 부당하게 이루어진 경우(진정 상속인 중 일부나 전부를 제외하고 재산을 분배하였거나, 상속분에 미달되게 상속하게 하거나 분배한 경우)는 진정한 상속인이 분할의 효력을 다툴 수 있도록 하는 것도 상속회복의 내용이 되어야 한다고 한다. 공동상속인들 사이의 상속재산분쟁은 상속회복청구의 소로 보아야 할 경우가 많을 것이다.

2. 상속회복청구권의 법률적 성질

상속회복청구권의 성질은 물권적 청구권, 상속청구권행사의 제척기간(3~10년)과 관련하여 진정상속인의 권리를 보호하기 위하여 여러 가지로 논의되고 있다.

상속자격확정설(소수설)

상속회복청구권은 개개의 상속재산에 대한 청구권이 아니고, 진정상속인의 상속권(자격)의 확정, 즉 상속권유무의 일반적인 확정을 구하는 권리이고 그 청구의 성질은 소송법상 '확인의 소'이다. 개별적 상속재산에 대한 반환청구는 상속회복청구와는 별개의 것이므로 제척기간의 적용을 받지 않고 제기할 수 있다. 판결의 기판력도 상속인 자격의 유무에만 미친다고 한다.

청구권설
상속재산의 반환청구권이 그 본질이라는 것이고 아래와 같은 학설이 나누어져 있다.

① 독립권리설

상속회복청구권은 '상속재산에 속하는 개개의 재산'에 대한 소유물 반환청구권 등 물권적 청구권과는 다른 독립된 포괄적 권리이다. 그러므로 상속회복청구의 소에서 패소하거나 제척기간이 경과된 후라도 개별적인 물권적 청구를 다시 할 수 있다고 설명한다.

② 포괄적 청구권설

상속회복청구권은 구체적 상속재산에 대한 개별적 청구권과는 달리 상속재산 전체를 회복시키는 것을 목적으로 하는 단일적·포괄적 청구권이라고 설명한다. 제척기간의 제한이 있으므로, 상속권을 전제로 하는 반환청구는 상속법의 영역에서 해결되어야 한다. 물권적 청구권과는 상호 병존관계에 있다.

③ 집합권리설(개별적 청구권설)

상속회복청구권은 단일·독립된 청구권이 아니라, 상속재산을 구성하는 개개의 재산에 대한 '개별적 물권적 청구권'의 집합에 불과하다. 물권적 청구권과 상속회복청구권은 서로 별개의 것이 아니며, 이른바 법조경합(法條競合)의 관계에 있으므로, 어느 것이 인정되면 다른 하나는 인정되지 아니한다. 상속회복청구 소송을 제기하여야 하는 경우는 물권적 청구를 할 수 없고, 상속회복청구권의 제척기간이 경과한 후에는 상속재산을 구성하는 개별적 재산에 대한 소유권 등 물권적 청구권을 행사할 수 없다. 판결의 효력은 청구목적 재산에만 미치고, 그 외의 것에는 미치지 아니한다.

판례 : 집합권리설의 견해를 채택하고 있다.
어떠한 재산에 대한 소유권·지분권에 근거한 반환청구나 등기말소청구가 상속을 그 이유(청구원인)로 삼고 있는 이상 그러한 청구는 모두 상속회복의 소에 해당하고, 민법 제999조 소정의 제척기간(3~10년)이 적용된다〔대판 1981. 1. 27, 79다854(전원합의체) ; 1991. 12. 24, 다5740(전원합의체) 등)〕.

3. 상속회복청구권의 범위

1) 당사자

청구권자(원고)
① 상속회복청구권자는 진정상속인 또는 그 법정대리인이다. 법정대리인은 자신의 권리로 청구할 수 없고, 어디까지나 진정상속인의 권리를 대리행사한다. 공동상속인이 여러 사람인 경우 각자가 이 소송을 제기할 수 있고, 반드시 그 전원의 이름으로 제소하여야 하는 필수적 공동소송은 아니다. 상속재산의 협의분할에서 누락된 일부 상속인도 청구권자가 될 수 있다. 진정상속인이 아닌 사람은 예컨대, 이해관계를 가진 친족이라도 상속회복청구권을 가질 수 없다.
② 상속개시 후 인지된 혼인 외의 출생자
상속개시 후 인지(認知)되거나 인지판결을 받은 사람도 상속회복청

구를 할 수 있다. 공동상속인들이 아직 상속재산을 분할, 처분하기 이전이면 분할협의를 하면 되고, 만일 이미 재산이 분할, 처분된 후라면 상속분에 해당하는 금전지급을 청구할 수 있다. 이때의 제소기간의 기산점은 인지재판확정일이고, 그 날로부터 침해를 안 것으로 해석되고, 그 날로부터 3년 이내에 소를 제기하여야 한다. 이 경우도 동일한 제척기간이 적용된다. 피인지자는 소급적으로 상속인이 되므로, '사실상 이미 상속을 받은 사람'이 후순위자라면, 피인지자가 단독으로 상속인이 되어 상속회복청구를 할 수 있다.

> **참고 판례**
>
> 기본채권이 상속회복청구권의 일종인 '상속재산처분 후의 피인지자들의 청구권에 기한 것'이라면 그에 대한 이행청구 시부터 발생하는 지연손해금청구권도 상속재산청구권의 확장이므로 민법 제982조 제2항 소정의 제척기간이 적용된다(대판1981. 2. 10, 79다2052).

③ 상속분을 양도받은 포괄승계인도 이러한 소송의 원고가 될 수 있다. 양수인은 상속인의 지위를 포괄적으로 승계한 사람이기 때문이다.

④ 상속재산의 특정승계인

상속재산의 특정승계인(예컨대, 상속재산인 특정토지를 매수한 사람)은 원고로서 합당한 자격이 없다. 특정승계인은 그 재산을 취득하기 위하여 상속회복청구의 방법으로는 할 수 없고, 매도인의 상속인들을 상대로 이전등기 등을 청구하면 된다.

⑤ 상속회복청구권의 상속성

진정상속인이 사망한 경우 상속회복청구권이 상속되는가를 두고 학설이 대립하고 있다.

그러나 부정설이 다수설이다. 이는 일신전속권이므로, 진정상속인만 행사할 수 있다(상속인의 채권자가 이를 대위하여 행사할 수 없다). 그 대신 진정상속인의 상속인은 자신의 고유 상속권이 침해되었다고 주장하여 그 회복청구권을 행사할 수 있다고 한다. 새로운 상속인의 권리행사의 제척기간은 새로이 기산(起算)된다.

상대방 : 참칭상속인

① 상속회복청구권의 상대방(피고)은 현재 상속인의 권리나 지위를 침해하고 있는 참칭상속인이다. 참칭상속인(또는 표현상속인)의 예를 들면, 후순위상속인, 상속결격자, 혼인무효로 배우자가 아닌 사람, 허위의 출생신고나 호적기재, 기타 서류를 조작하여 호적상 자녀로 올라 있는 자 등 진정한 상속권이 없는 사람이 상속인인 것처럼 믿게 하는 외관을 갖추고 상속인이라고 참칭하여 상속재산의 전부나 일부를 점유하고 있는 사람이다. 점유를 하지 않고 단지 상속권만을 다투는 사람은 상대방이 될 수 없다.

② 공동상속인 중 1명이 자신의 상속분을 초과하여 '상속을 원인으로' 점유, 등기하면 그는 참칭상속인이다(통설, 판례). 공동상속인 중 한 사람이 다른 공동상속인들을 임의로 제외시키고 상속재산의 등기를 혼자서 자기 앞으로 넘기고 그 재산을 관리, 지배하고 있는 경우 그 한 사람은 참칭상속인이고, 제척기간이 적용된다(등기원인이 매매 등인 경우는 참칭상속인이 아니다).

③ 참칭상속인의 승계인 등 제3취득자(전득자)는?

참칭상속인으로부터 상속재산을 양수한 제3취득자(전득자)나 참칭상속인의 상속인도 상속재산을 점유하고 있는 이상 상속회복청구의 상대방이 된다. 이 경우에도 제척기간이 적용된다.

④ 참칭상속인의 선의 또는 악의, 상속재산 점유에 관한 고의 또는 과실의 유무는 상관이 없다. 상대방이 무능력자이면 그 법정대리인을 상대로 권리를 행사할 수 있다.

2) 참칭상속인의 범위

 판례에 따르면, 참칭상속인은 정당한 상속권이 없음에도 재산상속인인 것처럼 믿게 하는 외관을 갖추거나 스스로 상속인이라고 참칭하면서, 상속재산의 전부나 일부를 점유함으로써 진정상속인의 재산상속권을 침해하고 있는 사람이라고 한다(대판 1994. 3. 11, 93다24490 ; 1998. 3. 27, 96다37398). 상속재산에 대한 권리를 사실상 행사하는 사람이 참칭상속인이다.
 ① 단순한 권리주장자(이런 사람을 상대로는 물권적 청구권을 행사할 수 있고 그 경우는 기간 제한이 없음)
 상속재산에 대한 단순한 권리주장만으로는 상속권침해라고 볼 수 없다. 그 주장방법이 소유권이전등기말소 소송 등을 제기하면서 자신이 유일한 단독상속인이라고 주장하였더라도 마찬가지다(대판 1994. 11. 18, 92다33701).

> **참고 판례**
>
> 망 박○○의 친척이 진정한 상속권자가 아니면서 스스로 망 박○○의 상속권자라고 주장하였더라도, 그것만으로는 참칭상속인이라고 할 수 없다. 상속권만 다투었을 뿐 상속재산을 점유하는 등으로 상속권을 침해하는 행위가 없다면, 그러한 사람을 참칭상속인이라고 할 수는 없다(대판 1991. 2. 22, 90다카19470 ; 1992. 5. 22, 92다7955).

 ② 무허가건물을 양수한 사람이 무허가건물대장에 건물주로 등재되어 있다고 하여 상속권이 침해되었다고 할 수는 없다(대판 1998. 6. 26, 97다48937 : 무허가건물대장상의 건물주 이름 기재의 말소를 청구한 사건). 그러한 등재로 소유권을 취득하는 것도 아니고, 권리자로 추정되는

것도 아니기 때문이다. 이때는 3~10년의 제척기간이 적용되지 아니한다.

4. 상속회복청구권의 행사

행사의 내용
원고는 상속인으로서 상속재산의 반환을 청구할 수 있다. 그 반환의 내용은 인도청구, 명도청구, 재산반환, 등기말소 등이다.

행사의 방법
반드시 소송을 걸어서 하여야 하는 것은 아니고, 재판 외에서도 의사표시로 청구할 수 있다(다수설). 3년 또는 10년 이내에 회복청구의 의사표시를 하였다 하더라도 그것만으로는 제소기간준수의 효력이 생기지 아니함을 주의하여야 한다. 원고는 소장에서 청구의 목적물을 특정(特定)하여야 한다.

관할법원
이 소는 가사사건이 아니고 민사사건이므로 상대방의 주소지 관할 일반민사법원에 제소하여야 한다.
원고는 자기가 진정상속인이라는 것(상속권을 가지는 사실)과 목적물(회복청구의 대상 재산)이 상속개시 당시 망인의 점유하에 있었던 사실만을 주장·입증하면 충분하고, 목적물에 대한 피상속인의 소유권, 임차권 기타 권리를 증명할 필요는 없다. 상대방은 목적물에 대한 정당한 권리가 자신에게 있음을 입증하여야 한다.

행사기간

원고는 상속권의 침해를 안 날로부터 3년 이내 또는 상속권 침해행위의 날로부터 10년 이내에 상속회복청구권을 행사하여야 한다. 이 기간은 제척기간이다. 따라서 당사자가 책임질 수 없는 사유로 위 기간 내에 소를 제기할 수 없었더라도 일단 기간 경과 후이면 추후 보완 제소를 할 수 없다.

행사의 효과

① 원고(진정상속인)가 승소하면 피고(참칭상속인)는 진정상속인에게 상속재산을 반환(인도, 명도, 등기말소 등)하여야 한다. 원고가 여러 사람인 경우는 그들의 상속분에 따라 반환한다.

② 반환의 범위

피고가 선의를 가졌을 경우는 현존이익(現存利益)의 한도 내에서 반환할 수 있고, 악의를 가졌을 경우는 취득한 재산의 전부를 반환하여야 할 뿐만 아니라, 과실(이자 등)에 대한 부분과 사용한 이득도 반환하여야 하고, 나아가 손해가 있으면 배상하여야 한다. 이 경우 피고는 상속재산에 관하여 지출한 비용의 상환을 청구할 수 있다.

③ 제3자의 권리

상속회복청구의 소급효로 인하여 선의의 제3자 보호의 문제가 생긴다.

- 참칭상속인으로부터 상속재산을 양수한 제3자

동산이나 어음, 주식 등 유가증권을 취득한 사람은 선의취득으로 보호를 받을 수 있으나, 부동산을 양수한 제3자는 선의취득의 보호를 받을 수 없다(등기에 공신력이 없기 때문). 그러나 표현상속인의 점유와 자신의 점유를 함께 주장하여 제3자는 시효취득할 수 있다.

- 공동상속인으로부터 상속재산을 양수한 제3자

공동상속인 중의 1인은 무권리자가 아니므로 그로부터 권리를 취득한 사람은 선의취득으로 보호를 받을 수 없고, 양도인의 상속분초과부분을 진정한 상속권자에게 반환하여야 한다(상속재산분할의 소급효로 제3자의 권리를 해칠 수 없다는 민법 제1015조 단서를 적용하여 동산, 부동산을 불문하고 양수인은 보호를 받을 수 있다는 학설이 있다).

④ 채무변제

참칭상속인에 대한 채무변제는 채권의 준점유자에 대한 변제(민 470조)로 인정되어 변제자는 보호를 받을 수 있을 것이다.

5. 상속회복청구권의 소멸

1) 상속회복청구권의 포기

상속인은 상속개시 후 상속회복청구권을 포기할 수 있다. 상속개시 전에 미리 포기하는 것은 무효라고 보아야 할 것이다(상속권, 유류분권의 포기도 상속개시 전에 할 수 없는 것과 같다는 것이 통설이다).

2) 제척기간의 경과

상속회복청구권은 상속권자 또는 그 법정대리인(상속인이 무능력자인 경우)이 상속권의 침해사실을 안 날로부터 3년, 침해행위 시로부터 10년이 경과하면 소멸된다. 이 기간의 성질이 제척기간임은 학설과 판례의 일치된 견해이다. 이 기간은 제소기간이고 법원의 직권조사 사항이므로, 당사자의 주장과 관계없이 판사는 이를 조사하여 기간 경과 후 제기된 소이면 각하하여야 한다.

제척기간에는 시효기간의 중단이나 정지와 같은 것이 없다. 따라서 기간 내에 제소하여야 권리가 보전된다.

참칭상속인으로부터 상속재산을 양수한 제3자를 상대로 등기말소를 청구하는 경우에도 위 제척기간은 적용된다. 상속에 의한 권리관계를 조속히 확정시키려고 하는 것이 제척기간을 설정한 취지이다.

기산점(기간을 계산하는 최초의 시점)
① 그 침해를 안 날부터 3년
- 진정상속인이 '상속개시의 사실', '상속재산에 대한 참칭상속인의 침해사실'을 안 날부터 3년간 권리를 행사하지 아니하면 청구권은 소멸된다.

- 입증책임

호적부상 참칭상속인의 이름이 호주나 상속인으로 기재되어 있다고 하여 진정상속인이 상속권의 침해사실을 알았다고 단정할 수는 없다. 그리고 진정상속인이나 그 법정대리인이 침해사실을 '알았다'는 사실은 '그것을 알았다'고 주장하는 사람이 입증하여야 한다.

- 상속재산의 일부에 대한 제소(提訴)

상속재산의 일부(예컨대, 가옥 1동)에 대한 소송을 걸면서 그 기간을 지켰다 하여도 그로써 다른 상속재산(예컨대, 대지 2필지)에 대한 소송에도 기간준수의 효력이 생기는 것은 아니다.

- 인지판결로 상속인이 된 사람의 경우

상속개시 이후 인지판결로 공동상속인의 자격을 취득한 사람이 '자신이 진정한 상속인이라는 사실과 자기가 상속에서 제외된 사실(침해사실)을 안 날'이라 함은, '인지심판이 확정된 날'이라고 해석되고 이 경우도 제척기간이 적용된다.

> **참고 판례**
>
> 공동상속인들이 이미 주식을 매각하여 취득한 대금 중 원고의 상속분에 해당하는 돈의 지급을 구하고, 또 지연손해금을 청구하는 경우 지연손해금청구채권은 상속회복청구권의 확장으로 보아야 할 것이니, 여기에도 민법 제982조 제2항 소정의 제척기간(3~10년)이 적용된다(대판 1981. 2. 10, 79다2052).

② 상속권의 침해행위일로부터 10년

● 피상속인 사망 후 침해행위가 있으면 그 침해행위 시로부터 10년이 경과되어야 청구권이 소멸된다.

● 10년 후의 침해행위

피상속인 사망 후 10년이 경과한 후 침해행위가 이루어진 경우 위 규정을 그대로 적용할 것인가? 종전 판례는 상속개시 후 10년이 경과한 뒤 상속권침해가 있었고, 그로부터 3년 이내에 상속회복청구의 소가 제기된 사안에서, 상속개시 후 10년의 제척기간이 지났다는 이유로 소가 부적법하다고 각하하였다. 대법원 전원합의체의 소수설은 침해행위가 있은 날로부터 기산하여야 한다고 주장하고 있었다.

이는 상속개시 후 10년이 경과된 후 비로소 상속권의 침해행위가 있었던 경우는 그 침해행위가 이루어지는 순간 바로 법의 보호를 받는 '기이한' 결과에 이르게 된다고 비판받아왔다.

최근 헌법재판소에서는 2001. 7. 19. 선고 99헌바 9, 26, 84, 2000헌가3, 2001헌가23(병합) 결정에서 '상속이 개시된 날부터 10년'의 제척기간에 관한 규정(개정전 민법 제999조 제2항)은 위헌이라고 판단하였다.

개정민법 제999조는 상속회복청구권은 그 침해를 안 날로부터 3년, 상속권의 침해행위가 있은 날로부터 10년을 경과하면 소멸한다고 개정하였고, 이 개정법률이 2002년 1월 14일 공포되어 시행되고 있다(참고로 중국 상속법 제8조는 상속개시일로부터 20년, 일본 민법 제884조는 20년, 독일 민법 제195조, 제2026조와 프랑스 민법은 각각 30년으로 규정하고 있다).

③ 입증책임

진정상속인이나 그 법정대리인이 상속권의 침해사실을 알았다는 사실은 그것을 주장하는 사람(대개 피고 측)이 증명하여야 한다.

④ 판례는 물권적 청구권에 기초하여 상속재산의 반환을 청구하는 경우, 또는 전득자(轉得者)에 대하여 청구하는 경우에도 그것이 상속을 원인으로 한 것이면 상속회복청구권의 단기제척기간을 적용하고 있다.

기간경과로 인한 효과 : 권리관계가 절대적으로 확정됨

상속회복청구권이 소멸되면 진정상속인은 상속인의 지위를 모두 상실하고, 그 반사적 효과로서 참칭상속인은 상속개시의 시점으로 소급하여 상속인의 지위를 취득하게 된다.

따라서 참칭상속인은 상속개시의 시점부터 상속재산에 대한 소유권을 확정적으로 취득하게 되고, 그가 한 행위는 모두 유효하게 된다.

제3장

상속인의 종류와 순위

총설

1) 상속인의 종류

 세계 여러 나라의 상속법은 상속인을 정하면서 대개 망인(피상속인)의 혈족과 배우자를 상속인으로 규정하고 있다. 우리나라 민법도 다른 나라의 상속법과 같이 혈족상속인과 배우자상속인을 정하고 있다.

2) 상속인의 순위

 혈족을 상속인으로 정하는 경우 혈족이 한 사람뿐이라면 아무런 문제가 없지만, 혈족이 여러 사람일 경우는 그 수많은 혈족 중에서 누구를 상속인으로 정할 것인가? 그래서 혈족의 원근(遠近), 친소(親疏)에 따라 몇 개의 집단으로 나누고, 그 집단에 우선순위를 매겨서 상속인을 정하고 있다. 이 순위를 상속순위라고 한다.
 선순위자(예컨대, 1순위 상속인)가 있으면 후순위자(예컨대, 2순위 이하의 상속인)는 상속에서 제외되어 상속을 받을 수 없게 된다. 같은 순위의 사람이 여러 사람 있을 때는 공동으로 상속한다. 그러므로 최우선순위에 있는 상속인만 실제로 상속할 수 있다. 이러한 최우선순위의 상속인을 추정상속인이라고도 부른다.
 우리 민법은 제1000조(혈족상속인의 상속순위), 제1003조(배우자의 상속순위)에서 상속인의 순위를 정하고 있다. 그 순위를 보면 다음과 같다.

제1순위는 피상속인의 직계비속, 배우자
제2순위는 피상속인의 직계존속, 배우자
제3순위는 피상속인의 형제자매
제4순위는 피상속인의 3촌, 4촌 이내의 방계혈족

 망인의 직계비속이나 직계존속이 아무도 없을 때 배우자는 단독으로 상속한다. 위와 같은 상속인이 없을 때 망인이 남긴 상속재산은 국고(국가)에 귀속된다. 그밖에도 민법은 피상속인의 직계비속이나 형제자매가, 피상속인의 사망 전에 먼저 사망하거나 결격되어 상속권을 상실한 경우, 그 결격자의 배우자나 자녀가 대신 상속하는 이른바 대습상속제도를 인정하고 있다.

3) 상속인의 법적 지위

상속개시 전의 지위
 법정 추정상속인의 상속개시 전의 지위를 어떻게 이해할 것인가? 예컨대, 홍길동이 아직 살아 있는 경우 그 처자(妻子)의 지위는 무엇인가? 이는 단순한 희망이나 기대를 내용으로 하는 사실상의 지위에 불과하다는 학설도 있고, 일종의 기대권적 지위라고 인정하는 학설도 있다.
 판례는 추정상속인은 장래 상속이 개시되면, 피상속인의 권리의무를 포괄적으로 승계할 기대권을 가질 뿐이고, 현재로서는 아직 당연히 피상속인의 개개의 재산에 대한 권리를 가지는 것은 아니라고 한다(일본 최고재 1955. 12. 26 판결). 따라서 상속개시 전의 상속인의 지위는 확인소송의 대상이 될 정도로 강력한 것은 아니다.

상속개시 후의 지위

  일단 상속이 개시되면 상속인은 상속개시와 동시에 법률상 당연히 상속재산을 포괄적으로 승계한다. 그러므로 만일 진정한 상속인이 아닌 사람이 사실상 상속재산을 점유하든지 하여 상속인의 권리를 침해할 때는 진정한 상속인은 그 참칭상속인을 상대로 상속회복청구를 할 수 있다.

혈족상속인

민법이 인정하는 혈족상속인에는 네 가지 종류가 있다. 같은 순위의 상속인이 여러 사람 있을 때는 최근친(촌수가 가장 가까운 친족 예컨대, 손자보다는 아들)이 선순위가 되고, 같은 촌수의 상속인이 여러 사람 있을 때는 공동으로 상속하는 공동상속인이 된다. 배우자도 1순위 상속인이지만, 혈족은 아니다. 배우자는 상속인 중에서 혈족상속인이 아니라 배우자상속인이다.

1) 직계비속

사람이 사망한 경우 그 망인의 제1순위 상속인은 망인의 자녀들 즉, 직계비속이다. 세계 여러 나라의 상속법이 모두 동일하다(독일 민법 1924조, 프랑스 민법 731조, 스위스 민법 457조, 일본 민법 887조 1항 등). 예컨대, 홍길동이라는 사람이 사망한 경우 그의 상속인은 홍길동의 아들과 딸이 된다.

직계비속의 의미
① 직계비속에는 망인(피상속인)의 자녀, 손자녀, 증손자녀 등은 물론이고, 외손자녀, 외증손자녀 등이 모두 포함된다(현행법은 부계, 모계 혈족을 동등하게 취급). 그리고 자연혈족(自然血族)이냐 법정혈족(法定血族 : 양자녀)이냐를 떠나 모두 상속인이 된다.
피상속인의 직계비속(자녀)인 이상 호적 또는 국적을 이동(피상속인의 사망 전후를 불문하고 외국으로 귀화하여 외국국적을 취득)한 직계비속도

상속결격사유만 없다면 당연히 재산상속인이 된다.

성별(남·녀), 연령, 장유(長幼), 친생자, 양자, 혼인 중 자녀, 혼인 외 자녀[인지된 자녀, 적서(嫡庶)의 구별], 이복형제자매, 기혼, 미혼, 동일호적 여부 즉, 분가·출가 여부, 부계(친손자), 모계(외손자), 동거, 별거, 생활의 공동 등과는 아무런 상관이 없다.

망인을 기준으로 촌수가 같은 비속들은 모두 같은 순위로 공동상속인이 된다. 그들의 상속순위나 상속분이 모두 평등하다(이를 균분상속주의라고 한다).

② 법정혈족은 양자(養子)를 의미한다. 그러므로 양자녀와 그 직계비속도 당연히 여기의 제1순위 상속인에 포함된다.

● 양자는 양부모와 생가(친생)부모가 남긴 재산 모두에 대하여 상속권을 가진다. 2008년 1월 1일부터 시행될 특별양자(친양자)는 생가부모의 재산을 상속할 수 없다.

● 상속개시 후 입양신고된 양자[사후양자(死後養子)지금은 폐지되었음]는 상속권이 없다.

> **참고 판례**
>
> 전 호주의 사망(상속개시)일자는 1962년 3월 18일이고, 그 사후양자로 입양신고된 날짜는 그로부터 3개월 후라면, 그러한 양자는 호주상속을 할 수는 있어도 망인의 재산상속을 할 수 없다. 그리고 그러한 자로부터 상속토지를 매수한 제3자는 소유권을 취득할 수 없다(대판 1967. 9. 29, 67다1707 ; 1981. 10. 13, 81다카303).

③ 적모 혹은 서모가 사망한 경우 또는 서자나 적자가 사망한 경우(적모·서자·계모·적자의 관계)는 다음과 같다.

구 민법 시행당시(1990년 말까지)에는 적모·서자관계, 계모·적자관계도 법정혈족관계였다. 1991년 1월 1일 이후는 민법개정으로 인하여 적모와 서자녀 사이, 계모와 전처 소생 자녀 사이는 혈족이 아니라 인척으로 규정하여 서로 간에 상속할 수 없게 되었다. 적모나 계모가 사망해도 혼인 외의 출생자(소위 서자)나 전처의 자녀는 적모나 계모의 재산을 상속할 수 없다.

가봉자(전 남편의 자녀)는 현재 남편의 재산을 상속할 수 없다.

④ 유복자

관습상 유복자는 그 아버지 사망 시에 소급하여 상속권을 가진다.

직계비속의 상속순위

위와 같은 직계비속이 여러 사람 있을 때는 최근친(촌수가 가장 가까운 비속)이 선순위자로 상속한다. 자녀와 친손자녀, 외손자녀가 있을 때는 자녀만 상속하고 손자녀는 상속할 수 없다. 촌수가 같은 비속이 여러 사람일 경우는 공동으로 상속한다.

① 출가외인의 전통 소멸

옛날의 출가외인의 전통은 완전히 사라졌다(1961~1977년). 민법개정 전까지는 여자의 상속분은 남자의 1/2이었고, 동일 가적(家籍 : 호적) 내에 없는 여자(즉 시집간 여자)의 상속분은 남자의 1/4이었다). 1977년의 개정으로 남자와 여자(동일 호적 내의 남녀)의 상속분은 1979년 1월 1일부터 평등하게 되었다. 1990년의 개정으로 출가외인(호적이 다른 여자)의 상속분 1/4도 남자의 것과 똑같도록 개정하여 1991년 1월 1일부터 남녀간의 차별을 완전히 없앴다.

예컨대, 홍길동이 사망하였는데, 그의 자녀로는 출가한 딸 2명, 양자로 삼은 아들 1명, 남의 집에 보통 양자로 들어간 딸 1명, 혼인 외의 출생자 2명이 있고, 그 친손자녀와 외손자녀도 7명이나 된다고 가정하자. 이 경우 홍길동이 남긴 상속재산은 친손자녀와 외손자녀를 제외한 자녀 합계 6명이 1/6씩 나누어 평등하게 상속한다(배우자가 없을 경우를 상정한다).

② 부모의 이혼·재혼 등과 자녀의 상속

홍길동의 생모가 이혼하여 친가에 복적하였다가 다시 제3자의 남자와 재혼한 다음 사망한 경우 홍길동(생모의 유일한 자녀)은 그 생모의 재산을 상속한다. 홍길동의 호적 부모란에는 그 생모가 표시되어 있어야 할 것이다. 종전의 민법에서 '동일 가적 내에 없는 여자'라는 말은 그러한 여자가 상속인으로서 상속받을 경우에 해당하는 말이지, '사망하여 재산을 남기는' 피상속인은 여기에 포함되지 아니한다. 부모가 이혼하여 친권이나 양육권이 없더라도 사망한 경우 그 자녀들은 망인의 상속할 권리가 있다.

③ 호주승계자 여부

호주승계를 하는 아들이나, 그렇지 아니한 아들이나 딸이나 상속분에는 아무런 차이가 없다(1961년부터 1990년 12월 31일까지는 호주승계를 하는 자녀는 그 고유의 상속분에 50%를 가산하여 주었다. 1990년의 민법개정으로 1991년 1월 1일 이후 이 제도는 사라졌고, 2008년 1월 1일부터는 호주제도마저 폐지된다).

④ 혼인 외 출생자

인지된 혼인 외 자녀의 상속순위와 상속분은 혼인 중 출생자와 동일하다.

⑤ 호주승계를 하는 장남 이외의 차남의 상속

현행 민법은 남녀구분 없이 호주승계 여부에 불문하고, 직계비속인 이상 평등하게 상속한다.

대습상속 문제

① 피상속인보다 먼저 그 자녀가 사망하거나 결격된 경우 그 자녀의 배우자와 직계비속이 대습상속한다. 이러한 대습상속인들은 먼저 '사망한' 사람의 상속분만을 균등하게 대습상속한다.

② 상속포기(본위 상속)

자녀 등 제1순위 상속인들 중 촌수가 가까운 상속인들이 모두 상속포기를 한 경우 누가 상속할 것인가? 손자녀 등은 고유의 상속권으로 상속한다.

예컨대, 할아버지가 자동차할부판매의 연대보증인이 되었고 나중에 사망하였는데, 제1순위의 상속인들 중 선순위자(예컨대, 할머니와 아버지, 숙부 등)가 모두 상속을 포기한 경우 후순위 상속인들인 손자녀들이 대습상속을 하는 것이 아니고 본위상속(머릿수로 평등하게 상속)한다(판례).

태아

태아는 상속순위와 관련할 때는 이미 출생한 것으로 본다. 유복자(아버지가 사망한 후 태어난 아이)는 부(父)의 사망 시에 소급하여 상속권을 가지는 것이 관습이다.

생사불명자

예를 들어, 북한(미수복지구)에 있는 생사불명의 딸은 상속인인가? 망인의 직계비속인 딸이 이북에 있어 생사불명이라는 이유만으로는 재산상속인에서 제외할 수는 없다(대판 1982. 12. 28, 81다452, 453). 그러한 딸도 상속인이고 상속권이 있음은 물론이다. 이러한 자의 상속등기신청을 하려면 그 제적등본이나 호적등본으로 주민등록표등본을 대신하여 할 수 있을 것이다.

2) 직계존속

제2순위 상속인은 망인의 직계존속이다.
망인의 부모나 조부모 등(직계존속)이 상속하는데, 이때도 촌수가 가까운 사람 예컨대, 부모가 조부모보다 먼저 상속한다.

 직계존속인 이상 호적·국적의 이동, 동거·이혼 여부, 부계·모계 여부, 성별, 연령, 친생부모, 양부모 등 여하를 묻지 아니한다. 따라서 망인의 부모, 조부모, 증조부모, 외조부모, 외증조부모 등이 모두 망인의 재산을 상속하는 상속인이 된다. 양부모, 양부의 부모, 조부모, 양모의 부모, 조부모 등도 모두 상속인이 된다. 망인의 부(父)는 이미 사망하고 모(母)가 비록 개가하여 다른 사람의 호적에 올라 있다 하더라도(부모가 생존 중 이혼하여 별거 중이더라도), 망인과 모 사이의 직계혈족(존속)관계가 소멸되는 것은 아니므로, 그 모는 망인의 형제자매에 앞서 단독 재산상속인이 된다(1984. 4. 10 등기예규 518호).

 이혼한 배우자가 전 배우자의 재산을 상속할 수 없는 것과는 다름을 주의하여야 한다.

> **참고 판례**
>
> 신 민법 시행 후 양자가 직계비속 없이 사망한 경우 그가 미혼이면 제2순위 상속권자인 직계존속이 상속하고, 그에게 처가 있는 경우는 직계존속과 처가 같은 순위로 상속인이 되는 바, 이 경우 양자를 상속할 직계존속에 대하여 아무런 제한을 두고 있지 않으므로 양자의 상속인에는 양부모뿐만 아니라, 친부모도 포함된다고 보아야 한다(대법원 1995. 1. 20 고지 94마535).

적모·서자관계와 계모·적자관계

 이들은 민법개정으로 1991년 1월 1일 이후 인척관계로 변경되어 서로 혈족간이 아니라서 서로 사이에 상속권이 없다. 따라서 적모 또는 서자(혼인 외 출생자)의 사망 시 서자 또는 적모는 서로 상속권이 없고, 계모 또는 전처 자식의 사망 시 전처의 자식 또는 계모는 서로 상속권이 없다.

직계존속이 상속인이 되려면 제1순위 상속인(직계비속이나 배우자)이 없거나 또는 그러한 사람들이 모두 상속결격자가 되거나 상속포기신고를 한 경우라야 한다.

촌수가 다른 존속이 여러 사람 있을 때는 최근친이 상속하고, 동순위의 상속인이 여러 사람인 경우는 공동상속한다. 예컨대, 양친부모와 친생모가 생존하고 계시면 그 3명이 1/3씩 공동상속하고, 부모나 양부모가 없을 경우 조부모와 외조부모가 생존하고 계시면 그들도 1/4씩 공동상속한다. 이처럼 머릿수대로 평등하게 상속한다.

예를 들면, 홍길동이 사망하였는데 그에게 자녀나 처는 없고, 양부와 친생부모, 그리고 조부모가 계시는 경우 홍길동의 재산은 양부와 친생부모 등 3명이 1/3씩 평등하게 상속한다. 조부모는 촌수가 2촌이라서 부모(1촌)보다 후순위가 되어 상속할 수 없다.

직계존속의 경우는 대습상속을 할 수 없다(민 1001조)

예컨대, 부모 중 모가 먼저 사망하였다면 부만 단독상속할 뿐이고, 모의 부모가 생존하고 있더라도 모의 부모나 모의 자녀가 대습상속할 수 없다. 양자녀가 사망하였으나, 그 직계비속이 없는 경우 양부모와 친생부모 4명이 공동상속한다. 그 중 1명만 살아 있고 나머지 3명이 사망하고 없으면, 그 1명이 단독상속한다. 특별양자(친양자)가 사망한 경우 생가부모는 상속권이 없다.

극단적인 사례를 들면, 양부가 사망하여(양모는 먼저 사망) 보통 양자가 단독상속한 후 처자 없이 사망하면 양자의 재산은 친생부모가 모두 상속한다. 양조부모가 생존하고 있더라도 결과는 동일하다.

미혼의 손자녀가 사망한 경우(혼인하지 않았으니, 자녀도 없는 경우) 그의 부모가 생존하지 않고 조부모, 외조부모만 생존하고 있으면 이들 등이 머릿수로 등분한 상속을 하게 된다. 이는 고유의 상속권에 따른 것이다.

망인의 직계존속이 상속한 후 나중에 나타난 '혼인 외 출생자'
혼인 외의 출생자(홍길동)가 그 생부 사망 후 인지판결로 친생자로 인지된 경우, 그동안 망인의 지위를 상속하였던 생부의 직계존속이나 형제자매들은 홍길동의 출현과 함께 이미 취득한 상속권을 소급하여 잃게 된다. 생부의 부모가 인지판결 이전에 가해자들과 손해배상합의를 하였더라도 이와 관계없이 피인지자(홍길동)는 다시 손해배상을 청구할 수 있다.

3) 형제자매

제3순위 상속인은 망인(피상속인)의 형제자매이고 부계와 모계를 불문한다. 부모가 서로 같은 형제자매뿐만 아니고 부나 모가 서로 다른 형제자매[부계형제자매 즉 동성이복(同姓異腹), 모계형제자매 곧 이성동복(異姓同腹)형제자매]도 포함된다(종전 판례를 변경하여 이를 긍정하고 있다 : 대판 1997. 11. 28, 96다5421).

법정혈족(양자녀)과 자연혈족(친생자녀) 사이도 형제자매이다. 어떤 사람이 고아를 양자로 맞이하여 호적에 올렸는데 나중에 친생자가 출생하였다. 이 경우 양자와 친생자 사이에도 형제자매임에는 아무런 차이가 없다. 이들은 서로 형제자매간이므로 서로 사이에 상속자격이 있다. 친양자와 생가의 형제자매 사이의 친족관계는 친양자입양허가심판으로 단절·소멸된다.

망인의 직계존·비속과 배우자가 모두 사망, 결격, 상속포기를 한 경우 비로소 망인의 형제자매가 망인의 재산을 상속한다.

성별 · 기혼 · 미혼 여부 · 호적의 이동 불문

형제자매는 모두 같은 순위의 상속인이 된다. 동일 호적 내에 있지 아니한 형제자매도 재산상속인이 된다. 요즘은 사람이 혼인하면 분가 하든지, 남편의 호적으로 편입되어 자동적으로 호적이 달라지고 있지만, 그 상속순위나 상속분에는 아무런 차이가 없다.

대습상속이 인정된다. 즉 형제자매 중 일부나 전부가 이미 사망하고 없을 때는 그 직계비속이나 배우자가 대습상속하게 된다.

구 민법 당시의 관습

민법 시행 전의 관습에 의하면 호주가 미혼자로 사망한 경우 형망제급(兄亡弟及)의 원칙에 따라 망인의 남동생이 호주상속과 재산상속을 하고, 호주가 상속할 남자 없이 사망한 경우에는 어머니, 처, 딸이 존비의 순서에 따라 사망 호주의 사후양자가 선임될 때까지 일시 호주 및 재산상속을 하였다.

4) 4촌 이내의 방계혈족

형제자매, 그 직계비속, 직계존속의 형제자매 및 그 형제자매의 직계비속이 방계혈족이다. 그 중 망인의 4촌 이내의 방계혈족이 망인의 상속인이 된다.

4촌 이내 혈족은 누구인가

부계혈족 중 3촌으로는 백부, 숙부, 고모, 형제자매의 자녀(조카, 질녀, 생질, 생질녀)가 있고 4촌의 방계혈족으로는 종(4촌)형제자매, 내종형제자매(고종4촌), 종조부(할아버지의 형제), 대고모(조부의 자매 : 왕고모라고도 함), 조모의 형제자매가 있다.

로는 외종형제자매(외 4촌), 이종형제자매(이종 4촌), 외종조부, 외대고모(외조부의 자매), 외조모의 형제자매 등이다.

그러므로 망인의 당숙이나 종고모(5촌 혈족 : 아버지의 4촌 형제자매, 어머니의 4촌)는 망인의 상속인이 될 수 없다. 따라서 당숙과 당질간에는 서로 상속인이 될 수 없다.

장인, 장모와 사위 사이 또는 시부모와 며느리 사이는 혈족관계가 없고 서로 인척간이나, 대습상속으로 상속하는 경우가 생길 수 있다.

위에서 본 제1~3순위 상속인이 한 사람도 없거나, 상속결격, 상속포기를 한 경우 4순위 상속인이 상속한다.

촌수가 가장 가까운 혈족이 선순위로 상속한다. 예컨대, 망인에게 백부와 외 4촌이 있을 경우, 백부가 3촌이므로 백부가 망인의 재산을 상속하게 되고 외 4촌 형제자매는 제외된다. 촌수가 서로 같으면 공동상속한다.

대습상속은 인정되지 않는다. 예컨대, 망인에게 숙부 1명, 고모 2명, 이모 1명이 있었는데, 망인 사망 당시에는 숙부와 이모가 먼저 사망하여 안 계시는 경우 종형제자매나 이종형제자매가 대습상속할 수 없고, 망인 사망 당시 생존하고 계시던 고모 2명이 모두 상속한다.

배우자 상속인

서구의 배우자상속제도의 변천

세계 여러 나라의 민법에서 배우자 상속을 인정하는 근거에 관하여 학자들은 부양주의(扶養主義 : 대가족제도하에서 상속재산으로 배우자를 부양하자는 견해) → 용익주의(用益主義 : 대가족제도가 붕괴되어 사람보다는 재산으로 유처(遺妻)의 생활을 보장하자, 혈족에게 승계될 상속재산의 일부의 이용권을 처에게 인정하자는 견해. 이는 거래의 안전에 문제가 생긴다〕→ 분할주의(分割主義 : 핵가족제도에서 가족의 핵은 부부이므로, 혈족과 마찬가지로 배우자에게도 고유의 권리로 재산을 분할, 승계하는 것을 인정하자는 견해)로 발전하여 왔다고 해설하고 있다.

현대적 근거

① 생존 배우자는 '혼인 중 형성된 재산'에 대하여 잠재적 지분을 가지고 있다. 배우자 일방의 사망을 계기로 이를 청산하는 것이 곧 상속이다. 혼인 중 배우자가 이혼하여 혼인이 종료, 해소될 때 재산분할청구권이 인정되는 것과 마찬가지로, 배우자 한 쪽의 사망으로 인하여 혼인이 종료, 해소되는 경우에도 상속으로 이를 청산하여야 한다는 것이다.

② 생존 배우자의 부양이나 생활보장을 위한 것이 배우자 상속이다. 배우자가 함께 살아있었다면 계속 서로 부양하고 살아갈 터인데, 배우자의 한 쪽이 사망하였다고 하여 부양이 곧 중지되어서는 곤란하다. 상속재산으로 생존 배우자의 부양은 계속되어야 한다. 상속은 그러한 의미에서 혼인의 사후효과(事後效果)라고도 말할 수 있다.

민법상 배우자 상속권

망인의 배우자(남편이나 아내)는 망인의 직계비속이 있으면 그들과 공동상속하고, 직계비속이 없고 망인의 직계존속이 살아있으면 그 존속과 공동상속한다. 존비속이 모두 없을 때는 배우자가 단독상속한다(민 1003조). 망인의 배우자가 망인의 형제자매보다는 우선하여 망인의 재산을 상속한다. 망인에게 배우자도 없고 직계비속도 없을 때는 그의 직계존속이 상속한다.

① 혼인신고를 마친 법률상 배우자

배우자가 상속을 받으려면 상속개시 당시 피상속인(망인)의 법률상의 배우자라야 한다. 이는 법률상 유효한 혼인신고를 마친 배우자를 의미한다. 혼인 중의 부부인 이상, 별거(別居)나 사실상 이혼을 하고 있는 사람, 이혼소송 중인 사람이나 중혼(重婚) 중인 사람도 배우자로서 상속하는 데는 아무 상관이 없다.

배우자인 이상 남편이든 아내이든 상속분에 차이가 없고 자녀나 존속과 공동상속할 경우 그들보다는 모두 50%를 더 받는다(배우자와 자녀의 상속비율 = 1.5 : 1). 예컨대, 홍길동이 그 처와 자녀 2명을 남겨둔 채 7,000만 원을 남기고 사망한 경우 처는 3,000만 원[7,000만 원×(1.5/(1.5+1.0+1.0)]을 상속하고 자녀는 2,000만 원[7,000만 원×(1.0/(1.5+1.0+1.0)]씩 상속하는데, 거꾸로 홍길동의 처가 동일한 금액을 남기고 사망한 경우에 홍길동도 배우자로서 3,000만 원을 상속한다는 뜻이다.

중혼배우자가 중혼취소 이전에 남편의 재산을 상속하는 경우 그들의 상속분은 어떻게 되는가? 각 배우자가 1.5씩(50%를 가산) 받을 것인가? 아니면 1.5를 나누어서 0.75씩 받을 것인가?

판례는 후자를 선택하고 있으나(대판 1996. 12. 23, 95다48308), 이는 의문이다. 왜냐하면 본처는 남편의 중혼으로 아무런 잘못 없이 상속분의 1/2을 상실하는 결과가 되기 때문이다. 논리적으로는 상속개시 당시까지 중혼이 취소되지 아니한 이상, 중혼의 두 아내는 평등하게 1.5씩 상속한다고 봄이 타당할 것이다.

② 사실혼의 배우자

'혼인신고를 하지 아니한' 사실혼의 배우자는 상속권이 없다(통설). 거래질서를 안정시키기 위하여 호적부상 배우자를 확정할 필요가 있다. 호적부에 부부로 올라있지 아니한 사람은 배우자로 볼 수 없기 때문이다.

그러나 근로기준법, 주택임대차보호법, 각종 연금법 등에서 사회정책적 견지에서 예외적으로 사실상 부부에게 권리승계를 인정하는 특례가 있다.

망인에게 상속인이 전혀 없는 경우 사실상 배우자 등 특별연고자는 재산분여청구를 할 수 있다(민 1057조의 2항). '분여(分與)'는 상속이 아니지만, 기여분제도는 상속인에게만 인정되는 제도이다.

③ 혼인무효의 경우

혼인신고를 한 경우라도 그 혼인신고가 무효인 경우는 어떻게 될까? 혼인무효의 소는 확인의 소라는 견해(통설)에 따르면 무효판결을 기다릴 것 없이 무효인 혼인은 당연히 절대적으로 상속 무효라고 한다. 현행법의 해석론으로는 당연 무효설이 타당할 것이다. 무효혼인의 배우자 한 쪽이 사망한 경우 생존 배우자는 상속권이 없다. 혼인무효소송 중 당사자인 원고가 사망하여도 소송은 당연히 종료되지 아니하고, 4촌 이내의 친족이 승계할 수 있다.

④ 혼인취소의 경우

혼인취소의 소는 이른바 형성의 소다. 그러므로 혼인취소판결이 선고되어도 그 혼인은 판결선고일 이후 종료, 소멸할 뿐이고, 과거로 소급하는 소급효가 없다. 혼인취소판결 확정 이전에 이미 상속을 받은 배우자는 적법하게 재산을 보유할 수 있다.

⑤ 배우자의 대습상속

남편이나 아내가 먼저 사망하고 시부모나 장인, 장모가 나중에 사망한 경우 그 생존 배우자(아내나 남편)는 '먼저 사망한 사람'의 상속인과 동순위로 공동상속인이 되고, 그 상속인이 없을 때는 단독상속한다(민 1003조 2항). 여기서 아내(소위 '미망인')는 남편의 사망 후에도 시가와의 인척관계를 유지하는 처를 말하므로, 남편의 사망 후 재혼한 처는 전남편의 순위에 갈음하는 대습상속인이 될 수 없다. 남편도 재혼하면 대습상속할 수 없음은 위와 같다.

⑥ 판례

하급심판결례로는 아래와 같은 것이 있다. 중혼에 관한 판례의 요지와 동일하다.

> 갑에 대한 실종선고가 내려지면 사망한 것으로 간주되나, 그러한 판결이 선고되기 이전에 갑의 처인 을은 '갑과의 혼인이 해소되지 아니한 상태에서' 다시 병과 혼인하여 중혼상태에 빠져 있었다. 갑과의 혼인이 아직 취소되지 아니한 이상 갑이 사망한 경우 을은 배우자로서 갑의 재산을 상속할 자격이 있다〔춘천지판, 1991. 12. 11, 91가단486(확정)〕.

대습상속

1. 의미와 근거, 성질

상속인(예컨대, 아들)이 상속개시 전에 먼저 사망하거나 상속결격이 된 경우, 그 사람의 직계비속(예컨대, 손자)이나 배우자(예컨대, 며느리)가 이에 갈음하여 상속하는 것이 대습상속이다. 직계존속이 상속인인 때는 대습상속이 인정되지 아니한다.

민법은 호주상속에서도 대습상속을 인정하고 있었으나(장남 대신 장손이 호주상속), 개정민법은 호주상속을 호주승계로 바꾸고, 호주승계의 대습승계는 이를 인정하지 않고 있다(2008. 1. 1. 이후 호주제도 폐지). 그러므로 대습상속이라면 오직 재산상속의 대습상속만이 가능함을 주의하여야 한다.

그리고 망인이 유언으로 대습상속을 금지시킬 수는 없다. 이는 유언사항이 아니기 때문이다.

유사개념 : 본위상속, 본래상속과 대습상속
본위(本位)상속 또는 본래상속은 피상속인 사망 시에 상속인이 생존하여 망인의 지위를 승계하는 것이고, 대습상속은 상속인이 피상속인보다 먼저 사망한 경우 상속인의 상속인이 대신 상속하는 점에서 서로 다르다.

존재이유
존재이유를 인정하는 근거는 피상속인보다 먼저 사망한 상속인의 자녀를 상속에서 제외하는 것은 너무 불공평하고 가혹하기 때문이다. 대습상속을 인정하는 이유는 대습자의 상속기대권을 보호함으로써 공평의 이념을 실현하고, 상속인의 생활보장과 상속재산에 대한 잠재적 지분의 청산('상속의 근거')에도 부합되기 때문이다.

법률적 성질

대습상속인은 피대습자(추정상속인)의 권리를 승계 또는 대위(代位)하는가(승계설), 아니면 자기 고유(固有)의 권리로 직접 피상속인을 상속하는가?(고유권설) 후자로 해석하는 것이 국내 통설이다. 본래의 상속인은 이미 사망 또는 결격으로 인하여 권리능력과 상속인자격을 상실하였으므로 상속권이 없다. 그러므로 상속인(피대습자)에게 '없는 권리'를 대습상속인이라고 하여 승계할 수는 없다.

그러므로 대습상속권은 추정상속인의 권리를 승계하는 것이 아니고, 법률의 규정에 따라 대습상속인에게 부여된 고유의 권리, 고유의 상속권이라고 보아야 할 것이다.

2. 대습상속의 요건

1) 민법상 대습상속인(상속인인 직계비속 혹은 형제자매가 먼저 사망한 경우에 한정)

가. 제1순위 상속인인 직계비속의 대습상속

제1순위 상속인이 될 직계비속이 상속개시 전에 사망하거나 상속결격자가 된 경우라야 그 사망자의 직계비속 등이 '사망자'에 갈음하여 상속인이 된다(민 1001조). 예컨대, 홍길동에게 아들 갑이 있었는데, 갑이 홍길동보다 먼저 사망하였고, 갑에게 처자가 있다면 그 처자가 갑을 대습하여 홍길동의 재산을 상속한다.

양자의 양자
피상속인이 입양한 양자가 다시 입양한 자녀는 양자의 직계비속이 되고, 그는 양부모를 대습상속할 수 있다. 양자는 입양한 때로부터 혼인 중의 출생자와 동일한 것으로 보기 때문(민 772조 1항)이다.

손자 · 손녀들의 대습상속의 성질
장남과 차남이 살고 있었는데 장남에게는 처와 자녀 2명(병과 정)이 있고 차남에게는 처가 없고 아들 1명(무)이 있다. 이 장남과 차남이 할아버지보다 모두 먼저 사망하였고, 그 후 할아버지가 사망한 경우 손자 3명과 며느리의 대습상속이 문제된다.

① 본위상속설

직계비속들 중 선순위 직계비속이 사망하였으니, 그 다음의 직계비속들(병, 정, 무)이 본위상속한다. 그들 고유의 상속권에 기하여 상속한다는 설이다. 이들은 머릿수로 평등하게 상속하므로 위의 경우 각각 1/3씩 상속한다. 예컨대, 할아버지가 900만 원을 유산으로 남긴 경우 그 손자들 3명이 각자 300만 원씩 평등하게 상속한다. 장남의 처는 상속할 수 없고, 병과 정과 무만 상속한다. 왜냐하면 장남의 처는 병과 정이 볼 때는 직계존속이므로 상속에서 제외된다.

② 대습상속설

손자녀들은 어디까지나 그 부모를 대신하여 상속하는 것이므로 그들의 상속분도 어디까지나 그들 각자 부모의 상속분만을 상속할 수 있다. 그러므로 머릿수로 평등하게 나누는 것이 아니라, 무는 차남의 상속분 1/2을 상속하고 병과 정은 그들의 어머니와 함께 나머지 1/2(장남의 상속분)을 공동상속한다. 병과 정은 장남을 대습하므로 장남의 처도 대습상속할 수 있다(민 1003조 2항). 예컨대, 할아버지가 900만 원을 남긴 경우 차남의 상속분인 450만 원은 차남의 아들인 무가 상속하고, 나머지 450만 원은 장남의 상속분이므로 장남의 처가 3/7을 상속하고, 장남의 자녀들인 병과 정이 2/7씩 상속한다.

③ 판례

대법원은 피상속인의 자녀가 상속개시 전에 전원 사망한 경우 피상속인의 손자녀는 본위상속을 하는 것이 아니라, 대습상속을 한다고 봄이 상당하다고 판시하였다(대판 2001. 3. 9, 99다13157). 판례는 대습상속설을 지지하고 있다.

나. 직계비속의 배우자의 대습상속

할아버지보다 아버지가 먼저 사망하거나 결격이 되고 그 후 할아버지가 사망할 경우 어머니는 아버지의 자녀(즉 손자녀)들과 같은 순위의 공동상속인이 된다(민 1003조 2항). 여기서 '배우자'는 남편이든 아내이든 배우자에 포함된다. 배우자가 상속개시 전에 재혼한 경우는(피상속인과 배우자 간의) 인척관계가 소멸하므로, 대습상속할 수 없다.

다. 제3순위 상속인인 형제자매의 대습상속(민 1001조)

피상속인(망인)에게 직계존·비속이나 배우자가 없을 경우 그 형제자매가 3순위로 상속한다. 망인의 형제자매의 일부 또는 전부가 망인보다 먼저 사망하거나 결격된 경우 그들의 자녀들이 대습상속한다(민 1001조). 즉 조카나 질녀, 생질이나 생질녀가 대습상속한다. 조카 등이 또 먼저 사망하고 그 자녀 등이 생존하고 있는 경우에는 다시 재대습상속한다고 해석할 것이다. 구 민법 시대에는 형망제급의 원칙이 있었으나, 이 원칙은 형들이 미혼으로 죽었을 때의 원칙이고, 형의 자녀가 있는 경우에는 그 자녀가 대습상속한다(대판 1978. 8. 22, 78다1107).

구 조선호적령(1922. 12. 8 총독부령 15호) 시행 이후 망인이 처와 혼례식을 거행하고 사실상 동거하고 있었다 하더라도 사망 당시까지 위 호적령에 따른 혼인신고를 하지 아니한 경우는 미혼자로 보아야 하고, 그가 사망한 경우는 상속에 관한 구 관습에 따라 차제(次弟 : 망인의 바로 아래 동생)가 호주상속과 동시에 망인의 재산을 모두 상속한다(대판 2000. 6. 9, 99다54349).

라. 형제자매의 배우자 대습상속

망인보다 '먼저 사망한 형제자매'의 배우자는 그 비속이 있으면 이들과 공동상속하고, 비속이 없으면 단독으로 대습상속한다.

마. 대습상속이 안 되는 경우

제2순위 상속인인 망인의 직계존속, 제4순위 상속인인 3촌, 4촌 이내의 방계혈족의 경우는 대습상속이 인정되지 아니한다. 부모 중 1명이 상속개시 전에 먼저 사망하였고, 피상속인은 나중에 사망한 경우는 생존하고 있는 부모 중의 1명만이 상속한다는 말이다. 그리고 백부가 먼저 사망하였는데, 그 아들인 4촌이 생존하고 있으면 그 4촌이 본위상속하게 되고, 4촌이 사망하고 없으면 그의 처자는 대습상속할 수 없다.

2) 대습상속의 요건

가. 대습원인

대습상속의 원인은 '상속개시 이전의 피대습자의 '사망'과 '결격' 두 가지뿐이다. 그러므로 상속포기는 대습상속의 원인이나 사유가 될 수 없다.

상속개시 전의 사망의 의미
① 피상속인이 '사망하기 전'에 상속인이 될 사람(피대습자, 추정상속인)이 먼저 사망한 것을 의미한다. 예컨대, 할아버지 사망 이전에 아버지가 먼저 사망한 경우를 말한다. 상속개시 후 곧 상속인(피대습자)이 사망한 경우는 그 직계비속이 대습상속을 하는 것이 아니고, 본래의 상속을 한다.
② 동시사망의 경우는?
피상속인과 그 자녀가 동시에 사망한 것으로 추정되는 경우에는 그 자녀가 피상속인보다 먼저 또는 나중에 사망한 것이 아니므로 대습상속은 가능하다고 해석함이 타당하다. 부자(父子)의 동시사망 경우에 그 아들은 아버지의 재산을 상속하지 못하나, 그 아들의 자녀 즉 손자녀는 아버지를 대습하여 할아버지의 재산을 상속한다고 해석함이 온당하다(서울지판 1998. 4. 3, 97가합91172 : 괌 비행기추락사고의 경우 상속인이 될 직계비속이 피상속인과 동시에 사망한 경우도 '상속개시 전의 사망'에 포함되는 것으로 해석함이 타당하다. 따라서 망인의 직계비속의 배우자인 피고는 특별한 사정이 없는 한 망인을 대습상속한다).
만일 피상속인과 상속인이 동일한 사고에서 어느 쪽이 먼저 사망한 것이 밝혀지면 상속인의 배우자나 직계비속이 본위상속을 하거나 대습상속하는 것으로 결과가 나온다. 그러므로 동시사망이라고 대습상속마저 부인하는 것은 부당하기 때문에 이를 긍정함이 타당하다.
③ 실종선고의 경우는 실종기간의 만료일이 상속개시일 이전이면 그 실종자의 비속은 대습상속한다고 해석할 것이다. 아버지가 오랫동안 행방불명인데, 할아버지가 최근에 돌아가셨다. 이 경우 손자가 대습상속을 할까?
일단 아버지를 부재자로 보고, 그 재산관리인 선임신청을 하여 아버지가 본위상속을 한 다음 나중에 손자가 상속하는 길이 있고, 실종선고 심판청구를 하여 그 심판이 내려져서 사망으로 간주되는 시점이 할

아버지의 사망시점 이전으로 판명되면 손자가 대습상속을 하게 된다 (상속세법에서와 같이 실종선고 심판확정 시를 사망 시로 본다면 순차 상속하게 된다).

상속결격
① 입법례와 민법

상속결격의 경우는 그 결격자뿐만 아니라 그의 자녀에게도 상속권을 인정하지 아니하는 나라(프랑스)도 있다(상속권이 없는 자를 대위하는 꼴이니, 대습자도 상속권이 없다는 논리이다). 그러나 우리나라 민법은 상속결격의 경우 그 결격자의 배우자나 자식에게는 대습상속을 인정하고 있다. 예컨대, 피상속인을 살해하거나 피상속인에게 협박을 가하여 유언을 방해한 사람은 상속결격자가 되지만, 그 사람의 자식은 대습상속을 할 수 있다.

생각건대, 아버지가 할아버지를 살해하여 상속이 개시되었는데, 그 아버지의 아들 즉 손자는 할아버지를 상속한다는 것이 과연 타당한 것인지 의문이므로 법이론상으로나 인간의 감정으로 볼 때는 이를 부정하는 프랑스의 제도가 타당하다고 생각된다.

② 결격의 시점

여기의 결격은 상속개시 전의 결격은 물론 '그 후의 결격'도 포함된다. 상속개시 후에 결격이 생긴 경우에도 상속권 상실의 효과는 상속개시시에 소급하므로 상속개시 전의 경우에만 한정할 필요가 없다고 해석된다.

상속포기는 대습상속의 사유가 되지 않는다
① 상속포기는 대습상속의 원인(사유)이 아니라고 부정하는 것이 다수설이다. 상속포기는 상속개시 이전에는 할 수 없고, 자기를 위한 상속개시 사실을 알고 난 이후에 할 수 있는 것이므로, 상속포기는 대습

상속의 사유가 될 수 없다.

　따라서 상속인들이 모두 포기를 한 경우 그 상속인들의 상속인은 대습상속을 하는 것이 아니라, 본위상속을 한다(예컨대, 손자들의 숫자에 따라 상속분이 달라진다). 대습상속의 본래 취지가 자기의 직계존속이 살아있다면 자기도 상속할 수 있으리라는 강한 기대를 보호하는 데 있고, 포기의 경우는 그러한 기대가 이미 사라졌다고 할 것이니 포기는 대습상속의 원인이 아니라고 설명하는 견해도 있다.

　예컨대, 홍길동에게 아들 3명(모두 기혼자)이 있는데, 장남이 상속을 포기한 경우 차남과 3남만 상속하고, 장남의 배우자와 장손은 대습상속을 할 수 없게 된다. 홍길동에게 유일한 상속인으로 아들 1명(기혼)이 있고 손자가 있는데, 홍길동 사후 아들이 상속을 포기한 경우, 그 손자와 며느리는 대습상속할 수 없고, 손자가 홍길동의 직계비속의 지위(제1순위 상속인)로 본위상속을 하게 된다.

　아들이 상속개시 이전에 사망한 경우는 며느리도 손자와 공동으로 대습상속을 할 수 있다. 이처럼 아들의 상속포기의 경우는 아들 사망의 경우와 달리 며느리는 상속할 수 없다는 이론이 과연 합리적인가? 이것은 앞으로 입법론으로 연구할 과제이다. 현행법의 해석론으로는 상속포기를 대습상속의 이유라고 할 수 없다.

　② 포기를 대습원인에 넣어야 한다고 주장하는 견해는 부정적이다. 상속포기를 대습원인에서 제외하였기 때문에 상속포기는 포기자 자신뿐만 아니라, 그의 직계비속과 배우자의 대습상속 가능성도 빼앗는 결과가 되어 부당하다. 즉 상속포기는 포기자 자신의 이익을 포기하는 것으로 허용할 수 있지만, 포기자의 직계비속이나 배우자가 대습상속할 기회마저 박탈하여 이들의 상속까지 강제적으로 포기시키는 결과가 되기 때문에 부당하다. 그러므로 민법은 개정되어야 한다는 견해가 많다.

　③ 제1순위 상속인들 중 선순위 상속인들(예컨대, 배우자와 자녀들)이

모두 상속포기를 한 경우 후순위 상속인들(손자, 손녀)의 상속은 어떻게 될까?

판례는 본위상속설(비대습상속설)에 따르고 있다. 채무자가 그의 처와 동시에 사망하고 제1순위 상속인인 자녀 모두 상속을 포기한 경우, 상속을 포기한 자는 상속개시시부터 상속인이 아니었던 것과 같은 지위에 놓이게 되므로 같은 순위의 다른 상속인이 없어 그 다음 근친 직계비속인 피상속인들의 손자들이 차순위의 본위상속인으로서 피상속인의 채무를 상속하게 된다(대판 1995. 4. 7, 94다11835 : 피상속인의 처와 자녀들 3명이 상속을 포기하면, 그 손자녀 5명이 머릿수로 평등하게 상속세금 1억 6,343만 8,440원씩과 방위세금 2,971만 6,080원씩을 상속하여 부담하게 된다).

나. 대습상속인의 요건

대습상속인은 피대습자의 직계비속이거나 배우자이어야 한다.

동시존재의 원칙은 여전히 적용하는가

① 상속인이 상속권을 잃을 당시 그 자녀(대습상속인)는 이미 출생하여 생존하고 있어야 하는가? 상속인의 상속권 상실 당시가 아니고, 상속개시 당시 대습상속인이 이미 출생하여 생존하고 있으면 대습상속권을 가진다.

② 상속결격사유 발생 후 출생하거나 입양된 비속(친생자나 양자)도 대습상속할 수 있는가?

출생시점이 결격의 전후이냐에 따라 그 출생자를 차별하는 것은 부당하므로 결격 후 출생하거나 입양된 양자도 상속개시 당시의 출생자나 양자처럼 대습상속할 수 있다.

③ 태아는 대습상속할 수 있는가?

상속개시 당시의 태아에 관한 규정(민 1000조 3항)을 유추적용하여 피대습자의 사망이나 결격 당시의 태아뿐만 아니라, 상속결격 후 상속개시 당시에 포태되어 있는 태아도 대습상속할 수 있다고 본다(일본 민법 886조 참조). 할아버지 사망 당시 이미 임신되어 있는 손자나 손녀는 할아버지를 대습상속할 수 있다.

배우자의 대습상속 자격

상속개시 당시 법률상 혼인을 한 정당한 배우자라야 한다.

① 결격당시의 배우자에 한정할 것인가? 사망한 사람은 재혼할 수도 없으니, 이 문제는 항상 결격과 관련된 것이다. 이 점에 관하여 상속인이 결격자가 된 후에 혼인한 배우자도 대습상속권을 가지도록 허용한다면, 결격자 스스로 상속하는 결과가 되므로 결격 당시의 배우자에 한정할 필요가 있다는 학설이 있고, 이에 대하여 민법이 부부별산제를 채택하고 있으므로(민 830조), 이론상으로는 결격자 스스로 상속한다고 해석하기는 곤란하다고 반대하는 견해가 대립하고 있다. 상속결격으로 인하여 상속권을 잃은 후에 혼인을 한 배우자는 나중에 발생한 상속개시로 대습상속할 수 있다고 해석할 것이다.

② 배우자 재혼의 경우

배우자의 사망 후 남아 있는 생존배우자가 그 사망배우자의 피상속인(시부모나 장인, 장모) 사망 전에 재혼하면 인척관계가 소멸하므로(민 775조 2항), 대습상속권이 없다고 해석한다. 며느리 또는 사위는 재혼하면 대습상속을 할 수 없다. 홀로된 배우자(속칭 미망인 등)는 의리를 지키고 시부모나 장인, 장모 생전에 재혼하지 않고 기다려야 대습상속을 할 수 있다. 이 재혼은 법률상 재혼을 의미하므로, 사실상 재혼을 한 사람은 여전히 대습상속을 할 수 있다. 이 점은 하나의 문제점이다.

③ 1990년 민법개정 전에는 처에게만 대습상속권을 주었으나, 개정민법은 남편에게도 동일하게 대습상속권을 부여하였다. 남편에게

는 직계비속이 없고 재산도 없는데 이미 사망하였고, 시부모에게 재산이 많이 있고, 시부모가 나중에 사망한 경우 그 며느리는 남편이 없으므로 대습상속을 하여 생활의 위협을 받지 않게 된다(사위의 경우도 마찬가지이다).

④ 문제점

유처(遺妻)나 유부(遺夫)가 대습상속을 한 후 재혼한다면, 대습상속 제도의 실익은 없어지며, 혼인기간이 매우 짧거나 사실상 재혼한 배우자가 대습상속을 할 수 있다고 이를 인정하는 데 문제가 있다. 가족제도유지 또는 부가(父家)재산이나 처가(妻家)재산의 유지에 문제가 생긴다.

대습자는 상속결격사유가 없어야 한다

대습상속인이 되려면 상속인의 자격을 잃어서는 안 된다. 대습자가 결격자이면 그는 대습상속을 할 수 없다. 예를 들면, 손자가 그 아버지를 살해하여 상속결격자가 되어 있었는데, 나중에 할아버지가 사망한 경우 이 손자는 아버지를 대습하여 할아버지의 재산을 상속할 수 없다.

3. 재대습상속

대습상속인에게 다시 대습원인이 발생한 경우 또다시 그의 직계비속이 대습상속하는가? 손자가 이미 사망한 경우 그의 자식인 증손자가 대습상속하는가? 이를 인정함이 통설이다[일본의 경우는 형제자매의 대습상속의 경우는 조카나 질녀(1대)에 한정하여 대습상속이 인정되고 더 이상은 재대습으로 내려가지 않는다].

4. 대습상속의 효과

대습자는 피대습자의 지위로 올라가서 피대습자의 상속분을 그대로 상속한다. 예컨대, 장남과 차남이 먼저 사망하고 할아버지가 나중에 사망한 경우, 장남의 자녀가 1명이면 장남의 상속분(1/2)을, 차남의 자녀가 2명이면 그들은 차남의 상속분(1/2)을 각각 상속한다.

부동산등기부에 이름이 누락된 상속인
상속부동산의 등기부에 대습상속인들의 이름이 누락된 경우에도 그 대습상속인들이 상속을 포기하였거나 기타 상속인의 권리를 상실하였다고 할 수 있는 특별한 사정이 없는 이상 그 부동산에 관한 대습상속인들의 권리를 부정할 수 없다. 그러므로 부동산등기부상에 나타난 사람들만의 공유로 추정하고 그들끼리만 공유물 분할절차를 취한 것은 위법이다(대판 1978. 1. 7, 77다1977).

인공수정자 등의 상속법상 지위

인공수정자(人工受精子)

 남녀간의 자연적·정상적인 성교섭(性交涉)에 의하지 않고, 인공적으로 기구를 사용하여 남성의 정액을 여성의 체내에 주입하여 태어나게 한 아이를 인공수정자라고 한다. 이에는 ① 남편의 정액을 사용하여 시술한 경우, ② 남편이 아닌 제3자의 정액을 사용하여 시술한 경우가 있다.

 위 2가지 중 앞의 경우는 부부인 부모의 친생자이므로 그 아이는 부모의 지위를 상속한다. 뒤의 경우는 남편의 동의를 얻어서 이루어졌다면 해당 부모의 지위를 상속한다고 보아야 할 것이다(양자도 양부모의 지위를 상속하는 것과 같다). 학자들 중에는 그 부부가 혼인 중이라고 하더라도, 시술 전 남편의 동의는 그 출생자에 대한 인지(認知)에 해당하지 아니하므로 상속관계에서는 남편(父)의 지위를 상속할 수 없고, 생모의 지위만을 상속한다고 주장하는 견해도 있다.

체외수정자(體外受精子) 또는 시험관아기

 처에게 불임원인이 있어서 그 치료방법으로, 처의 난자를 체외로 빼내어 시험관 속에서 수정시켜 수정란의 분할을 기다려서 이를 다시 처의 자궁에 착상시켜 출생하게 한 아이를 체외수정자 또는 시험관아기라고 한다. 이런 아이는 수정 장소가 처의 체외라는 것만 특이할 뿐, 그 부부의 아이임에는 차이가 없다. 위에서 본 남편의 정액을 사용한 인공수정자와 마찬가지로 해당 부부의 친생자이므로, 그 아이는 부부(부모)의 지위를 상속한다.

대리모출생자(代理母出生子)

　처에게 불임원인이 있어서 그 치료방법으로, 처의 난자를 체외로 빼내어 시험관 속에 수정시켜 수정란의 분할을 기다려서 이를 처 이외의 제3의 여성(이 여성이 이른바 대리모)의 자궁에 착상시켜 출산하게 한 아이가 대리모출생자이다.

　이 경우 그 아이는 앞의 체외수정자 범주에 속하므로, 해당 부부 즉, 부모의 지위를 상속한다. 이 경우 문제는 대리모와의 관계이다. 그 아이는 제3의 여성(대리모)의 혈통을 승계한 것은 아니므로, 아이와 대리모 사이에 상속문제는 생길 수 없다고 해석하여야 할 것이다.

제4장

상속의 효과

상속재산의 포괄승계

1. 원칙

 상속법의 일반적인 원칙은 '사람이 사망하면 그의 재산은 그 배우자와 자손들에게 포괄적으로 승계된다'는 것이다. 민법도 이 원칙(로마법의 원칙)을 선언하고 있다.

2. 상속재산의 범위

 상속인은 상속이 개시된 때로부터 피상속인의 모든 재산(적극적·소극적 재산)에 관한 포괄적 권리와 의무를 승계한다. 재산상의 권리와 의무는 물론이고, 아직 권리와 의무로서 구체적으로 발생하지 아니한 재산법상의 법률관계나 법적 지위, 예컨대, 계약상 청약(請約)을 받고 있는 지위, 매도인으로서 담보책임을 지는 지위, 선의·악의자의 지위, 점유와 같은 사실관계 등도 모두 승계한다. 상속은 구체적인 권리의무의 승계라기보다는 '피상속인의 지위 승계'라고 보아야 할 것이다. 상속의 경우는 당사자의 의사표시도 필요 없고, 상속인이 알았든 몰랐든, 부동산 등기, 동산의 인도, 대항요건 같은 것도 필요 없이 모든 재산상의 권리가 그대로 상속인에게 승계된다. 이것이 이른바 '법률의 규정에 의한' 권리의 이전과 변동이다. 그러나 피상속인의 일신에 전속한 것은 상속되지 아니한다. 그래서 상속되는 것과 상속되지 아니하는 것을 정리할 필요가 있다.

1) 재산상 권리

가. 물권
소유권

물건에 대한 소유권 등 물권은 모두 상속된다. 상속으로 인한 부동산물권의 취득은 민법 제187조에 따라 등기를 필요로 하지 않고 동산의 경우도 인도가 필요 없다. 농지의 경우는 경자유전(耕者有田)의 원칙(농업에 종사하면서 농업경영에 농지를 이용하거나 이용할 사람, 즉 농민이라야 농지를 소유할 수 있다는 원칙)에 따라 농민이 아니면 농지를 소유할 수 없고, 또 농민 한 사람이 29,752.2m²(3정보=9,000평) 이상을 소유할 수 없지만 상속(상속인에 대한 유증 포함)의 경우는 이런 제한 없이 농지(농민 아닌 사람은 1만m²까지만)를 소유할 수 있다. 농지도 일단 상속되지만, 소유농지를 농업경영에 이용하지 않거나 '이용하지 아니한다'고 시장, 군수, 구청장이 인정한 때는 그 사유가 발생한 날로부터 1년 이내에 소유자는 그 농지(1만m² 초과부분)를 처분하여야 한다(농지법 10조).

제한물권

전세권이나 임차권 등 용익(用益)물권이나 저당권 등 담보(擔保)물권도 당연히 상속된다. 예컨대, 망인이 친구 허풍선에게 1,000만 원을 빌려주고 허풍선의 부동산을 담보로 잡아서 저당권을 설정하여 둔 후 사망하면, 그 1,000만 원의 대여금채권과 담보권(저당권)은 함께 망인의 상속인에게 승계된다.

점유권

점유권도 당연히 상속인에게 이전된다(민 193조). 점유권의 승계와 관련하여 선대(先代 : 망인)의 점유가 타주점유인 이상 상속인의 점유도 타주점유(他主占有 : 임차인 등의 점유와 같이 소유의 의사가 없는 점유)의 성질이 그대로 유지되고, 그 점유가 자주점유(自主占有)가 되려면 점유자는 소유자에 대하여 소유의 의사를 표시하거나, 새로운 권원에 터잡아 다시 소유의 의사로 점유를 시작하여야 한다.

망인 명의로 부동산소유권이전등기가 10년 이상 경료되어 있으면 상속인은 '부동산의 소유자로 등기한 자'에 해당하므로, 선대의 점유와 자신의 점유를 합산하여 주장할 수도 있고 그 합산 기간이 10년을 넘으면 그 부동산의 소유권을 취득한다. 취득시효기간이 완성되기 때문이다(대판 1989. 12. 26, 89다카6140). 상속인은 피상속인의 사망으로 인하여 등기를 하지 않고도 곧바로 상속부동산상의 권리를 취득한다.

점유권의 공동상속에 관하여는 상속분에 관한 규정(민 1009조 이하)이 적용되지 아니한다. 즉 점유에 관하여는 상속분이란 것이 없다(대판 1962. 10. 11, 62다460).

나. 형성권과 지적소유권 내지 무체재산권

형성권의 상속

법률행위의 취소권, 추인권, 해제권, 해지권, 예약완결권과 상계권, 항변권, 환매권, 채권자취소권 등 형성권도 상속된다[민 140조는 법률행위의 취소권자로 승계인(상속인)을 들고 있다]. 형성권은 그 형성권을 파생기키는 주된 법률관계 또는 법률상 지위(예컨대, 매도인이나 매수인의 지위)와 함께 일체로서 상속된다. 예컨대, 매매계약이 체결된 상태에서 당사자들이 사망한 경우 당사자의 계약해제권이나 취소권은 그 상속인에게 승계된다는 의미이다.

지적재산권(무체재산권)의 상속

　저작인격권(공표권, 성명표시권, 동일성유지권)은 저작자의 일신에 전속하는 권리이므로 상속의 대상이 될 수 없지만, 저작재산권, 출판권, 저작인접권은 상속의 대상이 된다.

　저작재산권은 저작자 사망 후 50년, 출판권은 설정행위에서 정한 기간(정함이 없으면 3년), 저작 인접권은 50년 동안만 존속한다.

　특허권, 상표권, 실용신안권, 의장권 등 공업소유권(산업재산권)과 광업권, 어업권 등도 당연히 상속된다. 다만, 공동광업권자의 지위는 조합계약을 한 것으로 간주되며, 이는 일신전속적인 권리의무관계이므로 상속되지 아니한다.

다. 채권

　채권과 채무는 일반적으로 상속재산에 포함된다. 따라서 채권의 상속에는 채권양도의 요건이나 대항요건(채무자의 승낙이나 채권양도인의 통지)을 갖출 필요가 없다. 다만, 채권은 일신전속적인 것이 많아서 주의하여야 한다.

주택임차권(거주권, 주택의 전세등기를 하지 아니한 전세권)

　① 상속인이 망인(피상속인)의 임차권을 상속하는 것은 당연하다. 임차권은 재산적 가치가 있는 채권이기 때문이다.

　주택임대차보호법(민 9조)은 민법에 대한 특별규정을 두어 주거자의 생활보호를 도모하고 있다. 자세한 내용은 다음과 같다.

　● 임차인이 상속권자 없이 사망한 경우

　그 주택에서 가족공동생활을 하고 있던 사실혼의 배우자가 있으면 그 사람이 '사망한' 임차인의 권리와 의무를 승계한다. 임차인 사망 후 1개월(제척기간) 이내에 그 승계권자가 임대인에 대하여 반대의사를 표시하여 임차권승계를 포기할 수 있다. 이러한 특칙이 없다면 사실상 배우자는 상속재산분여청구를 하여 이 문제를 해결할 수 있다(민 1057조의2).

● 임차인이 상속권자와 동거하지 않고 사실혼 배우자와 동거 중 사망한 경우

임차인 사망 당시 상속권자가 있으나, 그 상속권자가 그 주택에서 공동생활을 하지 아니할 때는 그 주택에서 같이 살던 사실혼 배우자와 2촌 이내의 친족은 망인의 권리와 의무를 공동으로 승계한다. 이때도 임대인에게 임차권승계권자가 반대의사표시를 하여 승계를 포기할 수 있다.

● 임차인이 상속인과 동거 중 사망한 경우

임차인이 동거하던 가족 중에 상속인이 있을 뿐만 아니라 동거하지 아니하는 상속인도 있는 경우는 민법의 원칙으로 돌아가서 해결할 수 밖에 없다. 즉 상속인들이 임차권을 상속하게 된다.

토지 임대인이 사망한 경우 그 상속인은 임대인으로서의 의무도 승계한다. 임차인은 임대인의 상속인에게 임차권(예컨대, 보증금 반환 등)을 주장할 수 있다.

손해배상청구권

① 보통의 손해배상청구권은 당연히 상속된다. 민법은 약혼, 혼인, 입양 등 신분행위의 무효, 취소 및 이혼, 파양으로 인한 정신적 손해(위자료)에 대하여는 그 양도나 승계를 하지 못하도록 금지하는 특별규정을 두고 있다(민 806조 3항). 그러나 당사자간에 이미 그 배상에 관한 계약이 성립되었거나 소를 제기한 경우에는 그 청구권이 상속된다(민 806조 3항 단서).

② 생명침해 또는 불법행위를 원인으로 한 손해배상청구권은 상속인에게 당연히 상속된다.

● 재산상 손해배상청구권(예컨대, 기대수입상실 손해배상청구권)은 상속되는가? 다수설과 판례는 이러한 손해배상청구권은 사망자에게 귀속되었다가 상속인에게 승계된다고 한다.

소수설(부정설)은 피해자의 손해배상청구권의 상속성을 부정하고[즉사의 경우에는 사자(死者)에게 손해배상청구권이 귀속될 수 없기 때문에 상속도 불가능하다] 그 유족이 고유의 손해배상청구권을 취득(민 751조, 752조)하므로 이를 청구할 수 있다고 한다.

통설과 판례(긍정설)는 생명침해로 인한 손해배상청구권의 상속성을 인정하고 있다(대판 1966. 2. 28, 65다2523). 이를 인정하는 학설로는 시간적 간격설(다수설 : 즉사라 하더라도 피해자가 치명상을 입은 때와 사망한 때와 그 사이에 이론상, 실제상 시간적 간격이 있으며, 치명상을 입었을 때 피해자가 손해배상청구권을 취득하고 그의 사망으로 그 청구권이 상속인에게 승계된다는 설)과 인격승계설(상속인은 피상속인의 인격, 또는 법률상의 지위를 승계하므로, 피상속인의 생명침해로 인한 손해배상청구권도 상속인이 원시적으로 취득한다) 등이 있다.

● 생명침해나 명예훼손 등을 원인으로 한 정신상 손해배상청구권 즉, 위자료청구권(민 751조)은 상속되는가? 소수설은 '이것이 일신전속권이므로 원칙적으로 상속되지 아니한다. 다만, 피해자가 생전에 배상청구를 한 경우에만 상속된다'고 한다.

판례와 다수설은 '피해자가 이를 포기, 면제하였다고 볼 수 있는 특별한 사정이 없는 이상' 생전 청구의 의사표시 유무에 관계없이 당연히 상속인에게 상속된다고 한다. 피해자가 즉사한 경우도 위자료청구권은 당연히 상속된다(대판 1969. 4. 15, 69다268). 한편 피해자의 상속인인 유족은 그들 고유의 위자료 청구권을 가지므로 이를 주장하여 청구할 수도 있고, 상속받은 위자료청구권을 함께 행사할 수도 있다. 위자료청구권은 일신전속권이라고 말할 수 없으므로 피해자의 사망으로 인하여 그 상속인에게 상속된다(대판 1969. 4. 15, 69다268).

재산분할청구권

이혼 시의 재산분할청구권에는 청산적 요소와 부양적 요소가 포함되어 있다. 그러므로 부부재산분할청구권은 청구의 의사표시 여부에 관계없이 당연히 상속되나(부부가 재혼한 후 이혼하는 경우 등), 부양적 청구권 부분은 상속되지 아니한다고 보아야 할 것이다. 그 구분의 한계가 애매할 뿐이다. 이혼은 이미 하였으나 재산분할청구를 하지 않고 있었거나 재산분할청구 소송 중에 청구권자가 사망한 경우는 그 청구권은 당연히 승계된다고 보아야 한다.

이혼과 재산분할청구를 병합한 소송 중에 당사자의 일방이 사망한 경우 이러한 재산분할은 이혼을 전제로 한 것이므로 그 상속성을 인정할 수 없다(대판 1994. 10. 28, 94므246, 253). 이 경우는 생존 당사자가 망인의 지위를 통째로 상속하기 때문이다.

생명보험금청구권(또는 생명보험수익자의 지위) : 상속되지 아니한다

피보험자의 사망을 보험사고로 하는 사망보험의 경우 보험금청구권이 사망을 원인으로 하여 발생하므로 상속과 비슷하다. 예컨대, 홍길동이 사망하면서 채무 1억 원을 남기고 재산이라고는 일체 남긴 것이 없고, 다만 그의 생전에 생명보험에 가입한 것이 있고 그의 사망으로 보험금 2억 원이 나왔다고 하자.

이 경우 그 보험금청구권이 상속재산이라면 1억 원의 채권자가 이를 압류하여 변제를 받을 수 있으나, 그것이 상속재산이 아니라면 상속인의 고유재산이 되어버려 채권자는 변제받을 수 없다.

① 피상속인이 보험계약자(겸 피보험자)로서 보험수익자를 상속인으로 지정한 경우(예컨대, 수익자를 홍길동이라고 특정하여 지정한 경우가 있고 다른 하나는 '상속인'이라고만 지정한 경우가 있다)

지정된 수익자가 상속인인 경우 그가 취득한 보험금청구권은 보험계약의 효력에 따른 것이므로, 그가 수령한 보험금은 그의 고유재산이 되고, 상속재산에 속하지 아니한다(대판 2001. 12. 24, 2001다65755). 이 때 상속인이 한정승인을 하여도 보험금은 상속채권자에게 변제하여야 할 책임재산(상속재산)이 되지 아니하고, 상속포기를 하여도 보험금청구에는 영향이 없다. '상속인'이라고 수익자를 지정한 경우에도 이는 보험계약자의 상속인인 개인을 지정한 것으로 해석되므로 보험금청구권은 역시 상속재산이 되지 아니한다.

② 보험계약자(피상속인)가 자신을 피보험자로 하고, '상속인이 아닌' 제3자를 보험수익자로 지정한 경우

수익자가 보험사고 발생 전에 사망한 경우 계약자는 다시 수익자를 지정할 수 있고, 이 지정권을 행사하지 않고 계약자가 사망한 경우에는 그 수익자(제3자)의 상속인을 보험수익자로 한다(상 733조 3항). 이 경우의 보험금청구권의 취득도 '타인을 위한 생명보험'의 효과이므로 상속재산은 아니다.

③ 보험계약자(피상속인)가 자신을 보험수익자로 지정한 경우

계약자가 사망하면 그 사람의 상속인이 보험수익자의 지위를 상속하고, 보험금청구권은 상속재산에 속한다(종래의 통설). 이에 대하여 상법 제733조 제3항을 유추하여 상속인을 수익자로 지정하고 있는 것으로 추정하여 상속인이 그 고유의 권리로서 원시적으로 생명보험금청구권을 취득한다고 해석함이 타당하다는 학설이 있다. 이 설에 따르면 상속인이 한정승인을 하더라도 보험금청구권은 채권자의 책임재산(상속재산)에 속하지 아니한다.

④ 상속세법에서는 보험금을 상속재산으로 간주하여 상속세금을 부과하고 있다(상속세및증여세법 8조). 공동상속인들 사이의 상속재산분할이 문제될 경우는 이러한 보험금을 수령한 상속인은 특별수익을 한 것으로 인정하고 처리하여야 할 것이다. 특별수익은 상속인들 사이의 내부적 공평을 도모하려는 제도이기 때문이다.

퇴직수당 · 유족연금청구권 등 기타

① 퇴직금 또는 퇴직수당

사망퇴직금의 성질(본질)이 무엇인가? 공로보상설, 사회보장설, 미지급임금설이 있는데 앞의 2가지 학설에 따른다면 사망퇴직금은 유족 고유의 권리로 보게 되고, 후자의 학설에 따르면 상속재산에 포함된다고 보게 된다. 근로자가 생존 중에 퇴직하여 퇴직자 본인이 수령한 퇴직금은 본인의 사망 시 당연히 상속재산이 된다. 여기서 문제삼는 것은 근로계약의 존속 중에 근로자가 사망하여 그 퇴직금을 수령하는 경우의 문제이다.

● 사기업(私企業)의 경우

사망퇴직금의 수령권자의 범위나 순위는 단체협약이나 취업규칙, 회사내규 등에 정하여져 있다. 그리고 보통은 근로기준법시행령 제61조~63조가 그 기준이 되는 경우가 많다. 이러한 퇴직금 규정은 사용자와 근로자 사이의 '제3자를 위한 계약'으로 해석할 수 있다. 그러므로 수령권자(수급권자)가 그 고유의 권리로 사망퇴직금을 수령한다고 해석되므로, 퇴직금은 상속재산이 아니다.

● 공무원의 사망퇴직수당 유족연금, 유족보상금 기타 유족급여

수령권자인 유족의 범위와 순위를 법률(공무원연금법, 군인연금법 등 각종 연금법, 산업재해보상보험법 등)에서 정하고 있다. 그래서 유족 등 수령권자는 법률의 규정에 따라 그 고유의 권리로서 이를 취득하므로 상속재산이 아니다.

상속세법은 사망퇴직금, 사망퇴직수당을 원칙적으로 상속재산으로 보아 상속세를 부과하고 있다. 그러나 연금에 대하여는 세금을 부과하지 아니한다.

② 부의금, 조위금

부의금 등은 상속재산이 아니고, 상속인들이 이를 장례비용에 충당하고 나머지는 상속분대로 상속인들에게 증여된 것이라고 봄이 상당

하다(대판 1992. 8. 19, 92다2998 참조). 부의금은 상호부조의 정신에 따라 상가의 장례식 비용, 기타 제반 경비에 충당하라고(즉, 상가의 경제적 부담을 덜어주기 위하여) 상주에게 증여되는 금품이다.

③ 장례비, 장제비 등

장례비 등이 망인이 남긴 상속재산에서 지불된다면 그 돈은 상속비용으로 처리되어야 한다. 상속인 등 유족이 자신의 돈, 부의금, 조위금, 국민건강보험이나 의료보험 등에서 나온 장제비 등으로 장례비에 충당하였다면 그것은 상속인의 고유재산에 포함된다. 상속세를 계산할 때도 이러한 명목의 돈으로 최하 500만 원, 최고 1,000만 원까지 상속세를 면제(상속재산가액에서 공제)하여 주므로, 이는 상속재산은 아니라고 본다(상속세및증여세법 14조 1항 2호).

2) 재산상 의무

일반채무

채무 기타 재산상 의무(손해배상채무 포함)는 모두 상속된다. 작위·부작위채무이든, 사법상·공법상 채무(조세채무 등)이든 모두 상속된다. 적극재산을 남기지 않고 순전히 채무만 남긴 경우도 마찬가지다. 채무의 이행이 망인(피상속인)의 인격이나 특수한 기능과 결합된 것, 예컨대, 예술가나 기술자의 작품완성채무(작위채무), 특정 영업자의 부작위채무 등은 일신전속적인 것이라서 상속되지 아니한다.

> **참고 판례**
>
> 손해배상채무는 불법행위, 채무불이행 등 그 원인 사실 여하를 막론하고, 그 성질이 재산적 채무이다. 이는 일신전속적인 의무가 아니므로, 상속인에게 당연히 승계된다(대판 1959. 11. 26, 4292민상178).

보증채무, 연대채무

보증이나 연대보증 계약은 무상·편무계약(당사자 중 어느 한쪽만 채무를 지는 계약)이다. 보증계약은 보증인과 채무자, 보증인과 채권자 사이의 정의관계(情誼關係) 또는 특별한 신뢰관계를 기초로 성립되는 것이 많다. 이와 같이 특별한 신뢰관계를 기초로 하는 무상계약이라는 점을 강조한다면, 보증인의 사망으로 보증채무는 소멸되어야 하는 것이라고 말할 수 있다.

그러나 일률적으로 단정할 수 없고 경우를 나누어서 살펴보아야 한다.

① 기존 채무의 보증이나 금전의 보증채무 : 상속됨

처음부터 구체적으로 액수나 범위가 한정되어 있는 채무를 보증하거나 연대보증한 경우 그 보증인이 사망하면 그의 보증채무는 상속된다. 예컨대, 아버지(망인)가 장남의 융자금 3,000만 원의 채무를 보증하였는데 장남이 갚지 아니하는 경우 망인의 보증채무는 상속인(장남 포함)들에게 상속된다. 상속인들이 자녀 3명이라면 장남을 포함하여 자녀들이 각각 1,000만 원의 보증채무를 상속한다. 이 경우 장남은 원래 3,000만 원의 주채무를 부담하고 있으니, 별도로 1,000만 원의 보증채무를 상속한다고 볼 필요는 없고, 그 동생들만 장남의 채무 중 1,000만 원씩에 대한 보증채무를 상속하게 된다.

② 계속적 채무의 보증(이른바 근보증)

당좌대월, 어음할인, 계속적 공급계약, 임대차, 위임, 고용 등 계속적 계약관계에서 생기는 불확정한 채무를 보증하는 계속적 보증의 경우 보증책임의 한도액과 보증기간이 일정하지 않다. 보증인의 책임액은 예측할 수 없고, 보증인과 피보증인(당사자들) 사이의 상호신뢰관계는 특히 강하다. 이런 보증인을 보호하기 위하여 특별한 조치가 요망된다. 민법은 이에 관하여 아무런 특별규정을 두지 않고 있다. 그렇다면 계속적 보증채무가 상속될 것인가? 위와 같은 보증인의 지위는 보증인의 사망으로 상속되지 아니한다고 보아야 한다. 그러나 보증인 사망당시 이미 발생한 보증채무는 그 상속인에게 상속된다고 해석된다.

신원보증채무의 비상속성

신원보증계약은 신원보증인의 사망으로 종료된다(신원보증법 7조). 신원보증은 보증인과 피보증인 사이의 신용을 기초로 성립하는 일신전속적인 채무이고, 보증책임의 범위가 불확정한 계속적 보증채무이기 때문이다. 그러나 보증인의 생존 중에 이미 발생한 신원보증채무(예컨대, 공무원으로 임용된다고 신원보증하였더니, 그 사람이 공금 1,000만 원을 횡령한 경우)는 상속인에게 상속된다(대판 1972. 2. 29, 71다2747).

포괄적 신용보증 등 근보증도 그 내용이 확정된 것이 아니므로, 상속성을 부정하여야 할 것이다.

조세 · 벌금 · 추징금 등

국세 등의 납부의무는 공동상속인들의 상속분에 따라 각 상속인들이 나누어 상속한다. 한 사람의 상속인이 실질적으로 상속재산을 단독 상속하였더라도 마찬가지이다.

벌금이나 과료, 추징금 등은 재산형벌의 일종이므로 자기책임의 원칙상 상속의 대상이 될 수 없다. 형사피고인이 확정판결 후 사망한 경우는 벌금 또는 추징금, 몰수금은 상속재산이 있을 때는 그 재산으로 집행할 수 있다(형사소송법 478조).

상속인이 부동산을 증여 받은 경우

상속인이 부동산을 증여 받아 증여자(홍길동) 생전에 소유권이전등기를 넘겨받았다. 이 경우 증여자가 그 부동산에 관하여 증여 이전에 부담하고 있던 의무(화해로 이 부동산을 허풍선에게 넘겨주기로 약정)는 증여자(홍길동) 사망 후 그 상속인에게 당연히 승계되는 것은 아니다(대판 1971. 6. 22, 71다817).

3) 법률상 지위나 계약상 지위

사원권 등
① 사단법인의 사원권

민법상 사단법인의 사원권(사원의 지위)은 상속인에게 양도, 상속되지 아니한다(민 56조). 법률에서 상속을 금지하고 있기 때문이다. 민법상 사단법인은 비영리법인(공익법인)이고, 그 사원권에는 공익권(共益權 : 그 관리, 운영에 참가하는 권리)이 강하고 사원 자신의 이익향수를 내용으로 하는 자익권(自益權)은 보잘것없기 때문이다. 다만, 임의규정이므로 법인의 정관에 다르게 정한 것이 있으면 양도, 상속이 가능하다.

② 민법상 조합원의 지위

민법상 조합원의 지위는 상속인에게 상속되지 아니한다. 조합원의 사망은 조합 탈퇴사유(非任意脫退事由)이므로, 조합원이 사망하면 그는 당연히 조합에서 탈퇴하게 되고, 그의 상속인이 조합원의 지위를 승계하지 아니한다. 그러나 조합규약에 조합원의 상속인이 사망조합원의 지위를 승계하는 것으로 특약(특별한 약정)한 경우는 상속인이 승계할 수 있고, 그 특약은 유효하다.

③ 골프회원권, 헬스클럽회원권

회원규약에 회원권양도의 자유가 인정되어 있으면 상속도 인정된다. 회원규약으로 양도나 상속이 금지되어 있다면, 회원의 사망은 회원계약의 종료원인이 되어 회원은 클럽이나 회에서 탈퇴하게 된다.

④ 주식회사의 주주권(주식)

주식양도자유의 원칙상 회사의 정관으로도 주식양도를 금지하거나 제한할 수 없다. 이에 따라 주식은 당연히 상속의 대상이 된다. 그리고 유한회사 사원의 지분과 합자회사 유한책임사원의 지위도 상속된다.

⑤ 합자회사의 무한책임사원, 합명회사 사원의 지분에는 상속성이 없다. 주식회사 감사의 지위는 위임에 관한 규정이 적용되므로, 감사가 사망한 경우는 민법 제690조에 의하여 감사와 주식회사와의 관계는 종료되고, 그 상속인이 지위를 승계할 수 없다(대판 1962. 11. 29, 62다524).

대리인의 지위 - 무권대리

민법상 대리관계는 당사자나 대리인의 사망으로 소멸한다. 그러므로 대리인의 지위나 당사자의 지위는 상속되지 아니한다. 그러나 사망 시까지 이미 발생한 당사자 또는 대리인의 대리상의 권리, 의무는 당연히 상속된다. 다만, 상사대리관계에서는 '당사자의 지위'가 상속된다.

무권대리행위의 효과는 '당사자가 추인(追認 : 사후에 이를 정당한 대리행위로 인정)'할 때까지는 당사자에게 귀속되지 아니하며 추인을 하느냐 마느냐는 당사자의 자유이다. 즉 당사자는 추인권과 추인거절권을 가지고 있다. 한편 상대방은 최고권, 철회권, 이행청구나 손해배상청구권을 가진다.

① 무권대리인이 본인(本人)을 상속한 경우

이몽룡의 아들인 이○○이 스스로 '내가 이몽룡'이라고 사칭하여 아버지의 부동산을 매각한 후 이몽룡이 사망하여 상속하였다. 이처럼 무권대리인인 아들이 아버지(본인)의 지위를 상속한 경우, 아들은 추인을 거절할 수 있는가? 신의칙상 무권대리인은 추인을 거절할 수 없고, 그 무권대리행위는 당연히 유효하다고 해석할 것이다.

무권대리인 이외에 다른 공동상속인이 있을 경우 무권대리행위는 그 대리인의 상속분의 범위 내에서만 유효하다. 다른 공동상속인들은 무권대리행위를 추인하거나 추인을 거절할 수 있다.

상속인 5명 중 장남 1명이 상속부동산인 건물을 통째로 매각한 경우, 다른 상속인 4명이 모두 사후에 이를 인정(추인)하거나, 4명 전원이 협의하여 그 건물을 장남의 소유로 귀속시키면, 상대방은 유효하게 목적물을 취득할 수 있다. 공동상속인 중 1명이라도 추인을 거절하면 무권대리행위는 무효가 된다. 이때 무권대리인(장남)은 계약해제나 손해배상의 책임을 져야 한다. 공동상속인이 추인을 하지 않고 있는 동안에 계약의 상대방은 계약을 철회하고, 무권대리인에 대하여 민법 제135조의 책임을 추궁할 수 있다.

② 본인이 무권대리인을 상속한 경우

아버지가 아들의 부동산을 무단으로 매각하고 그 후 아버지가 사망한 경우 아들은 자신의 처지에서 아버지(피상속인)가 한 무권대리행위의 추인을 거절할 수 있다. 이것이 신의칙에 반하지도 아니한다. 상속으로 인하여 무권대리행위가 당연히 유효한 행위가 되지는 않는다.

본인이 추인을 거절한 경우, 선의·무과실의 상대방에 대하여 본인(상속인)은 무권대리인(피상속인인 아버지)의 책임을 상속한다고 해석할 것이다. 무권대리인의 지위를 공동상속하는 경우 그 공동상속인들은 (일부 상속인이 추인을 거절하여도) 선의·무과실의 상대방에 대하여는 전원이 공동으로 무권대리행위의 책임(이행 또는 손해배상책임)을 져야 한다고 해석하여야 할 것이다. 이것이 상대방 보호와 공동상속인 사이의 공평을 유지하기 위한 길이기 때문이다.

명의신탁상의 지위

일반적인 신탁관계도 승계된다고 본다. 예컨대, 부동산명의신탁의 수탁자의 지위는 수탁자가 사망하여도 당연히 소멸되는 것이 아니라, 수탁자의 상속인에게 승계된다. 이른바, 부동산실명제 실시 이후에도 수탁자의 지위가(그 성질은 여하튼) 그대로 승계된다고 보아야 할 것이다.

소송상 지위 등

소송당사자가 사망하면 소송절차는 중단된다. 망인의 상속인, 상속재산관리인 등은 소송절차를 수계하여야 하고, 그래야 소송을 계속할 수 있다. 소송대리인이 있으면 절차가 중단되지 아니한다. 상속포기를 위한 고려기간 3개월 중에는 수계할 수 없다.

경락허가결정 이후 경락인이 사망한 경우 경락의 효력은 그 상속인에게 미치고, 경매절차가 중단되지 아니한다. 소송이 일신전속적인 성질의 것(예컨대, 이혼, 파양)이라면 당사자의 사망으로 인하여 종료된다.

> **참고 판례**
>
> 소송수계신청을 하면서 청구취지정정신청서(상속분에 맞추어 각 상속인이 얼마씩 청구하는 식으로 정정)를 제출하지 아니한 경우 법원에서 그 수계인들에게 상속분에 따른 금원의 지급을 명할 수도 있다(대판 1970. 9. 17, 70다1415). 망인의 청구금액 전액에 대하여 상속인들이 그 한도 내에서 각 상속분에 따른 청구를 하였다고 볼 수 있기 때문이다.

매도인·매수인의 지위, 등기협력의무

일반적으로 매매계약상의 매도인·매수인의 지위, 이전등기에 협력할 의무는 상속된다.

망인이 제3자에게 부동산을 매도하고, 등기를 넘겨주지 아니한 상태에서 사망하여 상속이 개시되면 그 제3자(매수인)에 대한 망인의 이전등기 협력의무는 상속인에게 승계된다.

> **참고 판례**
>
> 귀속재산의 임차권은 일신전속권이라 상속될 수 없으나, 귀속재산의 매수자로서의 지위(대금을 완납하면 소유권을 취득한다는 기대권)는 상속된다(대판 1956. 12. 15, 4289민상461)

4) 상속되지 아니하는 것(일신전속권)

피상속인의 일신에 전속된 권리는 승계되지 아니한다. 이는 재산에 관한 권리, 의무만 상속된다는 의미다.

그러므로 인격권(생명, 신체, 정신의 자유 등 인격적 이익의 향수를 내용으로 하는 권리), 친족법상의 권리, 의무(예컨대, 친권, 배우자의 권리, 후견인의 권리, 부양청구권 등)는 대부분 일신전속권, 일신전속의무이다. 소위 귀속상의 일신전속권이므로, 상속대상이 될 수 없다.

부양청구권

부양권리자가 사망하면 그 부양청구권은 소멸되므로 상속의 대상이 될 수 없다. 부양의무자가 사망한 경우는 누가 부양할 것인가? 당사자의 협의로 이를 정하고 협의가 안 되면 당사자의 청구로 가정법원이 이를 정한다(마류 가사비송 8호 사건, 가소 34조 이하). 연체된 부양료지급청구권은 상속된다고 해석할 것이다.

특정신분을 전제로 하지만 재산적인 권리 예컨대, 상속의 승인이나 포기를 할 수 있는 권리, 공동상속인의 1인이 상속재산분할 전에 자신의 상속분을 양도한 경우의 다른 상속인의 환수권 등은 상속성이 있다.

고용계약상의 근로자의 지위, 근로제공의무 등은 상속될 수 없다(민 657조, 사용자의 지위는 승계됨).

위임계약이나 종신정기금계약은 당사자 일방의 사망으로 인하여 종료된다. 급박한 사정이 있을 때는 일시 위임은 존속된다. 따라서 수임자의 의무는 상속되지 아니한다.

약혼, 혼인, 입양 등의 무효, 취소 및 이혼과 파양 등 신분법상 원인으로 인한 위자료청구권은 그 양도, 승계가 금지되므로, 상속성도 없다. 당사자간에 배상에 관한 계약이나 합의가 성립되었거나 소를 제기한 경우는 상속된다.

재판상 이혼청구권은 부부의 일신전속권이다. 따라서 이혼소송 중 부부의 일방이 사망한 경우는 이혼소송은 종료되므로 상속인이 이혼청구권을 상속할 수 없다(대판 1994. 10. 28, 94므246, 253). 이혼 시의 재산분할청구권 중 부양적 요소에 해당하는 부분은 상속되지 아니한다고 보아야 할 것이다.

5) 제사용 재산

분묘에 속하는 1정보(9917.4m² : 3,000평) 이내의 금양임야[조상의 분묘가 있거나 분묘를 보호 또는 설치할 예정으로 벌목(伐木)을 금지하고 나무를 기르는 임야, 종산(宗山). 이는 금송배양(禁松培養)임야의 준말이라고 한다], 1983.48m²(600평) 이내의 묘토인 농지, 족보 그리고 제구는 제사를 주재하는 자가 이를 승계한다.

특성

① 이런 재산은 상속재산이 아니고, 특별재산이므로 상속분·유류분 산정에서 계산되지 아니한다. 한정승인이나 상속재산분리의 경우 상속채권자에게 변제할 책임재산으로 들어가지 아니한다. 상속재산과는 완전히 따로 승계된다. 상속포기자도 제사용재산을 승계할 수 있고 이것을 특별수익을 한 것으로 볼 수도 없고, 이러한 재산의 승계로 인하여 상속채무를 단순승인한 것으로 간주되지도 않는다.

② 제사용 재산에 대하여는 압류가 금지되고, 상속세의 부과대상에서 제외된다(상속세및증여세법 12조 : 동 시행령 8조 2억 원 초과부분은 과세한다).

③ 상속인이 제사용재산을 승계한 경우 일반 상속재산에 대한 그 자신의 상속분이 감소되지 아니하며, 또 '제사를 지낸다'고 하여 특별한 상속분이 따로 주어지는 것도 아니다.

④ 상속인이 상속포기를 하여도 그가 제사의 주재자라면 이 제사용재산을 승계할 수 있다. 제사용재산은 상속재산이 아니기 때문이다.

⑤ 금양임야 중 1정보를 초과하는 부분은 제사용 재산이 아니므로 상속재산이 되고 상속재산분할의 대상이 된다. 그리고 그 임야 내에 설치된 분묘의 기수(基數)가 몇 개이든 상관이 없다. 그러나 최소한 1기의 분묘는 설치되어야 한다. 금양임야 내의 분묘는 당연히 제사용재산임을 전제로 하고 있다. 분묘란 그 내부에 사람의 유골(유해), 유발 등 시신을 매장하여 사자(死者, 그 사자가 누구인지 불분명하여도 상관이 없다)를 안장한 장소를 말하는 것이고, 장래 묘소를 설치하려고 할 뿐 아직은 그 내부에 시신이 없는 것은 분묘라고 할 수 없다(대판 1990. 2. 3, 89도2061 ; 1991. 10. 25, 91다18040). 비석, 묘비, 상석 등 시설물도 분묘의 일부를 형성하는 것이므로, 제사주재자(예컨대, 호주상속인)의 소유에 속한다(대판 1993.8. 27, 93도648). 조상의 묘가 설치된 금양임야는 상속재산분할의 대상이 될 수 없고 제사주재자인 장남의 단독소유로 귀

속된다(하급심판례 : 전주지법 군산지원 2001. 4. 12, 98느10 심판).

⑥ 묘토(墓土)인 농지는 옛날부터 위토(位土)라고도 부르던 것인데 이는 분묘의 수호를 위하여 필요한 토지로서 그 수익으로 분묘관리와 제사비용의 재원이 되는 논과 밭 등 농지이고, 묘토의 범위는 제사의 주재자 1인을 기준으로 하는 것이 아니라, 봉사(奉祀)의 대상이 되는 분묘를 기준으로 분묘 1기당 1983.48m²(600평) 이내를 기준으로 정하여야 한다[대판 1994. 4. 26, 92누19330 ; 1994. 4. 26, 94누1777도 동지 : 분묘 7기의 수호를 위하여 제공된 위토에 관하여 이는 분묘 1기당 1983.48m²에 미달하므로, 토지초과이득세의 과세대상이 아니다 ; 대판 1996. 3. 22, 93누19269]. 이러한 묘토는 선대에서 물려받을 수도 있고 제사주제자가 당대에 농지를 매수하는 등의 방법으로 이를 설정할 수도 있다(대판 1996. 2. 9, 93누18648).

이와 취지를 다르게 하여 묘토는 상속개시 당시 이미 묘토로 사용되고 있는 것을 말하고, 원래 묘토로 사용되지 아니하던 농지를 상속개시 후 비로소 묘토로 사용하기로 한 경우는 해당하지 아니한다는 판례도 나왔다(대판 1996. 9. 24, 95누17236).

족보(族譜)는 조상 대대의 계통을 기록한 책이고, 제구(祭具)는 제사를 올리는 데 필요한 일체의 기구이다. 병풍, 제상, 제기(祭器) 등은 물론이고, 사당(祠堂), 가묘(家廟) 또는 영당(影堂)도 제구에 포함된다.

제사용 재산의 승계자는 누구인가

제사의 주재자가 제사용 재산을 승계한다. 제사의 주재자는 반드시 상속인이어야 하는가?

상속인이 아니라서 상속재산을 상속할 수 없는 사람이라도 제사용 재산만 승계하여 제사를 주재할 수 있다는 학설이 있고, 이에 대하여 상속인이 아닌 사람, 후순위 상속인이나 연고자 등은 제사의 주재자가 될 수 없다는 판례와 학설이 있다(대판 1994. 10. 14, 94누4059). 제사의 주재자는 원칙적으로 한 사람에 한정되고, 상속인간의 협의로 승계자를 정하고, 상속재산분할협의서 등에 이를 기재하여야 할 것이다. 그러한 협의를 할 수 없으면 상속인들이 공동주재자(공동승계자)가 된다고 보아야 할 것이다.

분묘철거 소송의 원고와 피고(상대방)는 누구인가

제사의 주재자는 반드시 분묘의 설치자와는 상관이 없으나, 분묘의 관리·처분권을 가진 사람이다. 보통의 경우 종손이 조상의 분묘를 수호, 관리, 처분하는 권한을 가지므로, 그 종손(호주상속인)이 제사의 주재자이다. 이러한 제사의 주재자가 원고로서 '분묘나 비석 등 철거소송'이나 분묘굴이청구(墳墓掘移請求)를 할 수 있고, 분묘기지의 소유권자가 그 소유권에 대한 방해배제청구로서 분묘철거청구를 할 수는 없다. 그리고 이러한 소송의 피고적격자도 이러한 종손 등 제사주재자이다.

선조의 분묘를 수호, 관리하고 소유하는 권리는 관습상 제사상속인인 종손에게 전속되어 있고 방계자손에 속하지 않지만, 종손이 사망하여 절가(絶家)가 된 경우는 차종손이 조상의 제사와 분묘수호권을 상속한다. 이러한 종손의 분묘수호·관리권은 전속적(專屬的)인 것이고, 문중에서 그 관리행위의 변경을 함부로 요구할 수 없다(대판 1980. 10. 27, 80다409).

망인에게 사후양자가 있고 그 양자가 망인의 호주상속인으로서 망인의 분묘 등을 승계하였다고 하더라도, 망인의 분묘의 수호·관리권이 종교단체(그 망인이 창시한 단체)에 있다고 한 예도 있다.

유체(遺體)나 유골(遺骨)은 분묘와 함께 그 성질상 매장, 관리, 제사 등의 목적적 제한을 받으나, 소유권의 객체가 될 수 있으며, 호주상속인 즉, 제사의 주재자에게 전속적으로 귀속 또는 상속된다.

입법이유

우리나라에는 조상숭배를 중시하는 유교사상의 전통이 남아 있어서 제사용 재산을 보존하는 것이 그러한 전통과 관습에 부합된다. 이는 국민감정과 일치된다. 그래서 민법은 이러한 제사용 재산을 특별취급 하고 있다.

다만, 제사주재자 또는 승계자를 어떻게 결정할 것인가? 관습과 가족의 협의로 정하고 그것이 안 되면 가정법원에서 정하는 것으로 규정 하였더라면 좋았을 것이다.

문제점

승계자가 재산의 승계 후 제사를 지낼 의무가 부과되어 있지 않다. 제사를 거행하지 아니할 때 현행법 하에서는 어떻게 할 방도가 없다. 제사용 재산의 처분을 금지하거나 제한하는 조치가 필요할 터인데 그에 관한 규정이 없고, 승계 후에 승계자가 이를 처분하여도 적법하다.

양자가 제사용 재산을 승계한 후 파양된 경우 그 재산은 다시 '제사를 주재하는 자'에게 반환, 승계되어야 할 것이다. 그러므로 이 재산의 생전승계도 인정되어야 할 것이다.

판례(금양임야의 소유자와 제사주재자가 달라진 경우)

금양임야의 소유자가 사망하여 그의 상속인과 제사주재자가 달라진 경우 금양임야의 귀속문제는?

금양임야 등의 소유자가 사망한 후 그 상속인과 '그 금양임야로써 수호하는 분묘'의 제사주재자가 다를 경우에는 그 금양임야 등은 상속인들의 일반상속재산으로 돌아간다. 상속인 아닌 제사주재자에게 금양임야 등의 승계권이 귀속될 수는 없다(대판 1994. 10. 14, 94느4059).

공동상속

1) 의미

홍길동이 사망하였고 그에게 처와 여러 명의 자녀들이 있을 때 그들은 공동으로 홍길동의 재산상의 권리, 의무를 모두 승계한다. 이를 공동상속이라고 한다. 공동상속인들은 각자의 상속분에 따라 피상속인의 재산을 승계하지만, 그 재산은 분할될 때까지는 상속인들의 공유가 된다(부동산의 경우는 등기부에 1/3 등 지분으로 표시된다).

> **참고 판례**
> 공유자의 1인은 다른 공유자와 협의하지 않고 상속재산(공유재산)을 배타적·독점적으로 사용할 수는 없다(대판 1982. 12. 28, 81다454).

2) 상속재산 공유의 법적 성질

민법은 상속인이 여러 사람인 때에는 상속재산은 그 공유로 한다고 규정하고 있다(민 1006조). 여기서 '공유'의 의미가 무엇인지에 관하여 아래와 같은 학설이 대립하고 있다.

합유설(소수설)
공동상속인들은 개개의 상속재산을 공유하는 것이 아니고, 상속재산 전체 위에 상속분에 따른 권리의무를 가진다고 설명한다. 공동상속인은 '전체 상속재산'에 대하여 가지는 상속지분을 처분할 수 있지만 (민 1011조), '개개의 재산'에 대한 상속지분을 처분할 수는 없다. 채권이나 채무는 분할 전까지는 공동상속인에게 불가분(不可分 : 나눌 수 없음)적으로, 합유적·연대적으로 귀속하게 된다. 합유설에 의하면 가분채권(可分債權)도 분할되지 않고 공동상속인에게 합유적으로 귀속되고, 채무자에 대한 청구도 상속인 전원이 공동으로 하여야 한다고 설명한다. 상속재산은 '분할과 청산'이라는 공동목적을 위한 재단적(財團的) 재산의 조합재산이라고 주장한다.

공유설(다수설)

상속재산의 공유는 본래 의미의 공유이다. 따라서, 공동상속인들은 각자 개개의 상속재산에 대한 물권적 지분을 가지고 있다. 그 지분의 양도는 자유이고, 지분에 대한 담보제공(저당설정), 용익물권설정도 가능하다. 상속재산 전부를 처분하려면 모든 공동상속인들의 동의가 필요하다. 개개의 채권, 채무가 불가분의 것이면 공유관계가 생기나, 가분적인 것(예컨대, 1,000만 원의 예금채권)이면 당연히 공동상속인 사이에 분할되어 분할채권, 분할채무가 된다.

참고 판례

가분채권, 가분채무는 상속개시와 동시에 각 공동상속인의 상속분에 따라 당연히 분할된다고 한다(대판 1962. 5. 3, 4294민상1105(피상속인에게 손해를 입힌 공동불법행위자들에 대하여 손해금을 청구할 때, 공동상속인들에게 연대하여 지급하라고 명함은 위법이다. 상속인 1에게 ○○○만 원, 상속인 2에게 ○○○만 원을 지급하라는 식으로 분할하여 판결하라는 말이다) ; 1997. 6. 24, 97다8809).

1인의 채권자가 자신의 상속분을 초과하여 이행을 청구하고 변제를 받은 경우는 채권의 준점유자에 대한 변제가 되므로 이는 유효하고, 채무자는 보호받을 수 있을 것이다.

3) 불가분채권·채무의 공동상속

불가분채권은 상속재산분할 시까지 공동상속인 전원에게 불가분적으로 귀속된다. 각 공동상속인은 모든 상속인(채권자)들을 위하여 이행청구를 할 수 있으며, 수령한 급부는 공동으로 분배되어야 한다.
불가분채무(연대채무 등)는 각 공동상속인에게 불가분적으로 귀속되고, 공동상속인 각자는 그 채무 전부에 관하여 연대채무를 부담하여 전부를 이행할 책임을 진다. 채권자는 공동상속인 중 한 사람이나 모든 상속인에 대하여 동시나 순차로 채무 전부의 이행을 청구할 수 있다.

> **참고 판례**
> 공유자가 공유물에 대한 관계에서 법률상 원인 없이 이득을 얻고 그로 인하여 제3자에게 손해를 입힌 경우, 그로 인한 이득상환의무를 지는데 이러한 의무는 불가분채무라고 보아야 한다(대판 1980. 7. 22, 80다649.)

소송상의 지위의 승계
원고 김길현이 소송 중에 사망하였고, 기록에 보면 김길현의 상속인으로는 그의 처 박춘매와 아들 김재호가 있다. 그러므로 공동상속인(처와 아들, 2명)이 소송을 승계하여야 하는데, 상속인 중 김재호 1명이 소송수계를 하고 소송절차를 진행한 것은 위법이다(대판 1962. 5. 17, 4294민상1255).
소송수계신청을 하면서 청구취지정정신청서(상속분에 맞추어 각 상속인이 얼마씩 청구하는 식으로 정정)를 제출하지 아니한 경우(예컨대, 금 2,000만 원을 상속인들 2명에게 지급하라고 한 경우) 법원에서 그 수계인들에게 상속분에 따라 나누어 금전지급을 명령(예컨대, 상속인 홍일동에게 1,000만 원, 상속인 홍이동에게 1,000만 원을 지급하라)하는 판결을 할 수도 있다(대판 1970. 9. 17, 70다1415). 망인의 손해배상청구금액 전액에 대하여 상속인들이 각자의 상속분에 따른 청구를 하였다고 볼 수 있기 때문이다.

건물의 공동상속인 중 1인만에 대한 건물철거청구는 가능한가

건물이 공동상속인 8명에게 상속된 경우 대지 소유자는 공동상속인 8명 전원을 피고로 삼아야만 그 건물의 철거청구를 할 수 있는 것(필수적 공동소송)은 아니고, 그 중 1명에 대하여 철거청구를 하여 승소판결을 받을 수도 있다. 그러한 판결은 그 상속인 1명에 대하여 상속분의 한도 내에서 철거를 명한 것으로 볼 수 있다(대판 1968. 7. 31, 68다1102).

4) 가분채권·가분채무의 공동상속

판례와 다수설(공유설 : 당연분할설)

가분(可分)채권과 가분채무는 상속개시와 동시에 당연히 공동상속인 사이에 분할된다. 다수 당사자의 채권관계에서 분할채권의 원칙상, 각 공동상속인들은 상속분에 따른 비율로 채권, 채무를 부담하게 된다. 가분채무(예컨대, 금전채무)가 공동상속된 경우 이는 상속재산분할의 대상이 될 수 없다(대판 1997. 6. 24, 97다8809).

불가분채무설(합유설 : 소수설)

상속개시 전까지 상속채권자는 피상속인의 전재산을 담보로 돈(예컨대, 3,000만 원)을 빌려주고 있었던바, 채무자의 사망(상속)으로 인하여 그 채무가 공동상속인들에게 분할(예컨대, 상속인 1인에게 1,000만 원씩 분할)되어 버린다면 그의 이익이 크게 상실될 위험이 있다. 그래서 공동상속인이 상속한 채무는 상속개시 후에도 공동상속인들 전원에게 불가분적으로 귀속되므로, 상속인들은 공동책임을 진다는 학설이 있고, 상속채무 중 가분채무는 채권자 보호를 위하여 적어도 상속재산분할 전까지는 불가분채무로 보아야 할 것이라는 학설도 있다.

예컨대, 홍길동이 생전에 채권자 허풍선에게 1억 원의 채무를 지고 있었는데, 홍길동이 사망하면서 5남매만 남기었다(그의 처는 먼저 사망). 이 경우 채권자는 공동상속인(홍길동의 자녀) 5명에게 각자 지분에 따라 분할된 2,000만 원씩 지불하라고 청구할 수밖에 없는가?

이 경우 자녀 중 2명은 무자력(無資力)이다. 이 경우 공유설을 철저히 관철한다면 허풍선은 4,000만 원을 받을 수 없게 된다. 그래서 금전채무와 같은 상속채무도 상속개시와 동시에 불가분채무로 변한다고 해석하는 것이 타당하다. 불가분채무가 되면 허풍선은 연대채무자에 대한 것과 같이 나머지 자녀 모두에게 전액의 이행청구를 할 수 있기 때문이라고 설명한다.

> **참고 판례**
>
> 금전채무를 분할한 결과 공동상속인이 각자 분할채무를 부담하는 것으로 합의할 수 있지만(이는 민법 제1013조에서 말하는 상속재산협의분할에 해당하는 것이 아님), 그것은 대내관계에서 부담부분으로 분할한다는 의미이고, 공동상속인 중 1인이 법정상속분을 초과하여 채무를 부담하기로 약정(면책적 채무인수 : 일부 상속인은 채무를 면함)하려면 채권자의 승낙을 필요로 한다고 할 것이다 (대판 1997. 6. 24, 97다8809).

소유권등기이전의무도 가분채무

이전등기의무도 공동상속인들의 상속분에 따라 상속되므로, 어떤 임야에 관하여 호주상속인 1인 명의로 등기되어 있더라도, 그 호주상속인은 그 임야에 관하여 자신의 상속분을 넘는 부분에 대하여 이전등기절차를 이행할 수 없다(대판 1966. 4. 26, 66다428). 이는 상속인 한 사람, 한 사람을 상대로 청구하여야 한다는 의미이다. 호주상속인의 지분을 넘는 부분을 다른 상속인들로부터 포기를 받고 단독등기한 것이라고 확(단)정할 수는 없다. 공동상속인들을 상대로 하는 부동산소유권이전등기절차의 이행을 구하는 소송은 필수적 공동소송(상속인 전원을 반드시 원고나 피고로 삼아야 하는 소송)은 아니다(대판 1964. 12. 29, 64다1054).

공동상속인들의 건물철거의무는 불가분채무

공동상속인들의 건물(타인의 대지상에 권원 없이 건축된 건물)철거의무는 성질상 불가분채무에 속하는 것이므로, 각 상속인들은 각자가 건물 전체에 관하여 그 지분의 한도 내에서 철거의무를 진다.

망인이 남긴 국세 등 채무도 상속인들의 상속분에 따라 나누어진다. 상속인 중 1인이 실질적으로 재산을 단독으로 상속하였다 하여도 동일하다. 예컨대, 세금이 7,000만 원이고, 상속인이 3명(처와 자녀)이면 처는 3,000만 원, 자녀는 각각 2,000만 원의 범위 내에서 세금채무를 승계한다.

5) 공동상속재산의 관리

공동상속재산을 상속인들이 분할하여 각자의 단독소유로 만들기 전에도 이를 관리하여야 한다. 공동상속재산을 처분하려면 상속인 전원의 동의를 얻어야 하고 단독으로 처분할 수는 없다. 다만, 공동상속인들은 각자 상속재산 전체 또는 개개의 상속재산에 대한 자신의 상속지분을 단독으로 처분할 수 있다[이 경우 다른 공동상속인은 민법 제1011조에 의하여 그 상속분을 양수(환수)할 수 있다].

공동상속인의 관리

상속재산의 현상을 유지하기 위한 보존행위는 공동상속인 각자가 단독으로 할 수 있다. 건물의 수리, 소멸시효중단을 위한 청구나 제소, 채무의 변제, 상속지분확인청구뿐만 아니라, 물건의 불법점유자를 상대로 한 반환청구나 인도청구, 불법등기의 말소청구 등을 할 수 있다. 공유관계 그 자체의 확인이나 공동상속관계에 근거한 물권적 청구권(반환청구나 방해제거청구 등)을 행사하려면 공동상속인 전원이 공동으로 당사자가 되어야 할 것이다(필수적 공동소송).

이용행위와 개량행위는 민법 제265조 본문의 '공유물의 관리'에 관한 사항이므로, 공유자의 지분의 과반수(1/2 이상)로써 결정한다. 이용행위는 재산의 경제적 용도에 따라서 이를 활용하는 것이고, 개량행위는 교환가치를 높이는 행위로서 '재산의 변경'의 정도에까지는 이르지 아니하는 행위이다.

한편 공동상속인은 상속재산 전부를 그 상속분의 비율로 사용하고 수익할 수 있다. 예컨대, 홍길동의 생존 시부터 그 차남이 홍길동의 주택에 거주하면서 홍길동을 봉양하여 온 경우, 홍길동이 사망하자 나머지 공동상속인들이 다수결로 차남의 사용, 수익을 정지시킬 수 있는가? 공동상속인들 사이에 목적물의 사용, 수익에 관하여 협의를 할 수 없으면 상속재산의 분할을 청구할 수 있을 뿐이고, 차남에 대한 퇴거청구, 명도청구를 할 수는 없다.

그러면 관리비용은 누가 부담할 것인가? 공유물의 관리비용은 공유자가 각자 지분의 비율로 부담하여야 한다. 한편 상속재산의 관리비용은 상속비용이므로 상속재산 중에서 지급되어야 할 것이다.
 또한 관리상 주의의무의 정도는 어떠해야 하는가? 선량한 관리자의 주의의무가 아니고, 상속인 자신의 '고유재산'에 대하여 하는 것과 동일한 주의의무로 관리하면 된다.

재산관리인에 의한 관리
 공동상속재산은 상속재산관리인이 관리하기도 한다. 법원에서 공동상속재산의 관리인을 선임할 경우에는 반드시 그 공동상속인들 중에서 선임하여야 하고, 상속인이 아닌 다른 사람을 관리인으로 선임하는 결정은 위법이다(대결 1979. 12. 27, 76그2). 공동상속인 전원의 동의나 과반수의 결의로 제3자에게 상속재산의 관리사무를 위탁할 수도 있을 것이다.

6) 공동상속재산의 처분

 상속재산에 속하는 개개의 물건이나 권리를 처분하려고 하면 상속인 전원의 동의를 얻어야 할 것이다. 그러면 공동상속재산에 속하는 개개의 물건이나 권리에 대한 각 상속인의 지분을 마음대로 처분할 수 있는가? 공유설에 의하면 이를 긍정하고 합유설에 의하면 이를 부정한다. 다수설인 공유설에 따르면 공동상속인의 지분처분은 자유이다. 그러므로 갑과 을이 공동상속인인데 갑이 A상속부동산에 관한 자신의 지분을 병에게 양도(이전등기까지 넘겨준 경우)하였다. 그 후 갑과 을이 상속재산분할협의를 한 결과 A부동산이 을의 단독소유가 되었다. 이 경우 병은 을과 함께 A부동산의 공유자가 된다. 병의 선의나 악의를 묻지 않고 병은 권리를 취득하고 상속인들의 상속재산분할로 인하여 자신의 권리를 침해받지 아니한다.

7) 상속재산의 처분과 등기

공동상속인이 전원의 의견일치로 상속재산인 부동산을 상속재산분할 전에 처분할 수 있다.

이 경우 등기는 공동상속인 각자의 상속분을 지분으로 하는 공유(상속)등기를 먼저 한 다음 각자의 지분을 매수인에게 이전하는 등기를 하여야 한다.

공동상속인 중 1인이 자신의 지분을 처분하려고 할 때는 혼자서 그 상속재산 전부에 관하여 보존행위로서 공동상속인 전원의 이름으로 상속등기를 먼저 신청하고 이어서 자신의 지분만을 매수인에게 이전하는 등기를 할 수 있다.

8) 공동상속재산에 대한 소송관계

공동상속재산에 대한 상속인들 각자의 지분권(상속재산 전체에 대한 상속분권)이 소송의 대상이 된 경우 각 상속인만이 단독으로 소송당사자가 될 수 있고, 기판력도 그 사람에게만 미친다(대판 1965. 5. 18, 65다279). 만일 이를 공동으로 제소한다면 이는 '통상의 공동소송'이 된다.

공유관계(공동상속관계) 그 자체의 확인이나 이에 근거한 물권적 청구권(인도·반환청구, 등기이전·말소, 소유권확인·방해배제청구 등)을 행사하려면 공동상속인 전원이 소송 당사자가 되어야 할 것이다. 이는 '필수적 공동소송'이다.

상속재산분할청구와 기여분결정청구는 모두 필수적 공동소송이다.

법정상속분(法定相續分)

1. 서론

1) 개념

① 두 사람 이상의 상속인들이 공동으로 재산을 상속하는 경우, 각 상속인이 물려받을 재산의 몫(비율이나 가액)을 상속분이라고 부른다. 상속인이 한 사람뿐이라면 그가 혼자서 상속하므로(전 재산을 몽땅 단독상속한다), 상속분이라는 것이 없다. 따라서 상속분은 언제나 공동상속의 경우에만 문제가 된다.

② 상속분에는 추상적 상속분과 구체적 상속분이 있다. 공동상속인의 숫자에 따라 '1/3이다, 1/5이다' 하면서 나눈 지분이 추상적 상속분이다. 그리고, 예컨대, 피상속인이 남긴 재산이 7,000만 원인 경우 그 배우자와 자녀 2명이 있을 때 배우자는 3,000만 원, 자녀는 각각 2,000만 원씩 상속한다. 이처럼 구체적으로 계산하여 나온 상속금액을 구체적 상속분이라고 한다. 구체적 상속분은 '상속재산 총액 × 각자의 추상적 상속분'이다.

상속재산에는 적극재산뿐만 아니라 소극재산도 포함되는 점을 주의하여야 한다.

③ 상속재산분할 전의 상속인의 지위를 상속분(민 1011조 : 상속인 중 한 사람이 상속재산에 대한 그의 상속분을 양도하였다고 할 때의 상속분)이라고 말하기도 한다.

그러므로 상속분은 상속재산 전체에 대하여 각 공동상속인이 가지는 '포괄적 권리 내지 법률상 지위'를 의미한다.

2) 상속분의 결정

민법 제1009조(법정상속분)는 공동상속의 경우 상속인 각자가 취득하게 될 상속분(상속재산 전체에 대한 분수적 비율)을 규정하고 있다. 이처럼 법률의 규정에 정하여져 있는 상속분을 법정상속분이라고 부른다. 피상속인이 상속재산에 관한 유언을 하지 아니한 경우 상속분은 민법의 규정에 따라 정하여진다. 피상속인이 유언으로 정한 상속분을 지정상속분이라고 한다.

지정상속분과 법정상속분

피상속인이 유언으로 공동상속인들의 상속분을 지정(법정상속분 변경)할 수 있는가? 예컨대, 홍길동이 사망하면서 '장남에게는 전 재산의 1/2을 주고, 차남 이하 나머지 자녀들에게는 머릿수대로 나누어주노라'고 유언할 수 있는가?

이에 관해서는 긍정설(다수설)과 부정설이 대립하고 있다. 부정설은 민법에 명문의 규정이 없고 단지 피상속인이 상속인 중 일부의 사람 또는 제3자에게 유증(유언으로 증여)할 수 있고 이는 그 법정상속분을 지정한 것과 같은 결과가 된다고 한다.

민법에 따르면 피상속인이 유언으로 '상속인 중 일부'나 '제3자'에게 법정상속분과 다른 많은 재산을 증여(포괄유증)할 수 있고(예컨대, '나의 재산 중 몇 분의 몇을 ○○○에게 주노라'고 유언할 수 있음 : 포괄유증), 이것을 상속분지정이라고 부를 수 있다.

다만, '상속채무의 부담비율'을 정하는 유언을 할 수 없고, 유류분을 침해하는 유언부분은 나중에 반환청구를 당할 수 있다. 이러한 상속분의 지정이나 변경은 '포괄유증', 즉 유언의 방식으로만 할 수 있고 생전행위로는 할 수 없다(유증은 '유언으로 하는' 증여이기 때문이다). 포괄수유자는 상속인과 동일한 권리, 의무가 있으므로 포괄유증은 '상속인지정'과 유사하다.

상속분지정 유언의 효력

상속분을 지정하는 포괄유증이 있으면 그것은 법정상속분에 우선한다(유언상속우선주의). 상속분을 지정하는 유언은 피상속인(유언자) 사망 시부터 효력이 생긴다(민 1073조).

2. 법정상속분

1) 혈족상속인의 상속분 : 균분 평등상속의 원칙

민법은 상속인과 피상속인 사이의 관계[예컨대, 혈족의 원근, 친소, 부계, 모계, 나이, 장유(長幼), 성별, 혼인 중 자녀 여부, 호적이나 국적의 이동, 공동생활 여부(동거, 별거), 친자와 양자 여부 등]를 일체 고려함이 없이 상속인의 상속분을 획일적으로 정하고 있다. 즉, '동순위의 상속인이 여러 사람인 때에는 그 상속분은 균분으로 한다'고 정하고 있다. 순위가 같은 상속인이 여러 사람일 때 그 상속분은 모두 평등하다는 의미다.

공동상속인들의 상속분은 모두 평등하다. 선순위 상속인과 후순위 상속인 사이의 평등이란 있을 수 없다. 왜냐하면 선순위자만 상속할 수 있고, 후순위자는 상속순위에서 밀려서 아예 상속을 받을 수 없기 때문이다.

가. 제1순위 상속인인 피상속인의 직계비속이 여러 사람인 경우 즉

자녀, 손자녀, 증손자녀들이 있을 경우는 최근친인 자녀들만 상속하게 된다. 자녀들이 여러 사람인 경우 즉 자녀가 2명이면 1/2씩, 3명이면 1/3씩 평등하게 상속한다. 재산의 공동상속인은 상속재산분할절차에 따라 이를 분할할 때까지는 상속재산을 공유하게 된다.

여자의 상속분의 변천

옛날의 출가외인의 전통은 완전히 사라졌다[1960~1977년 민법개정 전까지는 여자의 상속분은 남자의 상속분의 1/2이었고, 동일 가적(家籍 : 호적) 내에 없는 여자(시집간 여자)의 상속분은 남자의 상속분의 1/4이었다. 1977년의 개정으로 남자와 여자(동일 호적 내의 남녀)의 상속분은 평등하게 하였고, 1990년의 개정으로 출가외인(호적이 다른 여자)의 상속분 1/4도 남자의 것과 꼭 같도록 4/4로 개정하여 남녀간의 차별을 완전히 없앴다].

혼인 외 출생자(소위 서자)의 상속분

혼인 외 출생자의 상속분은 혼인 중 출생자의 상속분과 평등하다. 이는 혼인의 순결성에 어긋나고, 남편의 불륜을 조장한다. 또는 일부다처제 내지 첩제도를 옹호한다는 비판이 있을 수 있다. 그러나 태어난 아이에게는 아무런 잘못이 없으므로, 인도주의(人道主義)의 견지에서 차별은 허용될 수 없다는 것이 학설의 대세이다(미국, 스웨덴, 영국, 독일, 프랑스 모두 평등상속권을 인정하고 있다. 다만, 일본 민법은 '혼인 외 출생자'의 상속분은 '혼인 중 출생자'의 상속분의 1/2로 정하고 있다).

장남 이외 차남의 상속분

현행 민법은 남녀구분(아들이냐, 딸이냐), 호주승계자이냐 아니냐, 장남이냐 막내이냐를 묻지 않고 직계비속인 이상 모두 똑같이 상속하도록 규정하고 있다.

나. 제2순위 상속인인 직계존속이 여러 사람인 경우, 즉 조부모와 외조부모가 모두 계시든지, 친생부모와 양부모가 모두 생존하고 계신 경우 그들의 상속분은 평등하다. 즉 머릿수로 나눈 비율대로 상속한다. 망인이 3,000만 원을 남겼는데, 상속인으로 양부모와 친생모가 생존하고 계시면 그들은 모두 한 사람당 1,000만 원씩 상속한다.

다. 제3순위 상속인들인 형제자매가 여러 사람인 경우도 그 상속분은 평등하다.

라. 제4순위 상속인들인 3촌 이내의 혈족, 또는 4촌 이내의 혈족이 여러 사람인 경우도 마찬가지다.

2) 배우자상속인의 상속분(50% 가산)

배우자가 단독상속하는 경우(즉 망인 직계비속도 없고, 직계존속도 없는 경우, 제3, 4순위 상속인인 혈족만이 있을 경우)는 배우자가 상속재산을 혼자서 상속하므로 상속분이 문제되지 아니한다. 여기서 배우자는 남편이든 아내이든 상관이 없고 상속분은 완전히 평등하다.

피상속인의 배우자가 직계비속과 공동으로 상속하는 경우 배우자는 직계비속의 상속분에 그 5할을 가산하여 상속한다.

예컨대, 홍길동이 사망하여 5,000만 원을 남겼는데, 상속인으로는 홍길동의 처와 아들 1명이 있다면 홍길동의 처는 3,000만 원[5,000만 원×(1.5/(1.5+1.0)], 아들의 상속분 2,000만 원의 50%를 가산한 금액]을, 아들은 2,000만 원[5,000만 원×(1.0/(1.5+1.0)]을 상속한다.

피상속인의 배우자가 직계존속과 공동으로 상속하는 경우에도 직계존

 156 | 제1부 | 상속법

속의 상속분에 그 5할을 가산한다. 이는 직계비속과 공동상속하는 경우와 같다.

3) 대습상속인의 상속분(피대습자의 상속분)

대습상속인의 상속분은 이미 '사망하거나 결격된 사람', 즉 피대습자의 상속분에 따른다. 그러므로 피대습자가 상속하였더라면 받았을 상속분을 대신 상속한다. 예컨대, 손자는 '이미 돌아가신' 아버지의 상속분대로 할아버지의 재산을 상속한다는 말이다.
대습상속인이 여러 사람인 경우는 각 대습자가 자신의 상속분 비율로 상속한다.

> **참고 판례**
> 직계비속은 이미 사망한 존속의 상속분만을 평등하게 대습상속한다(대판 1962. 4. 26, 4294민상676).

4) 구체적 상속분의 계산

상속인 각자의 취득분 = 상속개시 당시의 상속재산 가액 × (각 상속인 자신의 상속비율 / 상속인 전원의 상속비율의 합계)

사례 1
남편 갑이 사망한 경우 그의 처 을은 배우자로 상속인이 된다.
① A, B, C(자녀들)는 혈족상속인으로서 순위가 같으므로 상속분은 1 : 1 : 1이다.
을(배우자)의 상속분은 1.5(50% 가산된 비율임)이다.

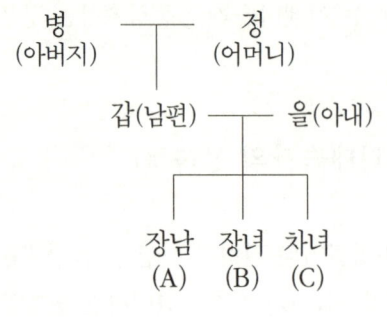

을과 자녀들의 상속분을 표시하면 1.5 : 1 : 1 : 1이 된다. 이를 분수로 표시하면 3/9 : 2/9 : 2/9 : 2/9가 된다. 처의 상속분은 1.5/4.5(1.5+1+1+1) = 3/9 = 1/3이고, 자녀들(A, B, C)의 상속분은 각각 1/4.5 = 2/9이다.

A가 장남이라서 호주승계를 하더라도 그의 상속분은 그 동생들의 상속분과 동일하다(호주제도는 2007년 12월 31일까지만 존속).

② 갑에게 자녀 A, B, C가 없고 그 부모 병과 정, 처 을이 있을 뿐인데 갑이 사망한 경우라면 을은 시부모와 공동상속한다. 그 비율은 1.5 : 1 : 1이다. 처는 3/7, 시부모는 2/7씩을 각각 상속한다. 시아버지는 이미 돌아가셨고, 시어머니만 생존하고 계시는 경우는 처와 시어머니가 공동상속하고 그 비율은 1.5 : 1.0 즉 3/5 : 2/5가 된다.

③ 갑이 채무 없이 현금 9,000만 원을 상속재산으로 남겼다면 실제로 상속인들은 얼마를 받게 될까?

처와 자녀 3명이 있는 ①의 경우라면 처는 1/3인 3,000만 원을, 자녀 3명은 각자 2,000만 원씩 상속한다.

②의 경우라면 처는 9,000만 원의 3/7을 상속하고 갑의 부모가 9,000만 원의 2/7씩을 상속한다. 갑의 어머니와 갑의 처가 상속하는 경우는 처가 9,000만 원의 3/5 즉 5,400만 원을 상속하고, 시어머니는 9,000만 원의 2/5 즉 3,600만 원을 상속한다.

④ 갑에게 부모도 없고, 조부모, 외조부모도 없고, 자녀도 없고 친손자녀, 외손자녀 등도 없는 경우는 처가 단독으로 상속한다.

사례 2

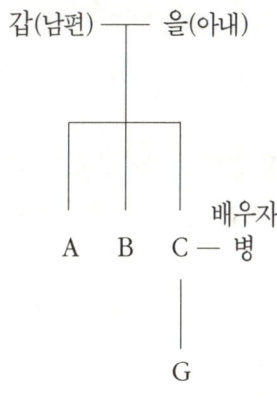

갑이 사망한 경우 을은 배우자상속인이 되고, A, B, C(자녀들)는 혈족상속인이 된다. 자녀들은 상속 순위가 같으므로 그 상속분이 동일하다.

그런데 을과 C가 갑보다 먼저 사망하고 그의 아들 G가 있다고 가정하자. 이때는 A, B가 1/3씩 상속분을 취득하고 C 대신 그 처 병과 아들 G가 대습상속을 1/3씩 한다. 병과 G의 상속분은 다음과 같다.

병 : $1/3 \times (1.5/2.5) = 1/3 \times 3/5 = 3/15$
G : $1/3 \times (1/2.5) = 1/3 \times 2/5 = 2/15$

사례 3

갑과 을 부부에게 자녀 A(아들), B(딸)가 있었고 A의 자녀는 2명, B의 자녀는 1명인데, 을과 A, B가 갑보다 먼저 1999년 12월 30일 사망하고 없다(며느리와 사위는 모두 재혼하였다고 가정한다).

나중에 갑이 2001년 12월 1일 사망한 경우 친손자녀와 외손자녀는 얼마를 상속할 것인가? 갑이 9,000만 원을 남겼다고 가정하자.

● **본위상속설** : 친손자녀와 외손자녀를 모두 합하여 머릿수로 평등하게 상속하므로 손자녀들은 1/3씩 즉 각자 3,000만 원씩 상속한다.

● **대습상속설(판례)** : 피대습자의 상속분을 그대로 상속하므로, A의 자녀 2명은 A의 상속분 4,500만 원(9,000만 원 × 1/2)을 2명이 나누어 상속하므로 1/4씩 즉 2,250만 원을 상속하고, B의 자녀는 1명이라서 B의 상속분 1/2, 즉 4,500만 원을 그대로 상속한다.

사례 4

피상속인에게 2명의 자녀(아들 S와 딸 D)가 있었다. S에게는 2명의 자녀(F, G)가 있고, D의 자녀에게는 1명의 자녀(P)가 있었다. 그런데 S, D가 먼저 사망(며느리와 사위는 모두 재혼하지 않고 살고 있었다고 가정하자)하였다.

● 본위상속설 : 친손자녀와 외손자녀가 같은 순위로 상속하고, 그들의 상속분도 동일하다. 그리고 사위(B)나 며느리(E)는 상속에서 제외된다.

● 대습상속설 : 친손자녀와 외손자녀는 그들의 직계존속과 공동으로 상속한다.

```
며느리 E    : 1/2×[1.5/(1.5+1.0+1.0)] = 1/2×3/7 = 3/14
친손자녀 F  : 1/2×[1.0/(1.5+1.0+1.0)] = 1/2×2/7 = 2/14
친손자녀 G  : 1/2×[1.0/(1.5+1.0+1.0)] = 1/2×2/7 = 2/14
사위 B     : 1/2×[1.5/(1.5+1.0)] = 1/2×3/5 = 3/10
외손자녀 P  : 1/2×[1/(1.5+1.0)] = 1/2×2/5 = 2/10
```

예컨대, 위 사례에서 할머니와 자녀들이 이미 사망하고, '혼자 사시던' 할아버지가 1억 4,000만 원을 유산으로 남겼다고 하자. 며느리와 손자 등은 얼마를 상속하는가?

```
며느리 E    : 14,000만 원×3/14  = 3,000만 원
친손자녀 F  : 14,000만 원×2/14  = 2,000만 원
친손자녀 G  : 14,000만 원×2/14  = 2,000만 원
                         합계 7,000만 원
사위 B     : 14,000만×3/10    = 4,200만 원
외손자녀 P  : 14,000만×2/10    = 2,800만 원
                         합계 7,000만 원
```

사례 5

갑에게 어머니, 처(임신 중), 아들, 입양한 양자, 혼인 외의 아들, 외손녀 1명이 있는데, 갑이 1억 3,000만 원을 남기고 사망한 경우 그 처가 받을 상속분은 얼마인가? 어머니는 상속권이 없고, 태아는 출생한 것으로 보므로 상속권이 있다. 외손녀는 딸의 대습상속인으로 상속권이 있다. 그래서 처와 태아, 자녀 3명과 외손녀의 상속비율을 보면, 1.5 : 1 : 1 : 1 : 1 : 1이 된다. 이를 분수로 표시하면, 3/13 : 2/13 : 2/13 : 2/13 : 2/13 : 2/13이다. 그래서 처는 3,000만 원, 나머지 사람들은 각각 2,000만 원씩을 상속한다.

3. 특별수익자의 상속분

1) 개념과 존재이유

공동상속인들 중에서 피상속인으로부터 생전증여(生前贈與) 또는 유증을 받은 사람이 있는 경우에 그 수증재산이 자기의 상속분에 달하지 못한 때에는 그 부족한 부분의 한도에서 상속분이 있다(민 1008조). 상속인이 망인에게서 이미 증여 받은 것은 상속분의 선급(先給)이라고 할 수 있고, 이를 특별수익이라고 하고 이러한 수익자를 특별수익자라고 한다.

이러한 특별수익자가 상속개시 후 상속재산의 분할에 다시 참가하여 분배를 받는다면 그는 이중의 이익을 얻게 된다. 민법은 이러한 불합리를 막고 상속인들 사이의 공평을 도모하기 위하여 그 수증재산이 자기의 상속분에 미달하는 때에 그 부족한 부분의 한도에서 상속분이 있다(민 1008조)고 하고, 수증재산이 상속분을 초과하는 경우는 그 초과부분을 반환하도록 하고 있다. 이를 특별수익반환제도라고 한다.

예컨대, 상속인들인 자녀 3명이 법정상속분대로 나누어 3,000만 원을 받는다고 할 때, 그 중 장남이 피상속인 생전에 1,000만 원을 이미 증여 받았다면 그는 법정상속분에 미달하는 부분 즉 2,000만 원만을 분배받을 수 있고, 만약 장남이 이미 5,000만 원을 증여 받은 경우는 상속분을 초과하는 2,000만 원을 반환하여야 한다는 취지이다.

2) 입법례

프랑스 민법
특별수익을 받지 못한 사람이 상속개시 후 특별수익자의 수익액만큼 상속재산에서 먼저 받고, 잔액을 상속분대로 나누어 가진다.

독일 민법
이미 받은 특별수익액을 상속재산에 가산하고, 그 다음 이를 상속분대로 계산한 후 나온 금액에서 특별수익액을 빼면 각자의 상속액이 된다고 한다.

3) 우리나라 민법

우리나라 민법 제1008조는 '공동상속인 중에 피상속인으로부터 재산의 증여 또는 유증을 받은 자가 있는 경우에 그 수증재산이 자기의 상속분에 달하지 못한 때에는 그 부족한 부분의 한도에서 상속분이 있다'고 규정하고 있다. 이 경우 개개 상속인의 구체적인 상속분을 계산하려면 〔상속개시시의 재산가액 + 특별수익(생전증여가액)〕 × 각 상속인별 법정상속분율 - 자신이 이미 받은 증여(또는 유증)가액을 한다. 우리 민법은 독일 민법을 본받은 것으로 보인다. 과도하게 특별수익을 얻은 상속인이 자신의 상속분초과 금액을 다른 상속인들에게 넘겨주어 공평하게 상속재산을 분할하려는 데 이 제도의 목적이 있다. 이 경우 넘겨주는 행위를 '반환의무'라고도 하고, 또는 '조정의무'라고도 한다.

그런데 다른 공동 상속인이 이러한 특별수익의 반환청구권을 행사하여야 반환이나 조정이 가능하다. 다른 상속인들이 특별수익의 반환청구권을 포기할 수도 있다고 해석된다.

상속포기와 특별수익의 관계

특별수익자인 상속인이라도 상속을 포기하면 반환의무가 없어진다. 그러므로 반환의무자는 상속포기를 하지 않고 상속을 승인한 공동상속인이다. 상속포기를 하여도 그 특별수익이 다른 공동상속인의 유류분(遺留分)을 침해한 경우는 '유류분' 반환청구의 대상이 된다.

4) 특별수익

특별수익자는 누구인가

'공동상속인 중에' 증여나 유증을 받은 사람이 있어야 한다. 그러므로 공동상속인이 아닌 사람이 증여 등을 받아도 특별수익의 반환의무가 없다.

① 상속인의 종류는 묻지 아니한다. 혈족상속인이든 배우자상속인이든 특별수익을 얻을 수 있다.

② 대습상속의 경우

피대습자나 대습상속인이 특별수익을 한 경우 대습상속인은 반환(조정)하여야 할 의무를 진다. 예컨대, 아버지가 생전에 할아버지로부터 2억 원을 받고 먼저 사망하고, 나중에 할아버지가 사망한 경우 그 손자녀는 할아버지의 재산을 대습상속하게 되고, 이때 손자녀는 특별수익을 정산하여야 한다.

피대습자의 특별수익의 경우는 '그로 인하여 대습상속인이 현실적으로 이익을 받고 있는 경우'에 한하여, 이를 정산하여야 할 것이라는 학설이 있다.

③ 대습상속인의 특별수익의 시점

대습상속인(예컨대, 손자)이 특별수익한 경우 그가 공동상속인자격 취득시점(예컨대, 아버지 사망) 이전에 수익한 때는 반환의무가 없고, 그 후에 수익한 때는 반환의무가 있다는 견해가 있다. 그러므로 아버지 생존시 친손자가 할아버지에게서 증여를 받으면 이는 대습상속인 지위를 얻기 전의 수익이므로 이를 반환할 의무가 없고, 아버지 사망 후(상속인자격 취득 후) 친손자가 증여 등을 받으면 반환의무가 있다는 견해이다.

생각건대, 특별수익 당시 상속인이냐는 여부보다는 '상속개시' 당시 공동상속인이냐가 기준이 되어야 할 것이라는 점, 대습상속인도 자기 고유의 권리로 직접 피상속인을 상속한다는 점에서 다른 상속인과 구별할 필요가 없다는 점에서 대습상속인의 특별수익도 그 수익의 시기에 관계없이 반환의 대상이 된다는 학설이 타당할 것이다.

● 상속인이 아닌 사람, 포괄수유자는?

공동상속인의 반환의무는 공동상속인이 유증이나 증여(특별수익)를 받은 경우에 발생하고, [포괄수유자 : 상속인이라야 반환의무가 발생한다(민 1078조)], 그 공동상속인의 직계비속·배우자·직계존속 등 제3자가 유증 등을 받은 경우는 그 공동상속인이 반환의무를 지지 않는다. 이는 망인(피상속인)의 의사를 더욱 존중해야 하기 때문이고, 이 제도는 공동상속인들 사이의 공평을 실현하려는 것이 그 목적이므로, 상속인이 아닌 제3자(후순위 상속인 등)의 경우는 이런 문제가 없기 때문이다.

공동상속인이 아닌 포괄수유자는 유증이나 증여(특별수익)를 반환할 필요가 없으나, 그 수익으로 상속인의 '유류분을 침해'한 경우는 특별수익을 반환하여야 한다.

● **입양 등으로 상속인이 된 사람**

특별수익 당시 상속인이 아니었으나, 그 후 입양이나 혼인으로 상속개시 당시 상속인이 된 사람도 반환의무가 있는가?

증여 당시 공동상속인이냐 여부를 기준으로 하여 반환의무가 없다는 견해가 있으나, 이 제도의 실질에 비추어 반환의무가 있다고 보아야 할 것이다.

특별수익의 범위

① 생전 증여

사람들이 살아가면서 부자간, 모자간에 수시로 증여가 이루어지고 있지만 그러한 모든 증여를 일일이 계산하기는 매우 어렵다. 특별수익으로 인정하려면 일정한 범위로 제한할 필요가 있다. 그래서 보통 수익이 아니고 '특별한' 수익이라야 한다.

증여의 시기는 상속개시 이전의 것으로서 아무리 오래 전의 것이라도 상관없고, 특별한 제한이 없다. 증여인 이상 생전증여이든 사인증여이든 불문한다. 여기서 증여재산이란 '상속개시 전에 이미 증여계약이 이행되어 소유권이 수증자에게 넘어간 재산'을 가리키는 것이고, 아직 증여계약이 이행되지 아니하여 소유권이 피상속인에게 그대로 남아있는 상태로 상속이 개시된 재산은 당연히 '피상속인의 상속개시 시의 재산'에 포함된다(대판 1996. 8. 20, 96다13682).

● **특별수익에 해당하지 아니하는 증여**

부양비용이나 생활비, 관례적 선물(생일, 입학, 학위취득, 혼인 등 축하비용), 용돈, 기타 재산양도나 채무면제 등 출연도 그것이 소액에 지나지 아니하고 친족간의 부양의무의 이행인 경우는 특별수익으로서의 증여가 아니다. 기여에 대한 대가로 받은 것도 특별수익은 아니다. 조위금, 부의금, 향전 등은 특별수익으로 볼 수 없고 따라서 반환의 대상이 될 수 없다.

● 특별수익이 되는 것

독립자금(경제적 독립생활을 위한 자금), 사업자금, 혼인자금(혼수준비, 지참금 등 혼인비용 포함), 생계자금, 주택건축자금, 주택구입비 등의 증여는 특별수익이다.

혼례식비용은 특별수익인가? 이에 관하여 조금 논의가 있다.

피상속인이 자기책임 하에 자신이름으로 혼례식비용을 지출한 것은 특별수익이 아니고, 혼인당사자에게 현금을 지급하여 당사자가 지불한 것은 특별수익이라고 해설하는 학설도 있다. 그러나 이는 '눈 가리고 아웅' 하는 식이라 설득력이 없다. 요컨대, 일부 상속인(예컨대, 고명딸)을 위하여 혼례식비용으로 거액을 지출한 경우, 이는 특별수익으로 인정하여야 할 것이다.

그렇다면 고등교육(대학교, 대학원)을 위한 학비는 특별수익인가? 공동상속인들이 모두 대학교육을 받은 경우는 학비에 차이가 나더라도 그 학비를 특별수익으로 볼 수 없다. 그러나 상속인 중 일부의 사람(예컨대, 장남)에게만 대학교육이나, 외국유학을 시킨 경우 그 학비는 특별수익이 된다.

● 판단의 기준

증여나 유증이 특별수익에 해당하는지는 피상속인과 상속인들의 자산, 수입, 생활수준, 가정상황 등을 종합 참작하여야 하고 공동상속인들 사이의 형평도 고려하여야 한다(대판 1998. 12. 8, 97므513, 520, 97스12).

② 유증(遺贈)

모든 유증(유언 증여)은 특별수익이므로 반환(조정)대상이 된다. 유증의 목적물은 상속개시 당시 '상속재산 중에 포함되어 있으므로', 상속분 조정 시 생전 증여처럼 상속재산에 가산할 필요는 없다. 유증은 아직 실현된 것이 아니고 상속재산 중에 남아 있기 때문이다. 특히 특정물(예컨대, 부동산 중 대지)의 유증은 '그 유증을 원인으로' 권리이전 청구를 할 수 있는 권리 즉, 채권적 청구권에 지나지 않기 때문이다.

③ 생명보험금 등 기타 보험금(특별수익)

실질적으로 볼 때 보험료 지급(피상속인이 상속재산 중에서 지급하였을 것임)의 대가가 보험금 청구권이다. 이는 유증 또는 사인증여에 준하는 무상의 재산이전이다. 그러므로 이는 상속재산에는 포함되지 아니하나, 상속인이 이를 받으면 특별수익이 된다. 이로써 공동상속인 간의 공평을 도모할 수 있기 때문이다. 그러면 특별수익은 얼마인가?

보험료 총액, 보험금 총액이라는 설이 있고, 보험해지가액설[계약자(피상속인)가 사망직전에 보험계약을 해지하였더라면 받았을 해약반환금을 특별수익액으로 보아야 한다는 학설]이 있다. 끝으로, 보험금액수정설[특별수익(반환대상금액) = 지급된 보험금의 총합계액 × (피상속인이 부담한 보험료 합계액 / 망인의 사망 시까지 불입된 보험료 합계액)]으로 보아야 한다는 설이다(상속세및증여세법 8조, 동법 시행령 4조). 예컨대, 보험금수령액 5,000만 원, 피상속인 사망 시까지 불입된 보험료합계액이 500만 원이고, 그 중 60만 원은 상속인이 부담하였다고 가정해보자.

특별수익액으로 평가할 금액은 [5,000만 원 × (500만 원 - 60만 원) / 500만 원]을 계산하여 4,400만 원이다.

현행법의 해석으로는 마지막의 학설이 타당할 것이다.

④ 사망퇴직금 · 유족연금

사망퇴직금 등은 상속재산은 아니지만 특별수익에 해당하는 것으로 해석한다. 상속인들 간의 공평을 도모하기 위한 것이다.

특별수익의 대상과 평가

특별수익으로 반환되는 것은 현물이 아니라, 계산상의 가액(금전의 액수)이다(가액반환주의). 반환가액의 평가의 기준시점은 언제로 할 것인가? 이 외에도 평가방법에 관하여 민법에 특별한 규정이 없다.

① 평가시점

생각하건대, 상속개시 당시의 가액으로 평가하고 그 가액으로 반환하거나 정산함이 명확할 것이다.

② 평가방법

● 수증자의 행위(고의와 과실을 포함)로 상속재산이 멸실, 소실, 파괴, 매각(2억 원짜리의 물건을 실제 1억 5천만 원에 매각)되거나 수증자가 이를 수선, 증축한 경우 이를 어떻게 평가할 것인가? 상속개시 시점에서 증여 당시 그대로(원상태로) 존재하는 것으로 보고 평가할 것이다. 천재지변, 기타 불가항력으로 완전히 멸실된 경우 멸실된 그 가액만큼 수증자의 상속분에서 공제함은 가혹하다. 그러므로 멸실가액을 상속재산에 가산하여서는 안 될 것이다(국내의 다수설). 천재지변, 기타 불가항력으로 상속재산의 가액이 증감한 경우 상속개시 당시의 가액으로 평가하여야 할 것이다.

건물 등이 오래되어 자연히 낡아서 망가진 경우 '수증 당시 상태로 남아 있는 것'으로 간주하여 상속개시 시의 가치로 평가한다. 다시 말하면 그 가액을 상속재산에 더하여 평가하여야 한다. 그동안 수익가치를 누렸을 것이기 때문이다.

● 증여의 시점과 화폐가치의 변동

금전이 증여된 경우 증여 시와 증여자의 사망 시(상속개시) 사이에 오랜 세월이 흐른 경우 화폐가치의 변동도 평가하여 고려하여야 할 것이다. 특별수익으로 인정될 만한 생전증여는 아무리 오래 전의 것이라도 특별수익으로 보고 고려대상으로 삼아야 한다.

● 특별수익자가 있는 경우에도 상속채무는 공동상속인 사이에 법정상속분의 비율로 나누어 승계하게 된다.

> **참고 판례**
>
> 전세보증금반환채무와 은행에 대한 대출금채무 등은 상속개시와 동시에 상속인들에게 법정상속분에 따라 당연히 분할 승계되므로 특별수익을 산정하면서 이러한 채무를 상속재산 가액에서 공제할 필요는 없다(전주지법 군산지원 2001. 4. 12, 98느10 심판).

5) 초과특별수익자의 문제

특별수익이 상속분에 부족한 경우

특별수익을 계산한 결과 그것이 수증자의 상속분에 미달하는 경우에는 부족한 부분의 한도에서 상속분을 더 받을 수 있다(민 1008조).

특별수익이 상속분을 초과하는 경우 초과분을 반환하여야 하는가

수증재산이 상속분을 초과하는 경우 그 특별수익자는 상속분을 추가로 받을 수 없다(법정상속분 1억여 원의 2/13을 초과하는 4,495만여 원을 이미 받은 경우 : 전주지법 군산지원 2001. 4. 12, 98느10 심판). 공동상속인들 중 일부의 사람이 상속재산의 일부를 처분하여 자신의 상속분을 초과하는 재산을 사실상 취득한 경우는 그 상속인은 나머지 재산을 상속할 권한이 없다(대판 1973. 5. 8, 71다1554).

① 긍정설(반환설)

이러한 초과특별수익자는 초과액을 반환하여야 하나, 초과부분이 거액일 경우 상속을 포기하여 반환의무를 면하고 그것으로 만족할 수도 있다고 한다.

② 부정설

초과부분을 반환할 필요가 없다는 설이다.

③ 판례

특별수익자는 다른 공동상속인의 '유류분을 침해하고 있는 경우'에만 그 한도 내에서 반환하여야 할 것이다(대판 1996. 2. 9, 95다 17885 ; 광주고판 1989. 6. 9, 88르367 ; 서울고판 1991. 1. 18, 89르2400).

생각건대, 망인의 유언의 자유와 나머지 상속인들의 기대권(유류분) 과의 조화를 도모한다는 의미에서 판례를 지지하고 싶다.

초과 특별수익자가 있는 경우 상속분의 산정방법

〔피상속인이 상속개시(사망) 당시 가지고 있던 재산 + 생전 증여〕× 법정상속분율에 증여가액을 빼는 것이 기본 공식이다.

남긴 재산을 계산할 때는 적극재산만을 산정하고 소극재산은 특별수익을 고려함 없이 법정상속분의 비율로 공동상속인이 부담하게 된다.

> **참고 판례**
>
> 상속재산가액은 적극재산의 전액을 표시하는 것으로 보아야 한다 (대판 1995. 3. 10, 94다16571). 생전증여도 부동산의 경우는 소유권이 이미 이전된 재산만을 의미하고, 망인명의로 남아 있는 재산은 '피상속인이 상속개시시에 가진 재산'에 당연히 포함되어 있으므로 다시 더하여 줄 필요는 없다(대판1996. 8. 20, 96다 13682).

다음 두 경우를 생각해보자.

① 남편이 배우자(갑)와 자녀 을, 병, 정 등에게 부동산 6,000만 원, 예금 2,000만 원을 남기고 사망하였다. 남편은 아래와 같이 생전 증여 하였다.

갑(처) : 1,000만 원을 주겠다고 유언함

을 : 혼인 당시 갑이 500만 원 상당의 전답을 사 주었음
병 : 혼인지참금으로 500만 원을 지급하였음
정 : 유증도 증여도 하지 아니함
명목상의 상속재산 총액 : 9,000만 원(6,000만 원+2,000만 원+500만 원+500만 원)

상속인들의 상속분을 구체적으로 계산하면 다음과 같다.
갑 : 9,000만 원×3/9 - 1,000만 원(특별수익인 유증) = 2,000만 원
을 : 9,000만 원×2/9 - 500만 원(특별수익인 증여) = 1,500만 원
병 : 9,000만 원×2/9 - 500만 원(특별수익인 증여) = 1,500만 원
정 : 9,000만 원×2/9 = 2,000만 원
실제로 아내(갑)는 남편의 유언에 따라 1,000만 원을 더 받게 되므로 합계 3,000만 원을 받는다.

② 남편이 아내(갑)에게 4,000만 원을 주겠다고 유언한 경우
위의 예에서 갑이 4,000만 원의 유증을 받았다면, 갑의 법정상속분인 3,000만 원을 초과하는 특별수익 1,000만 원은 '공동상속인들인 자녀들(을, 병, 정)의 유류분을 침해하지 아니하는 이상' 반환할 필요가 없다. 이는 유언자의 유언의 취지를 살리자(유언의 자유를 보장하자)는 의미가 있다.
따라서 나머지 5,000만 원을 가지고 갑을 제외한 나머지 상속인들이 위의 계산방법에 따라 상속분을 정하게 된다.
을 : 5,000만 원×1/3 - 500만 원 = 1,166만 6,666원
병 : 5,000만 원×1/3 - 500만 원 = 1,166만 6,666원
정 : 5,000만 원×1/3 = 1,666만 6,666원

4. 기여분(기여상속인의 상속분)

1) 의미

개념

　공동상속인 중에 '상속재산의 유지, 형성, 증가에 특별히 기여한' 사람이나 피상속인을 '특별히 부양한' 사람이 있을 때, 상속분 산정에서 그러한 특별기여, 부양을 고려하여 주는 제도가 기여분이다. 이는 법정상속분의 수정요소(修正要素)로 작용하고 있다. 그래서 상속재산 가액에서 기여분을 공제한 것을 상속재산으로 보고, 그 액수에 상속분을 곱하여 계산한 상속분을 각 상속인의 구체적 상속분으로 나누어 준다. 기여자에게는 그 상속분에 기여분을 더한 액수를 그의 상속분으로 한다[예컨대, 상속재산이 5억 원인데, 기여분(기여자는 아들)이 1억 원이고, 상속인으로 아들 1명과 딸 1명이 있다고 가정한다면 4억 원을 상속분대로 나누어 상속인들은 각각 2억 원씩 가지게 되지만, 기여자인 아들은 거기에 기여분 1억 원을 더하여 3억 원을 가지게 된다]. 기여분심판청구에 관하여는 가사소송법(2조)에서 마류 가사비송사건으로 규정하고 있고, 가사소송규칙 제110~113조, 116조에 절차규정을 두고 있다.

이 제도의 존재이유

　특별수익자 제도와 함께 기여분도 공동상속인들 사이의 '실질적 공평(公平)'을 도모하려는 것이 목적이고, 1990년 민법개정 시 신설되었다. 앞의 것은 상속분에서 특별수익분을 공제하는 방식이고, 뒤의 것은 상속분에 기여분을 가산하는 방식으로 공평을 도모하는 데 차이가 있다. 특별수익자는 피상속인 생전에 미리 상속재산의 일부를 선급(先給) 받았으므로 상속재산 중에서 '마이너스' 요소로 증여 받은 사람이고, 기여자는 피상속인 생전에 상속재산을 유지, 증가시켜 '플러스'

요소로 공헌한 사람이다. 기여분은 법정상속분의 경직성을 수정, 완화하여 공동상속인들 사이의 실질적 공평을 실현시킬 수 있다는 점에서는 특별수익자 제도와 그 취지가 같다.

유사개념과 구별
① 특별수익과의 관계

먼저 기여분을 산정하여 이를 공제하면 상속재산이 나오고, 이를 기초로 특별수익자의 상속분을 정한다. 기여분은 특별수익에 우선하여 고려되어야 한다(통설). 기여분은 그 가액이 확정되어 있지 않고(공동상속인들의 협의나 가정법원의 심판으로 정하여진다), 특별수익자의 수익액은 확정적이라는 점에 서로 차이가 있다.

피상속인이 기여자에 대하여 기여에 대한 보상조로 증여를 한 경우(기여자측에서 보면 특별수익을 한 셈)는 그 증여가액을 공제한 금액 범위 내에서 기여분을 먼저 공제한 후에 나머지 재산을 가지고 상속분을 산정하고, 그것이 기여에 대한 충분한 보상이 되는 경우는 특별수익의 반환을 면제하고, 그것이 기여분에 미달하는 경우는 그 부족액만을 다시 기여분으로 청구하거나 협의로 정할 수 있을 것이다.

특별수익이 상속분을 초과하는 경우는 다른 상속인들의 유류분을 침해하지 아니하는 범위 내에서 그 특별수익(증여나 유증)은 유효라고 인정된다. 환언하면 상속분을 초과하는 유증이나 증여도 유효한데 나중에 유류분청구를 당할 수 있다(예컨대, 홍길동이 아들 2명(다른 상속인이 없음) 중 1명에게 전 재산 4억 원을 증여하였다. 그러면 그 증여는 유효하나, 나머지 아들 1명의 유류분인 1억 원 부분은 반환청구를 당하게 된다는 말이다).

② 유류분과의 관계

기여분은 원래 기여자에게 돌아갈 고유분이므로 유류분에 우선한다. 기여분과 유류분은 서로 관계가 없다는 표현이 더 정확하다. 공동상속인들의 협의로 거액의 기여분이 정하여진다 하여도(예컨대, 기여분이 전체 상속재산의 80~90%로 정하여지는 경우) 그 기여분은 유효하고 유류분을 침해하는 것이 아니다. 기여분은 유류분반환청구의 대상이 되지 아니한다. 유류분이란 것이 원래 '기여분을 뺀' 순수 상속재산에 대한 일정한 비율을 의미하기 때문이다.

공동상속인들이 상속재산분할협의를 한 결과 기여분의 가액이 유류분을 침해한 결과가 되었다고 하더라도, 침해당한 상속인은 유류분반환청구권을 포기한 것으로 보아야 할 것이다. 가정법원에서 기여분 심판을 할 때는 다른 공동상속인들의 유류분도 참작하여 결정하여야 할 것이다. 그러나 기본적으로는 기여분이 유류분에 우선하여야 할 것이다.

예컨대, 장남이 실제로 일을 하여 아버지(아버지는 부도를 내고 사업이 망한 경우) 이름으로 부동산을 매입한 경우, 아버지 사망 후 그 부동산을 상속재산이라고 주장하면서 다른 상속인들이 상속재산 반환청구나 유류분반환청구를 하는 것은 부당하기 때문이다.

> **참고 판례**
>
> 유류분반환청구 소송에서 피고가 된 기여상속인은 자신의 기여분을 공제하여 달라고 항변(기여분 결정 전에 항변)할 수 없다. 기여분은 당사자의 협의나 가정법원의 심판으로 결정되기 때문이다(대판 1994.10.14, 94다8334).

③ 기여분과 유언의 자유
● 기여분과 유증(유언 증여)

피상속인은 자유롭게 재산을 처분할 수 있고, 기여분 때문에 제약받지 아니한다. 예컨대, 홍길동(피상속인)이 5,000만 원의 상속재산을 남기면서(그 중 장남의 기여분을 3,000만 원이라고 가정), '허풍선(제3자)에게 3,000만 원을 주겠다'고 유언하였다. 이 경우 장남의 기여분은 최대한

2,000만 원까지만 인정된다. 이처럼 망인의 유증이 기여분에 우선한다. 아무리 재산을 모으지 못한 아버지라도 그 아버지의 유언은 존중되어야 하기 때문이다.

기여분은 유언의 자유를 제한할 수는 없고 단지 공동상속인 사이의 공평을 기하기 위한 것이다. 그래서 민법은, 기여분은 상속재산의 가액에서 유증의 가액을 공제한 액수를 넘지 못한다고 규정하고 있다.

④ 기여분에 관한 유언

피상속인이 생전에 '상속인 ○○○의 기여분을 얼마로 하라', '상속인 ○○○에게는 기여분을 주지 말라'고 유언하여도 그러한 유언은 무효이다. 기여분은 상속인들 사이의 협의나 가정법원의 조정, 심판으로 정하여지는 것이고 그것은 유언사항은 아니기 때문이다.

2) 기여행위의 요건

가. 기여분의 주체 : 기여적격자일 것

기여행위의 주체는 원칙적으로 '공동상속인' 이라야 한다.

공동상속인 중 한 사람 또는 여러 사람이 기여하였을 것

기여자는 공동상속인이면 되고 그 숫자에는 제한이 없다. 사실혼 배우자(사실상의 처나 남편), 사실상의 양자, 피상속인의 계모나 적모, 피상속인의 5촌 이상의 방계혈족, 포괄수유자, 피상속인의 호주 등은 상속인이 아니므로 아무리 기여를 하였다 하더라도 기여분을 주장하거나 청구할 수 없다. 선순위 상속인(망인의 직계비속 등 1순위 상속인)이 있을 경우 후순위(제2순위 이하의) 상속인은 기여분청구를 할 수 없다.

예컨대, 망인의 아들이 있는데 망인의 형제자매가 실제로 기여를 하였더라도 기여분을 청구할 수 없다.

공동상속인이라도 상속결격자나 상속포기자는 상속인자격이 없으므로 기여분을 청구할 수 없다.

대습상속인

대습상속인은 대습자(예컨대, 손자) 스스로의 기여와 피대습자(예컨대, 아버지)의 기여를 함께 주장할 수 있다(다수설). 피대습자는 기여분 청구를 할 기회가 없었기 때문이다.

대습상속인은 피대습자가 받을 수 있었을 상속분을 상속하는데, 그 상속분 속에는 기여분이 포함되어 있다. 그 기여분은 일신 전속적인 권리가 아니므로, 대습상속인은 피대습자의 권리를 상속하여 행사할 수 있다고 해석된다.

기여행위가 언제 있었느냐와는 상관없이, 상속재산분할 시 상속인 자격을 취득하였으면 기여분을 청구할 수 있다. 결격을 원인으로 한 대습상속의 경우에도 기여분은 대습될 것인가? 긍정설과 부정설이 대립하고 있으나, 상속인들 사이의 공평을 도모하려는 제도의 취지상 인정함이 타당할 것이다.

상속인의 배우자 등의 기여

예컨대, 남편이 상속인인데 그 처가 시아버지의 사업에 크게 기여한 경우 그 남편이 이를 주장할 수 있는가? 긍정설과 부정설이 대립하고 있다. 상속인의 자녀가 상속재산의 유지, 증가에 기여한 경우 상속인은 이를 주장할 수 있는가? 학설 중에는 소극설이 있을 뿐이다. 상속인의 처나 자녀가 기여한 경우 이를 인정할 수 있는 경우가 있을 수 있을 것이다.

나. 특별한 기여행위가 있을 것

특별한 기여는 보통의 기여와 구별된다. 자기의 부양의무나 협조의무를 넘어서 특별히 기여한 경우라야 한다. 그러므로 자녀의 양육비,

보통의 간호비는 특별기여로 볼 수 없다. 그 사람의 공로를 특별히 인정하여 주지 아니하면 상속인 사이에 불공평이 생길 정도의 기여라야 한다. 기여행위의 형태는 아래와 같다.

① 무상(無償)의 노무제공 : 농업, 상업에 종사하고 맞벌이를 한 경우 등

● 자녀가 무급으로 부모가 경영하는 분식점, 공장이나 점포에서 장기간 일하여 재산증식에 공헌한 경우(서울가심 1995. 9. 7, 94느2926 : 분식점 운영에서 종업원관리 등 주도적으로 노무를 제공하여 재산형성에 기여한 처에게 기여분 20%를 인정했다)

● 남편은 첩과 동거하면서 무관심으로 일관하는데 처가 음식점 경영에 전념하여 남편 명의의 재산이 크게 증가한 경우(서울가심 1995. 9. 7. 94느2926 : 처의 기여분을 20% 인정 ; 대판 1996. 7. 10, 95스30, 31 : 처가 '이 사건 상속재산보다 더 많은' 재산을 자기 명의로 취득한 사례에서 처의 기여분을 인정하지 않고 있다).

50년 이상 부부로 동거하면서 시아버지(다리 장애자)와 시어머니(정신분열증환자)를 18년간 부양하였고, 남편과 함께 농업에 종사하였으며, 친정 언니의 도움으로 전답 등 상속재산을 마련한 처에게 기여분 40%를 인정한 사례도 있다(전주지법군산지원 2001. 4. 12 고지 98느10 심판).

일반적인 배우자의 가사노동, 가족생활상 불가피한 생활비용 부담은 특별기여로 볼 수 없다. 가사노동은 부부간의 동거, 부양, 협조의무의 범위 내의 행위이기 때문이다.

② 사업자금 공여, 재산출연(財産出捐) : 이로 인하여 피상속인의 재산의 유지, 증가에 공헌하여야 한다.

아버지의 사업이 부진하여 부도직전의 위기에 처하였을 때 자녀가 자신의 부동산을 처분하여 아버지의 채무를 변제하여 부도를 면하게 하고 저당권설정등기를 말소하여 그 재산이 남에게 넘어가지 않게 하여 이를 유지시킨 경우

③ 요양, 간호는 친족간의 통상의 부양의무를 넘는 정도의 것이라야 하고 민법에는 '특별히' 부양한 자라고 규정하고 있다.

'상속인이 직접 피상속인을 간호하였기 때문에 직업적 간호인, 간병인에게 지급하였어야 할 요양비 등의 지출을 면하게 함으로써 재산이 감소되지 않게 한 경우'를 의미한다. 공동상속인 중 한 사람이 다른 형제자매와 상의하지 않고 부모를 부양한 경우는 부양료의 구상문제일 뿐이고 기여의 문제는 아니다. '자신의 가옥을 매각하고, 직장도 포기하고 부모를 부양, 요양, 간호한 경우'는 기여로 인정된다.

'교통사고를 당한 남편(공무원)을 아내가 간병한 경우 이는 부부간의 부양의무 이행의 일환일 뿐이고, 이를 특별기여로 볼 수 없다'는 판례도 있다. 이 사안에서는 아내가 소송에서 문제가 된 부동산보다 더 많은 부동산을 취득하여 그 명의로 등기를 마친 점 등을 고려하고 있다(대결 1996. 7. 10. 고지 95스30, 31).

'20년간 피상속인을 부양하였고 나중의 10년간은 피상속인이 치매 현상을 보이는데도 계속 부양한 사안에서 이는 친족간의 부양의무를 넘는 특별한 부양으로 인정'하고 있다. 비슷한 사안에서 일본의 경우는 60%를 기여분으로 인정하는 데 비하여, 한국에서는 10% 남짓을 기여분으로 인정하고 있다.

딸이 결혼한 이후 친정 부모의 사망 시까지 30년 정도 동거하였다는 사정만으로는 특별기여로 볼 수 없다는 판례도 있다(서울가판 1996. 7. 24, 95드74936, 74943).

'4녀 중 둘째 딸이 성년이 된 후 부양의무의 존부(存否)나 순위에 구애됨이 없이 스스로 장기간 그 부모와 동거하면서 생계유지의 수준을 넘어 부양자 자신과 같은 생활수준 정도의 부양을 한 경우' 기여분을 인정하고 있다(대판 1998. 12. 8, 97므513, 520).

친족간의 협조의무 · 부양의무의 이행으로 부양한 경우도 기여인가? 그것은 기여가 아니라는 부정설이 우세하다. 생각건대, 재산이 증가하였다면 어느 정도의 기여분을 인정하는 것이 노부모 부양의 미풍양속을 유지하기 위하여 좋을 것이다.

기여행위로 인하여 재산이 유지·증가될 것(인과관계 : 기여행위↔재산증가)

기여행위와 재산의 유지·증가 사이에 인과관계가 있어야 한다. 아무리 기여를 많이 하여도 재산이 증가하지 아니한 경우는 특별한 기여로 볼 수 없다. 정신적 협력이나 조언, 원조는 기여가 아니다.

특별한 기여일 것

배우자의 가사노동은 특별한 기여가 아니고, 맞벌이는 특별한 기여라고 해설하고 있다. 부부가 생존 중 이혼하는 경우 재산분할청구를 하면서 기여분을 고려하는 것과 같이 사망 시에도 이를 인정함이 타당할 것이다(일본에서는 주택구입자금의 90.6%를 부담한 아내에게 기여분 82.3%를 인정한 예가 있다).

기여에 대한 보상이 없을 것

기여에 대한 반대급부가 있는 경우에는 기여라 할 수 없다. 그러므로 기여는 무상으로 하는 것이 원칙이다. 고용계약이나 조합계약에 따라 기여한 경우는 대가를 받기 때문에 '특별한 기여'가 아니다. 피상속인이 기여에 대하여 생전증여를 하거나, 유증을 한 경우 이는 반대급부로 볼 수 있다. 이 경우는 그러한 증여를 공제한 액수를 기여액으로 보아야 할 것이다.

그러나 특별수익으로 취급되는 경우가 있을 수 있는바, 이 경우에도 기여분을 먼저 산정할 필요가 있다.

3) 기여분의 결정과 상속분

기여분은 공동상속인의 협의 또는 가정법원의 조정, 심판으로 결정된다.

협의로 정하는 방법

공동상속인들은 상속개시 후 언제든지 누구나(기여자 아닌 사람도) 기여분계산을 하자고 제의할 수 있고, 상속인 '전원의 협의로' 기여분을 정할 수 있다. 기여분은 금전으로 정할 수도 있고, 현물(동산, 부동산 등)로 정할 수도 있으며 기여액수도 자유로이 정할 수 있다.

상속재산분할 후에 기여분 주장을 할 수 있는가? 부정설이 다수설이다. 상속재산분할 시는 반드시 법정상속분대로 분할하여야 하는 것이 아니고, 기여분, 특별수익 등을 모두 고려하여 상속인들 사이에 합의로 자유로이 정할 수 있다(예컨대, 형님은 동네 앞 논 200평, 동생은 임야 500평, 누나는 현금 2억 원, 어머니는 주식 250주 등으로 정할 수 있다).

일단 상속인들 사이에 기여분에 관한 협의가 성립되면 이는 상속인 전원의 동의가 없으면 이를 변경할 수 없고, 법원에 기여분청구를 하더라도 각하된다.

가정법원에 청구

① 조정 : 공동상속인이 기여분에 관하여 협의가 되지 않거나 협의를 할 수 없는 경우 가정법원에 기여분의 조정신청을 할 수 있다. 기여분을 정하는 심판에서는 조정전치주의가 적용된다. 기여분에 관하여 조정을 성립시킬 수도 있고, 상속재산분할을 병합하여 조정할 수도 있다.

② 심판 : 공동상속인들(당사자) 사이에 협의가 되지 아니하거나 협의할 수 없는 경우는 당사자(기여자)의 청구로 가정법원에서 기여분을 정한다. 이러한 사건은 가사비송사건이고 재판의 형식은 심판으로 한다.

기여분결정사건과 상속재산분할사건은 병합하여 심리하고 재판하여야 한다. 기여분은 법정상속분의 수정요소(修正要素)로서 상속재산분할의 전제문제이다. 따라서 기여분청구는 상속재산분할청구가 있는 경우에만 제기할 수 있는 것이다. 예외적으로 민사소송에서 상속재산여부를 확정하는 경우에는 그 재산이 상속재산일 것을 조건으로 하는 이른바, 조건부권리에 대한 특정인의 기여분결정을 상속재산분할심판과는 별도로 할 수 있다(서울가판 1994. 10. 20, 93느7142).

● 심판청구권자는 누구인가? 언제 이 청구를 할 수 있는가? 기여자(상속인)가 이 청구를 할 수 있고, 상속재산분할의 청구나 조정신청이 있을 때에 한하여 기여분청구를 할 수 있고, 상속재산분할 후에 인지되거나, 인지재판확정으로 공동상속인이 되어 가액지급청구를 하는 경우에도 할 수 있다.

> **참고 판례**
>
> 상속재산분할청구 없이 기여분청구만 하는 것은 부적법하므로 각하되어야 한다. 유류분 반환청구는 상속재산분할청구라고 볼 수 없으니, 유류분청구가 있다는 사유만으로는 기여분청구가 허용되지 아니한다(대결 1999. 8. 24, 99스28).

③ 상대방은 누구인가? 언제까지 청구하여야 하는가? : 기여자가 나머지 상속인 전원을 상대방으로 삼아 청구하여야 하므로 이는 필수적 공동비송사건이다. 기여분심판청구는 상속재산분할사건이 법원에 계속되는 동안에, 즉 상속재산분할협의나 조정의 성립, 상속재산분할심판이 확정될 때까지 할 수 있고, 그 시기가 지나면 청구권이 소멸된다.

④ 병합심리 : 기여분 결정은 상속재산분할의 전제가 된다. 동일한 상속재산에 관하여 여러 개의 기여분청구사건이 제기된 경우는 이를 병합하여 심리, 재판하고, 기여분청구와 상속재산분할청구가 제기된

경우는 이를 동시에 병합하여 심리, 재판하여야 한다. 이들 병합된 여러 개의 청구에 대하여는 1개의 심판으로 재판한다. 심판 상호간의 저촉을 피하기 위한 것이다.

⑤ 기여분과 상속채무 : 상속채무는 상속인들의 법정상속분에 따라서 분담하여야 한다. 기여분을 고려한 상속재산분할의 대상은 적극재산이기 때문이다. 그러나 구체적인 경우 상속채무를 '기타 사정'의 하나로 참작하여야 할 것이다.

기여분의 계산방법으로는 피상속인의 직업, 기능, 가족구성, 건강상태, 연령, 학력, 자산상태, 기여의 시기·방법·정도, 상속재산의 액수, 기타 여러 가지의 사정을 참작하여 그 액수를 산정하여야 한다.

⑥ 기여분결정에 대한 불복방법 : 기여분결정 심판에 대하여 당사자나 이해관계인은 14일 안에 즉시항고를 할 수 있다.

4) 기여분이 있는 경우의 상속분 산정

상속재산가액에서 기여분(협의, 조정, 심판으로 정하여진 액수)을 공제한 것을 상속재산으로 보고, 거기에 상속분을 곱하여 계산한 금액(각 상속인의 구체적 상속분)에 기여분을 더한 것이 기여자의 상속분이 된다. 다만, 기여분은 상속재산 가액에서 유증액을 공제한 금액을 넘지 못한다.

5) 기여분의 양도와 상속·포기

구체적으로 결정된 기여분은 양도·상속 등 승계가 가능하다. 그러나 당사자의 협의나 법원의 심판으로 그 액수가 '결정되기 전의' 기여분을 상속할 수는 있지만, 양도할 수는 없다. 기여분을 양수한 제3자가 공동상속인들 사이에 끼어 들어 기여분을 주장하는 것이 좀 부자연스럽기 때문이다. 기여분을 제외하고 상속분만 양도할 수는 없지만, 상속분을 양도하면 그 속에 포함된 기여분도 양도된다.

상속개시 전의 상속포기는 할 수 없으므로 기여분도 포기할 수 없고, 사전포기는 무효하다. 상속개시 후 상속재산분할이 종료될 때까지 언제든지 기여자는 공동상속인 전원에 대한 의사표시로 기여분을 포기할 수 있다. 포기의 방식은 제한이 없고, 일단 포기한 사람은 기여분을 청구할 수 없다. 상속재산협의분할이 이루어진 경우 기여자는 특별한 사정이 없는 이상 기여분을 포기한 것으로 보아야 할 것이다.

6) 구체적인 기여분(상속분) 산정 예

기여자만 있을 때

예컨대, 남편이 부동산 7,000만 원, 예금 3,000만 원을 남기고 사망하였고 처와 자녀 을(장남), 병(차남), 정(막내딸)이 상속하였다. 장남 을은 무급으로 장기간 아버지 사업체에서 근무하였고 가족(공동상속인)들의 협의로 을의 기여분이 1,000만 원으로 결정되었다. 이 경우 을의 상속분은 얼마인가?

명목상 상속재산(1억 원) - 기여분(1,000만 원) = 9,000만 원

이를 상속분대로 나누면 배우자인 처는 3,000만 원(9,000만 원×3/9), 자녀들은 각각 2,000만 원(9,000만 원×2/9)씩이 된다. 그러나 장남 을은 기여분 1,000만 원을 별도로 받게 되어 그의 구체적 상속분은 3,000만 원이 된다.

결국 처 3,000만 원, 장남 3,000만 원, 차남 2,000만 원, 막내딸 2,000만 원을 나누어 상속한다.

특별수익자가 있을 때(민 1008조와 1008조의2를 동시에 적용)

① 위의 사안에서 차남(병)이 특별수익으로 1,000만 원을 이미 받았

고 남편이 합계 9,000만 원을 남긴 경우

- 상속재산의 가액 : 9,000만 원 + 1,000만 원 - 1,000만 원 = 9,000만 원
- 처의 구체적 상속분 : 9,000만 원×1.5/4.5 = 3,000만 원
- 나머지 자녀들의 구체적 상속분 : 9,000만 원×1.0/4.5=2,000만 원
- 차남의 취득액 : 2,000만 원 - 1000만 원 = 1,000만 원
- 기여자 장남의 취득액 : 2,000만 원 + 1,000만 원 = 3,000만 원

② 위의 사안에서 차남이 상속분을 초과하는 특별수익을 얻은 경우 (예컨대, 차남이 3,600만 원을 이미 받았다고 가정하고, 남편이 남긴 재산은 1억 원이라고 가정한다).

- 명목 상속재산의 가액 : 1억 원 + 3,600만 원 - 1,000만 원 = 1억 2,600만 원
- 처의 구체적 상속분 : 12,600만 원×1.5/4.5 = 4,200만 원
- 나머지 자녀들의 상속분 : 12,600만 원×1.0/4.5 = 2,800만 원
- 이 경우 차남의 취득액 : 2,800만 원 - 3,600만 원 = -800만 원
- 기여자 장남의 취득액 : 2,800만 원 + 1,000만 원 = 3,800만 원

막내에게 2,800만 원을 나누어주려고 하니 800만 원이 모자란다. 이 800만 원을 어떻게 분담하여야 할 것인가?

- 처의 취득액 : (1억 원 - 1,000만 원)×[4,200만 원/(4,200만 원+2,800만 원+2,800만 원)]=3,857만 1,428원

처는 800만 원 중 342만 8572원을 분담한다.

- 장남, 막내딸의 취득액 : (1억 원 - 1,000만 원)×(2,800만 원/(4,200만 원+2,800만 원+2,800만 원))= 2,571만 4,285원

장남, 막내는 800만 원중 228만 5,715원씩 분담한다.

- 차남의 취득액 : 0원(그러나 생전증여로 이미 받은 3,600만 원이 있다)
- 기여자 장남의 취득액 : 2,571만 4,285원 + 1,000만 원(기여분) = 3,571만 4,285원

주의할 것은 장남의 기여분 1,000만 원을 제외하여 두고, -800만 원을 분담하도록 계산한 점이다.

상속인들의 구체적 상속분(2,800만 원)을 가지고, 실제로 남긴 재산(1억 원)을 실수령액 비율로 분담하게 된다. 이는 기여분제도의 취지를 살리기 위한 것이다.

5. 상속분의 양도와 양수(환수)

1) 상속분의 양도

의미

공동상속인은 상속개시의 시점으로부터 상속재산분할의 시점까지 상속재산 전체에 대한 각자의 상속분(상속지분 : 일정한 비율)을 자유로이 양도할 수 있다. 다시 말하면 상속인은 상속재산의 분할 전이라도 자신의 상속분을 공동상속인이나 상속인이 아닌 제3자에게 양도할 수 있다. 이것이 상속분의 양도이고 상속상의 지위의 양도이므로, 적극·소극의 모든 재산이 양도된다.

상속분의 양수인 지위

상속분은 재산적 지분이므로, 상속분을 양도한 상속인도 공동상속인으로서의 지위를 상실하는 것은 아니다. 상속분의 양도로 상속분은 양수인에게 넘어간다. 양수인은 양수한 상속분에 따라 상속재산의 공동관리, 상속재산의 분할청구를 할 수 있고 분할절차에 참여할 수 있다. 상속채무는 어떻게 되는가?

상속분이 양도되더라도 상속인은 상속채무를 면할 수는 없고, 양수인은 상속채무를 병존적·중첩적으로 인수한다고 본다. 이는 채권자를 보호하기 위한 것이다. 양도인이나 양수인이 채무를 함께 지고 있는 셈이다.

양도의 통지

상속분 양도의 대항요건에 관하여 민법에는 아무런 규정이 없다. 적극설과 소극설이 대립하고 있다.

일부 상속인의 상속분 양도 후, 다른 공동상속인의 상속분 양수(환수)권의 행사는 '상속분의 양도 사실을 안 날'로부터 3개월, 양도일로부터 1년 이내에 하여야 한다(민 1011조 2항). 이러한 상속분 양수제도의 취지에 비추어 보아 상속분의 양도인은 지체 없이 양도사실을 다른 공동상속인에게 통지하여야 한다고 해석함이 타당할 것이다(앞으로 명문의 규정을 두어야 할 것이다).

2) 상속분의 양수(환수)

의미

공동상속인 각자는 상속개시 후 상속재산분할 전이면 언제나 그 상속분을 자유로이 양도할 수 있다. 이러한 자유양도로 가산(家産)이 제3자에게로 넘어가서 가산이 분산될 우려가 있다.

상속분의 양수는 공동상속인 중 그 상속분을 제3자에게 양도한 사람이 있을 경우, 다른 공동상속인이 그 가액과 양도비용을 상환하고 그 상속분을 도로 찾아오는 것을 말한다. 민법에는 양수라고 규정하고 있으나 '환수(還收)'라고 표현하는 것이 더 정확하고 적절할 것이다. 상속분의 양수는 가산의 분산과 산일(散逸)을 방지하기 위한 것이다.

요건

① 상속분(적극·소극재산 포함)의 양도(유상·무상 불문)가 있어야 하고, ② 양수인은 공동상속인이 아닌 제3자이어야 하며, ③ 양도는 상속재산분할 전에 이루어져야 한다(상속재산분할이 이루어진 후이면 상속재산은 상속인의 단독소유물이 되어버려서, 그 양도는 자유이고 다른 상속인이 관여할 수 없게 된다).

양수권(환수권)의 행사와 그 성질

공동상속인은 상속분의 양수인이나 전득자에 대하여 일방적인 의사표시로 '내가 되사겠다'고 말할 수 있다. 그러므로 양수권(환수권)은 형성권이다. 환수하려면 상속분의 가액과 '제3자가 이미 지출한' 양수비용을 물어주어야 하는데, 그 가액은 환수 당시의 시가에 따라 상환하여야 한다. 시가와 비용을 현실적으로 상환하지 아니하면 환수의 효력은 생기지 아니한다. 양수인(제3자)이 이들 가액이나 비용의 수령을 거절하더라도 환수권자가 이를 공탁하면 환수의 효과가 생긴다.

채권자 대위권(소극적)

환수권은 공동상속인만 행사할 수 있고, 공동상속인의 채권자가 채권자대위권으로 행사할 수는 없다.

행사기간

환수권행사의 기간은 상속분의 양도사실을 안 날로부터 3개월, 양도일로부터 1년 이내여야 하고 그 기간이 지나면 권리가 소멸된다. 이 기간은 제척기간이다. 상속분의 양도가 언제 취소될지 모르는 불안정한 상태를 오래 방치하는 것은 바람직하지 않기 때문이다.

양수(환수)의 효과

환수권은 형성권이므로 일방적 의사표시로 효력이 생기므로, '양도되었던' 상속분은 양도인 이외의 공동상속인 전원에게 각 상속분에 따라 귀속된다. 환수하는 데 든 상속분 가액과 비용도 공동상속인들이 상속분대로 분담하여야 한다. 공동상속인 중 1인만이 환수권을 행사한 경우는 그 사람에게만 독점적으로 상속분이 귀속된다는 견해(소수설)가 있고, 다수설은 이 경우에도 공동상속인 전원에게 귀속된다고 한다. 공동상속인들 사이의 번거로운 구상권행사 등 상환절차를 생각한다면 앞의 견해(소수설)가 타당할 것이다.

입법론

상속분 양수인의 의사와 관계없이 상속인의 환수권행사를 인정하고 있는 것은 가(家) 중심적인 가산유지를 위한 제도이다. 오늘날 특별히 가산이라는 것이 없는 마당에 과연 이 제도에 의미가 있을지 실용성이나 실효성이 의심스럽다. 공동상속인들 사이에서만 우선매수청구권을 행사할 수 있도록 하는 제도를 도입하는 것이 좋을 것이다.

6. 상속재산의 분할

의미

상속이 개시되면 공동상속인들이 상속재산을 포괄적으로 승계(몇 분의 1씩 승계)하여 공유(지분으로 소유)가 된다. 이러한 공유재산을 상속인 각자의 상속분에 따라 나누어 단독소유로 만드는 절차가 바로 상속재산의 분할(공동소유 → 단독소유)이다. 상속인이 1인이라서 그가 단독상속하는 경우는 이러한 문제가 생길 여지가 없다. 이러한 분할로 인하여 상속재산을 구성하는 대지, 건물, 주식 등 개개의 재산은 각 상속인에게 확정적인 단독소유로 귀속된다.

예컨대, 부동산은 장남이, 동산과 현금은 장녀가, 주식은 막내가 각각 나누어 가지기로 협의를 하였다면, 장남은 부동산을 단독상속 소유하는 결과가 된다[만일 이러한 절차가 없다면 장녀와 막내도 부동산에 대한 지분소유권이전(상속)등기를 마친 후 다시 각자의 법정지분을 장남에게 이전하는 절차를 밟아야 하므로 번거롭다].

요건

① 상속재산의 공유관계가 존재할 것 : 분할의 대상인 상속재산의 범위

● 금전채무와 같은 가분채무(可分債務)는 상속개시와 동시에 당연히 법정상속분에 따라 공동상속인들에게 분할되어 귀속되므로, 상속재산 분할의 대상이 될 수 없다. 이러한 재산에 관하여 분할협의를 하더라도, 그러한 협의는 민법 제1013조에서 말하는 분할협의가 아니다.

● 가분채무(예컨대, 상속과 동시에 분할된 3,000만 원 채무)의 분할약정

공동상속인 중 1인이 그 상속분을 초과하여 채무(3,000만 원 모두)를 부담하기로 하는 합의약정은 면책적(免責的) 채무인수(2명의 상속인은 채무를 면함)의 성질을 가진 것이고, 위 약정에 따라 다른 공동상속인들이 상속채무의 일부나 전부를 면하려면 민법 제454조의 규정에 따라 채권자의 승낙을 받아야 한다. 여기에는 상속재산분할의 소급효에 관한 민법 제1015조는 적용될 여지가 없다(대판 1997. 6. 24, 97다8809). 상속채권자에게 불리하게 분할채무를 부담할 수는 없고 상속인들은 항상 불가분채무, 또는 연대채무를 부담하여야 한다는 견해도 있다.

예컨대, 홍길동이라는 사람이 3,000만 원의 채무를 남기고, 처도 없이 자녀 3명, 즉 갑, 을, 병을 남기었다. 이 경우 상속채권자는 자녀 3명에 대하여 연대하여 3,000만 원을 지급하라고 청구할 수 있는가?

아니면 분할채무로 보아서 자녀 3명에 대하여 각각 1,000만 원씩을 청구할 수 있을 뿐인가?

　판례의 취지에 따르면 채권자는 1,000만 원씩을 상속인 각자에게 청구할 수 있고, 상속인들 사이에 합의하여 그 중 갑이 3,000만 원의 채무전액을 부담하기로 약정(상속재산분할협의)하여도 채권자의 승낙이 없으면 이로써 채권자에게 대항할 수 없다.

　● 유언에 의한 재단법인설립을 위하여 출연한 재산은 상속재산에 포함되지 아니하므로 분할대상으로 삼을 수 없다.

　② 공동상속인들이 확정될 것

　● 호적등본이나 제적등본으로 공동상속인들을 확정할 수 있다. 인지(認知)되지 아니한 혼인외의 출생자, 행방불명자 등이 있는 경우는 상속인 확정에 문제가 생길 수 있다(상속재산분할 심판 소송 중에 별도의 인지청구의 소가 제기되기도 한다).

　● 상속인이 생사불명, 행방불명이 되었다 하더라도, 그러한 사람에게 법정대리인이 있으면 대리인을 분할절차에 참가시키고, 그 법정대리인도 상속인인 경우는 특별대리인을 선임하여 상속재산분할협의를 하고, 행방불명자에게 법정대리인이 없을 때는 부재자재산관리인 선임신청을 하여 선임된 관리인이 분할절차에 참여하게 하여야 한다. 실종선고절차를 밟는 것은 또 다른 문제다. 행방불명된 딸을 상속에서 제외할 수는 없다(판례).

　● 태아가 있는 경우는 태아의 출산 시까지 기다려서 상속인의 수를 명확히 한 다음에 분할하는 것이 타당할 것이다. 그렇게 기다릴 수 없는 급박한 사정이 있을 경우에는 일단 분할을 할 수 있고, 그 이후에 출생한 태아에게는 민법 제1004조(인지된 자의 상속분 상당 가액지급 청구)를 유추적용하여야 한다는 견해가 있고, 이를 부정하는 견해도 있다. 그러므로 태아의 출산 시까지 기다리는 것이 좋을 듯하다.

● 분할심판사건 심리 중에 공동상속인들 중 1인이 사망한 경우는 그 망인의 상속인들을 다시 절차에 참가하게 하여야 할 것이다.
● 승인·포기기간 중
공동상속인 중 1인이나 수인이 상속의 승인 또는 포기를 하지 않고 있는 동안에는 상속재산분할을 할 수 없다.
● 상속재산분할심판청구는 공동상속인 중 1인 또는 수인이 나머지 공동상속인 전원을 상대로 청구하여야 하므로 이는 필수적 공동비송사건이다.
③ 분할의 금지가 없을 것 : 피상속인은 유언으로 상속개시의 날로부터 5년 이내의 기간 상속재산의 분할을 금지할 수 있다. 유언은 5년을 초과하지 아니하는 범위 내에서 유효하다. 공동상속인들 사이의 합의로도 재산분할을 5년간 금지시킬 수 있다(민 268조 1항 : 다시 5년의 기간 내에서 갱신도 할 수 있다, 동조 2항). 공동상속인 전원의 동의가 있으면 금지기간 내라도 유효하게 분할할 수 있다(유언분할금지의 경우는 유언집행자가 있으면 그 집행자의 뜻을 무시할 수는 없을 것이다).

분할청구권자

① 상속을 승인한 공동상속인, 포괄수증자 : 이 권리는 일신전속권은 아니므로, 공동상속인 중 1인의 상속인, 상속분의 양수인(제3자), 공동상속인의 상속인, 상속인의 채권자도 대위청구를 할 수 있다(소극설도 있음 : 상속회복청구권을 채권자가 대위하여 행사할 수 없는 점과 다름). 특정적 수증자는 특정된 재산을 증여받은 사람이므로 상속재산의 분할을 청구할 수 없다.
② 상속인자격이 상실될 우려가 있는 경우 : 친생부인, 친자관계부존재확인, 인지무효, 혼인무효, 입양무효 등의 소가 제기되어 소송이 계속 중인 경우는 원칙적으로 그 재판이 확정될 때까지 기다려서 분할하여야 할 것이다.

③ 상속인자격을 취득할 가능성이 있는 경우 : 현재 호적상 상속인이 아니지만, 앞으로 상속인의 신분을 취득할 가능성이 있는 경우, 예컨대, 인지청구, 이혼무효, 파양무효, '부(父)를 정하는 소'가 제기된 경우는 일단 호적상 상속인들끼리 재산분할을 할 수 있다. 이들이 후에 상속인으로 확정되더라도 그 이전의 분할은 유효하고 그들은 분할에 참가한 상속인들을 상대로 가액상환청구를 할 수 있다.

④ 특별수익자 문제 : 민법 제1008조에 의한 상속분이 없는 사람(특별수익자)이라 하여도 상속재산분할 소송에서 당사자 적격까지 없는 것은 아니다(광주고판 1989. 6. 9, 88르367). 상속재산분할에 즈음하여 특별수익의 유무, 가액에 관하여 다툼이 생긴 경우 지방법원에 그 확정을 청구할 수 있는가? 일본의 최근 판례는 특별수익의 확정을 구하는 소를 제기하는 것은 부적법하다고 하면서 이를 각하하였다.

분할의 방법

① 유언분할 : 피상속인은 유언으로 상속재산의 분할방법을 정할 수 있고, 제3자에게 분할방법을 위탁할 수 있다. 이 경우는 상속인들은 그 유언대로 재산을 분할하면 된다. 망인이 생전처분으로 분할방법을 정한 것은 무효하다.

② 협의분할 : 망인의 유언에 5년간 분할금지나 분할방법지정이 없는 경우 공동상속인들은 상속개시 후 언제든지(고려기간 중이나 상속개시 후 15년이 지나도 무관) 협의하여 상속재산을 분할할 수 있다(민 1013조 1항, 고려기간 중의 분할은 '처분행위'에 해당되어 단순승인으로 간주될 수 있다). 이러한 협의분할은 공동상속인들 사이의 일종의 계약이므로, 공동상속인들, 포괄수유자, 분할 전 상속분의 양수인 등 전원이 참여하여야 한다.

③ 분할무효와 재분할 : 만일, 공동상속인 전원의 동의가 없이 일부의 사람이 제외되어 누락되었거나 그 의사를 무시하거나, 또는 그 의

사표시에 대리권의 흠결 등 하자가 있든지 일부의 상속인만으로 또는 무자격 상속인이 참가하여 한 협의분할은 무효이다(대판 1987. 3. 10, 85 므80 ; 1995. 4. 7, 93다54736). 이 경우 진정한 상속인은 의사표시의 취소나 분할무효 또는 재분할을 청구할 수 있다.

④ 고려기간 중의 분할협의요청(일종의 계약의 청약)에 다른 상속인이 응할 의무는 없다.

⑤ 태아는 분할에서 제외되지만, 해제조건설에 의하면 그 법정대리인을 통하여 분할절차에 참가할 수 있다.

● 미성년자와 친권자, 후견인이 공동상속인으로 재산분할을 하는 경우는 '미성년자를 위한 특별대리인'을 선임하여야 한다. 이는 이해상반행위가 될 수 있고 어떤 경우는 쌍방대리가 되기 때문이다.

● 분할협의의 내용에 조건을 붙였으나 그 조건 불이행의 경우 협의해제 가부(부정 : 소극)

협의의 조건이 성취, 이행되지 아니한 경우 그 분할협의를 해제할 수 있는가? 일단 협의가 성립된 경우에, 공동상속인 중 한 사람이 다른 공동상속인에게 부담하기로 정한 채무를 이행하지 아니하더라도, 다른 상속인은 민법 제543조에 의하여 그 분할협의를 해제할 수 없다.

● 분할방법

상속재산의 협의분할은 현물(現物)분할이든 가액(價額)분할이든 상관이 없고 반드시 법정상속분대로 분할합의를 하여야 하는 것도 아니다. 따라서 예컨대, 어떤 상속인들(A, B, C)의 몫은 모두 '0'으로, 나머지 상속인(D)의 몫은 '100%'로 합의하여 결정(상속인전원이 동의)할 수도 있다.

● 고려기간 경과 후의 상속포기

상속포기기간(고려기간)이 경과된 후 상속인 중 1인이 상속재산 전부를 취득하도록 나머지 상속인들이 모두 상속포기를 한 경우, 그 포기가 민법 제1019조 제1항 소정 기간 3개월을 지난 후 신고된 것이라서 본래의 상속포기로서의 효력(상속채무회피)이 없더라도, 상속인들 사이에 상속재산의 협의분할이 이루어진 것으로 보아야 한다(대판 1989. 9. 12, 88누9305 ; 1991. 12. 24, 90누5986).

● 착오(錯誤)와 협의무효

착오를 이유로 상속재산분할협의의 무효를 주장할 수 있는가?(긍정 : 적극)

법률행위의 내용의 중요한 부분에 착오가 있는 경우(이를 요소의 착오라고도 함) 이를 취소할 수 있다(민 109조). 시가 2,500만 원의 유산을 1,293~1,559만 원 정도로 오신하여 분할협의를 하였다면 이는 요소의 착오가 있으므로, 협의무효를 주장할 수 있으나 그 사람(착오자)에게 중대한 과실이 있는 경우라서 무효청구가 기각된 사례도 있다.

● 인감증명서

실제로 상속부동산의 분할협의를 할 경우 각 상속인들은 각자의 인감증명서를 첨부하고 인감도장을 협의서에 찍어야 한다. 재외국민이 상속인인 경우 그 인감증명은 인감증명법시행령 제14조 제4항의 규정에 의하여 증명청의 소재지를 관할하는 세무서장을 경유한 것이라야 한다. 재외국민이 상속재산협의분할을 할 때의 인감증명은 그 협의분할서상의 '서명' 또는 '날인'이 본인의 것임을 증명하는 재외공관(대사, 공사, 영사)의 확인서 또는 이에 관한 공정증서로 대신할 수 있다.

● 협의분할은 반사회질서행위가 될 수 있는가?(긍정 : 적극)

공동상속인 중 1인이 상속부동산을 제3자에게 매도한 후 그 이전등기 전에, 공동상속인들이 협의분할을 하여 그 부동산을 다른 상속인의 단독소유로 합의하였다.

이미 매도사실을 알고도 당초 매도인의 배임행위(협의분할)를 유인, 교사한 결과 그러한 합의를 한 것이라면 당초 매도인의 상속분에 관한 부분은 민법 제103조 소정의 반사회질서의 법률행위에 해당한다(대판 1996. 4. 26, 95다54426, 54433). 위의 매수인인 제3자는 당초 매도인의 상속지분에 관한 부분에 관하여는 이전등기를 청구할 수 있다.

⑥ 조정이나 심판으로 하는 분할(가정법원의 전속관할)

● 공동상속인 사이에 분할협의가 이루어지지 아니하거나, 협의할 수 없는 때 각 상속인들은 가정법원에 상속재산분할의 심판청구를 할 수 있다. 조정을 우선 신청하고 조정이 성립되지 아니하면 심판절차로 옮겨간다. 이러한 상속재산분할과 기여분결정 등 사건은 가사소송법상의 이른바 마류 가사비송사건이고 심문절차로 진행된다. 따라서, 재판장은 이러한 사건의 심문기일에 심문을 마친 후 반드시 심판이나 결정을 언제 선언(고지)할지 그 날짜를 미리 지정하거나 그 날짜를 당사자에게 미리 통보하여야 하는 것은 아니다(대결 2000. 11. 14. 자99스38, 39). 이러한 사건은 가사비송사건이므로 가사소송법에 따라 가정법원이 심판이나 조정으로 처리하여야 하고, 일반 민사법원이 판결절차로 처리할 수 없다.

● 격지(隔地)조정

'먼 곳에 살고 있는' 상속인을 위하여 격지조정제도가 생겼다. 원격지에 거주하는 상속인이 상속재산분할안의 내용을 잘 알고, 이것을 명확하게 수락한다는 의사표시를 한 때에 비로소 협의가 성립된다.

● 헌법위반 여부

이러한 비송사건에는 비송사건절차법 제1편 총칙의 규정이 준용되고 변론주의가 채용되지 않고, 비공개로 심리하며 엄격한 증명으로 사실인정을 하여야 하는 것도 아니고, 재판의 형식은 결정과 같은 '심판'으로 한다. 이러한 심판에 대하여는 대법원규칙에 따로 정한 경우에 한하여 즉시항고를 할 수 있다. 이와 같은 가사소송법의 규정과 이에 따른 심판은 헌법상 '재판을 받을 권리', 재판공개의 원칙에 위반되는가?

위 규정이 헌법에 위반되지 아니하고, 가정법원은 상속재산분할에 관한 처분의 전제가 되는 상속권, 상속재산 등의 권리관계의 존부(存

좀)를 위 심판 중에서 심판할 수 있다.

● 상속재산의 평가시점과 평가방법

상속이 개시된 때로부터 상속재산을 분할할 때까지는 상당한 시간이 지날 수 있고 그동안에 재산의 상태나 가액이 변동될 수 있다. 그러므로 어느 시점을 기준으로 하여 재산의 가액을 평가할 것인가?

공평의 이념을 실현하기 위하여는 분할 시(분할심판 시)를 기준으로 삼아 평가하여야 할 것이다. 화폐가치의 변동도 고려하여 그 비율로 수정하여야 한다. 상속인들 전원의 동의가 있는 경우이면 몰라도, 그렇지 아니한 경우는 부동산을 평가할 때는 부동산감정사 등 전문지식을 가진 사람의 감정방법을 택하는 것이 상당하다.

● 현물분할, 가액분할, 환가분할, 경매분할

법원에서는 현물분할이나 가액분할을 할 수 있고, 가액분할을 위하여 물건의 매각이나 경매를 명할 수도 있다.

> **참고 판례**
>
> 경매분할청구를 하는 사건의 경우 망인이 제3자에게 상속부동산을 증여하기로 계약하였더라도 아직 증여에 따른 소유권이전등기를 넘겨주지 아니한 상태이면 그 부동산은 분할대상이 된다(대판 1991. 7. 12, 90므576).

⑦ 분할심판사건 심리 중에 일부의 상속인이 이를 철회할 수 있는가?

공동재산 상속인들 중 한 사람이 상속재산분할청구를 제기한 이상 공동상속인들 중 다른 사람이 그 분할청구를 철회하거나 포기할 수도 없다(서울가심 1994. 4. 21, 고지92느7359).

분할의 대상과 분할비용

상속재산인 이상 그것이 부동산이든(망인의 명의로 되어 있든, 일부 상속인 명의로 신탁하고 있던 재산이든 불문), 동산이든, 원물(元物)이든 과실이든, 모두 상속재산분할의 대상이 된다. 조상의 묘가 설치된 금양임야는 상속재산분할의 대상이 될 수 없고 제사주재자인 장남 등의 단독소유로 귀속된다. 망인이 남긴 전세보증금반환채무, 은행대출금채무 등 금전채무는 상속개시와 동시에 상속인들에게 그 법정상속분에 따라 법률상 당연히 분할 승계되므로, 상속재산분할청구의 대상으로 삼을 필요가 없다(전주지법 군산지원 2001.4.12, 98느10심판).

분할비용에 관하여 민법에 명문의 규정이 없으나, 당사자들 사이의 합의나 유언으로 지정할 수 있고, 심판분할의 경우는 가정법원이 정할 수 있을 것이다. 상속재산이 멸실·훼손·처분된 경우 이를 분리재산이라고 하는데, 이러한 분리재산도 분할의 대상으로 삼아야 한다. 구체적으로는 처분의 경우 그 대가를 상속인이 보유하고 있다면 그러한 대가(대상재산)를 당연히 분할의 대상으로 삼아야 할 것이다. 그렇게 하여야 공평의 이념을 실현할 수 있다.

망인이 남긴 국세 등의 납부의무는 어떻게 되는가? 홍길동의 재산을 홍길동의 장남과 차남이 상속하여야 하는데 장남이 실질적으로 모두 단독상속하였다 하더라도, 홍길동의 국세 납부의무(예컨대, 400만 원의 소득세)는 민법 소정의 상속분에 따라 안분계산한 금액(상속인이 장남, 차남 2인이면 각자 200만 원씩)범위에 한정되어 승계된다(대판 1983. 6. 14, 83누175).

가정법원은 현실적으로 당사자가 분할을 청구하여 심판의 대상이 된 상속재산 전부를 동시에 심판하여야 하고, 상속재산분할청구의 대상이 되지 아니한 상속재산까지 모두 동시에 심판하여야 하는 것은 아니다.

> **참고 판례**
> 망인의 처가 당초 청구인 자신의 명의로 되어 있던 7,190만 5,363원의 예금을 상속재산분할대상으로 삼았다가 1998년 5월 27일 심판변경청구를 하면서 이를 분할대상에서 철회하였다. 이 예금을 상속재산분할대상으로 삼지 아니한 것은 정당하다(대결 2000. 11. 14, 자 99스38, 39).

상속재산 분할의 효과

① 분할의 소급효(선언주의)

● 상속재산이 분할되면 상속개시시점으로 소급하여 그 효력이 생긴다. 상속재산분할로 각 공동상속인에게 귀속되는 재산은 그것이 고유의 상속분을 초과하는 것이라도, 상속개시 당시에 상속인이 피상속인으로부터 직접 승계 받은 것으로 보아야 한다. 공동상속인 상호간에 상속분의 이전이 생기는 것은 아니고, 상속개시 당시에 이미 그 재산이 상속인의 단독소유인 것으로 취급된다(이를 선언주의(宣言主義)라고 한다). 그러나 민법은 '제3자의 권리를 해하지 못한다'고 규정하여 거래의 안정을 도모하고 있다.

● 피상속인(망인)이 이미 제3자에게 상속부동산을 매도하였으나 이전등기를 넘겨주지 아니하고 사망하였는데, 상속인들이 협의분할을 하여 1인 명의로 상속등기를 마쳤다. 그러면 매수인은 그 등기명의자 1인만을 상대로 이전등기를 청구할 수 있고, 나머지 상속인들은 지분소유권이전등기절차를 이행할 의무가 없다.

● 소급효는 현물분할의 경우에만 인정되고, 상속재산에 갈음하여 대금을 받는 가액분할, 환가분할 등의 경우에는 소급효가 생기지 아니한다.

② 분할 후 나타난 혼인 외 자녀 등의 청구

● 사람의 사망 후 그 망인을 상대로 인지청구의 소송이 제기되어

인지판결이 확정되면, 그 인지의 효력은 출생 시에 소급하여 효력이 생긴다. 따라서 인지된 혼인 외의 출생자는 상속개시 당시부터 상속인이었던 것으로 취급된다(친자관계존재확인판결, '부를 정하는 소'의 판결을 받은 사람도 동일). 이처럼 상속개시 후에 인지나 재판의 확정으로 공동상속인이 된 사람은 인지판결확정 후에도 아직 상속재산이 분할되지 아니하였다면, 당연히 상속재산의 분할을 청구할 수 있고 분할절차가 진행중이면 그 절차에 참가할 수 있다.

● 그러나 상속재산이 분할되거나 처분된 이후이면 다른 공동상속인을 상대로 자기의 상속분에 상당하는 가액(돈)을 달라고 청구할 수 있다. 이것도 일종의 상속회복청구권의 행사이므로, 민법 제999조 제2항 소정의 제척기간(3~10년) 내에 하여야 한다. 여기서 가액은 공동상속인들이 실제로 처분한 가액, 또는 처분당시의 시가가 아니라 가액지급청구사건의 사실심변론종결 당시의 시가를 말한다(대판 1981. 2. 10, 79다2052 ; 1982. 9. 28, 80므20 ; 1993. 8. 24, 93다12). 가액청구의 경우 그 가액의 평가시점은 청구 시의 시가에 따라 산정하여야 할 것이라는 일본판례도 있다.

이러한 피인지자는 인지 이전의 공동상속인들의 처분의 효력을 부인하지 못하게 하는 대신, 그 상속분에 상당하는 가액의 지급을 청구할 수 있도록 하여 상속재산의 새로운 분할에 갈음하게 하는 권리를 인정함으로써, 피인지자의 이익과 기존의 권리관계를 합리적으로 조정하는 데 그 목적이 있다. 따라서 공동상속인들로부터 상속재산을 양수한 제3자의 권리는 보호된다.

● 반환할 가액의 범위에 관하여는 부당이득반환에 관한 민법의 규정을 유추적용할 수 없다. 다른 공동상속인이 상속재산을 분할하거나 기타 처분할 당시 피인지자의 존재를 알았는지의 여부에 따라 그 반환할 범위가 달라지는 것은 아니다(대판 1977. 2. 22, 76므55).

● 상속재산의 처분에 따르는 조세부담은 상속에 따르는 비용이라

고 할 수는 없고, 다른 공동상속인들이 이미 상속재산의 분할이나 처분에 따라 부담한 조세를 피인지자에게 지급할 가액에서 공제할 수 없고, 피인지자에게 그 조세액의 상환을 청구할 수도 없다. 이는 피인지자의 가액지급청구제도는 '상속재산이 분할되지 아니한 상태'를 가정하여 피인지자에게 그 상속분에 상당한 가액의 지급을 보장하려는 것이기 때문이다(대판 1993. 8. 24, 93다12).

③ 제3자의 권리와의 관계 : 상속재산분할의 소급효는 제3자의 권리를 해하지 못한다. 제3자의 선의, 악의는 묻지 아니하나 개개의 재산에 대한 상속인의 지분권리를 취득하고 효력발생요건과 대항요건(등기·인도·양도통지 등)을 갖추어야 제3자는 보호받는다.

● 후순위 상속인은 제3자인가?(부정 : 소극)

피인지자보다 후순위 상속인이 취득한 상속권은 민법 제860조 단서의 제3자의 취득한 권리에 포함시킬 수 없다(대판 1974. 2. 26, 72다1739).

민법 제860조는 인지의 소급효는 제3자가 취득한 권리를 해하지 못한다고 규정하였으나 민법 제1014조에서는 상속개시 후의 인지 또는 재판의 확정으로 공동상속인이 된 자가 상속재산의 분할을 청구할 경우에, 다른 공동상속인이 이미 분할 기타 처분을 한 때에는 그 상속분에 상당한 가액의 지급을 청구할 권리가 있다(이미 공동상속인이 상속재산을 제3자에게 처분한 경우에, 인지 등으로 새로 나타난 상속인은 그 제3자를 상대로 청구를 할 수는 없다는 취지이다)고 규정하고 있어서 인지의 소급효를 막을 수 있고 제3자의 권리를 보호하고 있다. 위와 같은 피인지자의 후순위 상속인(피상속인의 형제, 자매)은 제3자에 해당되는가? 판례는 소극적이다.

한태웅의 형인 한태관, 누이인 한태운과 한태정이 망 한태웅(피상속인)의 피고에 대한 손해배상청구권을 상속하였다고 주장하면서 피고를 상대로 배상청구를 하여 승소의 확정판결을 받았다고 하자. 그 후

망 한태웅의 자녀(원고)가 나타나 망인을 상대로 인지청구를 하여 새로운 상속인으로 등장한 경우 그가 망인의 제1순위 상속인으로서 위 손해배상청구권을 상속하므로, 망인의 형, 누이(이들은 제2순위 상속인)보다 우선하여 망인의 지위(이 사건에서는 손해배상청구권)를 상속한다.

● 상속재산의 매수인(이전등기를 넘겨받지 못한 매수인은 '협의분할로 등기한 사람'에 대항할 수 없다. 협의분할도 일종의 계약이기 때문이다).

김병식(이하 '병'이라 약칭)은 피상속인 홍길동으로부터 부동산을 매수하였으나 아직 소유권이전등기는 넘겨받지 못하였다. 그 등기를 넘겨받기 전에 홍길동이 사망하여 공동상속인들 사이의 협의분할의 결과 상속인 중의 한 사람인 갑의 단독소유로 등기를 마친 경우, 매수인 병은 갑을 상대로 이전등기청구를 하면 되고, 나머지 상속인들을 상대로 청구할 수 없다. 나머지 상속인들은 그 부동산을 상속하지 아니하여, 등기의무자가 될 수 없다. 병은 상속재산의 협의분할을 무효라고 주장할 수도 없다. 이러한 제3자 병을 민법 제1015조 단서의 제3자로 볼 수 없다(대판 1991. 8. 27, 90다8237 ; 1992. 3. 27, 91누7729 ; 1992. 10. 27, 92다32463). 등기를 넘겨받지 못하였기 때문이다.

● 협의분할 전에 상속인 중 1인인 장남(갑)으로부터 상속토지를 매수한 후 그 등기이전을 받지 아니하고 있는 동안에 협의분할이 이루어져 그 토지의 등기가 상속인 중 차남(을)명의로 이전등기가 된 경우, 그 매수인은 민법 제1015조 단서의 제3자에 해당하지 아니하므로 장남의 상속분에 대한 협의분할무효를 주장할 수 없다(대판 1992. 11. 24, 92다31514). 매수인은 장남을 상대로 계약해제나 손해배상을 청구할 수 있을 뿐이다.

④ 공동상속인의 담보책임
● 매도인과 동일한 담보책임

공동상속인은 '다른 공동상속인이 분할로 취득한' 재산에 대하여 매도인과 동일한 담보책임을 진다. 하자(흠) 있는 물건을 분할받은 사람은 손해배상의 청구뿐만 아니라, 분할계약의 전부, 일부의 해제권도 행사할 수 있다. 책임의 존속기간은 사실을 안 날로부터 6개월 또는 1년이다.

● **채무자의 자력담보책임**

홍길동이 사망하면서 대여금채권 5,000만 원(채무자 허풍선)과, 전세보증금 반환청구채권 5,000만 원, 대지 1억 원 상당을 남겼다. 처와 자녀 3명 중 차남이 위 대여금 5,000만 원을 분할받았다고 가정하자.

'채권을 분할 받은' 상속인이 채무자(위 허풍선)의 무자력으로 인하여 그 채권을 회수할 수 없는 경우 다른 공동상속인들은 각자의 상속분에 따라서 '분할당시'의 채무자의 자력을 담보한다. 다만, 분할당시 변제기 미도래의 채권이나 정지조건부 채권의 경우는 '변제를 청구할 수 있을 때'의 채무자의 자력(資力)을 담보로 한다. 그러므로 분할당시나 변제청구가능 시에 채무자에게 자력이 있었다면 그 후 무자력이 되더라도 다른 공동상속인들이 담보책임을 지지 아니한다.

● **공동상속인간의 담보분담책임**

채무자의 자력담보책임을 지고 있는 공동상속인 중에 돈(상환의 자력)이 없는 사람이 있는 경우는 그 무자력자의 부담부분은 구상권자와 '돈이 있는' 다른 공동상속인들이 상속분에 따라 분담한다. 그러나 구상권자의 과실로 인하여 상환을 받지 못한 때 그 손해는 구상권자 자신이 부담하여야 하고, 다른 상속인에게 분담하라고 청구하지 못한다.

상속재산의 분할협의와 사해행위의 성립 여부(긍정 : 적극)

상속재산의 분할협의는 잠정적 공유상태에 있는 상속재산에 대하여 그 전부 또는 일부를 각 상속인의 단독소유로 하거나 새로운 공유관계로 이행시킴으로써 상속재산의 귀속을 확정시키는 것이고 그 성질상 '재산권을 목적으로 하는' 법률행위이므로 사해행위취소권 행사의 대상이 될 수 있다.

채무초과 상태에 있는 채무자가 상속재산의 분할협의를 하면서 상속재산에 관한 권리를 포기함으로써 결과적으로 일반 채권자에 대한 공동담보가 감소되었다 하더라도, 그 재산분할결과가 채무자의 구체적 상속분에 상당하는 정도에 미달하는 과소한 것이라고 인정되어야 사해행위로서 취소되는 것이고, 그 경우에도 취소 범위는 그 채무자의 구체적 상속분에 미달하는 부분에 한정되어야 한다(대판 2001. 2. 9, 2000다51797). 이때 지정상속분이나 기여분, 특별수익 등의 존부 등 구체적 상속분이 법정상속분과 다르다는 사정은 채무자(상속인)가 주장, 입증하여야 할 것이다.

상속재산 분할의 소급효와 증여세

공동상속인들 상호간에 상속재산의 협의분할이 이루어짐으로써 공동상속인 중 1인이 고유상속분을 초과하여 재산을 취득하게 되었다고 하여도 이는 상속개시 당시에 소급하여 피상속인으로부터 바로 승계받은 것으로 보아야 하고, 공동상속인 상호간에 상속분의 이전이 생기는 것은 아니고, 다른 공동상속인으로부터 증여받은 것도 아니다. 그러므로 이러한 초과부분에 대하여 증여세를 부과할 수는 없다(대판 1992. 10. 27, 92다32463 ; 1993. 9. 14, 93누10217).

상속개시된 지 10년이 지난 후 협의분할한 경우도 위와 마찬가지다.

상속개시 후 채권자대위에 의한 상속등기(법정상속지분대로)가 이루어진 상태를 방치하여 두었다가 10년이 지난 후 위 등기내용과 다른 협의분할을 하여 그 분할등기를 하였다고 하여도 이는 증여세부과대상이 될 수 없다(대판 1994. 3. 22, 93누19535).

상속의 승인과 포기

1. 서론

1) 개념

상속은 자연인의 사망으로 개시되고, 상속개시로 인하여 피상속인의 일체의 재산상 권리와 의무가 상속인에게 당연히 포괄적으로 승계(상속의 효과)된다. 적극재산뿐만 아니라, 소극재산(예컨대, 거액의 채무)도 상속된다. 이것이 당연상속주의다. 이는 상속인의 뜻, 상속인의 의지와는 관계없이 상속인이 알든 모르든 무조건 자동으로 승계된다. 그러므로 상속은 항상 상속인에게 이익(적극재산)만 주는 것은 아니고 불이익(소극재산, 채무)만 남겨주기도 한다. 그래서 민법은 상속인에게 포기, 승인 중 어느 하나를 선택할 자유를 인정하고 있다.

상속인이 상속개시로 당연히 발생한 상속효과를 상속개시시로 소급하여 소멸하게 하는 의사표시가 바로 상속의 포기이다. 법원에 신고하여야 하는 요식행위다.

상속의 승인은 '상속의 효과를 부인하지 아니하고 인정한다'는 의사표시다. 그 효과를 전면적으로 인정하느냐, 또는 조건부로 인정하느냐에 따라 단순승인과 한정승인으로 나누어진다. 즉, 단순승인은 피상속인의 권리의무의 승계(상속효과)를 무제한, 무조건으로 승인하는 의사표시이고 이는 법원에 신고할 필요는 없다. 한정승인은 상속으로 얻은 재산의 한도 내에서 상속효과(피상속인의 채무와 유증을 승계)를 승인하는 의사표시이고 법원에 신고하여야 하는 요식행위이다.

2) 존재이유

가족제도와 상속포기의 자유
　가족제도 또는 '가(家)' 제도가 유지되어 오던 시대에, 상속은 일가(一家)의 존속과 가산의 유지를 위하여 필요한 중요한 제도였다. 따라서 상속인이 상속을 거부하는 등의 상속포기란 허용되지 않았고 상속이 강제로 시행되었다. 호주상속은 포기할 수 없었고, 상속포기의 자유는 허용되지 않았다.
　개인주의 사상이 점차 발달하고 자본주의 제도가 정착되면서 가(家)제도는 붕괴되고 개인이 원하지 아니하는 재산상의 권리나 의무는 승계하지 않겠다는 상속인의 자유가 더욱 강조된다. 피상속인에게 유언의 자유가 인정되는 것과 같이 상속인에게는 포기의 자유가 인정되어야 한다. 여기에 이 제도의 존재이유가 있다.

상속채무의 승계와 상속포기
　특히 피상속인이 적극재산보다는 소극재산(채무)을 더 많이 남긴 경우는 심각한 문제가 생긴다. 예컨대, 홍길동이 재산을 한 푼도 남기지 않고 채무만 1억 원을 남긴 경우 그 처자 등 상속인은 상상할 수 없는 1억 원이라는 거액의 채무를 승계하게 된다. 이를 피하기 위하여 상속포기와 한정승인 제도가 인정되고 있다.
　한편 상속인 자신이 거액의 채무를 지고 있는 경우 다른 공동상속인들이 상속재산을 보호하기 위하여 상속포기제도를 이용하기도 한다.

거래의 안정과 상속포기의 자유
　거래의 안전과 관련하여 생각할 때 이 제도는 비판의 여지가 있다. 상속인이 유리하면 상속을 승인하고 불리하면 상속을 포기하는 이러한 태도는 너무나 자의적이다. 포기는 '종전에 망인과 거래하여 오던 사람들'과 사이의 법률관계에 중대한 영향을 미친다. 사적 자치(私的自治)가 인정되는 자유주의 사회에서는 거래의 안정성, 계속성, 신뢰성이 요구된다.

3) 현행법은 승인과 포기제도를 규정하고 있다

상속인은 상속개시 있음을 안 날로부터 3개월 내에 단순승인이나 한정승인 또는 포기를 할 수 있다.

입법론으로는 당연상속주의를 원칙으로 삼지 말고 한정승인을 원칙으로 하고, 상속인이 원하면 단순승인을 할 수 있는 것으로 개정함이 좋을 듯하다. 피상속인과 거래를 하던 채권자는 그 망인의 재산이나 신용을 믿고 거래하여 왔던 것이지, 그 망인의 상속인의 재산까지 믿고 거래하여 온 것은 아니기 때문이다.

4) 성질

상속의 승인, 포기는 상속인의 '상대방 없는' 일방적 의사표시이고, 따라서 법률행위로서 단독행위이다. 다만, 한정승인과 포기의 방식은 가정법원에 대한 신고로 한다.

주체 : 누가 승인·포기를 할 수 있는가?

상속인만이 승인이나 포기를 할 수 있고 승인 등을 하려면 재산법상의 행위능력을 가지고 있어야 한다(논란이 있다).

① 상속인이 무능력자(미성년자, 한정치산자, 금치산자)인 경우는 '법정대리인'의 동의를 얻어 또는 그 대리인이 대리로 승인 등을 할 수 있다. 법정대리인이 승인, 포기를 대리하는 경우 민법 제921조, 제950조에 따라 이해상반행위가 되는 경우(예컨대, 부모가 아이를 대리하여 아이

의 상속권을 포기하는 경우)가 있다. 이때는 대리권이 제한되므로, 특별대리인을 선임하여 하여야 한다. 후견인이 금치산자를 대리하여 승인, 포기를 하려면 친족회의 동의를 얻어야 한다. 또한 후견인은 가정법원에 친족회의 소집심판청구를 하여야 한다.

② 임의대리인(예컨대, 변호사 등)도 상속인을 대리하여 승인과 포기를 할 수 있다.

③ 망인의 채무를 보증한 보증인은 망인 사망 후 이러한 상속의 포기, 승인을 할 수 없다. 이 점은 제도적으로 하나의 문제점이다.

시기 : 언제가 좋은가?

상속의 승인, 포기는 상속개시 후(상속개시 사실을 안 날부터 3개월 이내)에 하여야 하므로 상속개시 전에는 할 수 없고, 상속개시 전에 포기, 승인을 하면 그것은 무효하다. 상속개시 전에 '상속을 포기하기로' 약정한 다음 상속이 개시되자 상속권을 주장하는 것은 신의성실의 원칙에 위반되지 아니한다(대판 1998. 7. 24, 98다902 참조).

상속개시사실을 안 날로부터 3개월이 지난 후에 포기신고를 한 것은 부적법하므로 각하된다(대법원 2002. 1. 15, 자2001스38 재항고기각 결정).

방법 : 어떻게 승인하고 포기하는가?

① 포괄적 · 무조건적으로 하여야 한다. 예컨대, 적극재산 또는 특정재산은 상속승인하고 채무는 포기한다는 식의 상속 승인 · 포기('달면 삼키고 쓰면 뱉는다' 는 식)는 허용되지 아니한다(대판 1995. 11. 14, 95다27554 : 포기서에 재산목록을 붙이지 아니하여도 모든 상속재산에 대한 포기의 효과가 생긴다). 다만, '재산의 범위 내에서 채무를 승인한다. 또는 채무는 모두 승계하되 변제책임재산을 적극재산에 한정한다' 는 의미의 한정승인은 유효하다. 그 범위 내에서 선택의 자유를 인정하고 있다.

② 요식행위

상속의 승인이나 포기의 방식은 요식행위이다. 반드시 가정법원에 신고하여야 한다. 다만, 단순승인에는 특별한 방식이 필요하지 않다. 이는 이해관계인에게 영향을 미치지 않기 때문이다.

한정승인 신고는 변호사를 대리인으로 삼아 신고할 수도 있고, 신고의 추완(追完 : 추후에 필요한 요건을 보충하여 유효하게 함)도 가능하다. 즉, 한정승인 신고를 하려면 민법 제1030조, 가사소송규칙 제75조에 따라 신고하여야 하고, 일단 한정승인의 취지가 신고되어 있으면 그 신고서류에 다소 미비점이 있더라도 추후에 이를 보완시킬 수 있다.

조건이나 기한은 어떻게 하는가?

상속의 승인, 포기는 단독행위이므로 조건, 기한을 붙일 수 없고, 확정적으로 하여야 한다. 그리고 일단 승인, 포기를 한 후에는 이를 함부로 변경, 철회할 수 없다.

행사상 일신전속권(채권자취소권 등)은 무엇인가?

승인이나 포기는 상속인만이 행사할 수 있는 행사상 일신전속권이다. 그러므로 채권자(사해행위)취소권, 채권자대위권의 행사대상이 될 수 없다(망인의 채권자가 채권의 변제를 받기 위하여 상속인을 대위하여 승인할 수 없고, 상속인의 채권자가 상속인을 대위하여 상속포기를 할 수도 없다). 피상속인이 포기와 승인에 관한 유언을 하여도 이는 무효하고, 상속인들끼리 또는 상속인과 제3자 사이에 승인이나 포기의 약정을 하여도 그것은 무효하다. 요컨대, 상속승인과 포기권의 행사를 제한하는 모든 법률행위는 무효하다.

승인이나 포기권은 상속되는가?

이를 부정할 이유는 없다(민 1021조). 상속인의 상속인은 상속인의 포기, 승인권을 행사하든지, 자기 고유의 포기, 승인권을 행사할 수 있다.

2. 상속승인과 포기의 기간(고려기간 또는 숙려기간)

고려기간의 개념과 연장

상속의 승인·포기는 '상속개시가 있음을 안' 날로부터 3개월 내에 하여야 한다(민 1019조 1항 본문). 상속인이 피상속인의 재산상태를 조사하고 또 승인이나 포기여부에 관하여 생각할 여유를 주어야 한다. 그래서 민법은 상속인에게 포기·승인신고에 앞서서 상속재산을 조사할 수 있도록 하고(민 1019조 2항), 한편 이해관계인이나 검사의 청구에 따라 가정법원이 위 3개월 기간의 연장을 허가할 수 있도록 하였다(동조 1항 후단). 그리고 위 기간 내에 상속인이 승인도 포기도 하지 아니한 채, 기간이 지나가 버리면 상속인이 단순승인한 것으로 간주된다(민 1026조 2호 : 이를 법정단순승인이라고 함). 이 간주규정이, 헌법재판소에서 헌법에 불합치된다는 결정이 내려져 근래 민법이 개정되었다(후술).

고려기간의 존재이유

이 3개월의 기간을 고려기간 또는 숙려기간이라고 한다. 이 고려기간을 상당히 짧게 정한 이유는 상속인을 보호함과 동시에 상속채권자의 권리를 조속히 안정시켜 상속관계의 조기확정을 도모하려고 한 것이다. 상속의 포기나 승인의 효과는 제3자에게도 미친다. 그래서 포기나 승인의 권리를 무제한 행사할 수 있도록 허용하면 제3자의 생활관계에 부당하게 불안을 초래하게 할 수 있다. 그래서 민법은 상속인에게 승인과 포기를 자유를 인정함과 동시에 그 선택 기간을 '3개월 이내'로 정하고 있다.

고려기간의 법적 성질

이 기간의 성질은 제척기간이다(통설 : 불가항력으로 이 기간을 지키지 못하였더라도, 일단 이 기간을 놓치면 포기나 승인을 할 수 없다). 상속인이 법원에 기간연장허가신청을 하면 그 기간이 연장되는 수가 있지만, 그 연장허가신청도 3개월 이내에 하여야 한다.

고려기간의 기산점(起算點) : 언제부터 3개월 이내인가?

① 통설과 판례 : 상속개시가 있음을 안 날

판례 : 상속인이 '상속개시의 원인이 되는 사실(사망 등)'의 발생을 알고 이로써 자기가 상속인이 되었다는 사실을 안 날(대판 1969. 4. 22, 69다232)부터 계산하여야 함을 의미하고, 상속재산이나 상속채무의 유무 혹은 상속포기제도를 알 필요는 없다는 것이 통설과 판례이다(대판 1974. 11. 26, 74다163 ; 대결 1984. 8. 23, 84스17~25 ; 1986. 4. 22, 86스1 ; 1988. 8. 25, 88스10~13 ; 1991. 6. 11, 91스1).

> **참고 판례**
> 상속인이 실제로 상속개시 사실을 알지 못하고 있는 이상 숙려기간은 진행되지 아니한다(일본 대심 1932. 3. 3 판결).

② 소수설

상속인 스스로 '상속재산이 없다'고 믿고 있는 동안에 상속을 승인할 것인가, 포기할 것인가를 고려한다는 것은 있을 수 없는 일이요, 무의미하다. 소극재산의 상속은 채권자를 보호하는 것이고, 적극재산의 상속은 상속인을 보호하는 것이다. 상속인이 피상속인의 소극재산(채무)이 없는 줄로 알고 있었더니, 나중에 거액의 채무를 상속하여 상속인의 고유재산으로 이를 변제하게 하는 것은 매우 가혹하고 부당하다. 그러므로 적극재산 또는 소극재산의 존재를 안 때로부터 고려기간을 기산하여야 한다. 이 설이 상당히 유력하고 설득력이 있다.

● 헌법재판소의 결정과 민법 개정(2002. 1. 14 공포 시행)

이 점에 관하여 헌법재판소 1998. 8. 27 선고 96헌가22 ; 97헌가 2, 3, 9, 96헌바91 ; 98헌바24, 25 결정은 아래와 같이 선언하고 있다.

상속인이 귀책사유 없이 '상속채무가 적극재산을 초과하는' 사실을 알지 못하여 상속개시 있음을 안 날로부터 3개월 내에 한정승인 또는 포기를 하지 못한 경우에도 단순승인을 한 것으로 보는 민법 제1026조 제2호는 기본권제한의 입법한계를 일탈한 것으로 재산권을 보장한 헌법 제23조 제1항, 사적자치권을 보장한 헌법 제10조 제1항에 위반된다. 위 법률조항에 관하여 헌법불합치 결정을 선고하고 있다〔위 헌재결정에서 '입법자가 민법 제1026조 제2호를 개정할 때까지 동 조항의 적용을 중지하여야 한다' 고 하였음에도 원심(수원지법)이 동 조항을 그대로 적용한 것은 잘못이라고 주장하고 이를 상고이유로 내세운 경우 이는 소액사건심판법 제3조 제1호, 제2호에서 정한 적법한 상고이유가 될 수 없다(대판 2001. 10. 23, 2000다1884)〕.

개정민법에 따르면, 상속인은 '상속채무가 상속재산을 초과하는' 사실을 중대한 과실 없이 상속개시일로부터 3개월의 기간 내에 알지 못하고 단순승인(제1026조 제1호 및 제2호의 규정에 의하여 단순승인한 것으로 보는 경우를 포함한다)을 한 경우에는 그 사실을 안 날로부터 3개월 내에 한정승인을 할 수 있다고 정하고 있다(제1019조 제3항 : 특별한정승인). 그리고 민법 부칙에 경과규정을 두어 1998년 5월 27일 이전에 상속이 개시된 사실을 알았거나 1998년 5월 27일부터 개정법률 시행 전까지〔상속개시가 있음을 안 자 중 채무초과 사실을 중대한 과실 없이 고려기간 내에 알지 못하다가 이 법 시행 전에 그 사실을 알고도 한정승인 신고를 하지 아니한

자]는 이 법 시행일부터 3개월 이내(2006. 3. 28까지)에 제1019조 제3항의 개정규정에 의한 한정승인을 할 수 있도록 하였다. 종래 이미 상속포기 신고를 한 사람은 한정승인신고로 이를 변경하거나, 새로이 한정승인신고를 하여야 상속채무를 면할 수 있다.

- 실종선고와 고려기간

실종선고로 상속이 개시된 경우는 고려기간의 기산점을 언제로 볼 것인가?

민법 제28조에 의하면 실종선고를 받은 자는 전조의 기간이 만료한 때에 사망한 것으로 본다고 규정하여 실종자는 보통실종의 경우는 5년, 특별실종의 경우는 1년의 기간이 만료한 때에 사망한 것으로 간주된다. 그러나 상속포기의 고려기간을 계산하는 경우는 실종선고로 상속을 받을 상속인이 실종선고의 심판 확정(실종선고심판이 선고된 후 민법 제9조에 규정된 사람이 취소나 즉시항고를 14일 안에 하지 않고 지나간 경우 그 심판은 확정된다) 후, 이로 인하여 자신이 상속인이 된 사실을 안 날로부터 기산하여야 할 것이다(실종선고로 인하여 상속이 개시되는 경우는 실종선고일을 상속개시일로 규정하고 있다 : 상속세및증여세법 1조 1항).

③ 공동상속과 순위가 서로 다른 상속인의 경우

상속인이 여러 사람인 경우는 각 상속인이 각자가 자유로이(선후 구분없이) 포기를 할 수 있으므로, 각 상속인에 관하여 상속인별로 별개로 고려기간을 기산하여야 한다(일본 최고재 1976. 7. 1 판결).

④ 고려기간의 기산점에 관한 2가지 특례

- 상속인이 무능력자인 경우(민 1020조)

이 경우는 법정대리인(친권자 또는 후견인)이 '무능력자를 위한 상속이 개시된 사실'을 안 날로부터 3개월 이내를 계산하여야 하고, 대리인이 없거나, 고려기간 중에 대리인이 선택권을 행사하지 않고 사망하거나, 자격을 상실한 경우는 새로운 법정대리인이 선임될 때까지 기간진행이 정지된다고 해석할 것이고, 새로운 법정대리인이 상속사실을 안 날로부터 3개월 내에 승인이나 포기신고를 할 수 있다고 해석할 것이다.

태아인 경우는 그 태아가 출생한 후 생모 등 법정대리인이 그 태아를 위한 상속이 개시되었음을 안 날로부터 3개월 이내를 계산하여야 할 것이다.

● 상속인이 고려기간 중에 사망한 경우(민 1021조)

고려기간 중에 상속인이 사망한 경우에는 상속인의 상속인(제2의 상속인)이 '자기의 상속개시 있음을 안 날'로부터 기산한다(민 1021조). 예컨대, 고려기간 중에 아버지가 사망한 경우 손자는 할아버지에 대한 아버지의 상속권(대습상속권)에 따른 선택권과 아버지에 대한 자신의 상속인으로서 고유의 선택권을 같은 고려기간 내에 함께 행사할 수 있다.

손자는 할아버지의 상속을 포기하고, 아버지의 재산상속만을 승인할 수도 있다. 그러나 자기의 아버지로부터의 상속을 포기하여 버리면, 할아버지로부터의 대습상속만을 승인하지는 못한다. 선택권행사의 권원(權原 : 어떠한 행위를 정당화할 법률상의 원인)을 상실하기 때문이다.

⑤ 고려기간의 연장

● 이해관계인(상속인이나 그 법정대리인) 또는 검사는 상속개시지의 가정법원에 고려기간의 연장을 청구할 수 있다. 이 연장청구도 3개월 내에 하여야 한다. 상속재산이 많고 복잡한 경우는 그 재산의 조사를 위하여 시간이 필요하기 때문이다.

● 천재지변, 기타 불가항력으로 연장청구를 하지 못한 경우는 그것이 그친 후 2주일 내에 연장청구를 할 수 있는가? 일부 학설은 긍정하나 판례는 부정적이다.

● 상속인이 승인이나 포기를 하지 않고 있는 사이에 상속채권자로부터 변제청구를 받았을 때 이를 거절할 수 있는가? 민법 제1033조를 유추하여 거절할 수 있다고 해석할 것이다. 만일 상속인이 이를 거절

하지 않고 일부채권자에게 변제하면 그것은 상속재산의 처분으로 간주되어 단순승인을 한 것이 된다.

⑥ 고려기간 내에 민사소송절차를 수계하면 위법인가?

상속포기의 고려기간 3개월 내에는 소송절차를 수계하지 못한다(민소 233조 2항). 상속개시 후 1개월 내에 소송수계를 하여 소송절차를 진행한 경우 소송진행 중 상속의 포기 없이 고려기간이 경과한 때는 그 전까지의 소송행위에 관한 하자는 치유되었다고 봄이 상당하다(대판 1964. 5. 26, 63다974).

⑦ 고려기간 경과 후에 상속포기를 한 경우

공동상속재산 전부를 상속인 중 1인에게 상속시킬 방편으로 나머지 상속인들이 법정기간 경과 후 상속포기신고를 한 경우 이는 상속재산에 관한 협의분할이 성립된 것으로 볼 수 있다(대판 1991. 12. 24, 90누5986). 본래의 의미의 상속포기의 효과(상속채무 면제)는 생기지 아니한다.

⑧ 협의분할 후 고려기간 내에 포기한 경우(포기는 무효)

공동상속인들이 상속재산을 협의로 분할하면, 그것은 상속재산의 처분행위에 해당되므로(민 1026조 1호), 단순승인을 한 것으로 보게 된다. 이러한 분할(승인) 후에는 승인을 취소할 수도 없고, 고려기간 내에 상속포기신고를 하여 가정법원에 수리되었다 하여도 포기의 효력이 생기지 아니한다(대판 1983. 6. 28, 82도2421).

⑨ 고려기간 중의 상속재산의 관리

● 상속개시의 시점부터 상속포기나 승인을 할 수 있는 시점까지의 기간 즉 고려기간 동안은, 상속재산의 귀속은 불확정한 부동적(浮動的) 상태에 있다. 이러한 상태에 있는 상속재산이라도 누구인가가 이를 잘 관리하여야 한다.

상속인은 고려기간 동안 상속재산을 그 고유재산에 대한 것과 동일한 주의로 관리하여야 한다(민 1022조). 단순승인, 포기의 시점까지 관리의무와 주의의무는 존속된다.

● 관리기간은 상속개시의 시점부터 포기나 승인의 시점까지이고, 포기의 경우는 '포기하지 아니한' 상속인, 또는 '새로운 상속인이' 그 상속재산을 인수할 때까지(민 1044조), 한정승인의 경우는 청산이 따르므로 청산이 완료될 때까지, 공동상속의 경우는 법원에서 관리인이 선임될 때까지 관리하여야 한다(민 1040조).

단순승인의 경우는 승인의 의사표시를 할 때까지 관리하고, 의사표시가 없는 법정단순승인의 경우는 고려기간 동안 관리한다. 단순승인 후 재산분리 명령이 있는 경우는 그 명령이 내려질 때까지 관리를 계속하여야 한다(민 1048조).

● 관리행위란 무엇인가? 상속인이 상속재산을 처분하면 이는 단순승인으로 간주되므로, 여기서 말하는 관리행위는 재산의 보존행위(또는 보전행위)에 그쳐야 한다. 물건의 수선이나 보수, 부패하기 쉬운 물건이나 보존비용이 많이 드는 물건을 매각하여 그 대금을 통장에 넣어서 보관하는 행위, 처분능력이나 처분권한 없는 사람이 할 수 있는 기간(민 619조) 내의 임대차, 매매계약 등의 해제, 해지, 취소, 상계, 면제 등의 의사표시를 수령하는 행위 등이 관리행위이다.

● 변제거절권

상속인은 관리기간 중의 변제청구에 대하여 이를 거절할 수 있는가? 상속채권자나 수유자가 위 관리기간 중에 변제청구를 하면 상속인은 이를 거절할 수 있다고 해석된다(한정승인의 경우의 변제거절권, 민 1033조 참조).

● 공동상속의 경우의 상속재산관리

공동상속의 경우 상속재산은 공동소유에 속하므로, 그 재산의 보존행위는 상속인들이 각자가 할 수 있으나(민 265조 단서), 기타의 관리행위는 각 상속인들의 법정상속분에 따른 다수결로 결정하여야 할 것이다(민 265조 본문). 그러나 특별수익자, 기여자 등이 있어서 상속분을 쉽게 확정할 수 없는 경우에는 상속인들의 머릿수에 의한 다수결로 결정하여야 할 것이다.

⑩ 상속재산보존에 필요한 처분

상속인의 관리의무와는 별도로, 가정법원은 이해관계인 또는 검사의 청구에 의하여 언제든지 상속재산의 보존에 필요한 처분을 명할 수 있다. 필요한 처분에는 재산의 환가(換價)나 경매명령도 있지만, 가장 중요한 것은 상속재산관리인의 선임이다. 이러한 재산관리인이 선임되면 부재자재산관리인에 관한 규정이 준용된다. 이러한 관리인이 선임되면 본래의 상속인은 그 관리권을 상실한다고 해석하여야 할 것이다.

상속의 포기나 승인 전이라도 상속재산은 이미 상속인에게 승계·귀속되어 있는 것이므로, 유언집행자나 파산관재인이 없는 경우 상속인이 상속재산의 관리권을 가지고 있는 것은 당연하다. 그러나 상속인이 상속재산의 관리인으로서 부적절한 경우도 있을 수 있는데, 그러한 상속인이 재산을 관리하고 있으면, 그 사이에 포기나 한정승인이 이루어진 경우 이해관계인에게 손해를 입힐 위험이 있을 뿐만 아니라, 사전의 관리를 태만히 하다가 포기를 하여 버리면, 그 다음 상속인이 될 사람이나 상속채권자를 해칠 우려도 있기 때문에 가정법원의 관여권을 인정한 것이다.

3. 상속승인 · 포기의 철회 · 취소 및 무효

1) 상속의 승인 · 포기를 철회할 수 있는가(부정 : 소극)

일단 상속의 승인이나 포기를 한 사람은 이른바 고려기간(민 1019조

1항의 기간 3개월) 내라도 이를 취소(의미는 '철회')하지 못한다(민 1024조 1항). 민법 용어상으로는 '취소'라고 규정하고 있지만, 동조 2항과의 관계에서 철회라고 보아야 한다. 상속의 승인이나 포기권은 일종의 형성권이므로, 이를 행사하여 그 의사표시가 효력을 발생한 후에는 당연히 그 효과가 그 시점 이후 지속되기 때문이다.

> **참고 판례**
>
> 상속포기를 하려면 법정방식에 따른 절차를 밟아야 하는 것이고, 법정승인사유가 발생한 후에는 승인을 취소할 수 없다(대판 1976. 4. 27, 75다2322).

2) 승인과 포기의 취소(가능)

취소원인

미성년자, 한정치산자, 금치산자가 법정대리인이나 후견인의 동의를 얻지 않고 단독으로 승인이나 포기를 한 때, 성년자나 행위능력자가 착오, 사기, 강박으로 승인이나 포기를 한 때는 그 승인이나 포기를 취소할 수 있다.

취소의 방법과 상대방

가사소송규칙 제76조에 따라 가정법원에 취소의 신고를 하여야 한다. 신고인 또는 대리인의 인감증명서를 첨부하여야 한다.

상속포기를 취소하는 경우 그 취소의 상대방은 상속포기 신고를 접수한 가정법원이다(대판 1989. 9. 12, 88다카28044 : 구 민법 시대에 적모가 서자를 대리하여 서자의 재산상속포기를 하려면 친족회의 동의를 얻어야 하였으나, 개정민법하에서는 적모와 서자 사이는 인척관계일 뿐이라 서로 상속할 수 없으므로 이러한 문제는 생기지 아니한다).

취소의 효과

상속의 승인, 포기를 취소하면 처음부터 무효가 된다. 이 취소의 소급효는 절대적이어서 선의의 제3자에게도 대항할 수 있다. 다만, 착오, 사기 등을 원인으로 취소한 경우는 선의의 제3자에게 대항할 수 없다는 학설이 있다.

취소권의 소멸

추인할 수 있는 날(성년자가 된 후 착오, 사기를 알고 강박을 벗어난 날)로부터 3개월, 승인 또는 포기의 날로부터 1년 이내에 취소권을 행사하여야 한다(일반 취소권은 추인할 수 있는 날로부터 3년, 행위 시로부터 10년 이내에 행사하여야 한다). 이 기간은 제척기간이라고 해석된다. 이 기간을 지나면 더 이상 취소할 수 없게 된다. 취소권은 형성권이므로, 취소권 행사기간 진행의 중단이라는 것을 생각할 수 없다.

취소 후의 승인이나 포기

상속의 승인이나 포기를 취소한 후 상속인은 지체없이 승인 또는 포기를 하여야 한다고 해석함이 상당하다.

3) 한정승인과 상속포기의 무효(판례는 부정, 학설은 긍정)

이 점에 관하여 민법에 명문의 규정이 없으나, 이는 모두 법률행위이므로, 민법 총칙편의 규정에 의한 무효도 주장할 수 있다. 상속포기나 한정승인 무효의 소가 인정되어야 하는 이유는 첫째, 포기나 한정승인의 수리심판이 권리관계를 종국적으로 확정하는 작용을 하는 것은 아니다. 둘째, 수리심판에 대하여 불복신청의 방법이 없다는 것이다. 즉, 실체적 권리관계는 일반 민사소송에 의하여서만 종국적으로 확정되어야 한다.

상속포기신고서가 위조된 경우는 무효하다.

> **참고 판례**
>
> 피상속인의 무남독녀인 상속인이 '적지 아니한' 상속재산에 대하여 그가 단순히 '출가외인이라는 이유만으로', 역시 출가외인인 고모들을 위하여 재산상속권을 포기하였다는 것은 경험칙상 수긍할 수 없다(대판 1972. 11. 14, 72므6).

고려기간 경과 후나 법정단순승인 후의 한정승인이나 상속포기는 무효하다. 요컨대, 상속포기나 한정승인의 실체적 요건이 흠결되면 무효하다. 단순승인으로 인정될 사실이 있는 경우(소위 법정단순승인), 상속인 아닌 사람이 상속포기나 한정승인 신고를 한 경우 등은 모두 무효하다.

상속포기의 무효확인 청구의 피고

재산상속 포기신고의 무효확인청구를 하면서 검사를 피고로 삼는 것은 부적법하다(대판 1966. 12. 27, 66므26). 공동상속인, 기타 이해관계인을 피고로 삼아야 할 것이다.

어떠한 상속인이 법원에 한정승인신고를 하였으나, 사실은 그 상속인이 한정승인신고를 할 당시 재산목록의 기재를 일부러 누락시킨 사실이 나중에 드러난 경우 이 한정승인은 무효한가? 그 무효주장을 별도의 소송으로 청구할 수 있는가? 이를 긍정하여야 할 것이다.

판례는 한정승인, 상속포기의 무효확인청구의 소는 소의 이익이 없으므로 부적법하다고 한다(부산고판 2003. 5. 23, 2002나8001).

4. 단순승인

1) 개념과 성질

개념

상속인이 단순승인을 한 때에는 제한 없이 피상속인의 권리와 의무를 승계한다(민 1025조). 단순승인은 이처럼 상속인이 상속의 모든 효과[피상속인의 권리·의무(유산)의 무조건, 무제한 승계]를 확정적으로 승인하는 일방적 의사표시다. 상속재산의 한도 내에서만 상속채무를 변제하겠다고 승인, 신고하는 한정승인과는 다르다.

성질

단순승인을 하면 상속재산과 상속인의 고유재산이 완전히 융합하게 된다(이른바 혼동이 생긴다. 상속인과 피상속인 사이의 채권과 채무관계는 서로 혼동되어 없어지고 만다). 그러므로 상속채권자(망인에 대한 채권자)는 상속인의 고유재산에 대하여 강제집행할 수 있고, 상속인의 채권자는 상속재산에 대하여 강제집행할 수 있다. 다시 말하면 상속인은 자신의 고유재산으로 상속채무를 변제할 책임을 지게 된다.

방법과 기간

단순승인을 하는 방법에는 아무런 제한이 없으므로, 아무런 방식도 필요하지 않다. 문서로 하든, 구두로 하든, 나아가 묵시적인 의사표시로도 할 수 있다.

　상속이 개시되었는데, 상속인이 아무런 의사표시(포기, 승인, 한정승인 중 하나)를 하지 않고 고려기간 3개월을 지나가 버리면 단순승인을 한 것으로 간주된다(민 1026조 2호). 이 규정이 헌법에 불합치된다는 헌재결정이 내려졌음은 이미 본 바이다.

　승인을 할 수 있는 기간은 상속인이 상속개시있음을 안 날로부터 3개월 이내로 정하여져 있다(민 1019조).

2) 법정 단순승인(민 1026조)

　민법은 아래와 같은 행위를 단순승인(상속채무를 승계하게 됨)으로 간주하고 있다.

　상속인이 ① 상속재산의 처분행위를 한 때, ② 3개월의 고려기간 내에 한정승인 또는 포기를 하지 않고 그 기간을 넘긴 때, ③ 한정승인이나 포기를 한 후 상속재산의 은닉이나 부정소비 또는 고의로 재산목록에 기입하지 아니하는 등 배신행위를 한 때는 단순승인을 한 것으로 본다.

처분행위

처분행위는 무엇인가?

　① 상속인이 상속개시사실과 그것이 상속재산이라는 것을 알고 재산처분행위를 하여야 한다. 처분행위가 아닌 '관리행위'나 '보존행위'는 승인으로 간주되지 아니한다. 단기임대차계약의 체결(민 619조), 국유나 시유(市有) 하천부지에 대한 점용료의 납부, 망인의 재산세, 기타 세금의 납부 등은 재산보존행위의 일종이므로 단순승인으로 간주되지

아니한다.

● 대위등기는 처분행위인가?(부정 : 소극)

상속인의 채권자가 상속인을 대위하여 상속등기를 하였다는 것만 가지고는 상속재산의 처분행위로 볼 수 없고 단순승인이라고 할 수 없다(대결 1964. 4. 3, 63마54). 이러한 대위등기 후라도 상속인은 상속개시 후 3개월 이내이면 상속포기나 한정승인을 할 수 있다. 그리고 등기소에서는 채권자의 대위권행사에 의한 상속등기를 거부할 이유가 없다.

또 포기신고 후 협의분할에 의한 상속을 원인으로 소유권이전등기를 한 것도 은닉이나 부정소비에 해당하지 아니한다. 그러므로 상속포기는 유효하다(서울북부지판 1996. 7. 4, 95가합13955 ; 참고판례 대판 1983. 6. 28, 82도2427).

● 주권반환청구는 처분행위인가?(부정 : 소극)

망인의 소유이던 주권에 대하여 상속인이 주권반환청구의 소를 제기한 것은 법정단순승인 사유인 '상속재산의 처분행위'에 해당하지 아니한다(대판 1996. 10. 15, 96다23283 : 공유물반환청구는 공유물의 보존행위이다: 1966. 4. 19, 65다2033 ; 1968. 9. 17, 68다1142, 1143).

● 보험금을 수령하여 소비한 것은 처분행위인가?(부정 : 소극)

피상속인이 자기를 피보험자로 하고, 상속인을 보험수익자로 하여 보험계약을 체결한 후 보험료를 납부하여 오던 중 사망하여(보험사고가 발생하여) 상속인이 보험금을 수령하여 이를 소비한 경우는 상속재산의 처분행위에 해당되지 아니한다. 그 보험금은 상속인의 고유재산이지, 상속재산은 아니기 때문이다(대구지법 경주지판 1999. 9. 7, 98가합4217).

● 한정승인이나 포기를 한 후 상속재산을 처분한 경우는 처분행위, 은닉인가?(부정 : 소극)

일단 유효한 한정승인이나 포기를 한 후 상속재산을 처분한 경우는 민법 제1026조 소정의 은닉이나 처분행위에 해당하지 아니한다. 이미 이루어진 한정승인이나 포기는 유효하다(서울민지판 1968. 9. 27, 67나 2494).

● **채권양도**(긍정 : 적극)

상속포기 신고 전에 상속인들이 상속채권을 양도한 경우는 처분행위이고 이는 단순승인을 한 것으로 보아야 한다. 그러므로 그 후에 포기하면 그 포기는 효력이 없다(서울고판 1998. 4. 24, 97나60953). 상속채권의 양도와 양도통지 전에 다른 채권자가 채권을 가압류하여 그 가압류결정 정본이 제3채무자에게 송달되어도 마찬가지다(대판 1983. 6. 28, 82도2421 ; 1996. 10. 15, 96다23283).

상속재산의 처분은 단순승인으로 간주되므로, 이 승인사유가 생긴 후 상속포기신고를 하여 그것이 수리되어도 포기의 효력은 생기지 아니한다(대구지판 1987. 12. 30, 86나777).

● **상속재산의 분할**(긍정 : 적극)

공동재산상속인들이 협의하여 상속재산을 분할한 때는 '상속재산에 대한 처분행위'를 한 때에 해당되어 단순승인을 한 것이 되므로, 이와 같은 상속승인이 있은 후에는 고려기간 내라 할지라도 이를 취소할 수 없다(민 1024조 1항 참조). 그 기간 내에 가정법원에 상속포기를 하여 수리되었다 하여도 포기의 효력이 생기지 아니한다(대판 1983. 6. 28, 82도2421).

● **채권의 추심·상속재산의 양도**(긍정 : 적극)

상속채권의 추심(예금채권을 인출하여 상속인 명의로 한 것), 상속채무를 변제하기 위하여 상속재산을 양도(대물변제)하는 것은 처분행위에 해당된다.

● **장례비의 지출**(부정 : 소극)

상속재산으로 망인(피상속인)의 장례비를 지출한 것은 처분행위(단순승인)라고 볼 수 없을 것이다(일본동경항소법원 판결 1936. 9. 21).

② 처분행위는 법률행위에 한정되는가? 재산을 전부 처분하여야 하는가?

처분행위에는 법률행위뿐만 아니라 사실행위도 포함되고, 재산의 전부나 일부를 처분하여도 된다. 따라서 고의로 상속재산을 손괴하는 행위는 처분행위에 해당된다. 과실로 물건을 손괴하는 행위는 처분행위가 아니다.

③ 언제 처분해야 하는가?

상속인이 상속개시 사실, 즉 피상속인의 사망사실을 안 후에 처분하여야 한다.

처분행위가 무효하거나 취소될 수 있는가?

상속인이 일단 상속재산을 처분할 생각으로 처분행위를 한 이상 나중에 그것이 무효하거나 취소할 수 있는 것으로 밝혀지더라도 단순승인이 된다.

처분행위의 주체는 누구인가?

상속인뿐만 아니고, 그 법정대리인이 처분한 경우도 처분행위에 포함된다.

공동상속인의 경우는?

공동상속인은 단독으로 한정승인을 할 수 있다(민 1029조). 따라서 공동상속인 중 한 사람이 재산을 처분한 경우는 그 사람만이 단순승인을 한 것이 되고, 나머지 상속인들은 한정승인이나 포기를 할 수 있다.

고려기간 경과

상속개시의 날로부터 3개월 내는 상속상태(상속인에게 상속재산의 귀속이라는 상속의 효과가 생길지 여부)가 부동적이다. 상속인이 상속포기를 할지 한정승인이나 단순승인을 할지 알 수 없기 때문이다. 고려기간 내에 상속인이 한정승인, 포기, 기타 아무런 조치도 취하지 않고 그냥 지나가 버리면 이는 단순승인을 한 것으로 간주된다(민 1026조 2호). 이 규정이 헌법에 불합치한다는 결정이 1998년 8월 27일 헌법재판소에서 내려졌음은 앞에서 살펴 본 바이다. 그 대신 특별한정승인제도가 신설되었다.

배신행위

상속인이 상속포기나 한정승인(모두 상속인을 보호하는 제도)을 한 후 배신행위(상속채권자 등을 해치는 행위)를 하면 일종의 제재가 가하여 진다. 그래서 법은 그러한 부정행위를 단순승인으로 간주하여 그러한 행위자에게 상속채무에 대한 무한책임을 지우고 있다.

배신적 부정행위
상속재산의 은닉, 부정소비, 고의로 재산목록 기입 누락
① 은닉은 상속재산을 감추어 그 소재를 알 수 없게 하는 행위이다.
② 부정소비는 정당한 이유 없이 상속재산을 써서 없애 본래의 가치를 상실시키는 행위이다.

> 참고 판례
>
> 상속인이 피상속인이 소유하고 있다가 남긴 '벌레 먹은' 현미를 처분하고 자신의 현미로 충당한 행위, 일반관습에 따라 망인이 임종 시까지 사용하던 옷이나 침구 등을 남에게 주거나 불태워 없애는 것, 상속재산 중에 임차권이 있어서 그 차임을 상속재산으로 지급하는 것(임차권의 보존행위) 등은 모두 부정소비가 아니라는 것이 다수설이다. 부정소비가 성립되려면 액수의 많고 적음에는 관계없으나 고의로 상속재산을 소비하여야 한다.
> 주식회사 유달공사의 대표이사가 '유달파크맨션'의 건축공사를 진행하던 중 사망하자 그 상속인들이 상속포기신고를 하였다. 그리고 건축주 명의를 다른 회사(대신주택 유한회사)로 변경하는데 동의하였다. 그러나 그 사실만으로는 상속재산의 은닉이나 부정소비에 해당한다고 볼 수 없고, 법정단순승인 사유가 될 수도 없다(광주지법 1992. 3. 26, 91가합1280 판결). 주식회사 유달공사는 시공회사에 불과하기 때문이다.

③ 고의의 재산목록 불기입

한정승인신고를 하려면 신고서에 재산목록을 첨부하여야 한다. 상속포기의 경우는 이러한 목록을 붙이지 아니하므로 이와 같은 문제는 생기지 아니한다.

그런데 재산목록에 기입하여야 할 재산임을 알고도 고의로 누락시키는 상속인이 있다. 그렇다면 상속인에게 너무 가혹하다고 생각되는 정도의 소액의 재산을 기입하지 아니한 것도 승인해야 하는가? 이런 것은 여기에 해당되지 아니한다는 학설이 있다. 생각건대, 피상속인의 거액의 채무를 상속인이 떠맡지 않게 하려고 한정승인제도를 두고 있는 이상 액수의 다소는 불문하고 재산목록 불기입은 단순승인으로 보아야 할 것이다. 그리고 재산의 다소라는 개념도 너무 상대적이고 애매하기 때문에 위와 같은 예외를 인정할 수 없다.

> 상속인이 무능력자인 경우 그 법정대리인이 부정행위를 하면 이때도 단순승인이 된다.
>
> **예외**
> 상속인인 아들이 상속포기를 하여 손자가 상속을 승인한 경우, 아들이 부정행위를 하더라도 단순승인으로 의제되지 아니한다(민 1027조). 이 경우는 손자의 제2의 상속이 유효하게 되고, 채권자는 손자에게 권리행사를 할 수 있기 때문이다. 손자는 그의 아버지에 대하여 부정행위로 인한 재산의 반환이나 손해배상을 청구할 수 있다.
> 위와 같은 법정승인사유가 발생한 후에는 상속승인을 취소할 수 없다(대판 1976. 4. 27, 75다2322).

3) 단순승인의 효과

상속인이 단순승인을 하거나 법률상 단순승인을 한 것으로 간주되면, 상속의 모든 효력은 확정되고, 피상속인의 재산상의 권리의무는 일체 상속인에게 승계된다. 상속재산과 상속인의 고유재산은 혼동(섞이어 하나로 되어 권리자와 의무자의 자격이 한 사람에게 귀속된다. 즉 채권과 채무가 동일인에게 귀속된다)되고, 상속채무에 대하여 상속인은 무한책임(고유재산으로 변제책임)을 지게 된다. 그러므로 그 후 상속재산의 관리의무도 소멸되고, 상속인은 상속재산을 자유로이 처분할 수도 있다. 그러나 그 후 재산분리청구가 있으면 다시 상속재산관리의무가 생긴다(민 1048조).

5. 한정승인

1) 의미

당연상속주의의 예외

우리 민법은 당연상속주의를 채택하고 있다. 상속이 개시되면 피상속인의 적극재산, 소극재산(채무)은 모두 상속인에게 승계된다. 이러한 피상속인의 채무(유증 포함)에 대한 책임을 무조건, 무제한으로 승계(단순승인)하지 않고, '상속으로 얻은' 재산의 한도 내에서만 변제하겠다는 일방적 의사표시가 한정승인이다. 예컨대, 홍길동이 남긴 상속재산은 5,000만 원, 상속채무는 1억 원인 경우 그 상속인이 한정승인을 하면 상속인은 채무를 승계하지만, 책임(강제집행)만은 5,000만 원의 한도에서 지게 된다.

거래의 안정과 개인주의 법사상

'사람이 사망하면 그 사람의 모든 채무가 일시에 소멸된다' 고 하면 거래의 안정을 해치게 된다. 그래서 피상속인의 채무를 상속인이 무한책임을 지고 자기의 고유재산으로 변제하는 것은 거래안정을 위하여 바람직하고 이는 사유재산제도를 유지하는 근간이 된다. '아버지의 채무를 아들이 갚아야 한다' 는 것은 우리나라, 특히 동양의 도의상, 의리상 미풍양속이다. 예컨대, 홍길동이 사망한다고 하여 그를 둘러싼 모든 거래관계가 하루아침에 단절되어서는 안 된다. 그의 아들이나 딸이 이어받아야 한다.

한편 개인주의, 자유주의 사상을 관철한다면, 누구든지 자신에게 잘못이 없으면 책임지는 일은 없다. 부모나 자식 사이에도 마찬가지이다.

한정승인제도의 존재이유(한정승인의 합리성, 타당성)
 상속인이 예상치 못한 거액의 상속채무(특히 보증채무 등)를 승계하여 고유재산으로 갚아야 한다면 이는 개인주의 법사상에서 볼 때 명백히 불합리하다.
 그리고 상속채권자는 원래 피상속인(망인, 채무자)의 재산과 신용을 최후의 담보로 믿고 거래하여 온 사람이므로, 상속인의 재산은 기대하지 아니하는 것이 일반적인 거래 실정이다. 한정승인제도는 그러한 의미에서 상속채권자를 희생하여 가면서까지 상속인을 보호하는 것은 아니라고 말할 수 있다.

2) 한정승인의 방법

요식행위(要式行爲)
 한정승인은 상대방 없는 일방적 의사표시이지만, 반드시 일정한 방식으로 하여야 하는 요식행위이다. 즉, 상속인은 고려기간 내에 상속재산의 목록을 만들어 붙여서 상속개시지의 가정법원에 한정승인의 신고를 하여야 한다. 적극재산, 소극재산을 알고 있는 범위 내에서 모두 기재하여야 한다. 만일 고의로 일부재산을 목록에 기입하지 않고 누락시키면 이는 단순승인으로 간주된다. 이와 같은 방식으로 신고하지 아니하면 한정승인의 효력이 생기지 아니한다.
 ① 한정승인신고서에는 신고인이나 대리인이 기명날인하여야 하고, 반드시 인감증명서를 첨부하여야 한다. 일부 미비된 신고서라도 그것이 전혀 신고서라고 볼 수 없는 것이 아닌 이상 이를 수리한 후 미비점을 추완시키는 등 될 수 있는 대로 유효하게 해석하여야 한다(대판 1978. 1. 31, 76스10).
 ② 한정승인의 대리신고는 가능한가?
 변호사에게 위임하여 대리로 한정승인신고를 할 수도 있고, 당초의

신고 당시 인감증명서가 첨부되어 있지 아니한 경우는 이를 보정할 수도 있다(대판 1965. 5. 31, 64스10).

누가 할 수 있는가? 공동상속인들이라고 해서 공동으로만 한정승인을 할 수 있는 것은 아니고, 상속인 각자가 또는 1인의 상속인만 혼자서 자신의 상속분에 대하여 한정승인을 할 수 있다.

우리 민법은 공동상속의 경우에도 상속인이 개별적으로 혼자서 한정승인을 할 수 있도록 정하고 있다(민 1029조 : 일본 민법과 다름). 그러므로 여러 사람의 상속인 중에서 한정승인자는 물적(物的) 유한책임, 단순승인자는 인적(人的) 무한책임을 지게 된다.

전원이 한정승인을 하였으나, 그 중 일부 사람이 민법 제1026조 제1호(처분), 제3호(부정행위)의 사유를 저지른 경우(단순승인으로 본다) 상속채무를 어떻게 청산할 것인가?

상속재산 전부에 관하여 청산절차를 밟아야 한다. 그래도 채무가 남으면 단순승인자만이 자기의 고유재산으로 변제하여야 한다고 해석할 것이다.

예컨대, 상속인 A, B, C, D 중 C, D가 한정승인하고, B가 상속재산 처분행위를 하였다. 그러면 A, B는 단순승인자로 무한책임을 지게 되고, C, D는 한정승인자로서 유한책임을 지게 된다.

청산절차를 진행한 결과 최종적으로 상속채권자 갑의 채권액 중 100만 원이 남았다고 하자. 이 경우 공동상속인들이 상속분대로 나누면 25만 원씩 책임져야 한다. 그러나 C, D는 한정승인자로서 25만 원에 대하여 책임지지 아니하고, A, B가 각자 50만 원의 채무를 승계하게 된다. B가 처분한 재산의 구상관계는 A, B 사이에서 처리되어야 한다.

피상속인이 재산(적극재산)을 하나도 남기지 아니하고 채무(소극재산)만 남긴 경우에도 한정승인을 할 수 있는가? 이러한 경우 상속인은 상속포기를 하면 될 터이지만 굳이 한정승인을 한다면 유효하다고 보아야 할 것이다. 이 경우 재산목록에는 상속채무를 ○○○원으로 기록하고, 상속재산은 ○○○원으로 기록하여 이를 첨부하여 신고할 수 있을 것이다.

한정승인신고서의 기재사항

한정승인신고서에는 가사소송법 제36조의 기재사항(1. 당사자의 본적, 주소, 성명, 생년월일, 대리인의 주소와 성명, 2. 청구의 취지와 원인, 3. 청구의 연월일, 4. 가정법원의 표시) 이외에 아래 사항을 기재하고 신고인이나 대리인이 기명날인하여 서면으로 작성하여야 한다. 즉 ① 피상속인(망인)의 성명과 최후주소, ② 피상속인과의 관계, ③ 상속개시 있음을 안 날, ④ 상속의 한정승인 또는 포기하는 뜻을 기재하여야 한다.

이 신고서에는 신고인 또는 대리인의 인감증명서를 첨부하여야 한다. 가정법원에서는 이러한 신고서를 수리하면 일정한 내용의 심판서를 작성하여야 한다. 상속포기의 경우도 마찬가지다(포기서에는 재산목록을 첨부할 필요가 없는 점이 한정승인과 다르다).

3) 한정승인의 효과

한정된 범위의 책임(물적 유한책임 : 채무와 책임의 분리)

① 상속인은 한정승인신고를 하면, 상속재산의 한도 내에서 상속채무, 유증을 변제하면 되고, 상속인 자신의 고유재산으로 이를 변제할 책임은 없다. 이른바, 물적 유한책임(物的 有限責任)을 진다는 의미다. 상속인은 상속채무를 전액 승계하나, 그 책임의 범위가 상속재산에 한정될 뿐이다. 상속채권자들은 '부족한' 상속재산으로부터 채권액의 비율로 평등배당을 받고 만족하는 수밖에 없다(상속재산이 없으면 한 푼도 못 받는 수도 있다).

② 상속채무 그 자체는 감축·소멸되지 아니하므로, 채권자는 한정승인자에게 전액을 청구할 수 있고〔판결문에도 원고에게 피고는 ○○○만 원(상속채무전액)을 망 ×××로부터 상속받은 재산의 한도에서 지급하라고 표시하여야 한다〕, 한정승인자가 이를 임의로 변제하면 그것은 비채변제(채무 없이 하는 변제)가 되지 아니한다. 그러한 변제를 한 후에는 반환청구를 할 수 없다.

③ 상속채무(망인의 채무)를 보증한 보증인, 물상보증인 등은 상속포기, 한정승인을 할 수 없으므로 그 채무와 책임을 전혀 면할 수 없다. 예컨대, 홍길동의 융자금채무 1,000만 원을 연대보증한 보증채무자 허풍선은 홍길동이 사망하여도 보증채무 1,000만 원을 한 푼도 면제받을 수 없다(나중에 허풍선의 상속인이 상속포기를 하는 것은 별도의 문제이다).

④ 차순위 상속인과의 관계

선순위 상속인(아버지)이 상속포기를 하여 버리면 차순위 상속인(손자)이 상속인 자리에 올라가므로, 그에게 상속채무가 승계되어 여러 가지 문제가 생긴다. 그러나 선순위 상속인이 한정승인을 하면 차순위 상속인에게 상속채무가 승계되지 아니하므로 문제가 없어진다.

> **참고 판례**
>
> 한정승인의 효과는 '상속인의 책임이 상속재산의 범위 내에 한정'될 뿐이고, 그 상속채무 자체가 축소되거나 소멸되는 것은 아니다. 예컨대, 피상속인이 부동산을 매도하고 매수인에게 그 이전등기를 넘겨주지 아니한 채 사망하였는데, 상속인이 한정승인을 한 경우, 그 상속인(매도인 지위 승계)은 매수인에 대하여 소유권이전등기 의무를 부담해야 한다. 즉 망인의 등기의무가 소멸되지 아니한다 (대전지판 1991. 12. 4, 91나4674).

상속재산과 고유재산의 분리(특별재산 : 혼동이 일어나지 아니한다)
 한정승인이 이루어지면 상속재산은 분리되어 특별재산으로 취급되며, 상속인의 고유재산과 혼합되지 아니한다. 상속인이 한정승인을 한 때는 상속으로 인한 권리, 의무의 혼동이 생기지 아니한다(민 1031조). 부자간의 채권, 채무라도 아버지의 사망으로 인하여 소멸되지 아니한다. 상속인은 상속재산에 대하여 제3자와 같은 지위에 서게 된다. 그는 망인에 대한 '채권'이 있다면 상속재산에서 배당변제를 받게 되고, 그의 망인에 대한 채무는 상속재산이 된다.

상속재산의 관리
 한정승인을 한 상속인은 자신의 고유재산에 대한 것과 동일한 주의의무로 상속재산의 관리를 계속하여야 한다. 여러 사람의 상속인이 한정승인을 한 경우, 각 상속인 또는 이해관계인의 청구가 있는 경우에 가정법원은 공동상속인 중에서 상속재산관리인을 선임할 수 있다. 관리인선임을 하지 않고 공동상속인이 공동으로 관리를 하여도 상관없다.
 가정법원이 선임한 관리인은 '공동상속인을 대표하여 상속재산의 관리와 채무의 변제에 관한 모든 행위를 할 권리의무'가 있다. 관리인의 이러한 권한과 의무는 민법 제1040조 제2항의 규정에 의하여 인정된다. '대표'는 일종의 법정대리이다. 관리인은 자기의 고유재산에 대한 것과 동일한 주의로 상속재산을 관리하여야 한다.

상속재산의 청산(한정승인의 경우 청산절차)
 ① 채권자에 대한 공고와 최고(독촉)
 한정승인을 한 상속인은 신속하고 적정하게 상속재산을 청산하여 채권자와 수증자에게 공평한 변제를 하여야 한다. 상속인은 한정승인을 한 날로부터 5일 이내에, 공동상속의 경우 상속재산관리인으로 선

임된 상속인의 경우는 그 선임을 안 날로부터 5일 이내에 아래와 같은 공고와 최고를 하여야 한다. 즉, 일반 상속채권자와 유증을 받은 사람에 대하여 한정승인 사실과 함께 2개월 이상의 기간을 정하여 그 채권 및 수증을 신고하라고 공고하고(민 1032조 1항), 신고를 하지 아니하면 청산에서 제외된다는 것을 표시하여야 한다(민 1032조 2항). 이때 법원의 등기사항 공고와 같은 방법으로 일간신문에 1회 이상 공고하여야 한다. 이러한 공고절차는 한정승인자 개인이 사적으로 신문사에 광고료를 내고 한정승인심판문 내용과 재산목록을 기재하여야 한다.

한정승인자가 이미 알고 있는 채권자 등은 청산에서 제외하지 못하므로, 그러한 사람들에 대하여는 개별적으로 신고하라고 최고하여야 한다.

이러한 제척공고와 최고는 상속인의 의무이긴 하나, 이를 게을리 하였다고 하여 한정승인이 무효가 되는 것은 아니고, 이로 인하여 손해를 입힌 경우 채권자 등이 그 배상을 청구할 수 있을 뿐이다.

② 청산방법

● 공고기간 만료 전에는 변제를 거절할 수 있다. 이를 어기고 미리 다른 채권자에게 변제를 하여 손해를 입힌 경우는 배상책임을 져야 한다.

● 공고기간 만료 후의 변제순서(우선권이 있는 채권자, 일반채권자, 수유자 순)

- 신고한 채권자와 '상속인이 알고 있는' 채권자에게 그 채권액의 비율에 따라 상속재산으로 변제하여야 한다(민 1034조 : 채무초과 시의 배당변제). 이 경우도 우선권이 있는 채권자(질권, 저당권자 등)의 권리를 해치지 못한다. 우선권자들은 채권의 전액을 변제받지 못한 경우는 잔액에 관하여 배당변제에 참가할 수 있다.

- 한정승인자는 '기한이 도래하지 아니한' 기한부채권, 조건부채권이나 '존속기간이 불확실한' 채권도 법원에서 선임한 감정인의 평가에 따라 전액을 배당 변제하여야 한다.

- 위와 같은 변제 후 잔여재산이 있을 때 비로소 수증자에게 변제할 수 있다. 수증자가 여러 사람일 경우는 수증액의 비율로 나누어 변제한다.

　거액의 채무를 부담하고 있는 피상속인이 그래도 누군가에게 유증(유언으로 증여)을 한 때는 상속채권자를 우선 고려하고 나서 나중에 그 뜻을 받들어서 수증자에게도 배당한다. 이러한 유증은 상속채권자를 사해(詐害)할 우려가 있기 때문이다.

- 위와 같이 변제를 하고도 잔여재산이 있을 때 '신고하지 아니한' 채권자와 수증자(한정승인자가 알지 못하고 있던 사람)에게 변제한다.

- 특별담보권을 가진 사람은 공고기간 내에 신고를 하지 않았더라도, 또 한정승인자가 알지 못하였더라도, 당연히 그 담보권의 범위 내에서 우선변제를 받는다.

● 청산절차에서 변제를 하기 위하여 상속재산의 전부나 일부를 매각할 필요가 있을 때는 민사집행법에 따라 경매하여야 한다(민 1037조, 1997. 12. 13 개정).

● 위와 같은 절차를 위반하여 특정 상속채권자나 수증자가 부당하게 변제를 받아 다른 채권자 등에게 손해를 입힌 경우, 피해자는 상속인을 상대로 손해배상을 청구하고, 부당하게 변제를 받은 사람을 상대로 구상권을 행사할 수 있다.

● 이 구상권과 한정승인자에 대한 손해배상청구권은 모두 '손해와 가해자를 안' 날로부터 3년간 행사하여야 하는데, 이를 놓치면 시효로 소멸하고, 부당변제의 날로부터 10년이 지나면 이른바, 제척기간의 경과로 인하여 소멸한다.

③ 한정승인과 취득세

　상속인이 한정승인을 한 경우에도 부동산을 취득하면 취득세 등을 납부할 의무가 있다(행자부 2001. 7. 30, 행심 2001-353 ; 2004. 4. 26, 행심 2004-101호 심결).

6. 상속의 포기

1) 의미

당연상속주의와 포기

상속이 개시되면 망인(피상속인)의 재산상 권리, 의무는 모두 상속인에게 승계된다. 따라서 상속이 언제나 상속인에게 이익만 주는 것이 아니고 때로는 손해나 불이익을 안겨주기도 한다. 채무초과의 피상속인이 사망한 경우는 그 채무가 모두 상속인에게 승계되기 때문이다. 이러한 불의(不意)의 상속채무를 면할 수 있는 유일한 길이 바로 상속포기이다.

법률적 성질

상속포기는 상속인이 고려기간(3개월) 내에 상속의 효력(모든 권리의무의 승계)을 부인하고, 처음부터 상속인이 아니었던 효력을 생기게 하는 의사표시이고, 상대방 없는 단독행위이다. 이러한 상속포기는 상속의 효과를 전면적으로 거부하는 행위이므로, 단순하여야 하고 조건이나 기한을 붙이지 못하고 일부포기도 할 수 없다.

포기권자와 행위능력

① 포기권자는 상속권자로서 상속순위에 해당하는 사람이라야 한다(1순위자가 포기하면 이어서 2순위자가 포기를 하는 식으로 포기한다. 모든 상속인이 채무를 면하려면 망인의 4촌 이내의 혈족이 모두 상속포기를 하여야 한다. 최근 4촌 이내의 혈족인 상속인들은 상속개시 후 상속순위에 관계없이 3개월 안에 포기신고를 할 수 있게 되었다).

② 포기자에게 재산상 행위능력이 있어야 한다. 따라서 행위무능력자는 의사능력이 있더라도 단독으로 포기할 수 없다. 미성년자, 한정

치산자, 금치산자 등은 법정대리인의 동의를 얻어야 상속포기를 할 수 있고 법정대리인의 대리로 포기할 수 있다.

포기와 착오

상속포기에 법률행위의 착오에 관한 민법 제109조가 적용될 것인가? 신분행위에는 민법 제109조가 적용되지 아니한다는 소극설과 재산효과를 동반하는 신분행위에는 적용된다(취소할 수 있다)는 적극설이 대립하고 있다.

판례도 적극·소극적으로 나뉘어져 있는데, 근래 이를 긍정하는 판례가 나타났다. 특정의 사람에게 상속재산을 승계시키기 위하여 상속포기를 한 경우 그러한 동기가 상속포기절차에서 표시되고, 이를 접수한 법원은 물론이고, '위 상속포기의 결과 반사적 이익을 받을' 이해관계자도 이를 알 수 있는 객관적 상황이 나타나 있을 때는 위 동기의 착오는 '법률행위 내용의 중요부분의 착오'가 된다. 그와 같은 동기가 완성되지 아니할 경우 포기자는 착오를 이유로 상속포기를 취소할 수 있다.

2) 상속포기의 방법

고려기간(상속개시를 안 날로부터 3개월) 내에 상속개시지의 가정법원에 포기신고를 하여야 한다. 상대방 없는 단독행위이지만 신고로써 하여야 하는 요식행위이다. 이 포기신고는 신고함으로써 효력이 생기는 의미에서 '창설적 신고'라고 말할 수 있다(그러나 호적부에 신고하는 것은 아니므로 호적상 신고는 아님을 주의하여야 한다). 포기신고서에 신고인 또는 대리인이 일정사항을 기재하고 포기의 의사표시를 기재하고 기명날인(날인은 인감도장으로)한 후, 상속인마다 각자의 인감증명서를 첨부하여야 한다. 외국에 거주하는 상속인의 경우는 포기신고서에 서명

(signature)이나 보통 인장으로 날인하고, 다만 '그것이 본인의 것임을' 확인하는 재외공관장의 확인서나 공정증서를 첨부하면 인감증명서를 대신할 수 있다. 가정법원에서는 이러한 신고서를 접수하면 포기심판서를 만들어서 이를 송달하여 고지한다.

특정상속인을 위한 포기가 가능한가?(부정 : 소극)

공동상속인들(예컨대, 4명의 형제자매) 중 1인(막내)이 특정상속인(둘째 형님)을 위하여 자신의 상속분을 포기하는 것은 인정될 수 없다(민 1043조). 상속분의 양도로 그러한 목적을 달성할 수 있기 때문이다.

3) 포기의 효과

포기의 소급효

상속을 포기한 때는 상속이 개시된 때에 소급하여 그 효력이 생긴다. 포기한 사람은 상속개시의 시점부터 상속인이 아니었던 것으로 된다.

① 포기와 대습상속

공동상속인 중 일부의 사람이 포기하면 그 포기자의 직계비속이 대습상속하는가?(부정 : 소극)

대습상속의 원인으로는 '사망'과 '결격'이 있을 뿐이고, '포기'는 명문의 규정이 없으므로 대습상속의 사유가 될 수 없다. 사망과 결격의 경우는 상속개시 전에 이미 발생한 사유이고 그러한 원인이 있는 사람이 잠시라도 상속인이 된다는 것은 불가능하다. 그러나 포기의 경우는 상속개시 후 이미 현실화된 상속인의 지위를 그의 의사로 벗어나는 것이므로(포기의 효과만 상속개시시로 소급할 뿐이다), 서로 다르다. 그러므로 포기자의 비속이 대습상속할 수 없다. 포기자의 상속분은 다른 공동상속인들에게 귀속된다.

② 상속인 전원이 상속포기를 한 경우
이때는 상속개시시에 소급하여 포기자 전원이 상속인 자격을 상실하는 고로 차순위(그 다음 순위)의 상속인들이 상속인이 된다. 차순위 상속인의 상속은 대습상속이 아니라 본위상속이다. 포기자의 상속분의 귀속 문제는 생기지 아니한다. 예컨대, 1, 2순위 상속인인 망인의 처와 자녀, 직계존속이 모두 포기하면 3순위 상속인인 망인의 형제자매가 망인의 지위를 그대로 상속한다.

포기자의 상속분의 귀속

① 공동상속인 중 일부의 자녀가 상속을 포기한 경우에 그 포기한 자녀가 취득하였을 상속분은 포기자의 직계비속에게 내려가지 않고, '다른 상속인'의 상속분의 비율로 다른 상속인들에게 귀속된다(대판 1974. 7. 26, 74다731).

② 여기서 다른 상속인은 누구인가? 혈족상속인 이외에 배우자도 포함되는가? 혈족상속인만을 의미한다는 소수설이 있으나, 통설은 배우자를 포함시키고 있다.

예컨대, 홍길동이 1,000만 원을 남기고 사망했는데, 상속인으로는 처와 아들 1명, 딸 1명이 있다고 가정하자. 그 중 아들이 상속을 포기하면 아들은 처음부터 상속인이 아닌 것으로 된다. 그러면 나머지 처와 딸은 어떻게 상속하는가? 처와 딸의 상속비율은 1.5 : 1.0이고, 처는 3/5, 딸은 2/5를 상속하므로, 아들의 포기분을 포함하여 전 상속재산 중 처는 600만 원, 딸은 400만 원을 상속하게 된다. 망인이 채무 1,000만 원을 남기고 사망한 경우도 동일하다.

상속포기자를 제외한 나머지 상속인(배우자와 자녀 등)의 상속분을 따지면 충분하다. 포기자는 처음부터 상속인이 아닌 것으로 제외하고 나머지 공동상속인들이 그들의 법정상속분에 따라 재산을 상속한다고 해석함이 타당하다.

③ 망인이 채무를 남긴 경우(채무초과의 경우)에 상속포기제도가 이용되는 것이 보통이다. 적극재산을 남긴 경우 그 상속인들이 이를 포기하는 경우는 상상하기 어렵기 때문이다.

> **참고 판례**
>
> ● 홍길동이 사망한 후 사망일자 이후의 매매를 원인으로 하여 홍길동 명의의 임야가 차남 1인(공동상속인 중 1인) 명의로 소유이전등기되었다. 이 사실만으로는 차남이 다른 공동상속인들로부터 각자의 상속분을 포기받아서 자기 단독으로 등기한 것이라고 확정할 수 없다(대판 1966. 4. 26, 66다428).

포기 후의 상속재산의 관리

상속포기로 인하여 상속인은 그 상속과는 아무 관계가 없는 사람, 처음부터 상속인이 아닌 사람이 되어버린다. 그리하여 상속재산에 대한 관리의무도 소멸하고 만다(민 1022조). 그러나 새로 상속인이 될 사람이 재산을 인수할 때까지 포기자는 이를 계속하여 관리할 의무가 있다. 관리상의 주의의무의 정도는 포기자 자신의 고유재산에 대한 것과 동일하여야 한다.

상속포기는 사해행위인가?(부정 : 소극)

상속의 포기와 승인은 채권자에게 영향을 미치는 바가 크고 재산행위적 성격이 강한 것이므로 사해행위(채권자를 해치는 행위)가 될 수 있다는 견해(소수설)가 있고, 상속포기는 간접적으로는 재산상 이익에 영향을 미치는 재산행위이지만, 채무자의 자유의사에 맡겨져 있는 행위라는 것, 기존 재산의 감소를 생기게 하는 행위는 아니라는 것 등을 이유로 사해행위에는 해당될 수 없다는 견해(다수설)로 나뉘어져 있다.

판례는 다수설을 채택하여 왔다.

재상속과 상속포기

여기서 재상속이란 고려기간 중에 상속인이 사망하여 상속이 개시된 경우이다. 예컨대, 할아버지 사망 후 3개월 이내에 아버지가 사망한 경우를 말한다. 제1상속과 제2상속을 한꺼번에 승인하거나 포기하는 것, 제1상속을 포기하고 제2상속을 승인하는 것은 긍정할 수 있다. 그러나 제1상속을 승인하고 제2상속을 포기하는 것은 이론상 가능하나 실익이 없고 무의미하다는 견해가 있다. 제2상속으로 인하여 제1상속에 관한 승인, 포기의 선택권을 잃기 때문에 제1상속을 승인하고 제2상속을 포기할 수는 없다는 견해도 있다. 판례는 제2상속인이 제1상속에 대하여 포기한 경우에는 후에 제2상속에 관하여 포기를 하더라도, 먼저의 제1상속의 포기에 관한 효력이 소급적으로 무효가 되는 것은 아니라고 하였다. 제2상속인의 포기, 승인의 자유는 여전히 보장되어야 하리라고 본다.

사실상의 상속포기(상속재산협의분할과 관련)

상속포기를 하지 아니하거나, 상속포기를 할 수 없어서(고려기간 경과 등으로) 나중에 상속인 중 일부가 상속포기를 하는 경우가 더러 있다. 공동상속인들 사이에 의사의 합치(합의)가 되어 실질적으로 상속재산분할협의가 이루어지고, 그 과정에서 유산에 대한 지분권의 포기나 양도를 할 수 있다. 이러한 상속포기는 유효하다〔경도지(京都地) 1970. 10. 5, 판결, 대판고(大阪高) 1974. 8. 5, 판결〕. 이러한 포기는 단순한 권리포기이고, 상속채무를 면하려는 본래의 상속포기신고와는 다르다.

상속포기서이든, 상속재산분할협의서이든, 상속인 전원이 각자 인감증명서를 첨부하여 인감도장을 찍어서 상속인 중 일부는 상속을 포기하여 그 지분을 0으로 하고, 일부는 45%로 하고, 일부는 55%로 하여 합의로 정할 수 있고 별지 부동산목록을 첨부하면 이로써 등기소에 제출하여 피상속인에서 상속인으로 바로 소유권이전등기도 할 수 있다.

고려기간 중의 상속재산의 협의분할은 처분행위이고 단순승인으로 간주되므로, 이러한 협의분할 후 상속포기를 하더라도 포기의 효력은 생기지 아니한다(대판 1983. 6. 28, 82도2421)는 점은 이미 본 바이다.

상속재산의 분리

1) 개념

의미

상속이 개시되면 상속인은 피상속인의 재산을 승계한다. 그러므로 상속인들은 각자 자신의 고유재산에다 망인에게 물려받은 상속재산을 더하여 가지게 된다. 상속재산 중에는 적극재산만 있는 것이 아니고, 소극재산(채무)도 포함되어 있고 어떤 경우는 소극재산만 상속하는 수도 있다. 적극재산상속의 경우 상속인은 그로 인하여 자기의 고유재산이 증가하므로 별로 문제가 없다. 그러나 소극재산상속의 경우 상속인은 덤터기를 쓰게 되어 상당히 당황하게 된다.

그래서 민법은 '상속채권자, 수유자, 상속인의 채권자' 사이의 상속에 따른 이해의 대립을 완화, 해결하기 위하여 상속재산과 상속인의 고유재산을 분리시켜 이것이 상속으로 인하여 혼합되지 않도록 하고 이를 각각 별도로 청산하는 제도를 마련하고 있다. 그것이 바로 상속재산의 분리이다.

유사개념과 구별

상속재산분할은 상속공유재산을 단독소유로 나누는 절차이므로 상속재산분리와는 전혀 다른 개념이다.

2) 존재이유

상속으로 인하여 상속재산이 상속인의 고유재산과 혼합되면 채권자들의 이해관계가 좌우된다. 피상속인(홍길동)이 거액의 빚만 남기고 사망한 때(상속재산이 채무초과 상태)는 상속인의 채권자가 불이익을 입게 되고, 상속인(홍길동의 아들)이 거액의 빚을 지고 있는 때(상속인의 고유재산이 채무초과 상태)는 상속채권자(망 홍길동의 채권자)가 불이익을 입게 된다. 망인의 채권자는 망인의 재산을 믿고 거래한 사람이고, 그 상속인의 채권자는 상속인의 재산을 믿고 거래한 사람이다.

이처럼 피상속인 또는 상속인의 고유재산을 믿고 거래한 각 채권자들이 상속으로 인한 2가지 재산(상속재산과 상속인의 고유재산)의 혼합으로 인하여 받게 될 불이익을 방지하기 위하여, 가정법원의 처분으로 이를 혼동시키지 않고 분리시키는 제도가 상속재산의 분리이다. 상속재산과 고유재산을 별도로 관리하여 이들 채권자들의 이해관계를 서로 조화시켜 침해되지 않도록 하려는 것이 이 제도의 목적이다.

3) 다른 제도와의 관계

한정승인과의 관계
상속인이 한정승인을 한 경우는 상속재산과 상속인의 고유재산이 당연히 분리되므로 상속재산분리신청을 할 필요는 없다. 다만, 한정승인이 무효라거나 법정단순승인으로 인정되는 경우, 한정승인이 이루어지지 아니한 고려기간 중인 경우에는 재산분리의 필요성이 있다.

상속포기와의 관계
재산분리청구가 있은 후에 상속인이 상속포기를 하면 분리절차는 정지된다. 이 경우 새로 상속인이 된 사람에 대하여 다시 재산분리청구를 할 수 있다.

상속인의 파산과의 관계

상속인에 대하여 파산선고가 내려지면 재산분리와 동일한 효과가 발생한다. 즉 상속인의 고유재산에 대하여는 상속인의 채권자가 우선권이 있고, 상속재산에 대하여는 상속채권자, 수유자에게 우선권이 있다. 파산선고가 내려진 후에도 재산분리청구를 할 수 있으나, 파산종결결정이 있을 때까지 그 분리절차는 중지된다.

4) 재산분리의 절차

청구권자와 상대방

청구권자는 상속채권자, 수유자(특정유증을 받은 사람), 상속인의 채권자들이다(민 1045조 1항). 학자들은 이에 따라 상속채권자나 수유자를 보호하기 위하여(상속재산에서 우선변제를 받도록) 이들이 청구하는 것을 제1종의 재산분리, 상속인의 채권자들을 보호하기 위하여(상속인의 고유재산에서 우선변제를 받도록) 이들이 청구하는 것을 제2종의 재산분리라고 나누어 부르기도 한다. 포괄유증을 받은 사람은 상속인과 동일한 권리의무가 있으므로 분리청구를 할 수 없다.

본래의 청구권자가 청구를 하지 않고 사망한 경우는 그 상속인이 권리를 승계하여 분리청구를 할 수 있다. 이는 일신전속적인 것은 아니기 때문이다.

상대방에 관하여 민법에는 규정이 없으나, 상속인, 상속재산관리인, 파산관재인, 유언집행자 등으로 삼아야 할 것이다. 다만, 상속재산관리인, 유언집행자 등은 처음부터 상속재산과 상속인의 고유재산을 별도로 관리하여야 한다는 견해가 있다.

기간

상속재산분리청구의 기간은 상속개시일로부터 3개월 이내이다(민 1045조 1항). 이는 고려기간과 비슷하다. 그러나 상속인이 승인, 포기를 하지 아니하고 있는 동안(상속재산과 상속인의 고유재산이 혼합되지 아니한 동안)에는 3개월의 기간이 지난 후라도 분리청구를 할 수 있다(동조 2항). 이른바 고려기간은 가정법원의 허가로 연장될 수 있기 때문이다(민 1019조 단서). 상속인의 존부가 불분명한 경우에도 이 기간 내에 분리청구를 하여야 한다. 그 기간을 놓치면 분리청구권은 소멸된다. 이러한 분리청구는 가정법원에 하여야 한다.

청구취지

청구권자는 가정법원에 재산분리의 청구를 하여야 한다. 그 청구서에는 '상속인 ㅇㅇㅇ의 고유재산과 피상속인 △△△의 상속재산을 분리한다' 는 심판을 하여 달라고 청구취지를 기재한다.

대상

상속개시 당시의 피상속인의 소유인 모든 재산이 그 대상이다. 부동산이든 동산이든, 금전이든 채권이든, 원물(元物)이든 과실이든 상관이 없고, 상속재산의 훼손으로 인한 손해배상청구권도 그 대상이 될 수 있다. 분리의 대상인 상속재산은 '포괄적인 상속재산' 이므로, 특정의 상속재산에 한정한 분리청구는 허용될 수 없다고 본다.

심판

가정법원은 분리청구서를 접수하면 상속인의 고유재산의 상태, 상속재산의 상태 등을 종합하여 재산분리를 명하는 심판을 한다. 이 심판에 대하여 청구인 등은 즉시항고를 할 수 있다.

공고와 최고

가정법원에서 재산분리를 명하는 심판이 내려지면, 청구권자는 심판 후 5일 이내에 일반 상속채권자와 수유자에 대하여 '재산분리심판이 내려진 사실'과 '2개월 이상의 기간을 정하여 그 기간 내에 채권 또는 유증받은 사실'을 신고할 것을 공고하여야 한다. 이러한 공고에는 채권자나 수유자가 기간 내에 신고하지 아니하면 청산으로부터 제외된다는 것을 표시하여야 한다. 이러한 공고는 법원의 등기사항 공고와 동일한 방법으로 한다. 또한 청구권자는 '알고 있는' 상속채권자와 수유자에 대하여는 각각 별도로 채권신고를 하라고 최고(독촉)하여야 하고, 청산에서 이를 제외하지 못한다. 재산분리의 절차에는 비영리법인의 청산절차 규정이 준용된다.

가정법원은 재산분리를 명한 때는 상속재산의 관리에 필요한 처분을 명할 수 있다. 대개 법원은 재산관리인을 선임한다. 그 경우 재산관리에는 부재자의 재산관리에 관한 규정이 준용되고, 상속인의 상속재산관리에 관하여는 위임에 관한 규정(민 683조~685조, 688조 1항, 2항)이 준용된다.

5) 재산분리의 효과

상속재산분리의 심판이 확정되면 상속재산과 상속인의 고유재산은 분리되어 2개의 독립된 재산으로 나누어진다. 2가지의 재산이 혼합되는 것을 막기 위한 것이 이 제도의 목적이기 때문이다. 상속재산과 고유재산이 아직 혼합되지 아니한 경우에는 그 상태를 유지하고, 혼합된 경우에는 2가지 재산을 분리하여야 한다.

분리심판이 내려지면, 상속채권자, 수유자는 상속재산에 관하여 '상속인의 채권자'에 우선하여 변제를 받을 수 있고, 상속인의 채권자는 상속인의 고유재산으로부터 우선변제를 받을 권리가 있다. 이 우선변제권은 상속재산을 구성하는 재산의 매각, 임대, 멸실 등으로 상속인이 받게 될 금전이나 기타의 물건에도 미친다.

상속채권자 등이 상속재산만으로는 전액의 변제를 받을 수 없는 경우에 한하여 상속인의 고유재산으로부터 그 변제를 받을 수 있다. 그러나 이 경우 상속인의 고유재산에 관한 한, '상속인의 채권자'보다 우선변제를 받을 수는 없다.

우선변제를 한 다음 남는 상속재산에 대하여는 '신고를 하지 아니한' 채권자, 상속인의 채권자가 평등한 지위에서 권리를 주장할 수 있다.

상속인의 권리 · 의무의 불소멸과 재산의 관리

상속재산에 대한 상속인의 권리와 의무는 분리심판 후에도 소멸하지 않고 그대로 존속한다. 상속인은 자기의 고유재산에 대한 것과 동일한 주의의무로 상속재산을 관리하여야 한다. 이 경우 위임에 관한 규정이 준용되는 것은 이미 본 바이다.

상속재산분리의 등기 : 대항요건

재산분리심판이 선고된 경우 그 재산이 부동산이라면 재산분리등기를 하여야 제3자에게 대항할 수 있다. 이 등기는 재산분리의 효력요건이 아니라 대항요건에 불과하다. 부동산등기법에 이에 관한 구체적 규정이 없어서 입법론상 문제이다.

상속인의 변제

① 변제거절권

재산의 분리청구를 할 수 있는 기간(상속개시일로부터 3개월), 그 후 가정법원의 분리심판이 내려진 후 채권신고의 최고 · 공고기간(2개월 이상, 민 1046조)이 지날 때까지는 상속인은 상속채권자와 수유자의 변

248 |제1부| 상속법

제청구를 거절할 수 있다. '아직 공고기간이 경과되지 아니하였으니 기다리십시오' 하고 거절할 수 있다. 부당한 변제로 인하여 상속채권자 등에게 변제할 수 없게 되어 손해를 입힌 경우는 이를 배상할 책임이 생긴다.

② 상속재산에 의한 변제의 순위

● 상속채권자에 대한 변제

상속인은 기간 내에 신고한 상속채권자와 신고하지 않았더라도 알고 있는 채권자에게, 변제기미도래의 채권, 조건부채권, 존속기간 불확정의 채권(법원에서 선임한 감정인의 평가에 따라) 등을 각 채권액의 비율로 상속재산으로 변제하여야 한다. 그러나 저당권이나 질권 등 담보권을 가진 채권자에게 우선적으로 변제하고 남는 재산이 있으면 이로써 후순위의 일반 채권자들에게 변제하여야 한다.

상속재산관리인, 유언집행자, 상속인은 상속재산을 가지고 상속채권자나 수유자에 대한 채무를 완제할 수 없음을 발견한 때는 지체없이 파산신청을 하여야 한다.

● 수유자(유증 받은 사람)에 대한 변제

상속채권자는 수유자에 우선한다. '빚을 지고 있는' 홍길동(피상속인)이 '김갑동에게 3,000만 원을 주노라' 고 유언한 경우를 가정하여 보자. 이때 상속인은 먼저 상속채권자들 전원에게 전액을 변제한 후라야, 수유자에게 변제(수유자가 여러 사람이면 그 수유액에 비례하여 변제)할 수 있다. 상속인이 채권자에게 변제하고 보니 남는 재산이 없는 경우는 수유자에게 변제할 수 없고, 수유자는 그냥 참는 수밖에 없다. 만일 수유자를 상속채권자와 같은 순위나 우선 순위로 정하여 놓으면 망인이 기존의 채권자를 사해할 우려가 있기 때문이다.

● 상속인의 채권자

상속인의 채권자는 상속채권자나 수유자들에 대한 채권전액이 변제된 후에만 '상속재산' 으로부터 변제를 받을 수 있다(재산분리의 취지).

상속인의 채권자는 상속인의 '고유재산'에 관한 한 우선적으로 변제를 받는다. 상속인의 채권자에게 모두 변제를 하고 남는 재산이 있는 경우라야 상속채권자는 부족액의 변제를 받을 수 있다.

● 상속인은 채권자들에게 변제하려면 부동산 등 재산을 매각하여야 할 경우도 생기는데 이 경우는 반드시 민사집행법상의 경매절차를 밟아야 한다.

③ 상속인의 고유재산에 의한 변제순위

상속인의 채권자는 '고유재산'으로부터 우선적으로 변제를 받는다. 전액변제를 받지 못한 경우는 나아가 '상속재산'에서 변제받는다(한정승인과 다른 점이다).

상속채권자, 수유자는 '상속재산'의 부족으로 전액변제를 받지 못한 경우는 그 부족액에 한하여 상속인의 채권자보다는 후순위로 상속인(한정승인이나 상속포기를 하지 아니한 사람)의 '고유재산'에 의한 변제를 청구할 수 있다.

상속인의 부존재

1. 서론

사람이 사망하여 상속이 개시되었는데, 상속인이 없거나 분명하지 아니한 경우를 상속인의 부존재(不存在)라고 한다. 이 경우 상속재산을 방치할 수도 없고 상속채권자 등에 대한 변제를 위한 조치가 필요하다. 이 문제를 처리하는 것이 상속인부존재제도다.

그래서 민법은 상속인의 존부(存否)가 분명하지 아니한 때는 상속재산관리인을 선임하여 재산을 관리하게 하면서, 한편으로는 상속인을 찾아내고, 다른 한편으로는 상속재산으로 상속채권자 등에게 변제를 하여 청산한다. 끝내 상속인이 나타나지 아니할 때는 특별연고자를 찾아 그에게 재산을 분여(分與 : 나누어 줌)하고, 최종적으로 남는 것은 국가에 귀속시키고 있다(민법 제5편 제1장 제6절).

> **참고 판례**
>
> 민법 시행 전의 관습에 따르면 호주나 가족이 사망하고 상속인이 없으면 근친자에게 그 유산의 권리가 귀속되었다(대판 1964. 12. 29, 64다1205).

2. 개념

1) '상속인의 부존재'는 '상속인의 존부가 분명하지 아니한 때'이다(민 1053조 1항)

예컨대 '홍길동'이 사망한 경우, 그의 상속인이 될 홍길동의 자녀나 손자녀(직계비속), 배우자, 직계존속, 형제자매나 그의 배우자, 직계비속, 3촌, 4촌 이내의 방계혈족 중 누구인가의 생사여부와 행방이 불분명한 경우를 말한다.

2) 아래와 같은 경우는 '상속인의 부존재'에 해당하지 아니한다

공동상속의 경우 공동상속인 중 1인이라도 생존하고 있는 것이 분명한 때
생존하는 1인의 상속인이 다른 상속인들을 찾거나 상속재산을 관리하고 청산하는 절차를 밟아야 한다.

상속인의 존재사실은 명백하나, 그 행방이 불명인 경우
부재자의 재산관리규정 또는 실종선고의 규정에 따라 처리한다.

3) 상속인의 부존재 범위

호적상 상속인이 없다는 사실이 명백하거나, 상속인이 모두 상속결격자이거나 상속포기를 한 경우, 최종순위의 상속인이 피상속인과 동시사망한 것으로 추정되는 경우, 신원불명자가 사망한 경우는 상속인의 부존재가 분명하다.

이혼무효의 소, 파양무효의 소, 부(父)를 정하는 소, 인지(認知)청구의 소 등이 제기되어 소송이 계속 중인 경우는 상속인 미확정의 상태가 된다. 이 경우 어떻게 할 것인가?

① 이 경우 상속재산의 청산절차를 밟는 것은 타당하지 않고 상속재산관리인을 선임하는 절차를 밟되, 공고절차를 늦추는 것이 타당할 것이다.

② 판결의 확정을 기다려야 하며, 그동안의 재산관리는 민법 제1022조, 제1023조(보존에 필요한 처분)를 유추적용함이 타당할 것이다.

③ 상속개시 당시 상속인의 존부가 불분명하면 상속재산은 상속인 부존재의 규정에 따라 처리함이 타당하다. 다만, 판결확정 전에 청산절차가 종료되어서는 안 된다. 가정법원은 상속재산의 보존에 필요한 처분이나 조치를 하여야 할 것이다.

참칭상속인(예컨대, 무효인 유언에 의한 포괄수유자)이 상속하고 있는 경우

진정한 상속인의 존부가 불분명하면, 상속인 부존재의 절차를 밟아야 한다. 상속재산관리인 선임을 청구할 수 있는 이해관계인에는 상속채권자나 수유자도 포함된다고 해석된다(민 1053조 1항). 이러한 사람의 청구에 의하여 선임된 관리인은 참칭상속인을 상대로 상속회복청구권을 행사하여 상속재산의 반환을 받은 다음, 이를 관리하고 청산하여야 한다.

상속회복청구권은 상속인이나 그 법정대리인만 행사할 수 있는 일종의 일신전속권이므로 위 견해에 반대하는 학설도 있다.

포괄수유자만 있는 경우

전 재산을 유증받은 포괄수유자만 있는 경우는 그가 상속인과 동일한 권리와 의무가 있으므로, 상속인의 부존재절차를 밟을 필요는 없고, 재산의 일부만 유증받은 경우는 상속인 부존재절차를 밟아야 한다는 견해와 이렇게 나눌 필요 없이 수유자만 있을 경우는 상속인부존재 절차를 밟아야 한다는 견해가 나누어져 있다.

수유자는 상속채권자에게 변제한 후가 아니면 변제를 받을 수 없다는 규정의 취지를 종합하면 후자의 견해가 타당할 것이다.

3. 상속재산의 관리 · 청산과 상속인의 수색

1) 상속재산의 관리

상속이 개시되었는데도 상속인이 없는 경우는 상속인이 나타날 때까지 상속재산을 관리하는 것이 중요하다.

관리인 선임(민 1053조)

상속인의 존부가 불분명하면 상속개시지의 가정법원은 '부재자재산관리인 선임'과 같은 절차로 상속재산관리인을 선임하고 지체없이 이를 공고한다. 이 경우 상속재산관리인은 피상속인의 상속인임을 요하지 않는다(대판 1977. 1. 11, 76다184,185). 상속재산이 없는 것으로 밝혀지면 이 심판을 취소한다. 이러한 관리인에게는 부재자재산관리인 규정이 준용된다.

상속재산관리인은 앞으로 나타날 상속인 또는 포괄수유자의 법정대리인의 지위에 있고(대판 1976. 12. 28, 76다797), 상속인의 부존재가 확정되는 경우는 국가(또는 국고)의 대리인이 된다고 하여야 할 것이다. 왜냐하면 특별연고자의 재산분여청구 기간이 만료될 때까지 상속인이 나타나지 아니한다면 상속재산(특별연고자라도 있으면 그 연고자에게 분여되고 그래도 남는 것이 있는 경우)은 국가에 귀속되기 때문이다. 상속인이 존재하지 아니하는 경우에는 상속재산이 국가에 귀속된다고 할 것이므로, 망인의 다른 근친자에게 귀속된다고 할 수 없다(대판 1990. 11. 13, 90다카26867).

① 상속재산관리인 선임청구권자는 누구인가?

피상속인의 친족, 이해관계인과 검사이다. 이해관계인은 상속재산에 관하여 법률상 이해관계를 가지고 있는 사람이다. 예를 들면, 상속채권자, 수유자, 상속채무자, 상속재산상의 담보권자, 망인의 채무를 대신 갚아준 보증인(구상권이 있는 사람), 특별연고자 등이다.

② 사임, 개임

선임된 관리인은 사임할 수 있고, 법원은 언제든지 관리인을 개임할 수 있다.

③ 주의의무, 보수청구권 등

상속재산관리인은 선량한 관리자의 주의로 직무를 수행하여야 한다. 관리인은 가정법원에서 명하는 처분을 수행하여야 하고, 담보를 제공하여야 하는 경우도 있다(민 26조).

앞에서 본 이해관계인의 청구가 있으면 관리인은 재산목록을 제시하여야 하고 재산상황을 보고하여야 한다.

관리인은 보수지급청구권이 있다. 상속재산관리인의 보수는 가사소송규칙 제4조 1항에서 규정하고 있는 '기타 심판절차의 비용'에 포함된다고 해석한다. 이러한 보수를 지급하기 위한 비용의 예납명령은 관리인선임청구인에게 할 수 있다.

> **참고 판례**
>
> 비용의 예납명령에 대하여 별도로 독립하여 특별항고 등 불복을 할 수는 없다. 불예납을 이유로 하여 선임심판청구인에게 불이익을 주는 심판 등이 이루어질 경우 그 심판에 대한 불복절차에서 예납명령의 옳고 그름을 다툴 수 있을 뿐이다(대결 2001. 8. 22. 자 2000으2,). 상속재산관리인의 보수는 종국적으로는 상속재산에서 부담하게 된다.

④ 관리인의 지위

상속인의 존재가 분명하지 아니한 상속재산에 관한 소송의 정당한 당사자는 누구인가?

법원에서 민법 제1053조에 따라 선임한 상속재산관리인이 원·피고 적격자이다. 한편 재산상속인이라고 주장하는 사람이 있다면 그 사람의 소송수행권도 관리인이 행사할 수 있다(대판 1976. 12. 28, 76다797). 망인의 3촌이라는 사람, 약혼자라는 사람 등이 서로 망인의 유산상속인이라고 주장하여 정당한 상속인이 누구인지 알 수 없어서 퇴직금이 지급되지 아니하는 경우, 민법 제1053조에 따라 상속재산관리인을 선임신청하여 그 절차에서 선임된 관리인이 법정대리인으로서 소송을 제기하여야 할 것이다(대판 1967. 3. 28, 67마155). 이러한 관리인은 망인의 상속인이라야 하는 것은 아니다(대판 1977. 1. 11, 76다184,185).

선임의 공고(제1차 공고)

관리인으로 선임된 사람은 지체 없이 '상속재산관리인 선임공고'를 하여야 한다. 공고방법, 공고내용은 가사소송규칙 제26조, 제79조에 규정되어 있다. 이 공고는 상속인의 부존재를 널리 알림으로써 상속채권자 등 이해관계인으로 하여금 필요한 조치를 취할 수 있도록 하는 통고이며, 동시에 진정한 상속인이 자기의 권리를 주장할 수 있도록 하는, 다시 말하면 상속인 수색의 의미도 있다.

상속인의 출현

① 진정한 상속인이 나타나서 상속인의 존재가 분명하여지면 관리인의 임무는 종료되는데, 그 종료시기는 상속인이 상속을 승인한 때이다. 상속인이 승인을 하면 관리인은 지체없이 그 상속인에 대하여 관리에 대한 계산을 하여야 한다. 만일 상속인이 상속포기를 한다면 상속인 부존재상태는 계속된다. 종전에 관리인이 그 권한 내에서 한 행위는 그대로 유효하다.

② 상속인이 나타나지 아니하면 관리는 계속되고, 관리인 선임공고 후 3개월이 지나면 다음 단계로 절차가 진행된다.

2) 상속재산의 청산

청산공고(제2차 공고)

① 상속재산관리인은 '선임공고를 한 날로부터 3개월 이내에 상속인이 나타나지 아니하면' 지체없이 상속채권자와 수유자(受遺者)에 대하여 2개월 이상의 기간을 정하여 그 기간 내에 채권이나 수증을 신고할 것을 공고하여야 한다(민 1056조). 이 공고에는 만일 정한 기간 내에 권리를 신고하지 아니하면 청산으로부터 그 채권이 제외된다는 것을 표시하여야 한다.

공고의 방법은 등기사항의 공고와 같고, 관리인선임공고와 같은 방법으로 하여야 한다(관리인선임공고를 신문에 냈다면 이 채권신고의 공고도 동일한 신문에 게재하여야 할 것이다).

관리인이 알고 있는 채권자에게는 각각 신고를 하라고 최고(독촉)하여야 한다. 성명, 채권액 등에 관해 관리자가 알고 있는 채권자가 신고하지 아니하여도 청산에서 제외할 수 없다(민 89조, 1056조).

② 청산공고의 의미

위와 같은 공고는 '상속재산의 청산에 착수한다'는 것을 알리는 의미가 있고, 다른 한편으로는 상속인을 수색하는 2번째의 공고를 한다는 의미가 있다.

청산방법(상속채무의 변제)

한정승인의 경우 청산에 관한 규정(민 1033조~1039조)이 준용된다. 관리인은 채권자들(신고한 사람과 알고 있는 사람)에게 채권액의 비율로 배당하여 변제한다. 예를 들면, 상속재산은 3,000만 원밖에 없는데 망인에 대한 채권자는 2명이고 이들의 채권금액은 1인(갑)은 1억 원이고 또 1인(을)은 5,000만 원이라고 하자. 이 경우 관리인은 갑과 을의 채권액 비율 즉 2 : 1로 갑에게 2,000만 원, 을에게 1,000만 원을 배당할 수밖에 없다.

공고기간(채권신고기간) 내에는 변제청구를 하여도 이를 거절할 수 있다. 관리인은 변제기 미도래의 채권도 변제할 수 있고, 조건부 채권, 존속기간 불확정의 채권은 감정인(법원에서 선임)의 평가에 따라 변제한다.

변제의 순서는 상속채권자에게 먼저 변제한 후에 수유자에게 변제할 수 있다. 빚을 지고 있는 사람이 돌아가시면서 'ㅇㅇㅇ에게 ㅇㅇㅇ원을 주겠다' 하고 유언할 수도 있고 그러한 유언을 한 경우에도 망인(유언자)이 남긴 빚부터 먼저 갚는 것이 순서이기 때문이다.

관리인은 청산과정에 경매를 하기도 한다. 위와 같은 절차로 변제를 완료하고도 상속재산이 남아 있을 경우는 다음의 절차가 진행된다.

상속인의 출현

채권자에 대한 공고를 거쳐 청산절차를 완료할 때까지 상속인이 나타나면 앞에서 본 상속재산관리 중에 상속인이 나타난 경우와 같이 처리한다.

3) 상속인의 최종 수색공고(제3차 공고)

청산절차를 완료하였는데도 상속재산이 남아 있는 경우, 관리인은 다시 2개월 이상의 기간을 정하여 '채권을 신고하라'고 공고한다.

관리인은 제1회, 제2회 공고기간이 경과하여도 상속인의 존부를 알 수 없는 경우 상속인수색공고를 하여야 한다. 이 공고는 관리인의 청구에 따라 가정법원이 1년 이상 일정한 기간을 정하여 '상속인이 있으면 그 기간 내에 권리를 주장할 것'을 공고하여야 한다. 이러한 공고는 가정법원의 심판으로 한다.

앞에서 본 청산절차에 따라 청산하고 보니, 남은 재산이 전혀 없을 경우는 특별연고자에 대한 재산분여나 잔여 재산의 국가귀속 문제가 생길 여지가 없으므로, 이와 같은 상속인 최종수색공고는 필요하지 않다고 해석하여야 할 것이다.

상속인의 출현

위 공고기간 1년 이내에 상속인이 나타나 상속승인을 하면 관리인은 현존 재산을 그에게 인도하면 된다. 관리인이 청산을 위하여 상속재산을 처분한 것은 그대로 유효하다. 위 1년 이상의 소정 기간 내에 상속인이 끝내 나타나지 아니하면 '상속인의 부존재'가 확정된다. 그 다음에는 특별연고자에 대한 상속재산분여나 분여 후 남은 재산의 국가귀속 절차가 진행된다.

4) 구 민법 시대의 판례

남자호주가 사망한 경우

구 관습법상 호주가 직계비속 남자 없이 사망한 경우 그 망 호주의 어머니, 처, '가(家)를 같이 하는' 직계비속 여자의 순서로 호주상속과 재산상속을 하게 된다(대결 1991. 12. 10, 91스9).

사후양자가 입양된 경우

여자호주가 호주상속과 재산상속을 하였는데 나중에 사후양자가 입양(피상속인의 혼인 외 자녀가 인지)된 경우(이때는 일단 '여자호주에게 상속되었던' 호주 및 재산이 다시 사후양자에게 상속된다) 여자호주는 재산을 상속할 것이고' 상속인 존부불명의 경우가 아니므로 상속재산관리인을 선임할 것은 아니다(대결 1991. 12. 10, 91스9). 그 가(家)에 상속인이 없어서 재산이 근친자나 리(里), 동(洞)의 소유로 귀속된 후에 '무후가 부흥을 위한 사후양자'가 선정된 경우는 그 사후양자는 소급하여 전호주의 유산을 상속할 권리가 없다(대판 1981. 6. 23, 80다2769 ; 동지 1968. 11. 26, 68다1543 ; 1969. 10. 14, 68다1544).

여자호주가 사망한 경우

구 관습법상 여자호주가 사망하고 상속인 없이 절가(絶家)된 경우의 유산은 그 절가가 된 가(家)의 가족이 이를 승계하고 가족이 없을 때에는 출가녀(出嫁女)가 이를 승계하고, 출가녀도 없을 때에는 그 집안의 친족인 근친자 즉 여자호주의 망부(亡夫) 측의 본족(本族)에 속하는 근친자에 권리가 귀속되고, 그런 자도 없을 때에는 여자호주가 거주하던 리, 동에 권리가 귀속된다.

5) 신 민법 시행 이후의 판례

　민법 제5편 제2장에는 재산상속에 관한 규정이 있으며, 거기에 열거되어 있는 재산상속인이 없을 때는 민법 제1058조에 의하여 '상속재산이 국가에 귀속한다'고 보아야 하며, 다른 근친자에게 귀속된다고 할 수 없다(대판 1990. 11. 13, 90다카26867).

특별연고자의 상속재산분여청구

1) 개념

개정민법 제1057조에 따르면, 상속인 수색공고기간 1년이 지나도록 상속권을 주장하는 사람이 없을 경우 피상속인이 남긴 상속재산은 국가로 귀속시킬 것인가? 피상속인과 생계를 같이 하고 있던 친족, 피상속인을 요양간호한 사람, 기타 피상속인과 특별한 연고가 있는 사람의 청구에 따라 가정법원은 상속재산의 전부나 일부를 분여할 수 있다. 이것이 특별연고자의 상속재산분여청구이다.

2) 현행법의 규정과 그 법적 성질

종래에는 상속권자가 없는 상속재산은 국가에 귀속되었다. 1990년 민법의 일부 개정으로 이 제도가 신설되었다. 이 제도는 피상속인의 뜻에도 부합되고(망인이 유언을 남기지 아니한 경우), 특별연고자의 기대권을 보호하여 주는 역할을 한다. 요컨대, 상속인이 없는 경우에만 인정되는 제도임을 주의하여야 한다.

특별연고자가 상속재산을 분여 받을 수 있는 지위는 실체법상의 권리인가, 또는 은혜적 성질의 것인가?

상속인이 없는데, 상속재산은 남아 있고, 특별연고자가 가정법원에 재산분여청구를 한 경우, 청구인에게 상속결격자에 준하는 사유가 없을 때는 법원에서도 재산분여심판을 하지 않을 수 없다. 그러므로 그 한도 내에서 특별연고자에게는 실체법상 권리의 일종인 '기대권'이 있다고 보아야 할 것이다. 이를 기대권설이라도 한다. 가정법원의 심판은 분여권의 확인과 분여액 결정의 의미를 갖는다.

3) 재산분여의 요건

재산분여청구권자

민법은 재산분여청구권자로 피상속인과 생계를 같이하고 있던 사람, 요양·간호를 한 사람, 기타 특별한 연고가 있던 사람을 규정하고 있다(민 1057조의2). 피상속인에게 상속인(처나 자녀들)이 있는 경우는 그 상속인들이 피상속인과 별거하고 있더라도 그들이 재산을 상속하므로 특별연고자가 있을 수 없다. 피상속인에게 처와 첩이 있는 경우 첩은 특별연고자가 될 수 없다. 사실혼의 배우자와는 달리 첩은 불륜 관계 또는 부정한 관계를 맺고 있는 사람이기 때문에 연고자가 될 수 없다.

① 생계를 같이 하고 있던 사람(민법상 상속권이 인정되지 아니한 사람) : 사실혼의 배우자, 사실상의 양친자, 미인지의 혼인 외 자녀, 계모, 자녀, 기타 가족처럼 밀접하게 공동생활을 하던 사람을 의미한다. 이러한 사람들은 피상속인과 반드시 혈연관계가 없더라도 상관없고, 생계를 같이 하게 된 동기나 형태는 묻지 아니한다. 그러므로 피상속인의 당숙이나 당질 등 5촌 이내의 방계혈족이라도 생계를 같이 하지 아니한 이상 특별연고자가 될 수는 없다. 구체적으로 어떠한 사람이 특별연고자인가는 구체적 사안에 따라 가정법원의 재량에 따라 정하여진다. 같이 살던 사람에게 재산분여청구권을 인정하고 있는 것은 피상속인의 유지(遺志)에도 부합하고, 그 '상속재산을 생존의 기초로 삼고 있는' 연고자의 기대와 보호에도 부합한다.

② 요양·간호를 한 사람 : 가정부, 간호사로서 보수를 받았다고 하더라도 특별히 간호하느라 전심전력한 사람은 여기에 해당된다. 요양이

나 간호의 동기는 묻지 아니한다. 피상속인의 진의를 추정하여 유언을 할 수 있었더라면 그 사람에게 유증을 하였으리라고 생각되는 사람들이다.

③ 기타 피상속인과 특별한 연고가 있던 사람 : 아저씨, 친구나 그 아들 등 피상속인의 특별한 비호를 받아온 사람 등을 지칭한다.

망인의 의뢰에 따라 망인과 그 선조의 제사를 봉행할 사람, 유산을 관리하던 사람, 망인의 장례를 치른 사람 등도 포함될 수 있다는 설도 있고, 사후연고(死後緣故)로 인하여 장례를 치르거나, 유산을 관리하는 사람은 특별연고자가 될 수 없다는 학설도 있다. 가정법원 판사의 재량에 맡겨질 문제이다.

④ 꼭 자연인이라야 하는가? : 연고자는 자연인(自然人)에 한정되지 않고 법인, 권리능력 없는 사단법인, 양로원, 요양소, 고아원, 동창회 등 단체도 특별연고자가 될 수 있다.

● 이러한 분여심판에 대하여 민법 제1057조의2, 1항에 규정되어 있는 사람(특별연고자)은 즉시항고를 할 수 있다. 항고기간은 심판고지일부터 14일간이다.

재산분여의 상당성

청구인이 특별연고자에 해당되는 경우라도 가정법원은 그의 청구가 상당하다고 인정하는 경우에 비로소 재산분여심판을 하게 된다. 이러한 상당성의 판정기준은 가정법원 담당 판사의 자유재량에 속하는 문제이다. 특별연고관계의 내용, 친소(親疎)의 정도, 연고자의 성별·연령·직업·교육 정도, 상속재산의 종류·액수·내용·위치 기타 일체의 사정을 참작하여 결정한다.

① 공유자의 1인이 '상속인 없이' 사망한 경우 : 이 경우 그 망인의 공유지분은 민법 제267조에 따라 다른 공유자에게 각 지분의 비율로 귀속되어야 할 것인가, 아니면 민법 제1057조의2에 따라 특별연고자에

게 분여되어야 할 것인가? 참고 판결례로 일본 최고재판소 1989년 11월 24일 판결은 특별연고자 우선설을 채택하여 민법 제1057조의2(일본 민법 958조의3)를 적용하여야 한다고 하였다. 특별연고자에게 우선 분여하고 남는 재산이 있을 때 비로소 다른 공유자에게 귀속한다고 해석한 것이다.

② 재산분여청구가 있을 것 : 청구하지 아니하면 심판도 받을 수 없다.

4) 재산분여청구의 절차

특별연고자는 민법 제1057조의 상속인수색 공고기간이 만료된 후 2개월 이내에 가정법원에 상속재산분여청구를 하여야 한다(민 1057조의2, 2항). 청구도 없는데 법원에서 직권으로 분여심판을 할 수는 없다. 가정법원에서는 이러한 사건을 가사비송사건으로 접수하여 심판으로 재판한다.

5) 재산분여의 효과

① 상속재산의 전부 또는 일부의 분여 : 가정법원에서는 재산분여사건을 심리하여 그 청구가 정당하다고 인정되면 청구인에게 상속재산의 전부나 일부를 분여한다는 심판을 하게 된다. 현물로 분여하기도 하고 이를 환가하여 그 대금을 분여할 수도 있다.

특허권, 의장권, 실용신안권은 상속인수색공고 기간 내에 상속인으로서 권리를 주장하는 사람이 없을 경우는 그 시점에서 권리가 소멸되므로, 분여대상이 될 수 없다. 그러나 저작권은 분여의 대상이 될 수 있다.

② 채무승계의 여부(소극) : 특별연고자는 상속인이 아니므로, 상속채

무 등 의무는 승계하지 아니한다.

　③ 가정법원의 재량 : 상속재산의 전부를 분여할 것인가 아니면 일부를 분여할 것인가는 '상당성'에 비추어 가정법원에서 자유로운 판단으로 결정한다.

　④ 원시취득 : 특별연고자가 법원에서 분여받은 재산은 '원시취득'한 재산으로 보아야 할 것이다. 그러므로 상속채권자나 수증자는 이러한 재산에 대하여 변제청구 등 아무런 청구를 할 수 없다.

상속재산의 국가귀속

　① 잔여재산의 국가귀속 : 상속인이 없는 재산은 채무 등을 청산한 후 그 잔여재산이 국가에 귀속된다. 특별연고자에 대한 분여가 종료된 후에 남는 재산이나, 아예 분여청구가 없는 재산도 마찬가지다. 이 경우 관리인은 지체 없이 관할 국가기관에 관리에 대한 계산을 한다. 그러한 의미에서 국가가 최종의 상속인이다.

　② 원시취득 : 잔여재산의 국가귀속은 상속이나 승계가 아니고, 법률의 규정(민 1058조 1항)에 의한 '원시취득'이므로 국가는 적극재산만 취득하고 채무 등은 승계하지 아니한다.

　따라서 재산이 국가에 일단 귀속되고 나면, '상속재산에서 변제 받지 못한' 상속채권자나 수유자는 국가에 대하여 그 변제를 청구할 수 없다(민 1058조). 잔여재산이 국가에 귀속되더라도 상속채권자나 수유자의 권리가 소멸하는 것은 아니므로, 이들은 망인(피상속인)의 보증인에 대하여는 따로 변제를 청구할 수 있다.

　주택임대차보호법상의 특칙이 있다(주택임대차보호법 9조).

제5장

유언

서론

1. 유언의 의미

　법률상 유언은 사람이 자기 사후(死後)의 법률관계를 정하려는 생전의 최종적 의사표시이다. 유언은 사유재산제도에 근거한 '재산처분 자유'의 한 가지 형태이다. 법률행위 자유의 원칙상 '생전처분의 자유'와 마찬가지로 '사후처분(유언)의 자유'도 보장된다. 다만, 요식성과 유언사항의 법정이라는 제한이 있을 뿐이다.

2. 유언제도의 약사(略史)와 유언의 기능

　우리나라 조선시대의 상속에는 호주상속, 제사상속, 재산상속 제도가 시행되고 있었다. 적출(嫡出) 장자가 단독으로 위와 같은 3가지 상속을 하여 형제들에게 재산을 나누어주는 것(分財)이 관행이었다. 이러한 관행 때문에 유언의 자유는 매우 제한되어 있었다. 그러나 유언상속과 법정상속이 모두 인정되고 있었다.
　자녀가 있는 사람이 타인(예컨대, 첩의 자식, 외손자 등)에게 거의 전 재산을 증여하는 등의 유언을 난명(亂命)이라고 불렀는데 그 효력이 부인되었다.

　서양의 유언제도를 보면, 기원전 5세기경의 것으로 추정되는 고대

로마의 '12표법' 중에 이미 유언에 관한 규정들이 발견되고 있고, 기원전 200년경에는 일반인도 유언을 하는 관행이 있었다고 한다. 독일이나 프랑스에 유언제도가 도입된 것은 12세기말경부터 13세기까지 사이라고 한다. 우리나라의 민법은 프랑스 민법을 계수한 일본 민법을 그대로 도입한 것이다.

유언의 기능
오늘날 경제성장과 관련하여 상속재산을 둘러싸고 자녀 등 상속인들 사이에 분쟁이 생길 우려가 높고 실제로 분쟁이 생기고 있다. 이런 분쟁을 미리 막기 위하여 가장 합리적이고 필요한 제도가 바로 유언이다.

3. 유언의 법률적 성질

유언은 유언자가 그의 사망 시에 그 효력을 발생시킬 목적으로 일정한 방식에 따라 행하는 '상대방 없는 단독의 의사표시(법률행위)' 이다.

유언은 상대방 없는 단독행위(단독의 의사표시)
어떤 사람이 '나의 유산 중 현금 1,000만 원을 이갑돌에게 주노라'고 유언한 경우 그것은 수유자(이갑돌)에 대한 단독행위처럼 보이지만, 수유자에 대한 의사표시는 아니다. 유언은 상대방 없는 단독행위이므로, 수유자 등에게 의사표시가 '도달' 될 필요는 없고(민 111조), 상대방 즉, 수유자의 '승낙이나 동의' 도 필요 없다. 적법한 유언은 유언자의 사망 시에 그 효력이 발생하고, 수유자(특정인)가 그 효과를 받게 될 뿐이다(수유자는 유증을 포기하여 그 효력을 받기를 거절할 수 있다). 유언의 성립시기는 유언의 의사표시행위가 완료되었을 때이다.

유언은 성립되어도 곧바로 효력이 발생하지 않고, 유언자의 사망으로 효력이 발생하는 점에서 사인증여(死因贈與)와 비슷하다(증여자의 사망으로 증여효력이 발생). 그러나 사인증여는 증여자가 생전에 '재산의 무상수여'를 약속하고 수증자가 이를 승낙하여야 성립하는 계약, 즉 당사자 쌍방의 의사합치, 합의가 있어야 성립하는 계약이라는 점에서 유언자의 단독행위인 유언과 구별된다. 사인증여에는 유증(유언으로 하는 증여)에 관한 규정이 준용된다(민 562조). 유증의 효력에 관한 규정은 사인증여에 준용되나, 유증의 방식에 관한 규정은 준용되지 아니한다.

유언은 요식행위

유언은 엄격한 방식을 요구하는 요식행위다. 민법에서 정한 방식을 위반한 유언은 무효이다. 마찬가지의 최종처분인 사인증여계약에는 방식이 필요하지 않다는 점에서 그 본질이 다르다. 유언의 방식에 관한 규정(민 1065조 내지 1072조)은 '유언이 단독행위임을 전제로 하는' 것이므로, 계약인 사인증여에는 적용되지 아니한다(대판 1996. 4. 12, 94다37714, 37721 ; 2001. 9. 14, 2000다66430, 66447).

이 요식성은 유언자의 사후 그 사람의 진정한 의사를 확인하기 위한 것이므로 유언의 존재 여부나 내용의 불확실성을 없애고, 동시에 유언자로 하여금 신중하게 의사표시를 하도록 하며, 또 유언서의 위조나 변조를 막아 사후의 분쟁을 방지하기 위한 것이다.

유언의 대리는 당사자의 의사를 존중하므로 신분행위(身分行爲)의 일종이라는 성질상 허용되지 아니한다.

유언은 피상속인의 신분을 기초로 하는 것이므로 신분행위의 하나이며 유언자의 의사가 절대적으로 존중되어야 한다. 그러므로 유언을 하려면 반드시 유언자 자신이 독립하여 의사표시를 하여야 하므로 대리유언(代理遺言)이나 대리유언철회도 허용되지 아니한다.

무능력자(無能力者 : 17세 이상의 미성년자나 금치산자, 한정치산자)라도 의사능력이 있는 이상 유언능력자로서 유언할 수 있다. 유언에 법정대리인(친권자나 후견인 등)의 동의는 필요하지 않다. 법정대리인의 동의 없는 무능력자 단독의 유언이라도 당연히 유효하고 이를 취소할 수 없다.

유언(의사)무능력자의 유언은 무효할 뿐 취소할 수 있는 것이 아니다. 유언은 신분행위이고, 유언의 내용은 재산에 관한 것과 신분에 관한 것이 포함되어 있어서 재산행위에 관한 민법총칙의 규정이 적용되지 않기 때문이다.

유언철회의 자유

유언자는 생존 중(유언의 효력이 발생하기 전) 언제든지 이유 여하를 묻지 않고 유언의 전부나 일부를 철회할 수 있다. 이는 유언의 자유를 관철시켜 유언자의 최종 의사를 존중하고, 확보하기 위한 것으로, 일반 법률행위와는 현저히 다른 독특한 특징이다. 그러므로 서로 다른 유언(또는 사인증여)이 여러 개 있다면, 최종의 것, 최후의 것이 유효하다. 사인증여 계약을 한 후 유증을 한다든지, 유증 후 사인증여 계약을 한 경우 그것이 서로 저촉되는 한도 내에서 먼저의 것 즉 선행행위는 철회된 것으로 본다.

유언은 사인행위(死因行爲), 사후행위이다

유언은 유언자가 사망한 때로부터 비로소 효력이 생긴다. 따라서 유언은 이른바 사후행위, 사인행위다. 유언자의 사망 전에는 효력이 없으므로 '유언에 나타난' 수익자는 아무런 권리나 이익도 취득할 수 없다. 유언의 성립 시에 유언능력자이면 그 후에 유언무능력자가 되더라도 그 유언의 효력에는 아무 영향이 없다.

유언자가 유언 후 유증(유언으로 하는 증여)의 목적물을 타인에게 매각하거나 담보로 제공(저당설정)하여도 수유자는 그 매매 등 처분에 대하여 무효확인, 등기말소 등의 소를 제기할 수 없고, 처분금지 등 가처분도 할 수 없다.

정지조건부 유언의 경우는 그 조건이 유언자의 사망 후 성취된 때는 조건성취 시로부터 효력이 생긴다(민 1073조 2항).

유언사항(遺言事項)의 법정(유언법정주의)

사람은 '법률로 정하여진 일정한 사항' 즉, 법정사항(이는 법적인 권리·의무와 관련 있는 사항)에 대하여만 유언할 수 있다. 이처럼 유언방식이나 유언사항을 법으로 규정하는 것을 유언법정주의(遺言法定主義)라고 한다. 유언내용은 공서양속에 위반되지 아니하는 것이라야 함은 물론이다.

유언사항

유언사항은 반드시 유언으로만 할 수 있는 것과 생전행위로도 할 수 있는 것으로 나눌 수 있다.

① 가족관계에 관한 사항 : 친생부인(민 850조), 인지(민 859조), 후견인의 지정(민 931조), 친족회원의 지정(민 962조)

② 상속재산의 처분에 관한 사항 : 유증(민 1074조 이하), 재단법인의 설립을 위한 재산 출연행위(민 47조 2항), 신탁의 설정(신탁법 2조)

③ 상속재산의 분할과 유언집행에 관한 사항 : 상속재산의 분할금지(민 1012조), 분할방법의 지정이나 위탁(민 1012조), 유언집행자의 지정, 그 지정의 위탁(민 1093조)

후견인·친족회원의 지정, 그리고 상속재산분할과 유언집행에 관한 사항은 유언으로만 할 수 있다고 해석되고(대판 1975. 3. 25, 74다1998 ;

1976. 1. 13, 74다2002), 그 나머지 즉 친생부인, 인지와 유증(증여는 생전 행위로도 할 수 있고 유언으로도 할 수 있다. 유언으로 한 것이 유증이다) 등 상속재산의 처분에 관한 사항은 생전행위로도 할 수 있다.

유언사항이 아닌 것을 유언한 경우(무효)

'ㅇ성씨와 혼인하지 말라, 절대로 남의 보증은 서지 말라, 정직하라, 어머니에게 효도하라, 형제끼리 잘 지내라' 등 기타 도덕적 내용[이른바 유훈(遺訓), 유지(遺志)]이나, 가사정리, 장례방법 등에 관해 유언하는 것은 자유이다. 그러나 법정사항이 아닌 것에 대하여 한 이러한 유언은 윤리적·도덕적 효력이 있을 뿐, 유언으로서 법적 효력은 없다.

예컨대, 입양이나 미성년 자녀의 혼인에 대한 동의를 유언으로 하여도 무효하다[1990년 민법개정 이전에는 ㅇㅇㅇ를 입양하라는 유언 이른바 양자지정유언, 유언에 의한 입양(사후양자)도 할 수 있었다].

유언자가 제3자에 대하여 특정재산을 처분하여 채무를 변제할 것(오로지 상속채무의 청산)만을 위탁하는 유언, 사후양자의 선(지)정, 대락입양, 입양동의, 입양무효의 소, 친생자관계존부확인의 소, 미성년자의 혼인에 대한 동의의 유언 등은 모두 무효하다. 상속채무의 청산유언에 따라 제3자가 재산을 처분하여도 무효하다.

그렇다면 선조의 제사주재자(민 1008조의3)를 지정하는 유언을 할 수 있는가? 유언을 한다면 그 유언에 의한 지정도 유효하므로 존중되어야 하지만, 그 자체가 유언사항은 아니라고 해석된다. 장례의 집행, 묘표(墓標)의 건립, 납골(納骨)의 지시에 대한 유언도 마찬가지라고 해야 할 것이다.

4. 유언의 자유와 제한

유언의 자유는 근대 개인주의적 법 원리(계약자유의 원칙, 소유권절대의 원칙)의 표현이다. 유언은 재산에 대한 생전처분의 자유와 사후처분의 자유를 접목한 것이라고 말할 수 있다. 유언의 자유에는 유언능력자가 언제든지 자유로이 유언할 수 있고 자유로 변경하거나 철회할 수 있는 자유가 포함된다. 그러므로 미리 '나는 유언하지 않겠다' 든지, 유언 후 '유언을 철회하지 않겠다' 는 의사표시는 유언자유의 원칙상 무효하다.

과연 유언의 자유는 어디까지인가? 민법에 따르면 유언으로 상속인을 지정할 수 없고, 상속분의 변경이나 박탈(미국법에서 인정되는 소위 disinherit)도 할 수 없다. 다만 유증(유언으로 재산을 증여)의 자유, 즉 유산처분의 자유를 인정하고 있다(유류분에 의한 제한이 있음). 이는 프랑스 민법에 가까운 입법이라고 평가되고 있다.

5. 유언능력

유언은 단독행위이지만, 하나의 법률행위이다. 이러한 유언을 단독으로 유효하게 할 수 있는 능력이 유언능력이다. 유언은 사람의 최종의사를 확실히 하고 이를 존중하려는 데 그 존재이유가 있기 때문에 행위능력제도(이는 무능력자 보호에 그 목적이 있음)는 유언에 그대로 적용될 수 없다. 그래서 우리 민법은 미성년자, 한정치산자, 금치산자 등의 행위무능력에 관한 규정은 유언에는 적용되지 아니한다고 명백히 규정하고 있다(민 1062조).

유언도 의사표시이고 법률행위이므로, 유언자에게 의사능력만은 있어야 한다. 의사능력이 곧 유언능력이다. 다만, 법률은 대개 유언연령을 제한하고 있다(로마법은 남자 14세, 여자 12세, 독일과 프랑스 민법은 만 16세, 미국의 49개 주는 만 18세, 일본 민법은 만 15세로 규정하였다).

우리 민법은 유언연령을 만 17세로 정하고 있으므로, 17세 이상이면 누구나 단독으로 유언할 수 있다. 따라서 17세에 이르지 아니한 사람이 유언하거나, 17세 이상의 사람이라도 의사능력이 없는 사람이 유언하였다면 무효하다. 17세 이상의 사람이 유언 당시, 보통사람이라면 그 나이에 마땅히 가지리라고 생각되는 정도의 육체적·정신적 능력이 없는 경우 그러한 자의 유언은 무효라고 할 것이다. 거꾸로 금치산자라도 의사능력이 있다고 인정되면 단독으로 유효한 유언을 할 수 있다.

만 17세 이상의 미성년자, 한정치산자는 법정대리인(친권자나 후견인 등)의 동의를 얻지 않고 모든 유언과 유언의 철회를 할 수 있고, 단독으로 유언하여도 그 이유(법정대리인의 동의 여부)로 취소하지 못한다. 특히 한정치산자는 아무런 제한 없이 신분행위를 할 수 있다.

금치산자도 의사능력이 회복되면, 의사가 '심신회복 상태'를 유언서에 부기하고, 서명날인하여 단독으로 유언할 수 있다(민 1063조). 녹음유언의 경우는 의사가 기명날인 대신 구술로 녹음한다. 비밀증서에 의한 유언의 경우는 봉서의 표면에 부기하고 의사가 기명날인하여야 한다고 해석되고, 구수증서의 경우는 이것이 요구되지 아니한다.

> **참고 판례**
> 자필증서유언을 한 사람이 건강이 불완전하기는 하나, 의사의 문진(問診)에 대답하고 잡지를 읽고 있을 정도라면 유언능력이 있다고 본다(일본 광도고 1985. 5. 31 판결). 전신쇠약, 언어불명료, 소리질러 물어도 응답도 하지 아니한 상태에서 작성된 공정증서유언은 유언능력을 흠결한 유언으로서 무효이다(동경고재 1982. 5. 31 판결).

유언능력은 언제 있는가? 유언의 성립 당시에 그 능력이 있으면 족하고, 그 후 유언능력을 상실하여도 이미 한 유언의 효력에는 영향이 없다.

예컨대, 홍길동이 유언 당시 의사능력자로서 유언하였으나, 그 후 심신상실 등 이유로 나중에 사망 당시는 무능력자가 되었다 하더라도 그가 이미 한 유언의 효력에는 영향이 없다. 거꾸로 유언무능력자가 유언한 후에 능력자가 되거나, 유언 후 그 유언을 추인하였다 하더라도, 그러한 유언은 당초에 무효이므로, 유효한 유언이 될 수 없다. 유언의 추인(사후 승인)이란 있을 수 없다.

수증능력

유언은 상대방 없는 단독행위이므로 유언으로 증여를 받을 수증자(수유자)에게는 의사능력이 필요하지 않다. 따라서 의사무능력자, 법인, 태아에게도 수증능력이 있다. 그러나 상속결격자는 수증능력도 없다.

그렇다면 공동유언(共同遺言)은 가능한가? 현행법의 유언자유의 원칙상 공동유언은 불가능하다. 어느 일방이 사망한 경우 그 해석을 둘러싸고 문제가 생길 여지가 있기 때문이다. 이를 인정한다면 유언자 각자가 자유롭게 유언을 철회하지 못하는 단점이 있다. 유언이란 원래 유언자의 최종의사를 기초로 자유롭게 단독으로, 게다가 명확하게 할 필요가 있다. 2인 이상의 사람이 동일한 증서로 하나의 유언을 하는 공동유언은 여러 나라에서 금지되고 있다(무효). 그러나 실제로 부부가 공동으로 공정증서유언을 하는 사례도 있다.

유언의 성립과 철회

유언의 성립(유언의 방식)

1. 총설

1) 요식성(要式性)

사람이 유효하게 유언을 하려면 반드시 일정한 방식에 따라야 한다. 이를 유언의 요식성이라고 한다. 세계 여러 나라의 민법이 모두 유언에 일정한 방식을 요구하고 있다.

요식성의 존재이유
① 유언의 존재를 확보하기 위한 것이다.
유언 시와 그 효력발생 시(유언자의 사망 시) 사이에 상당한 시간적 간격이 생기는 것이 보통이다. 오랜 세월이 흐른 후에 망인이 실제로 유언을 한 일이 있는지, 어떠한 내용의 유언인지, 이 유언이 진정 유언자의 것인지 알 수 없는 경우가 생길 수 있다. 이러한 것을 분명히 하기 위하여 요식성이 요구되고 있다. 한편 유언서의 위조, 변조를 방지하기 위한 목적도 있다.
② 유언자의 진의(眞意)가 무엇인지 즉, 유언내용을 명백하게 하여

법적분쟁과 혼란을 예방하기 위하여 일정한 방식으로 하지 아니하면 효력이 없다고 하기 위한 것이다.

③ 신중한 결정을 하도록 하기 위한 것이다.

유산의 처분은 이해관계인에게 중대한 영향을 미치는 것이므로 이를 경솔하게 하지 않고 신중하게 유언하도록 하기 위하여 일정한 방식이 요구되고 있다.

요식성의 정도

유언의 요식성을 너무 엄격하게 요구하면 유언을 한다는 것 자체가 매우 곤란하게 되고, 방식의 결여로 인하여 유언이 무효가 되는 경우가 많아진다. 이는 유언자의 진의확보와 유언자유의 보장을 어느 선에서 조화시킬 것인가 하는 문제이다.

> 참고 판례
>
> ① 구 민법·관습법 시대의 유언방식에 관한 판례
> 우리나라는 당초 불요식주의(구 민법·관습법 시대)에서 요식주의로 전환하였다. 구 민법 시대에는 유언의 방식에 관한 특별한 규정이 없었다. 실부(實父)인 망인(청구외인)이 생전에 피청구인을 자기의 자식으로 인정하고 출생신고까지 하려고 하였다가 그 출생신고 전에 사망한 후 유언집행자가 위 망인의 뜻에 따라 피청구인을 망인의 자식으로 출생신고하였다. 그렇다면 망인은 유언으로 피청구인을 인지한 것이라 할 것이다. 구 민법 시대(1959년 12월 31일까지)의 구술에 의한 유언은 그 당시에 유효할 뿐만 아니라, 신 민법 시행 후에도 민법부칙 제26조에 의하여 그 효력이 지속된다(대판 1986. 3. 11, 85므101 ; 1987. 11. 24, 87므36).
> ② 법률상 유언이 아닌 것을 유언이라고 시인하였다 하여 그것이 곧 유언이 될 수는 없고, 이와 같은 진술은 권리자백에 속하는 것이라서 민사소송법상의 자백이 될 수는 없다(대판 1971. 1. 26,

> 70다2662 : '유언장'이라는 표제를 붙인 서면으로 부동산을 어떤 재단에 증여하는 계약의 의사표시를 한 것이라고 인정한 사안에서, 그 유언장은 요식성에 흠결이 있어서 유언으로서의 효력이 발생할 수 없다고 판결하였다 ; 동지 대판 2001. 9. 14, 2000다66430, 66447).

2) 유언의 종류와 필수적인 검인절차

민법에 따르면 유언을 하려면 법에 정한 방식에 따라서 하여야 하고 그에 따르지 아니하면, 그 유언은 유언으로서 법적 효력이 생기지 아니한다. 그러므로 각종 유언의 방식을 법으로 정하고 있다.

민법이 정한 유언에는 자필증서유언, 녹음유언, 공정증서유언, 비밀증서유언, 구수증서유언의 5가지 방식이 있다(민 1065조). 앞의 4가지는 보통방식의 유언이고, 마지막의 구수증서유언은 특별방식의 유언이다.
위 5가지 유언 중 '검인이 필요 없는' 것은 공정증서유언 1가지뿐이고 나머지 4가지에는 모두 검인절차가 필요하다.
특별방식의 유언은 보통방식의 유언이 불가능한 경우에만 보충적으로 인정된다. 보통방식의 유언이 가능한데도 구수증서유언을 한 경우는 무효하다(판례).

검인절차

유언검인은 유언의 집행 전에 유언증서의 형식, 형태〔유언서의 용지, 장수, 사용된 필기도구, 기재된 내용, 서명의 형식, 날인된 도장의 종류나 모양, 작성날짜(일부)〕등 유언의 방식에 관한 모든 사실을 조사·확인하여 유언서 자체의 상태를 확정하기 위한 것이다(가소규 86조 3항).

이는 유언증서의 위조, 변조를 방지하고, 유언자의 진의를 확보하기 위하여 유언서의 보전을 확실히 하는 일종의 검증절차(증거보전절차)이다(이 검인을 2가지로 분류하여 유언의 검인과 유언서의 검인으로 나눈다. 유언의 검인은 구수유언의 검인으로서 증인 등이 급박한 사유의 종료일로부터 7일 이내에 가정법원에 신청하여 하는 검인이고, 유언서의 검인은 유언집행 전의 준비절차로서 하는 검인이라고 하는 학설이 있다).

따라서 검인은 유언자의 진의 여부나 유언의 적법·유효 여부, 효력 유무를 심사하고 판단하는 것은 아니다. 그러므로 '검인청구의 대상인' 유언서가 민법에서 정한 방식을 따르지 아니한 것이라도 그 검인신청을 각하할 것은 아니고, 가사소송규칙 제87조에 따라 조서를 작성하여야 한다(대결 1980. 11. 19, 80스23).

검인과 유언의 효력 관계

'검인을 거친' 유언이라도 상속인은 그에 대한 무효확인청구를 할 수 있다. 그리고 적법한 유언은 유언의 검인이나 개봉절차를 거치지 않더라도 유언자의 사망으로 인하여 곧바로 그 효력이 생기는 것이고 그대로 유언을 집행하더라도, 검인·개봉 절차의 유무로 유언의 효력이 영향을 받지 아니한다(대판 1998. 6. 12, 97다38510). 그리고 검인을 거쳤다고 하여 그 유언이 유효하게 성립되었다고 말할 수는 없고(동경고판 1957. 11. 15 판결), 후의 본안 소송에서 유언이 무효로 되기도 한다(일대심원 결정 1916. 6. 1). 그래서 검인은 실효성이 없어서 그다지 존재 가치가 없는 제도라는 비판도 가해진다(成毛鐵二, 『遺言』 일본가제출판 245).

법원은 유언무효확인 소송에서 유언의 진부(眞否), 효력유무에 대한 판단을 할 수 있다. 구수증서의 경우 특별한 사정이 없는 이상, 유언을 한 날에 급박한 사유가 종료하였다고 할 것이니, 유언이 있은 날로부터 7일(검인신청기간) 경과 후의 검인신청은 부적법하므로 무효하며 각하되어야 한다(대결 1986. 10. 11, 86스18 ; 1989. 12. 13, 89스11 ; 1994. 11. 3, 94스16).

검인에 대한 불복절차
 신청기간이 지난 후 검인신청을 하였더라도, 일단 검인심판이 내려진 이상 그 심판의 효력을 다투려면 즉시항고를 하는 방법밖에는 불복의 길이 없다(대판 1977. 11. 8, 76므15). 즉시항고의 기간은 심판을 송달받은 날로부터 14일 이내이다(가소 43조5항). 사망한 여자호주가 '구수증서로 한 유언'의 검인에 대하여 그 시동생[여자호주의 망부(亡夫)의 남동생]은 1960년 1월 1일 이후 여자호주의 상속인이 될 수 없고, 수증자나 유언집행자도 아니라면 그는 이해관계인이 될 수 없고, 검인에 대하여 즉시항고를 제기하여도 그 항고는 부적법하다(대결1990. 2. 12, 89스19).
 유언검인 청구를 받아들인 심판에 대하여는 이해관계인이, 검인청구를 기각한 심판에 대하여는 민법 제1070조 제2항에 규정된 사람이 즉시항고를 할 수 있다(가소규 85조 2항).
 유언검인심판의 유효 여부를 다투는 방법(가사비송)과 유언 그 자체의 유효 여부를 다투는 방법(민사소송)이 서로 다르다.

3) 증인의 자격

 자필증서유언에는 증인이 필요 없다. 그 밖의 4가지 유언에는 항상 증인 2명이 참여하여 기명날인하여야 한다(다만, 녹음유언에는 증인의 참여를 규정하면서도 그 숫자에 관한 규정은 없다). 이는 유언이 유효하게 이루어지도록 하고, 유언내용의 진실성을 증명하기 위한 것이다. 여기서 증인은 '유언이 유언자의 진의에서 나온 사실'을 증명하는 사람이다.

법정결격자

① 비밀증서, 녹음, 구수증서 유언의 증인이 될 수 없는 사람

● 미성년자는 절대적 결격자이다. 법정대리인의 동의를 얻더라도 유언의 증인이 될 수 없다. 혼인하여 성년자로 간주된 사람, 또는 성년 되기 전에 이혼한 사람(미성년자들)은 증인이 될 수 있다.

● 한정치산자, 금치산자도 절대적 결격자다. 후견인의 동의를 얻거나, 의사능력을 회복하고 있더라도(자신의 유언능력은 있음) 남의 유언에 증인이 될 수 없다.

● 유언으로 이익을 받을 사람, 그의 배우자와 직계혈족

유언자의 상속인이 될 사람, 유증을 받게 될 수유자 등과 그 배우자, 직계혈족을 의미한다. 그러므로 유언으로 이익을 잃게 되는 사람, 유언집행자 등은 증인결격자가 아니고 유언의 증인이 될 수 있다(대판 1999. 11. 26, 97다57733).

② 공정증서유언에 증인으로 참여할 수 없는 사람

● 공증인법 제33조 제3항에 의한 공증참여인 결격자(민 1072조 2항)

미성년자, 서명할 수 없는 사람, 촉탁사항에 관하여 이해관계가 있는 사람, 촉탁사항에 관하여 대리인·보조인이거나 이었던 사람, 공증인이나 촉탁인(유언자) 또는 그 대리인의 배우자, 친족, 동거 가족, 법정대리인, 피용자(예컨대, 공증변호사 사무실의 사무장 등), 동거인, 공증인의 보조자는 결격자이다. 그러므로 유언집행자는 증인으로 참여할 수 있다.

● 예외

공증촉탁인(유언자)이 어떤 사람을 공증에 참여시킬 것을 청구한 경우는 예외적으로 참여인자격(증인자격)이 생긴다(공증인법 33조 3항 단서, 29조 2항). 유언자가 유언공증 시 자신의 친족을 공증에 참여할 것을 청구하였다면, 그러한 친족은 유언자와 친족관계에 있다 하더라도 공증참여인 결격자가 아니므로, 증인자격도 생긴다(대판 1992. 3. 10, 91

다45509).

● 맹인은 증인결격자인가?

맹인은 공정증서유언에 참여할 증인으로서 적격을 가진다(일본 최고재 1980. 12. 4 판결).

사실상 결격자(의사무능력자)

금치산이나 한정치산 선고를 받지는 아니한 사람 가운데 의사능력이나 청취능력이 없다든지, 문자해득능력(필기능력 포함)이 없는 문맹이어서 기명날인이나 서명도 할 수 없는 사람은 증인이 될 수 없다. 자필증서 유언의 경우는 증인이 필요 없으므로, 증인결격문제는 생기지 아니한다.

2. 자필증서 유언

1) 개념

정의

자필증서 유언은 유언자가 스스로 유언의 전문(全文), 연월일, 주소, 성명을 자서(自書)하고 날인(이것이 절대적 요건)함으로써 성립되는 유언(민 1066조 1항)이다.

장·단점

자필증서 유언은 매우 간단하고 편리한 것이 장점이다. 문자를 아는 사람이면 누구나 혼자서 어디서나 공증인과 증인의 참여 없이 쉽게 작성할 수 있고, 비용도 들지 아니한다. 유언의 내용, 유언서의 작성사실, 유언서의 존재도 비밀로 할 수 있다.

  단점으로는 문맹자나 법률지식이 없는 사람은 이 방식을 사용할 수 없고, 유언서를 만들었더라도 방식불비로 무효가 될 우려도 있고, 유언서의 분실, 멸실, 위조, 변조, 미발견의 우려가 많다. 유언자의 사후에 그 진실성과 효력에 관한 다툼이 일어날 우려도 있다.

2) 요건

유언서 전문의 자서(自書)

  ① 유언서 전부(유언서 본문, 날짜, 성명도 포함)를 유언자가 스스로 직접 써야 하고, 타인에게 대서(代書)나 대필(代筆 : 구술필기)시킨 것은 무효하다. 증인이 필요없는 대신 자서가 절대적으로 필요하다.

  ② 타자기, 점자기, 워드프로세서 등을 사용하여 만든 것, 녹음으로 만든 것 역시 무효하다. 필적의 확인을 통하여 위조나 변조를 방지하기 위한 것이 자필증서이고, 자필이 아닌 기계를 이용한 것은 이를 확인할 수 없기 때문이다. 그러므로 전자복사기를 사용하여 만든 복사본(複寫本)도 자서가 아니므로 무효하다(대판 1998. 6. 12, 97다38510). 유언서 중 가장 중요한 부분인 부동산목록을 타자로 쳐서 인쇄한 경우는 자필증서유언으로는 무효라고 판결한 사례가 있다(동경고 1984. 3. 22 판결).

  ③ 타인의 도움을 받아 글을 쓴 경우(타인의 손에 의지하여 작성한 것)는 자서로 보고, 유효하다고 보아야 할 때가 있을 것이다.

  ④ 유언서의 일부만 자서한 경우는 원칙적으로 전부 무효로 보아야 한다. 다만, 타인이 쓴 부분이 부수적인 것, 극히 사소한 일부이어서 그 부분을 제외하더라도 유언의 취지가 충분히 표현되어 있다면 유효로 보아야 한다.

  ⑤ 사용하는 용어는 외국어, 속기문, 약자, 약어, 약부(略符)라도 상

관없다. 유언서는 1장으로 완결하여야 하는 것은 아니고 여러 장으로 만들어도 무관하고, 간인이나 편철이 필요한 것은 아니다. 서식에는 아무런 제한이 없고(특정인 앞으로 쓴 편지형식도 가능), 반드시 종이에 써야 하는 것도 아니다.

자필증서 유언의 경우는 증인의 참여가 요구되지 아니한다. 이 점은 다른 모든 유언과 다른 특이한 사항이다. 비밀증서유언으로서 무효인 경우 자필증서유언의 요건을 갖추면 자필증서유언으로 인정된다.

> **참고 판례**
>
> 공증사무실에서 유언장에 인증을 받았으나, 증인 2명의 참여가 없고 자서된 것도 아니라면, 그 유언장은 방식이 결여된 것이라 유언(공정증서유언, 자필증서유언)으로서 효력을 발생할 수 없다(대판 1994. 12. 22, 94다13695).

유언서 작성 연월일의 자서

연월일은 반드시 유언자가 자서하여야 한다. 연월일은 유언능력의 유무(민 1061조), 유언방식의 결정(민 1070조), 상호 저촉되는 유언들의 선후·우열결정(민 1109조) 등의 판단기준 시점이 되어 매우 중요하므로 모든 유언에 날짜는 반드시 기재하여야 한다. 그러므로 연월일의 기재가 없거나, 연도만 기재하고 월이나 일의 기재가 없는 유언서는 무효하다(일본 대심원 1916. 6. 1 판결). 가령 [서기 1966년 7월 길일(吉日)]이라고 기재된 유언서는 무효하다.

그러나 제 몇 회 생일, 회갑일(환갑날), 은혼일, 제○회 모친 제삿날 등으로 기재하여도(언제 작성되었는지를 명백히 알 수 있으므로) 유효하다. 2개 이상의 일시 기재가 있으면 후일의 일자에 작성된 것으로 해석한다. 서기(西紀) 몇 년으로 기재할 것을 단기(檀紀) 몇 년으로 기재하여도 유효하다.

날짜를 기재하는 위치에 관하여는 규정이 없으므로, 봉투(전·후면)에 기재하여도 된다(동경고 1981. 9. 19). 요컨대, 유언서를 작성한 날짜가 명백하면 된다.

주소 · 성명의 자서와 날인
① 주소는 반드시 주민등록상의 주소가 아니라도 상관없고 유언자의 생활근거지를 기재하면 된다. 주소를 쓴 자리가, 유언전문과 성명이 기재된 종이가 아니고, 유언서의 봉투(유언서의 전문을 담은 것으로 유언서의 일부임)에 주소를 기재한 것도 유효하다(대판 1998. 6. 12, 97다38510).

② 성명은 호적부상의 것뿐만 아니라, 아호·예명·자(字)·필명(筆名)·통칭명이라도 유언자의 동일성(유언자가 누구인가)을 알 수 있는 정도의 것이면 유효하고, 성 또는 이름만 적어도 유효하다.

③ 날인은 도장 찍는 것을 의미한다. 이 날인만은 반드시 유언자가 하여야 하는 것은 아니고, 다른 사람이 대신하여도 상관없다. 유언자의 부탁으로 병상 주위에 있던 다른 사람(또는 상속인)이 그 면전에서 (또는 유언자가 없는 곳에서) 날인한 경우, 이는 유언자가 날인한 것과 동일시할 수 있다(일본 대심원 1931 .7. 10 판결 ; 동경지 1986. 9. 26 판결). 날인하는 도장은 반드시 인감도장이라야 하는 것은 아니고, 막도장도 유효하고 또 인장(印章) 또는 실인(實印) 대신 무인(拇印 : 손가락으로 찍는 손도장)도 유효하다고 해석된다(대판 1998. 6. 12, 97다38510 ; 1998. 5. 29, 97다38503 ; 일본 최고재 1989. 2. 16 판결 ; 동년 6. 20 판결).

성명의 자서에 대신하여 자서를 기호로 새긴 고무도장을 찍은 것은 무효라고 보아야 할 것이다. 날인은 유언서 그 자체에 하는 것이 보통이지만, 유언서를 넣은 봉투의 봉한 곳에 하더라도 유효하고, 요건흠결은 아니다(일본 최고재 1994. 6. 24).

④ 날인이 없는 유언서는 무효인가? 유효로 인정함이 옳다는 학설이

있다. 서양에서는 서명(signature)만으로 통용된다. 이 학설에 의하면 성명의 자서만으로 유언자의 동일성, 유언자의 진의를 충분히 확인할 수 있다. 따라서, 날인이 없다고 무효로 한다면 오히려 지나친 방식의 엄격성으로 말미암아 유언의 자유에 대한 제약이 될 우려가 있기 때문이라고 설명한다. 그러나 현행법의 명문의 규정을 위배할 수는 없으므로 유효로 해석하기는 곤란하다고 본다.

> **참고 판례**
>
> 일본의 경우는 러시아 사람이 1년 9개월 전에 일본으로 귀화하여 (약 40년간 일본에 거주) 영문의 자필유언증서에 서명을 하였으나, 날인은 하지 아니한 유언서를 유효하다고 판결하고 있다(일본 최고재 1974. 12. 24 판결).

⑤ 요건의 완화 : 유언서가 여러 장으로 되어 있어도 1통의 유언서로 작성된 경우 날짜, 서명, 날인은 1장에만 기재되어 있으면 된다(일본 최고재 1961. 6. 22 판결).

'부축하여 쓴' 유언은 자필증서유언인가? 글을 쓰는 데 남의 부축을 받은 경우 이것이 민법 제1066조 제1항에서 말하는 '자서'의 요건을 과연 충족하는가? 유언자가 증서작성 시 자서능력을 가지고 있고, 그 보조자는 유언자의 손을 종이에 바르게 대도록 인도함에 그치고, 유언자의 손놀림이 유언자의 바라는 대로 맡겨져 있고 보조는 단지 필기를 용이하게 하는 데 도움을 준 정도에 그치는 등 부축한 사람(他人)의 의사가 운필(運筆)에 개입한 흔적이 없는 것이 필적상으로 판정될 수 있어야 유효하다(일본 최고재 1987. 10. 8 판결). 남의 부축을 받아서 쓴 유언서는 원칙적으로 무효하고, 예외적으로 유효라고 해석될 경우도 있다.

3) 유언내용의 변경

자필증서에 문자의 삽입, 삭제, 변경 등 이른바 가제정정(加除訂正)을 할 때는 유언자가 이를 자서하고 날인하면 된다(민 1066조 2항). 날인하는 도장은 성명 아래에 찍은 도장과 동일한 도장으로 하고, 날인 장소는 가제정정을 한 곳에 하면 된다. 자필유언증서의 문자수정방식은 이처럼 유언자가 자서하고 날인하여야 하나, 유언증서의 기재 자체에 의하더라도 명백한 오기를 정정하면서 위 방식을 위반한(예컨대, 정정부분에 날인하지 아니한) 유언증서의 효력을 유효하다고 한 판례가 있다(대판 1998. 6. 12, 97다38510 ; 동지 대판 1998. 5. 29, 97다38503 ; 일본 최고재 1981. 12. 18 판결).

자필증서 중 부적법한 정정임이 명백하므로 오기의 정정이라고 말할 수 없는 경우이고 그 정정은 무효라고 하면서도, 그 유언서 자체는 유효하다고 한 예도 있다(대판지 1962. 10. 25 판결).

4) 검인

유언자의 사망 시 상속인 등은 지체 없이 가정법원에 검인신청을 하여야 한다. 집행단계에서는 반드시 검인이 있어야 한다. '지체 없이'란 말의 의미는 상속인이 유언서를 발견한 후 '곧바로'의 뜻이라고 본다.

3. 녹음 유언

유언자가 직접 녹음기에 유언의 취지, 성명, 연월일을 구술하고, 참여한 증인(숫자에 제한이 없음)이 '유언자 본인의 유언이 틀림없다'는 것(유언의 정확함)과 증인 자신의 성명을 구술함으로써 성립되는 유언이다(민 1067조).

1) 문명의 이기를 사용하는 유언방식

이 유언의 장점은 유언자의 육성을 사후에도 보존할 수 있고, 녹음기만 있으면 누구나 간편하게 유언할 수 있다는 것이고, 단점은 녹음된 것이 자칫하면 지워져버릴(소멸될) 우려가 있다는 점이다.

녹음이란 음향기기에 유언의 취지를 기록하는 것이므로, 레코드, 카세트 테이프, 비디오, 컴퓨터에 의한 디지털 녹음 등 무엇이든 상관없다.

2) 요건

유언자가 유언의 취지, 성명, 연월일을 구술하고, 참여한 증인이 유언의 정확함과 그 성명을 구술하여야 한다. 민법에 증인의 숫자에 관하여 명백히 규정하지 아니하여 증인은 1명 이상이면 된다는 견해(다수설)와 '다른 유언과 비교할 때' 증인의 수는 2명 이상이어야 한다는 견해가 있다. 증인의 참여 없이 녹음한 유언은 무효하다.

3) 금치산자의 유언

금치산자가 유언할 때는 그의 의사능력이 회복되어 있는 상태에서 하여야 하고, 참여한 의사가 유언자의 심신회복상태를 구술하여 녹음하여야 한다. 유언서라는 문서가 있으면 거기에 의사가 부기하고 서명, 날인하는데 녹음유언의 경우는 문서가 없으니 녹음으로 대신한다.

4. 공정증서 유언

1) 장·단점

공정증서로 하는 유언은 유언자 스스로 유언증서를 작성할 필요가 없어서 문자를 모르는 사람(문맹자)도 이용할 수 있다. 이 방식은 가장 엄격한 방식이다. 그 유언증서를 공증인이 보관하고 있으므로, 유언의 보존과 내용의 명확성이 가장 확실히 보장되어 사후의 효력에 관한 다툼이 생길 여지가 없으며, 유언서의 위조, 변조, 멸실 등의 우려가 없고, 검인 없이 곧 집행할 수 있다는 여러 가지 장점들이 있다(요건은 민법 제1068조에 규정하였다). 반면에 절차가 번잡하고 비용이 들고 유언내용을 비밀로 하기 곤란하다(타인에게 누설될 우려가 있다). 그러나 근래에는 이 공증유언이 상당히 증가하는 경향이 나타나고 있다.

2) 요건

증인 두 사람이 참여하여야 한다. 만일 증인 한 사람만이 참여하였거나 증인의 참여가 없다면 이는 공정증서유언으로서 효력을 발생할 수 없고 무효가 된다(대판 1994. 12. 22, 94다13695).

유언자가 공증인의 면전(面前)에서 유언의 취지를 구수(口授)하여야 한다. 반드시 말을 하여야 하지, 거동으로 표시하여서는 안 된다. 유언자가 식물인간이라든지, 기타 사유로 손짓·발짓을 하거나, 고개만 끄덕끄덕하는 것만 가지고는 구술로 볼 수 없다[대판 1980. 12. 23, 80므18 : 뇌혈전증으로 병원에 입원하여 치료받고 있는 유언자가 불완전한 의식과 언어장애 때문에 말을 하지 못하고 고개만 끄덕거리면서 반응할 수 있을 뿐인 상태(의학상 가면성 정신상태)에서 공증인이 유언내용의 취지를 유언자에게 말하여 주고 '그렇소?' 하고 물으면 유언자는 말을 하지 않고 고개만 끄덕끄덕거리면서 공증인의 사무원이 그 내용을 필기하고 이를 공증인이 낭독하는 방법으로 유언서가 작성되었다면 이는 유언자가 구수한 것이라고 할 수 없으므로 무효하다 ; 1993. 6. 8, 92다8750 ; 1996. 4. 23, 95다34514 참조].

문서를 미리 작성하여 가지고 와서, 유언자가 낭독하는 것(또는 공증인에게 보여 낭독시키는 것)은 상관없다. 공증인이 그 서면으로 공정증서 원본을 작성한 후 유언자에게 읽어준 다음 유언자로부터 확답을 듣고 나서 공정증서를 작성하는 것은 유효하다.

공증인이 유언자의 구술(유언의 취지)을 필기(컴퓨터 파일, 워드프로세서 등으로도 작성 가능)하고, 유언자와 증인 앞에서 낭독해야 한다

필기나 낭독은 공증인이 하거나 그 보조자가 하여도 무방하다. 속기도 좋지만, 유언의 취지를 요약·기재할 수도 있다. 필기를 공증인의 면전에서 할 필요까지는 없다. 구술과 필기의 순서는 어느 것이 먼저이든 무관하다. 낭독은 말 그대로 소리내어 필기한 내용의 전부를 읽어야 한다.

공정증서는 한국어로 작성하여야 하므로(공증인법 26조), 유언자가 한국어를 말할 수 없는 경우는 통역인을 참가시켜야 한다.

유언자와 증인이 공증인의 필기가 정확함을 승인한 후 각자 서명 또는 기명날인해야 한다(민 1068조)

① 공정증서 유언 시 참여할 증인은 아무런 이해관계 없는 사람이라야 하고 공증사무실의 직원은 증인 자격이 없다. 이 점은 특히 주의하여야 한다. 기명날인은 이름을 기재하고 도장을 찍는 것을 의미한다. 증인이 찍는 도장은 반드시 인감도장이나 실인(實印)일 필요는 없다(동경고 1988. 1. 28 판결). 서명은 당사자가 하는 것이지만, 기명날인은 반드시 당사자가 할 필요는 없다고 본다. 유언자가 직접 서명이나 기명

할 수 없는 경우도 있기 때문이다.

② 공증인은 위와 같은 방식에 따라 증서가 작성되었음을 유언서에 부기하고 서명날인하여야 한다.

증서작성 도중 유언자가 사망한 경우

유언자가 기명날인을 마친 후 사망하였고, 그 후의 절차가 그 장소에서 완결되었다면 유언은 유효하다고 해석하여야 할 것이다. 유언자의 유언은 그것으로 완결되었다고 보아야 하기 때문이다.

출장공증

공정증서 유언을 공증인사무실에서 하는 것이 보통이지만, 병원이나 유언자의 자택 등에 출장공증을 요구할 수도 있다(공증인법 56조).

공정증서 유언은 공정력(公正力)이 있으므로, 나중에 집행 시 별도의 검인절차를 밟을 필요는 없다.

보존기간 등

위와 같이 작성된 공정증서 유언서의 원본은 공증인사무소에서 25년간 보존되고(공증인서류보존규칙 5조 1항 2호), 그 정본(正本)이나 등본은 유언자 기타 촉탁인, 승계인, 이해관계인의 청구에 따라 교부된다.

5. 비밀증서 유언

유언서의 존재를 명확하게 하여 두되, 그 유언내용은 자기의 생전(사망으로 유언의 효력이 발생할 때까지)에는 비밀로 하려는 경우 비밀증서제도가 유용하다. 이 증서는 유언의 성립·효력에 관하여 다툼이 일어나기 쉽고, 공증인사무소에서 보관하지 아니하므로 멸실·분실·훼손의 우려가 있을 뿐만 아니라, 반드시 가정법원의 검인절차를 거쳐야 한다. 그래서 그다지 이용되지 않고 있는 실정이다. 이러한 유언서를 공적으로 보관하는 제도를 만들어야 할 것이다.

1) 유언자가 유언의 취지·자신의 성명을 기입한 증서를 만들어서 엄봉(嚴封)·날인해야 한다

증서자체의 전문을 자서(自書)할 필요는 없고, 문맹자도 다른 사람에게 필기하여 달라고 하여 이 방식의 유언을 할 수 있다. 증서의 작성연월일, 주소를 기재할 필요도 없다(이어서 확정일자인을 받아야 하기 때문이다).

엄봉이란 봉투에 넣어서 잘 붙인다는 의미이고, 날인은 유언자가 봉한 곳에 도장을 찍는다는 의미다. 엄봉은 유언자 자신이 하여야 하고, 날인은 유언자가 할 필요는 없다는 설도 있다.

2) 엄봉 날인한 증서를 2인 이상 증인 면전에 제출하여 자신의 유언서임을 표시해야 한다

표시방법은 말로 하든 문자로 하든 상관없다. 증인이 한 사람뿐이면 그 유언은 무효하다.

유언자가 말을 할 수 없는 경우는 증인 앞에서 '이 증서는 나의 유언서이다'는 취지와 유언자의 성명, 주소를 봉서에 자서하여도 '표시'가 된다.

3) 봉서표면에 유언서의 제출 연월일을 기재하고, 유언자와 증인들이 각자 서명 또는 기명날인해야 한다

이는 유언서의 작성 연월일과는 서로 다르다.
금치산자가 유언하는 경우는 참여한 의사가 심신회복상태를 부기하고 서명날인하여야 한다.

4) 확정일자인(確定日字印)

증서의 표면에 기재된 날부터 5일 이내에 공증인, 가정법원서기에게 제출하여 봉인상에 확정일자인을 받아야 한다(민 1069조 2항, 부칙 3조). 요즈음은 주소지 동사무소에서도 확정일자인을 받을 수 있다(민법을 개정하여 '동사무소를 삽입' 하여야 할 것이다).

5) 다른 유언서로 전환

위의 요건이 일부 누락되어 있는 경우 무효하지만, 자필증서유언의 요건을 갖추고 있다면 자필증서유언으로 본다(민 1071조 : 무효행위의 전환). 그러나 최소한 연월일은 기재되어 있어야 하고 그것마저 누락되어 있으면 자필증서로도 무효하다.

6. 구수증서 유언(특별방식에 의한 유언)

질병 기타 급박한 사정으로 인하여 위의 '보통유언'들을 할 수 없는 경우에 인정되는 '특별방식'의 유언이 구수증서유언이다. 이 유언은 민법상 보통 방식의 유언과 실질상 다르므로 유언요건을 완화하여 해석하여야 한다(대판 1977. 11. 8, 76므15). 이 방식은 간단한 형식으로 유언할 수 있으나, 가정법원의 검인절차를 거쳐야 하는 번거로움이 따른다.

1) 급박한 사유로 다른 방식의 유언이 불가능해야 한다

구수증서유언은 보충적으로만 인정되는 유언방식이다. 그러므로 급박한 사유가 없는데도 구수증서로 유언하면 그것은 무효하다. 구수증서 유언의 방식은 위의 4가지보다 간단한 것이 그 특징이다.

질병으로 위독한 상태는 사망이 가까운 상태를 말하고, 위독판단은 반드시 의사의 진단이 있어야 하는 것은 아니다. 기타 급박한 사유는 재해나 교통사고 등으로 부상당한 경우, 전염병으로 교통이 차단된 곳에 있거나 조난한 선박·항공기 중에 있는 경우, 공사장·광산 사고나 등산 중 조난한 경우 등 '보통의 유언이나 기명날인을 할 수 없는' 경우를 의미한다. 이와 같은 위난의 경우는 특별한 유언방식이 필요하다.

2) 유언자가 2명 이상의 증인이 참여한 가운데 그 중 1인에게 유언의 취지를 구수해야 한다(1인의 증인만이 참여한 경우는 무효하다)

3) 구수받은 증인이 필기·낭독하여 유언자와 증인이 그 정확함을 승인한 후 각자 서명 또는 기명날인함으로써 성립된다

'필기'는 증인이 들은 내용을 문장으로 정리하는 것으로 타자로도 할 수 있지만, 반드시 다른 증인의 참여하에 하여야 할 것이다. 유언자의 승인은 기재될 수 없는 경우가 많고, 그의 서명이나 날인도 필요 없다. 참여증인이 서명(또는 기명) 날인하였으면 그 정확성은 승인되었다고 보아야 할 것이다. 증인의 기명날인 당시 반드시 유언자의 면전에서 하여야 하는 것은 아니고, 유언자가 없는 곳(예컨대, 유언집행자로 지정된 사람의 법률사무소)에서 하더라도 유언의 효력에는 지장이 없다(일본 최고재 1972. 3. 17 판결).

증인이 5명이나 참여하였지만 정작 필기된 유언서에는 그 중 1명의 이름 앞에만 '증인'이라는 표시가 되어 있는 경우 유언서 전체의 체제와 증인의 증언으로 그 유효를 인정한 사례가 있다(대판 1977. 11. 8, 76므15).

그렇다면 필기가 정확함을 승인한 직후 유언자가 사망하여 나머지 사람들만 그 자리에서 기명날인한 경우 그 유언이 유효한가? 긍정하여야 할 것이다.

4) 급박한 사유 종료 후 7일 이내에 가정법원에 검인신청을 하여 검인심판을 받아야 한다

증인이나 이해관계인(상속인, 수유자, 유언집행자 등)이 상속개시지나 유언자의 주소지 가정법원(전속관할법원)에 검인신청을 하면 가정법원에서는 유언검인심판을 한다. 검인심판절차 비용은 상속재산에서 부담한다.

검인신청 기간인 7일 이내에 검인신청을 하지 아니한 구수증서유언은 외형상 명백하게 무효가 된다(대판 1992. 7. 14, 91다39719 ; D 회사의 대표이사 박노성은 그 부사장인 한○○과 비서 이○○을 참석하게 한 뒤 1980년 1월 27일 병원에서 비서로 하여금 '이 사건 토지를 원고의 단독소유로 한다'는 등의 유언을 받아쓰게 하여 유언서를 작성하였다. 그 후 박노성이 1980년 5월 2일경 사망하자 비서 이○○는 그 사망직후 같은 회사직원 고완길로 하여금 위 유언서를 정서하게 하였다. 정서된 유언서는 1981년 4월 2일 대구합동법률사무소에서 박노성의 처인 권갑조의 촉탁으로 '그 사본이 원본과 다름 없다'는 내용의 인증을 받았다.

위 박노성의 유언은 민법 제1070조 제1항에 정한 구수증서에 의한 유언이라고 할 것이고 구수증서에 의한 유언은 … 중략 … 7일 이내에 법원에 신청하여 검인을 받지 아니하면 그 효력이 없다 할 것인데 기간 내에 법원의 검인을 받았다고 인정할 증거가 없어 위 유언은 그 효력을 인정할 수 없다).

구수증서유언의 경우 특별한 사정이 없는 이상, 유언이 있은 날로부터 7일 이내에 검인신청을 하여야 하고, 그 기간을 경과한 후의 검인신청은 부적법한 것으로서 각하하여야 할 것이다(대결 1986. 10. 11, 86스18).

구수증서유언은 급박한 사정이 있는 경우 간이한 방식으로 유언자의 유언과 그 진의를 확정하는 절차이므로, 법원의 검인을 받는 데 지장이 없으면 속히 소정기간 내에 검인을 받아야 한다는 취지이다.

5) 금치산자의 경우

금치산자가 이와 같은 구수증서유언을 하는 경우 그 의사능력이 회복되어 있어야 한다. 의사가 '심신상태 회복'을 유언서에 부기하고 서명날인하는 것도 필요하지 않다. 왜냐하면 사실상 의사의 참여가 불가능하기 때문이다. 이 경우는 참여증인이 유언자의 정신상태, 의사능력을 확인할 의무가 있다고 해석하여야 할 것이다.

6) 입법론

민법이 규정하는 구수증서유언의 방식은 구수 → 필기 → 낭독 → 서명 등으로 구성되어 있다. 그러나 정말로 위급한 경우는 이러한 절차의 시행 그 자체가 불가능하다. 그러므로 유언자의 구술로 의사표시는 끝나는 것이고, 그 후 '문서로 작성하는 것'은 증인의 의무로 하는 특별한 유언방식을 개발할 필요가 있다.

유언의 철회

1. 개념

1) 유언의 철회자유와 철회의 법적 성질

우리 민법은 유언철회의 자유를 보장하고 있다. 유언자는 완전히 유효한 유언을 한 후라도 생전에 언제든지[유언의 효력발생(사망)전에], 유언을 철회할 수 있다. 철회는 유언자의 일신전속권(一身專屬權)이므로, 유언자 자신만이 단독으로 철회할 수 있고 철회의 대리는 허용되지 아니하고, 철회에 누구의 동의도 필요하지 않다.

2) 철회와 취소의 차이

철회는 의사표시의 효과가 확정적으로 발생하기 전에 표의자 자신이 '그 의사표시가 처음부터 없었던 것'으로 하는 의사표시이고, 취소는 의사표시에 사기, 강박, 착오, 무능력 등 사유가 있을 때 의사표시를 행위시에 소급하여 소멸하게 하는 의사표시이다.

3) 의사표시의 철회는 자유

의사표시의 철회는 자유이다. 왜냐하면 효과가 발생하기 전이고 제3자를 해칠 우려도 없기 때문이다. 유언이란 사람의 최종 의사표시이다. 유언의 경우는 유언서 작성 시와 유언자 사망 시 사이에 긴 세월이 흐른다든지, 사정변경이 생긴 경우 최초의사에 구속받는 것은 유언의 본래 목적에 어긋나고 가혹하다. 그래서 철회의 자유는 특히 유언에서 강조되고 있다. 유언자는 생전에는 언제든지 아무런 원인(특별한 사유) 없이 자유로이 이전의 유언을 전부 또는 일부 철회할 수 있다. 그리고 유언자는 유언철회권을 포기할 수 없다. 철회권을 포기하거나 '철회하지 않겠다'는 의사표시나 그러한 내용의 계약도 모두 무효하다.

4) 유언철회의 특질

유언의 철회와 법률행위의 취소의 차이점을 표로 나타내 본다.

구분	유언의 철회	법률행위의 취소
원인이나 이유가 있어야 하는가?	아무런 원인이나 이유가 없어도 철회할 수 있음	무능력, 착오, 사기, 강박을 이유로 취소가능함
누가 할 수 있는가?	유언자만 가능함	표의자, 그 대리인, 승계인도 취소가능함
일신전속권인가?	그러함	일신전속권이 아님
대리나 동의가 필요한가?	필요 없음	필요함
일부 철회, 일부 취소	가능함	불가능함
기한제한(제척기간) 유무	생존 중이면 언제나 가능함	추인가능일 3년, 법률행위일 10년이 지나면 취소불가함
권리포기 가능성	불가능함 (민 1108조 2항)	직접포기 또는 추인형식으로 권리포기가능함(민 143조)
요식성	유언으로만 철회 가능함	취소의 방식에 제한이 없음

2. 철회의 방법

철회의 종류로는 임의철회와 법정철회가 있다.

1) 임의철회(철회의 유언)

유언자는 생전에는 언제든지 새로운 유언으로써 이전 유언의 전부나 일부를 철회할 수 있다(민 1108조 2항). 예컨대, 갑에게 Y부동산을 준다는 유언을 철회한다고 유언할 수 있다.

이는 임의철회이고 법정철회와는 다르다.

철회유언도 유언

유언을 철회하려면 유언의 방식을 따라야 하지만 종전의 유언(철회대상 유언)과 동일방식으로 할 필요는 없다. 공정증서 유언을 자필증서 유언으로 철회할 수 있고 거꾸로 자필증서유언을 공정증서유언으로

 302 │제1부│ 상속법

철회할 수도 있다. 철회유언의 방식에 흠결이 있으면 유언의 효력, 나아가 철회의 효력도 생기지 아니한다.

전부철회 · 일부철회 가능

일부의 유언을 철회하려고 하면 새로운 유언을 할 수도 있고, 제1유언의 정정 형식으로 할 수도 있다.

유언증서의 멸실이나 분실과 철회

유언증서가 멸실되거나 분실되어도 그 유언이 실효되는 것은 아니고, 이해관계인은 유언증서의 내용을 증명하여 유언의 유효를 주장할 수 있다. 유언이 철회되면 유언증서가 있어도 그 유언은 효력이 없어진다(대판 1996. 9. 20, 96다21119).

2) 법정철회

아래와 같은 사정이 있으면 명시적인, 임의적인 철회가 없더라도 철회의 효과는 인정된다. 이것이 법정철회이다.

새로운 유언을 하였는데 그 내용이 이전의 유언내용과 객관적으로 저촉되는 경우(민 1109조)에는 저촉부분은 철회된 것으로 본다(예컨대, '을에게 주노라'고 유언한 후 '병에게 주노라'고 유언하는 경우와 같다). 유언자의 철회의사의 존부, 종전 유언내용의 망각여부는 불문한다.
유언은 유언자의 최종의사를 존중하는 것이므로 전후 2개의 유언이 있는 경우에는 나중의 유언(사망 시에 가까운 유언)을 우선하는 것이 유언의 성질상 당연하다. 이를 '후유언 우선(後遺言優先)의 원칙'이라고 한다.
2개의 유언이 있을 때 그 내용이 서로 저촉되는 경우는 이전의 것은 철회된 것으로 본다. 만일 그것이 같은 날짜에 작성된 경우는 사실관계를 확인하여 뒤에 만들어진 유언을 우선한다.

전후 유언이 서로 저촉되는 경우라도 유언자가 이전 유언을 철회하지 아니할 뜻을 명시한 경우는 철회의 의제는 있을 수 없다고 해설하는 학설이 있다. 그러나 이는 민법의 규정과는 정면으로 배치되므로 채용할 수 없다고 본다.

유언 후 그것과 저촉되는 생전행위(生前行爲)를 한 때(민 1109조) : 저촉되는 이전 유언은 철회된 것으로 본다. 이 생전행위를 유언으로 할 필요는 없다.

① 유언자가 유언 후 '유증의 목적물'을 제3자에게 매각하는 경우 등이 그 보기이다. 생전처분은 유상이든 무상이든 상관없다. 여기서 말하는 '저촉'이라 함은 전(前) 유언을 실효시키지 않고서는 그 후의 생전행위가 유효로 될 수 없음을 가리키되 법률상 또는 사실상 물리적인 집행불능만을 뜻하는 것이 아니라 후의 행위가 전의 유언과 양립될 수 없는 취지로 행하여졌음이 명백하면 족하다고 할 것이다.

② 유언자가 갑에게 어떤 대지를 증여한다고 유언한 후 동일한 부동산을 을에게 10년 후 양도하는 계약을 체결한 다음 그 기한 도래 전에 유언자가 사망하였다. 이 경우 유언자의 사망과 동시에 그 부동산은 갑에게 귀속되고, 기한 도래와 함께 유증은 철회되어 을에게 귀속된다. 이처럼 새로운 생전처분이 기한부나 조건부인 경우는 기한부나 조건부의 행위와 저촉되는 범위 내에서 이전의 유언은 철회된 것으로 본다.

③ 생전행위가 아닌 행위에는 어떠한 것이 있는가?

유언자가 유증의 목적물인 특정채권의 변제를 받은 경우, 그 채권이 금전채권인 경우는 물론이고, 그 이외의 것이라도 변제 받은 물건이 상속재산 중에 들어있을 때는 대위성(代位性)이 인정되기 때문에 종전의 유언은 계속 유효하다.

포괄유증(예컨대, 전 재산의 1/3을 준다는 유언)을 한 후 유언자가 그 유언 속에 포함된 개개의 물건을 처분하여도, 유증과 저촉되는 것은 아니므로, 이는 생전행위가 아니고, 유언의 철회문제도 생기지 아니한다.

> **참고 판례**
>
> ● 전후행위의 저촉 여부와 그 범위를 결정할 때는 전후 사정을 합리적으로 살펴 유언자의 의사가 유언의 일부라도 철회하려는 의사인지 아니면 그 전부를 불가분적으로 철회하려는 의사인지를, '실질적으로 집행이 불가능하게 된' 유언 부분과 관련시켜 신중하게 판단하여야 한다(대판 1998. 6. 12, 97다38510).
> ● 생전처분은 철회권을 가진 유언자 자신이 할 때 비로소 철회로 간주되는 것이고, 유언자 아닌 타인이 유언자의 명의를 이용하여 임의로 유언의 목적인 특정재산의 처분행위를 한 경우는 유언철회로서의 효력은 생기지 아니한다(대판 1998. 6. 12, 97다38510).
> ● 생전에 이미 동종의 육영회라는 재단법인의 설립절차를 밟고 있던 유언자가 유언으로 재단법인 육영회를 설립하라고 한 후, 주무관청의 설립허가가 아직 나지 아니한 상태에서 사망한 사안이 있었다. 그러나 생전처분인 기부행위에 기하여 재단법인설립행위가 주무관청의 허가에 의하여 그 재단이 설립되고, 그 효과가 생긴 것을 필요로 하고, 단지 생전처분인 기부행위에 근거하여 재단설립절차가 진행되고 있는 것만으로는 그 법률효과가 생긴 것은 아니므로, 유언과 저촉하는 문제(유언의 철회문제)는 생길 여지가 없다(일본 최고재 1968. 12. 24 판결).

유언자가 고의로 유언증서 또는 유증의 목적물을 파훼(破毀)한 때 (민 1110조)

파훼된 부분은 철회된 것으로 본다.

① 유언서 소각, 절단 등은 유형적 파훼이고, 유언서를 말소시켜 내

용을 알 수 없게 하는 것도 무형적 파훼의 일종이다. 유언자나 증인의 서명이 말소된 경우는 원래의 문자를 읽을 수 있어도 파훼로 보아야 할 것이다.

② 공정증서 유언 원본은 공증사무소에 보관되어 있으므로, 자기 수중의 공정증서 정본만 파훼하여서는 철회효력이 생기지 아니한다. 비밀증서유언의 봉인을 파훼한 경우는 그것이 자필증서유언의 방식을 구비하고 있다면 자필증서유언으로서의 효력을 가지는 것으로 보아야 한다.

③ 유언자가 스스로 고의로 파훼하여야 한다. 그러므로 제3자(유언자가 시킨 것이 아닌 경우)가 파훼한 경우나, 과실이나 불가항력으로 파훼된 경우는 법정철회로 인정될 수 없다. 다만, 그러한 파훼로 인하여 유언의 내용을 식별할 수 없는 상태로 된 경우는 그 부분에 관한 유언의 효력은 생기지 아니한다.

고의의 내용은 유언자가 유언서 또는 유증목적물임을 인식하고 이를 파훼할 의사를 말하는 것이고, 유언철회의 고의까지 있어야 하는 것은 아니다.

④ 이해관계인은 유언자가 고의로 파훼한 것이 아니라는 것과 원래의 유언내용을 증명하여 유언의 유효를 주장할 수 있다. 다만, 실제로 그 입증은 매우 곤란할 것이다.

⑤ 일부조항만 파훼한 경우는 나머지 조항은 유효하다. 그러나 나머지 조항이 파훼부분과 불가분의 관계에 있는 것이라서 잔존부분만으로는 유언내용이 불법, 불능, 불명이 되는 경우에는 유언전체가 무효가 된다.

유언자가 유증의 목적물을 고의로 파훼한 때(민 1110조)는 물리적으로 목적물을 멸실·훼손하는 경우와 경제적 가치를 상실케 하는 경우도 포함된다.

3. 철회의 효과와 그 효력발생시점

유언이 철회되면 유언은 처음부터 없었던 것과 같이 된다. 유언자가 사망하여도 당초의 유언은 아무런 효력이 생기지 아니한다. 철회의 효력발생시점을 유언자의 사망 시로 보는 학설과, 철회 시로 보는 학설이 대립하고 있다. 철회도 하나의 유언이므로 사망시로 보는 것이 타당할 것이다.

사망 시까지 철회의 효력은 생기지 아니하므로, 유언자는 그 철회를 다시 철회할 수 있다.

4. 철회의 철회와 철회의 취소

1) 철회를 철회한 경우

유언이 살아나는가
① 부활주의
철회한 유언을 다시 철회한다면 당초의 유언이 부활한다는 부활주의가 있는데 독일 민법이 이를 택하고 있다. 프랑스 민법에는 명문의 규정은 없으나, 부활주의가 학설과 판례로 있다.
② 비부활주의
일본 민법은 비부활주의를 채택하고 있다. 유언자가 제1 유언을 철회하느라고 제2 유언을 하고 나서 제2 유언을 다시 철회한 때에는 '제1 유언을 부활시킬 목적으로' 제2 유언을 철회한 것인지 분명하지 않고 유언자의 진의가 불분명하게 될 우려가 있기 때문에 이 주의를 택하고 있다고 해설하고 있다.

③ 우리나라 민법

우리 민법은 이에 관하여 아무런 규정을 하지 않고 있다. 철회도 하나의 유언인 만큼 철회의 철회도 하나의 유언이다. 중요한 것은 유언자의 최종 진의가 무엇이냐 하는 것이므로 그 진의에 따라 결정할 문제이다.

2) 철회의 취소

유언의 철회가 착오, 사기, 강박으로 이루어진 경우 그 내용이 신분에 관한 것일 때는 인지취소(민 861조)나 입양취소(민 884조 3호)의 규정이 적용되어야 할 것이고, 재산에 관한 것(제1의 유언에 저촉되는 생전처분)일 때는 민법총칙상의 일반원칙에 따라 취소할 수 있다. 무능력은 유언의 취소사유가 아님을 특히 주의하여야 한다.

5. 유언철회의 규정이 사인증여의 취소에 준용되는가

다수설은 사인증여도 사인처분이고 처분자(증여자)의 최종의사가 존중되어야 하는 점에서 유언과 유사하므로, 이를 준용하는 것이 타당하다고 한다. 사인증여의 취소에 대하여 민법 제1108조(유언의 철회)의 규정이 그 방식에 관한 부분을 제외하고, 준용되어야 한다(일본 최고재 1972. 5. 25 판결). 따라서 증여자는 언제라도 자유로이(방식의 제한없이) 그 사인증여의전부나 일부를 철회할 수 있다.

유언의 효력

1. 서론

민법은 '유언의 효력'이라는 제목 아래 제1073조에서 제1090조까지의 18개 조문을 규정하고 있다. 그러나 제1073조를 제외한 나머지 조문은 모두 유증에 관한 규정들이다. 그러므로 유언의 효력으로는 민법 제1073조 부분과 유언의 무효와 취소를 설명하기로 한다.

2. 유언의 효력발생시기(유언자의 사망 시)

1) 유언서가 작성된 때 유언은 성립되지만, 유언의 효력발생시기는 유언자의 사망 시이다(민 1073조 1항)

2) 조건부·기한부 유언

유언은 단독행위, 신분행위임에도, 조건, 기한을 붙일 수 있다는 것이 특이하다.
정지조건부 유언의 경우는 유언자의 사망 후 조건성취 시부터 효력이 생긴다. 예컨대, 정지조건부유언으로 재산을 증여 받을 수유자는 유언자 사망 시 정지조건부권리를 취득하고(목적물에 대한 보존행위로서 재산의 분리를 청구하거나, 유증의무자에 대하여 담보책임을 주장할 수도 있다), 조건성취 시에 완전한 권리를 취득한다.

유언자가 조건성취의 효과에 소급효를 준 경우(조건성취 전, 유언자의 사망 시로 효과를 소급)는 이를 인정할 수 있을 것이나, 유언자의 사망시 이전까지 소급하는 것은 인정되지 아니한다. 정지조건부 유언(예컨대, ○○시험에 합격하면 100만 원을 준다고 한 유언)의 경우 유언자 사망 이전에 이미 조건이 성취되어 있으면 그러한 유언은 무조건의 유언, 조건 없는 유언이다. 그리고 유언자의 사망 이전에 이미 조건이 성취될 수 없는 것으로 확정되면 그 유언은 무효가 된다.

해제조건부 유언의 경우 유언자의 사망 시에 일단 유언의 효력이 발생하고 조건성취 시에 효력이 소멸된다. 유언자의 사망 이전에 조건이 성취되어 있으면, 무효의 유언이고, 조건불성취로 확정되어 있으면 '조건 없는' 유언이 된다. 기한부 유언은 기한도래 시에 유언의 효력이 생긴다.

3) 시기부 · 종기부 유언

유언자는 유언의 효력이 언제부터 생기도록 유언[이른바 시기부 유언(始期附 遺言)]할 수 있다. 유언자가 상속재산분할금지의 유언을 하는 경우 '사망 후 5년까지 분할하지 말라'고 유언[이른바 종기부 유언(終期附 遺言)]할 수 있으나, 5년을 넘는 종기를 붙이는 유언은 허용되지 아니한다. 종기부 유언의 경우(예컨대, "이 유언은 서기 2003년 12월 31일까지 유효하다"고 유언한 경우) 그 종기가 '유언자의 사망 전에' 도래한 때는 그 유언은 아무런 효력을 발생하지 아니한다. 그러나 유언자의 사망시까지 종기가 도래하지 아니한 경우는 그 유언의 효력은 유언자의 사망 시에 발생하게 된다(민 152조 2항). 그 후 종기가 도래하면 발생한 유언의 효력은 소멸한다.

4) 유언자의 사망 시 효력이 생기지 아니하는 유언

재단법인 설립행위

유언자는 '이 재산으로 ○○재단을 설립하라'고 유언할 수 있다. 그러나 유언집행자가 주무관청의 설립인가나 설립허가를 얻어 설립등기를 한 때 법인이 설립된다. 법인에 내놓은 출연재산은 유언자의 사망 시로 소급하여 그때부터 법인에 귀속한 것으로 간주·의제(擬制)된다.

친생부인(親生否認)

'갑돌이는 내 아이가 아니다' 또는 '갑돌이는 나의 친생자임을 부인한다'는 유언이 있는 경우, 유언집행자가 친생부인의 소를 제기하여 승소의 확정판결을 받아야 그 자녀는 혼인 외의 출생자가 된다.

인지(認知)유언

유언으로 인지[예컨대, '갑돌이는 나의 자식임을 인정한다'는 유언]할 수 있고 유언집행자는 인지신고(이는 보고적 신고)를 하여야 한다(호적법 64조 : 유언집행자는 취임일로부터 1개월 이내에 인지유언서의 등본, 녹음유언녹취록 등 서면을 첨부하여 인지신고를 하여야 한다).

유언에 의한 인지의 효력은 유언자의 사망 시에 생기지만, 자녀의 출생 시에 소급하여 생긴다는 것이 다수설이다(민 860조 : 호적상 인지신고시에 효력이 생긴다는 학설이 있다). 자녀는 출생 시에 유언자의 친생자 신분을 취득한다는 의미이다. 해당 자녀는 출생 시점부터 유언자(생부)의 친자로서 상속·부양청구권을 취득한다.

3. 유언의 무효와 취소

유언자는 그 생존 중 언제든지 유언을 철회하여 실효(失效)시킬 수 있다. 그러므로 유언의 무효나 취소가 문제되는 것은 항상 유언자의 사망 후이다. 유언의 무효에 관하여 민법에는 특별한 규정이 없다.

1) 유언무효

방식을 갖추지 아니한 유언
일단, 유언서가 작성되어 있으나, 그 방식의 일부에 흠이 있거나 누락된 경우 그 유언은 무효하다.

유언자가 유언장에 '이 사건 부동산을 원고 재단에 증여한다'고 한 사안에서 법원은 유언자가 부동산을 증여하는 계약의 의사표시를 한 것으로 보았다. 그러나 그 유언장은 유언의 요식성에 흠결이 있어서 유언으로서는 무효하다. 이를 소송 중에 피고가 망인이 사망 후에 고아사업에 쓰도록 유언한 것은 사실이라고 시인하였다고 하여 그것이 유언이 될 수는 없다(대판 1971. 1. 26, 70다2662).

공정증서 유언서의 작성과정에 '그 유언에 깊은 이해관계를 가진 타인'이 과도하게 개입하여 만들어진 경우 이는 유언자가 유언의 취지를 구수(口授)한 것으로 인정될 수 없고 이는 무효라고 한 사례도 있다(일본 횡병지 1989. 9.7 판결).

방식을 전혀 갖추지 아니하였거나, 구두로 한 유언은 유언의 불성립으로 보아야 할 것이다.

유언무능력자의 유언
17세 미만자·의사무능력자의 유언은 모두 무효하다(민 1061조, 1063조).

공정증서 유언이라도, 그 유언증서 작성 당시 유언자에게 '정신능력 (행위의 결과를 식별할 능력)'이 없을 경우는 그 유언은 무효하다(일본 오오사카지방법원 1986. 4. 24 판결).

유언의 내용이 강행법규나 사회질서(민 103조)에 위반되는 사항, 법률상 허용되지 아니하는 것, 법정유언사항 아닌 것을 그 내용으로 할 때 금제품(예컨대, 마약, 음란문서 등)의 유증은 무효하다. 그러나 '나의 전 재산을 ○○○에게 주노라'고 한 유증이나 불륜관계에 있는 사람에게 한 유증이 당연히 무효한 것은 아니다.

의사흠결(意思欠缺)의 유언

진의(眞意)가 아닌 의사표시로 한 유언은 언제나 유효하다. 통정허위표시의 규정은 유언에는 적용될 여지가 없다. 왜냐하면 유언은 상대방 없는 단독행위이기 때문이다.

중요한 부분에 착오를 일으켜 한 유언은 무효라고 해설하는 학설도 있다. 그러나 법률상 유언의 방식이 엄격하므로, '착오로 유언을 한다'는 것은 실제로 있을 수 없고 상상하기 곤란하다.

검인절차를 거친 유언에 대하여도 유언무효 소송을 제기할 수 있다.

2) 유언의 취소

행위무능력(미성년, 한정치산자, 금치산자)을 이유로 유언을 취소할 수는 없다. 다만, 착오, 사기, 강박을 이유로 유언을 취소할 수 있으나, 실제로는 그러한 경우가 극히 드물 것이다. 왜냐하면 유언서 그 자체만으로 착오 유무를 판단하여야 하기 때문이다.

사기나 강박으로 인한 인지는 사기를 안 날이나 강박을 면한 날로부터 6개월 이내에 취소할 수 있다(민 861조). 다만, 그러한 인지라도 그것이 진실에 부합하는 경우는 취소할 수 없다고 보아야 할 것이다. 이는 유언인지의 경우도 마찬가지이다.

유언의 취소권은 유언자의 사후, 그 상속인, 유언집행자에게 인정된다고 해석된다. 그리고 수유자는 상속인과 동일한 권리와 의무가 있으므로 유언의 취소권도 승계한다고 본다.

유언자 본인은 생존 중이면 언제든지 이유 없이 유언을 철회할 수 있으므로, 유언자에게 취소권을 인정하는 것은 무의미하다. 유언은 유언자의 사망 시에 비로소 효력이 발생하는 것이므로, 일단 유효하게 성립된 의사표시(유언)의 효력을 소급적으로 부정하는 취소의 문제는 유언자의 생전에는 생길 수 없다.

사기를 당하여 유언한 유언자가 그 유언을 추인하였더라도, 그 유언을 철회할 수 있고 유언의 취소권에는 영향이 없다. 유언의 추인은 유언취소권의 포기에 해당하는바, 유언자의 생존 중이면 아직 유언의 효력이 발생하지 않았기 때문에 이러한 취소권의 포기는 허용되지 아니한다. 유언자가 하자 있는 유언을 추인하지 않고 사망한 경우는 그 상속인등이 이를 취소할 수 있다(부담부유증의 취소는 다음 쪽에 나오는 '유증' 편에서 살펴본다).

유언자가 추인을 하고 사망한 경우 그 추인의 의사가 유언 중에 명시되어 있으면 유언서의 정정이나 변경으로 볼 수 있을 것이다. 이 경우 상속인은 그 후 취소할 수 없다고 보아야 할 것이다.

유증

1. 개념과 성질, 종류

1) 개념

유증은 자기의 재산의 전부나 일부를 유언으로 남에게 증여(무상양도)하는 행위이다. 예컨대, '나의 재산 중 300만 원을 홍길동에게 주노라'는 유언이 그 보기이다. 유증은 재산의 처분행위이므로 조건, 기한을 붙일 수 있고 시기(始期), 종기(終期)를 정할 수도 있다. 실제로 유언의 대부분은 유증에 관한 것이라 유언의 자유는 곧 유증의 자유를 의미한다. 이러한 유증의 자유는 무제한적인 자유는 아니고, 나중에 유류분으로 제한받을 수 있다.

2) 성질(유사개념과 구별)

증여와 구분

증여(贈與)나 유증이나 모두 재산의 무상양도인 점에서 서로 같으나, 보통 증여는 생전행위(生前行爲)이고, 게다가 증여자, 수증자간의 '계약'임에 비하여, 유증은 사후행위(死後行爲 : 유언자의 사망을 원인으로 그 사후에 효력이 생기는 행위)이고 유언자의 일방적 의사표시인 상대방 없는 '단독행위'(유언)이다.

> **참고 판례**
>
> 증여자와 수증자 사이의 관계가 피상속인과 상속인의 관계(예컨 대, 부자관계)에 있다고 하여도 그들 사이의 증여를 항상 유증이나 사인증여라고 볼 수는 없다(대판 1991. 8. 13, 90다6729).

사인증여와 구분

유증이나 사인증여(死因贈與)는 유언자·증여자의 사망으로 인하여 효력이 발생하는 사인행위(또는 사후행위)로서 재산의 무상양도인 점이 서로 동일하나, 유증은 유언자의 '단독행위'이고, 사인증여는 증여자, 수증자 사이의 '계약'이라는 점에서 서로 다르다.

그래서 사인증여에는 유증에 관한 규정이 준용된다(민 562조). 그러나 민법 제1065조 내지 제1072조의 유증의 '방식'에 관한 규정은 '유증이 단독행위임을 전제로 한' 규정이어서 사인증여계약에는 준용되지 아니한다. 포괄유증을 받은 사람은 상속인과 동일한 권리의무가 있다는 규정(민 1078조 : 포괄유증의 '효력' 규정)이 포괄적 사인증여에도 적용될 것인가? 판례는 이를 부정하고 있다(아래 참고 판례).

> **참고 판례**
>
> 사인증여는 무상, 편무(片務 : 증여자만 의무를 부담), 낙성(諾成 : 승낙으로 성립), 불요식(不要式)의 증여계약의 일종이고, 유증은 엄격한 방식을 요구하는 유언(단독행위)이며, 요식(要式)행위이다. 방식을 위배한 포괄유증은 대부분 포괄적 사인증여로 보여질 것인데, 만일 포괄유증의 '효과'에 관한 민법 제1078조가 포괄적 사인증여에도 준용된다고 하면, 양자의 효과는 동일하게 된다. 그렇게 되면 결과적으로 포괄유증을 엄격한 요식행위로 규정한 민법 조항들은 무의미하게 된다. 그러므로 민법 제1078조(포괄유증의 효력)는 포괄적 사인증여에는 준용되지 아니한다고 해석하여야 한다(대판 1996. 4. 12, 94다37714, 37721).

용어 문제

민법에는 증여를 받는 사람을 수증자(민 556조), 유증을 받는 사람도 수증자(민 1076조), 포괄수증자(1078조 표제)라고 표현하고 있다. 학자들 중에는 생전증여(또는 사인증여)를 받은 사람을 '수증자(민 556조)', 유증 받은 사람을 '수유자'로 구분하여 사용하자고 주장하는 사람도 있다. 이는 용어의 정확성을 기하기 위하여 옳다고 생각한다.

유증과 사인증여의 공통점과 차이점

구분	유증	사인증여(생전증여 포함)
법률적 성질	단독행위	계약(증여자, 수증자)
사후행위 (효력이 사후에 생김)	사후행위	사후행위
채무만 증여	유언으로 채무만 주면 무효함	유언으로 채무만 주면 무효함
채무면제	채무면제를 유언으로 하면 유효함	채무면제를 유언으로 하면 유효함
수증결격	수증결격자에게 유증하면 무효함	수증결격자에게 한 사인증여도 유효함
유증규정 적용	적용됨	준용, 단 유증의 방식 규정은 적용되지 아니함
철회	가능함 (철회방식은 유언임)	가능함 (철회방식은 자유임)

철회

유증은 유증자가 언제든지 임의로 그 전부나 일부를 철회할 수 있다(민 1108조). 철회의 방식도 유언으로 하여야 한다. 그리고 일정한 경우는 철회된 것으로 간주된다(민 1119~1110조). 사인증여의 철회도 언제든지 가능하다. 다만, 일정한 방식은 요구되지 아니한다.

사인증여 계약을 한 후 유증을 한다든지, 유증 후 사인증여 계약을 한 경우 그것이 서로 저촉되는 한도 내에서 먼저의 것 즉 선행행위는 철회된 것으로 본다.

예컨대, '이 자동차는 홍길동에게 주노라'고 유언한 후 그 자동차를 갑돌이에게 증여하는 계약을 체결하면서 그 효력은 사후에 발생하는 것(사인증여)으로 하였다면 먼저의 유언은 철회된 것으로 간주된다.

유증의 목적물 : 타인의 소유물도?

① 유증자의 일신(一身)에 전속(專屬)하는 것을 제외하고, 유증자의 재산은 모두 유증의 목적물이 될 수 있다. 그러므로 채권, 물권, 지적재산권 등은 물론이고, 채무를 면제하는 것도 그 목적물이 될 수 있다.

② 유증자는 자신의 소유 물건만을 유증할 수 있는가? 원칙적으로 유증자의 소유물이라야 한다. 그러나 예외적으로 유증자의 '소유에 속하지 아니하는 물건'이라도 유증할 의사를 명백히 표시한 경우 그 유증은 유효하다. 이 경우 상속인 등 유증의무자는 그 물건의 소유권을 취득하여 수유자에게 이전할 의무를 진다. 다만, 그 물건을 취득할 수 없거나 취득하는 데 많은 비용이 들 때는 가액으로 변상할 수 있다.

유증은 무상이라야 한다

무상으로 재산이나 재산상 이익을 주는 행위가 유증이다. 그러므로 수증자에게 채무나 의무만 부담시키는 유언은 유증이 아니며 무효하다. 그러나 이익에 부담을 지워서 주는 것은 가능하다. 즉 조건부유증, 기한부유증, 부담부유증은 가능하다.

수유자의 직접 결정

유증자는 스스로 수유자를 직접 결정하여야 한다. 그러므로 유증의

 |제1부| 상속법

무자나 유언집행자에게 수유자 결정을 하라고 위탁하는 유언은 무효하다. 대리유언이 무효한 것과 마찬가지이다. 유증자가 재산을 ○○○에게 준다는 유언을 하면서 그 재산을 받을 사람을 정하지 아니하면 무효하다.

3) 유산처분의 자유

유언자는 유증으로 그 유산의 일부나 전부를 마음대로 처분할 수 있다. 이처럼 민법은 유언의 자유, 유산처분의 자유를 보장하고 있다(생전처분의 자유를 보장할 뿐만 아니라 사후처분의 자유도 보장하는 것이 현대 민법의 원칙이다). 유언의 자유 중 가장 중요한 내용이 바로 유증의 자유이다. 민법상 유증의 자유에 대한 유일한 제한이 바로 유류분이다.

그러한 의미에서 유증은 재산처분행위이므로, 거기에 조건, 기한, 시기부, 종기부도 정할 수 있다.

4) 유증의 종류

유증은 단순유증과 부담부유증, 또 포괄유증과 특정유증으로 나눌 수 있다. 중요한 것은 이것들을 구분하는 것이다. '나의 재산의 전부 또는 1/3을 ○○○에게 주노라' 고 유언하는 것이 단순유증과 부담부유증의 예이고, '집과 대지는 ○○○에게, 나의 자동차는 막내아들 ○○○에게 주노라' 고 유언하는 것이 포괄유증과 특정유증의 예이다.

포괄유증은 상속재산(플러스 재산과 마이너스 재산)의 전부나 일정비율의 유증이므로 수유자는 채무도 승계하고, 특정유증은 상속재산 중 지정된 특정재산(플러스 재산)의 유증이므로, 수유자는 채무를 승계하지 아니한다.

> **참고 판례**
>
> ① 재산상 이익을 주지 아니하는 의사표시는 그것만으로는 유증으로서의 효력을 발생할 수 없다(일본 광도지 1975.12.17 판결).
> ② '유산을 매각하여 채무를 갚은 다음 잔액을 자식들에게 나누어 주라'는 유언처분도 포괄유증이라고 해석된다(일본 대심원 1930. 6. 16).
> ③ '증여문서에 유증할 재산을 개별적으로 표시하였다'는 것만으로 바로 특정유증이라고 단정할 수는 없고, 그 문서에 표시된 재산 이외에는 달리 재산이 없는 경우는 포괄유증으로 볼 수 있다. 그러한 심리를 하지 않고 막연히 특정유증이라고 판단한 것은 잘못이다(대판 1978. 12. 13, 78다1816).

포괄수증자는 마치 상속인과 비슷하다. 그래서 민법은 '포괄수증자는 상속인과 동일한 권리의무가 있다'고 규정하고 있다(민 1078조). 포괄수증자는 적극재산뿐만 아니라, 소극재산(채무)도 유증 받는다. 유언자의 일신에 전속하는 것을 제외하고 유언자(피상속인)의 유산이 포괄적으로 당연히 수유자에게 귀속된다. 이러한 포괄유증으로 인하여 망인의 자녀 등 직계비속에게는 아무런 재산도 내려가지 아니하는 경우 그 비속은 유류분제도가 없는 한(구 민법 시행 당시) 망인의 생전채무를 변제할 책임이 없다(대판 1980. 2. 26, 79다2078).

갑과 을이 상속인인데 유언자가 '병에게 재산의 2할을 증여한다'고 유언한 경우 유산은 갑 : 을 : 병 = 4 : 4 : 2의 비율로 승계된다.

포괄유증과 상속의 공통점과 차이점은 다음과 같다.

구분	포괄유증	상속
법인 등의 수증(상속)능력 자연인, 태아	○(가능) ○	×(불가능) ×
대습상속, 대습유증	불가능(홍길동에게 ○○○을 주노라고 유언하였는데 홍길동이 유언자보다 먼저 사망하면 그 유언은 무효가 됨: 단 홍길동이 나보다 먼저 사망하면 홍길동의 아들(보충수유자)에게 ○○○을 주노라고 하면 그 유언은 유효함)	○
유류분	×	○
조건, 기한, 부담을 부가	○	×
권리일부 포기	수증분에 영향이 없음	다른 상속인에게 귀속됨
전원이 포기	포기분은 상속인에게 귀속됨	상속인 부존재 절차
공동상속인과의 관계	포괄수유자는 공동상속인과 동일한 관계임	공동상속인이 3명 있는데 포괄수유자가 1명 있으면 상속인은 4명이 됨
공동상속 중 1인의 상속(양도)분의 환수(양수)권	×(수유자는 환수권이 없음)	○
보험금수익자로 지정될 자격	○	○
농지취득자격증명 필요	○	×
불법행위로 인한 위자료 청구권을 주노라고 유언할 수 있는가?	○(유증불가설이 있음)	○(위자료청구권은 상속됨)

① 포괄수유자와 상속인은 유증의무자가 되고, 가정법원에 포기와 한정승인 신고를 하여야 물적 유한책임을 지게 되고 단순승인을 하면 자신의 고유재산으로도 무한책임을 지게 된다는 점, 상속재산의 분할이나 상속재산의 분리청구를 할 수 있으며, 망인의 채무와 재산의 점유를 동시에 승계한다는 점, 동시존재의 원칙, 상속결격이나 수유결격, 상속회복청구권 및 그 제척기간 규정, 상속세금에 관한 규정이 모두 적용된다는 점은 포괄유증과 상속이 동일하다.

② 유류분권리의 유무와 관련하여 포괄수유자는, '상속인과 달라' 유류분이 없다. 그러므로 예컨대, 홍길동이 '나의 전 재산의 1/2을 허풍선에게 주노라'고 유언한 후 또 '나의 재산 중 건물 1동(이 건물의 시가가 전 재산의 4/5에 해당한다고 가정)을 성춘향에게 주노라'고 특정 유증한 경우, 허풍선은 자신의 유류분(유류분이란 것이 없지만 가정하여)인 1/4에 부족한 부분(1/20지분)을 성춘향을 상대로 반환청구할 수 없다. 그러한 의미에서 특정유증이 포괄유증에 우선한다고 해설하는 것이 국내와 일본 학설의 통설이다. 그러나 이러한 통설에는 의문이 생긴다.

어느 유언이 우선하느냐 하는 문제는 유언의 저촉 문제로 해결할 수 있고, 포괄수유자에게 유류분이 없다는 것을 설명하면서 굳이 어느 유언이 우선한다는 것을 말할 수는 없다고 할 것이다. 위 예에서 허풍선은 홍길동의 재산 중 나머지(1/5)의 반인 1/10을 받게 된다.

▶ 포괄유증과 특정유증의 공통점과 차이점

구분	포괄유증	특정유증
목적물	상속재산의 전부 또는 일정 비율	특정재산, 특정재산 이외에 다른 재산이 없다면 이는 포괄유증 목적물의 개수나 종류 지정
종류	1개	2개(특정물유증과 불특정물유증, 100만 원, P창고 속의 쌀 1가마니)

구분	포괄유증	특정유증
상속채무승계	○ (무한책임)	×
유증의무자	○ (된다)	×
포기, 승인	상속의 포기, 승인과 완전히 동일함 단순승인 시는 무한책임이 있음	법원에 신고할 필요 없음 유증의무자 등에게 의사표시로 유언자 사망 후 언제든지 승인과 포기를 할 수 있음
일부의 승인, 포기	×	○
효과(목적물의 소유권이전)	물권적(유언자 사망 시 등기 없이도 소유권이전이 가능함)	채권적(수유자는 목적물의 등기·인도청구권 취득) 유증의무자의 이행으로 비로소 소유권이전(물권변동)이 가능함(채무면제는 예외)
상속재산불할참가	○	×
상속회복청구	○	×

③ 미성년자나 한정치산자가 단독으로 유증을 승인할 수 있으나, 포기는 단독으로 할 수 없고, 유증결격이나 부담부유증에 관한 규정은 포괄유증이든 특정유증이든 동일하게 적용된다. 승인과 포기의 효력이 상속개시시로 소급하는 점, 승인과 포기를 취소할 수 없는 점은 포괄유증이든 특정유증이든 동일하다.

유증은 재산의 처분행위이므로, 거기에 조건, 기한, 부담[이른바 부관(附款)]을 붙일 수 있다. 민법은 조건부유증과 부담부유증을 명문으로 인정하고 있고, 기한부유증도 유효하다.

부담부유증(민법에는 '부담있는' 유증이라고 표현, 민 1088조)은 수유자에게 유증만 하는 것이 아니라, 일정한 채무를 부담시키는 유증이다.

예를 들면, '나는 홍길동에게 5,000만 원(또는 특정의 부동산)을 주노라. 수유자 홍길동은 나의 묘비를 세워달라' 든지 또는 '갑에게 나의 부동산을 주노라. 갑은 나의 아내에게 생존하는 동안 매월 500만 원씩 지급하라'는 유언 등이 바로 그것이다.

그 부담으로 이익을 받게 되는 사람은 상속인에 한정되는 것은 아니고, 제3자라도 상관없다. 이러한 부담은 포괄유증이든 특정유증이든 붙일 수 있다. 그리고 부담부유증의 부담은 증여의 대가(반대급부)가 아니고, 나중에 수유자가 그 부담을 이행하거나 불이행하는 것이 정지조건이나 해제조건이 되는 것도 아니다. 부담의 불이행은 유증취소 사유가 될 수 있을 뿐이다.

정지조건부유증(민법에는 '정지조건 있는 유증'이라고 표현, 민 1089조 2항)의 경우는 조건이 성취된 때부터 유증의 효력이 생긴다. 예컨대, '홍길동이 ○○시험에 합격하면 100만 원을 그에게 주어라'고 유언한 경우 홍길동이 시험에 합격한 때부터 그 유언은 효력이 생긴다. 이러한 유증에서 조건성취 전에 수유자(홍길동)가 사망하면, 유증은 효력이 생기지 아니한다. 그러나 유증자가 유언으로 다른 의사표시('홍길동이 합격하지 못하면 그 아내에게 주라')를 한 경우는 그 의사에 따른다.

해제조건부 유증의 경우('허풍선에게 이 대지를 주노라. 만일, 허풍선이 담배를 피우기 시작하면, 그 대지는 돌려받아라'는 등) 조건성취 전에 수유자(허풍선)가 사망하면 유증은 유효하고 그 수유자의 상속인이 그 지위를 승계한다. 단순유증은 위와 같은 조건, 기한, 부담이 없는 유증이다.

2. 유언자 · 수유자와 유증의무자

1) 수유자(수증자)가 될 수 있는 사람은 누구인가

유언자는 유증을 하는 사람이고, 유언으로 유증의 이익을 얻게 되는 권리자가 수유자(受遺者)다. 누가 수유자가 될 수 있는가? 권리능력자이면 누구나 수유자가 될 수 있다. 자연인은 유언자의 상속인이든, 친족이든 제3자이든 상관이 없고, 법인은 물론이고, 권리능력이 없는 사단이나 재단, 기타 단체나 시설 등도 대표자나 재산관리인이 정하여져 있으면 수유자가 될 수 있다. 이 점이 '자연인만 재산을 받을 수 있는' 상속의 경우와 다른 점이다.

자연인

자연인이 수유자가 되려면 유언자 사망 당시(유언의 효력발생 시)에 생존하고 있어야 한다(상속과 같은 동시존재의 원칙이 그대로 적용된다). 그러므로 유언자의 사망 전에 수유자가 먼저 사망하면 그 유증은 무효가 된다(민 1089조 1항 : 대습유증은 없다). 그리고 유언자와 수증자가 동시에 사망하면 그 유증은 무효라고 해석하여야 할 것이다. 그런데 유언 중에 특히 수증자의 상속인에게 승계를 인정하는 의사표시(또는 사망자에 대한 유증을 유효로 한다는 의사표시)를 한 때는 수유자의 상속인이 수유자가 된다(민 1089조 2항, 1090조 단서). 이것을 보충유증이라고 한다. 유언자 사망 후 수증자가 이어서 사망한 경우는 수증자의 상속인이 유증을 상속한다.

태아

상속의 경우와 마찬가지로 태아는 유증에 관하여 이미 출생한 것으로 간주된다. 따라서 태아는 상속능력뿐만 아니라 수유능력도 있다.

예컨대, '지금 성춘향(주소, 성명, 생년월일 특정)이 임신 중인 아이에게 이 집을 주노라'고 유언할 수 있기 때문이다. 여기서 태아는 '유언자 사망 당시 이미 포태되어 있는 태아'를 의미한다. 그러므로 유언자 사망시까지 임신되지 아니한 태아는 수유능력이 없다. 태아는 생전(또는 사인)증여로 재산을 받을 수 있는 수증능력은 없다. 증여는 계약이기 때문이다.

법인

유언자 사망 시(유증의 효력발생 시)에 법인이 존재하고 있어야 한다. 그러므로 유언자의 사망 전이나 사망 시에 이미 해산된 법인은 수유능력이 없다. '설립 중의 법인이나 회사'는 자연인 가운데 태아의 경우에 준하여 수증능력이 있다. 따라서 유언자 사망 후 비로소 설립행위를 시작한 법인은 수유능력이 없으므로, 이에 대한 유증은 무효하다.

수유결격자와 유증의 승인·포기

상속결격자와 같은 사람은 유언증여를 받을 수 없고, 수유자가 될 수 없다(민 1064조, 1004조).

유증의 경우도 상속결격의 규정이 준용(민 1064조, 1004조)되므로, 상속결격자(친족)나 이와 비슷한 배신자(타인)는 유증을 받을 수 없다. 이 '결격자가 된다'는 의미는 유언자가 ○○○에게 주노라는 유언을 하였는데 수유자가 그 유언서를 위조, 변조하거나 유언자를 살해하는 등의 비행을 한 경우 결격자가 된다는 의미다. 그러므로 상속결격사유가 이미 발생한 후에 유언자가 그러한 사정을 알면서도 결격자에게 한 유증은 결격이 되지 아니한다. 유언자의 유언의 자유를 막을 수는 없기 때문이다.

수유자는 유증의 승인과 포기 중 어느 하나를 선택할 자유를 가지고 있으므로, 그 의사에 따라 유증받기를 강요당하지 아니한다. 아무리 공짜라고 하더라도 남으로부터 재산을 받기 싫어하는 사람도 있을 수 있기 때문이다.

2) 유증의무자는 누구인가

'망인(유언자)의 유언에 따라 재산을 넘겨주어야 할 의무'를 지는 사람이 유증의무자이다. 첫째로는 유언집행자(민 1101조)가 1순위 의무자이고, 둘째로는 유언집행자가 없을 때 상속인이 2순위 의무자다. 포괄수유자(민 1078조)가 있을 경우에는 그도 상속인과 같은 지위에서 유증의무자가 된다. 셋째로 상속인도 없는 경우는 상속재산의 관리인(민 1053조, 1054조)이 마지막의 의무자가 된다. 특정수유자(예컨대, 자동차 1대를 유증받은 사람)는 유증의무자가 될 수 없다.

3. 포괄유증과 유증의 효력

유언자가 상속재산의 전부나 일정 비율을 누구에게 준다고 하는 유증이 포괄유증이고, 이러한 유증을 받는 사람이 포괄수유자이다. 이러한 포괄수유자는 상속인과 동일한 권리, 의무가 있다(민 1078조). 따라서 '유증받은 만큼의' 상속분을 가지는 새로운 상속인이 한 사람 늘었다고 생각하면 된다. 이는 유언자에 의한 상속인의 지정, 상속분의 지정과 매우 비슷하다.

예컨대, 상속인으로 갑, 을, 병 3인이 있는데 피상속인이 A에게 '나의 재산의 1/3을 주노라'(포괄유증)고 한 경우 A와 갑, 을, 병 사이의 상속분배 비율은 아래와 같다.

A가 1/3을 가지고 나머지 2/3를 갑, 을, 병이 나누어 (2/3×1/3) 2/9

씩을 가진다. 그러므로 상속분배 비율은 A : 갑 : 을 : 병 = 3/9 : 2/9 : 2/9 : 2/9가 된다.

포괄수유자는 상속인과 동일한 권리와 의무가 있다(민 1078조). 그 의미는 무엇인가?

유증의 효력이 발생하는 시점

유언자 사망 시 유증의 효력이 발생한다. 그때 수증자는 상속인과 마찬가지로 유증사실을 알든 모르든, 유언대로 상속재산[적극재산이든 소극재산(채무)이든 불문한다]을 법률상 당연히 포괄승계한다(민 1005조). 이는 상속의 경우와 완전히 동일하다. 부동산, 동산, 채권의 승계는 이전등기, 인도, 대항요건(통지 등) 등을 구비하지 아니하여도 수증자에게 당연히 이전된다(물권적 효력이 있다고 한다). 게다가 유언자가 또 특정유증을 하면, 포괄수증자는 그 특정수유자에 대한 유증의무자가 된다. 포괄수유자는 상속인과 동일한 권리의무가 있다는 규정(민 1078조, 포괄유증의 효력)은 포괄적 '사인증여'에는 준용되지 아니한다(대판 1996. 4. 12, 94다37714, 37721).

조건부·기한부 유증은 그 조건성취 시, 기한도래 시에 효력이 생긴다. 조건부 유증에서 조건성취 전에 수유자가 사망하거나, 유언자 사망 전에 수유자가 먼저 사망하면 유증의 효력이 생기지 아니한다.

유증의 효력이 생기지 아니하거나 수증자가 유증받기를 포기한 경우는 그 목적재산이 상속인에게 귀속된다. 그러나 유언자가 유언으로 다른 의사표시를 한 경우는 그 의사에 따른다(민 1090조).

포괄수유자와 다른 상속인과의 관계

포괄수유자와 상속인 간(또는 포괄수유자와 다른 포괄수유자 간)에는 공동상속인 상호간의 경우와 마찬가지로 상속재산의 공유관계가 생긴다. 그래서 이들이 협의분할에 참가하게 되고 그 분할 시까지 공유상태는 계속된다. 따라서 포괄유증은 형식적으로는 유증이지만, 실질적으로는 상속인의 지정과 동일하다. 그래서 포괄유증에는 유증에 관한 규정이 아니라, 상속에 관한 규정이 준용된다.

> **참고 판례**
>
> 만일, 피상속인이 전 재산을 포괄적으로 다른 사람에게 유증하였다면, 그 피상속인에게 직계비속인 '시집간 딸'이 있다 하더라도 그 딸은 유류분제도가 없는 이상 상속한 상속재산(적극재산 및 소극재산)이 없으므로, 망인의 생전채무를 변제할 의무가 없다(대판 1980. 2. 26, 79다2073, 원심 서울고판 1979. 10. 25, 79나993).

공동상속인 중 일부 상속인이 증여나 유증을 받은 경우

공동상속인 중 일부의 상속인이 피상속인으로부터 증여나 유증을 받아 그것이 상속분을 초과한다 하더라도, 그것으로 인하여 다른 공동상속인의 유류분을 침해하지 아니하는 이상 그 초과부분을 반환할 필요는 없다. 이는 피상속인의 유언의 자유를 보장하여야 하기 때문이다.

유증의 승인과 포기

수유자는 유증의 승인과 포기의 자유를 가지고 있다. 그 결과 수유자는 그 의사에 반하여 유증을 받기를 강요당하지 아니한다. 특정유증의 승인, 포기에 관한 규정(민 1074~1077조)은 따로 있고, 포괄유증의 승인, 포기에는 상속의 승인, 포기에 관한 규정(1019~1044조)이 그대로 적용된다.

그러므로 포괄수유자는 상속인과 마찬가지로, 유증이 있음을 안 날로부터 3개월 이내에 한정승인이나 포기를 가정법원에 신고하지 아니하면 채무초과라도 무한책임을 지게 된다(덤터기를 쓰게 된다). 다만, 중

대한 과실없이 채무초과사실을 알지 못한 사람은 다시 그 사실을 안 날로부터 3개월 이내에 이른바, 특별한정승인을 할 수 있다(개정민법 1019조 3항). 이는 입법론상 문제가 있다. 특히 상속인이 아닌 제3자가 유증받은 경우는 문제가 아닐 수 없다. 포기, 승인은 함부로 철회할 수 없고, 사기 등을 이유로 취소할 수 있음은 상속포기 등의 경우와 동일하다.

　수증자가 수증(재산을 받기)을 포기하면 그 유증의 목적재산은 상속인들에게 상속분의 비율대로 귀속된다(민 1090조). 이는 상속인 중 1인이 상속을 포기한 경우와 완전히 동일하다.

　특정유증을 받은 사람은 유언자의 사망 후 '언제든지' 유증을 승인, 포기할 수 있는데, 그 효력은 유언자의 사망 시로 소급한다. 유언자의 사망 전에는 승인, 포기를 할 수 없고 사망 전 승인, 포기는 무효하다.

4. 특정유증(特定遺贈)

　상속재산 중 특정재산(예컨대, 자동차 등 구체적인 재산)을 대상으로 하는 유증이 특정유증이다. 다시 그 대상물이 특정물(가옥 등)이냐, 종류물(쌀, 콩 등)이냐에 따라 특정물유증과 불특정물유증으로 나눌 수 있다. 특정유증의 수증자는 증여계약의 수증자와 동일한 지위에 서 있다.

1) 특정유증의 승인과 포기

　유증은 유언자의 단독행위이므로, 수유자가 이를 알든 모르든, 그의 의사와 관계없이 유언자의 사망 시 당연히 그 효력이 생긴다. 그러나 수유자에게 유증을 받기를 강제할 수는 없다.

특정유증은 포괄유증과 성질이 다르므로, 특정수유자는 유언자의 사망 후 언제든지 유증을 승인하거나 포기할 수 있다. 여기에는 상속의 승인·포기 규정이 적용되지 아니한다. 민법 제1074조 이하의 규정은 특정유증에만 적용된다.

① 유언자의 사망 전에 승인이나 포기를 할 수 없다. 승인과 포기의 효력은 유언자 사망 시로 소급한다.

② 승인이나 포기의 방법에는 아무런 제한이 없다. 명시적·묵시적 의사표시로 할 수 있다. 포괄유증의 경우는 상속의 경우와 같이 가정법원에 승인이나 포기 신고를 하여야 한다.

③ 수유자가 무능력자인 경우는 무능력자의 행위 능력에 관한 규정이 적용된다. 그러므로 미성년자는 특정유증의 승인은 자유로이 할 수 있으나, 포기는 임의로 할 수 없다.

④ 포기는 자유이지만, 채무를 면제하는 유증의 경우는 수유자가 마음대로 포기할 수 없다. 채무면제 그 자체가 채권자의 단독행위이기 때문이다. 유언으로 "○○○에게서 받을 대여금 채권 1,000만 원은 이를 면제하노라"고 유언하는 것이 채무면제의 유증이다.

⑤ 승인·포기의 취소

특정유증을 승인, 포기한 후에는 수유자는 임의로 이를 취소할 수 없다. 이때의 취소는 '철회'의 의미이고, 이는 유증의무자, 기타 이해관계인의 신뢰가 손상되지 않도록 보호하고 예측하지 못한 의외의 손해를 막기 위한 것이다.

착오, 사기, 강박으로 승인, 포기하거나 무능력자가 단독으로 승인, 포기한 경우와 같이 의사표시에 하자가 있는 때는 민법총칙의 일반원리에 따라 취소할 수 있음을 주의하여야 한다(상속의 승인, 포기 취소와 동일하다).

수증자의 상속인 승인과 포기(민 1076조)

수유자가 승인, 포기를 하지 아니하고 사망한 경우는 수유자의 상속인이 이를 승계한다. 상속인들은 각자의 상속분 한도 내에서 승인, 포기를 할 수 있다. 그러나 유증자는 수증자의 상속인에 의한 승인이나 포기를 금지시키는 유언을 할 수 있다.

수유자의 상속인이 여러 사람인 경우 승인이나 포기는 꼭 전원이 공동으로 하여야 하는 것은 아니다. 일부의 상속인이 그 수유분을 포기할 수 있고, 그때의 포기분은 승인한 다른 공동상속인에게 상속분대로 귀속한다고 해석하여야 할 것이다.

유증의무자의 최고권

수유자가 장기간 승인, 포기를 하지 아니하고 있으면 유증의무자의 지위는 불안정하게 된다. 그래서 유증의무자나 기타 이해관계인은 상당한 기간을 정하여 그 기간 내에 승인, 포기의 확답을 하라고 수유자나 그 상속인에게 최고(독촉)를 할 수 있고(민 1077조 1항), 만일 그 기간 내에 의사표시를 하지 아니한 때는 승인한 것으로 본다(1077조 2항).

① 최고권자는 누구인가? 유증의무자인 상속인, 포괄수유자, 유언집행자, 상속채권자, 부담부유증의 수익자, 승인과 포기에 이해관계를 가지는 사람이 포함된다.

최고의 상대방은 수유자이고, 수유자가 승인이나 포기를 하지 않고 사망한 경우는 그 수유자의 상속인이다.

② 최고의 시기와 방법은? 수유자나 그 상속인이 승인이나 포기를 하지 않고 있는 동안에는 언제든지 최고할 수 있다.

최고를 할 때는 반드시 '어느 정도 생각하여 응답할 수 있는 기간'을 정하여 하여야 하고, 최고 기간이 짧더라도 정한 기간이 지나면 최고의 효력은 생긴다고 해석해야 할 것이다.

③ 최고에 대한 확답은 누구에게 하여야 하는가? 반드시 수증의무자들 모두나 1인에게 하여야 한다. 그 법정대리인이나 다른 사람에게 하면 효력이 생기지 아니한다.

④ 최고에 대하여 수유자(그 상속인 포함)가 기간 내에 확답을 하면 유증의 승인 또는 포기가 확정된다. 최고기간 내에 아무런 확답이 없이 지나가면, 유증을 승인한 것으로 의제(간주)된다. 이 효력은 모든 이해관계인에 대하여 생긴다.

일단 승인이나 포기를 하면 의사표시의 하자나 무능력을 이유로 하는 취소의 경우 이외에는 철회할 수 없음이 상속의 경우와 마찬가지이다.

⑤ 수유자가 유증을 포기하면(유언자의 다른 의사표시가 없는 이상), 유증의 목적인 재산은 유언자의 상속인에게 귀속된다(민 1090조). 이는 유언무효의 경우와 같다. 포괄수유자의 수증분이 증가하지 아니함은 이미 설명하였다(유언자가 다른 의사표시를 한 경우는 예외).

2) 특정물유증의 효력

수유자는 증여계약의 수증자와 동일한 지위에 선다. 예를 들면, '갑이 을에게 이 자동차를 증여한다. 다만 그 효력은 갑의 사망 시에 생긴다'는 계약이 사인증여계약이다.

유증 이행청구권

특정유증의 경우 목적물의 소유권은 언제 수유자에게 이전되는가? 특정유증의 효력은 채권적이다. 그러므로 목적재산은 상속재산으로서 일단 상속인에게 승계되고, 수유자는 상속인(수증의무자)에게 유증을 이행하라고 청구할 수 있을 뿐이다.

부동산이면 이전등기(자동차이면 이전등록)청구를 하고, 동산의 경우는 인도청구권을 행사하여 등기나 인도를 받은 때, 비로소 물건의 소유권이 수유자에게 넘어가게 된다. 물권변동의 성립요건주의(형식주의 : 등기를 이전하여야 소유권이 이전된다는 주의)상 당연하다.

'유증의무자' 또는 '유증의 이행을 청구할 수 있는 때' 등의 문구가 민법에 규정되어 있는 점, 재산분리의 경우도 민법 제1051조 제3항에 의하여 제1035조, 제1038조가 준용되고 있는 점, 한정승인의 경우 상속채권자는 특정적 수유자보다 우선적으로 변제를 받을 수 있는 점 등이 특정유증의 효력이 채권적이라는 것에 대한 근거가 된다.

지명채권(예컨대, 갑이 을에 대하여 청구할 수 있는 대여금 100만 원 등)이 유증의 목적물인 경우는 수증의무자(갑의 상속인)와 수유자 사이의 양도계약으로 채권은 이전되나, 양도인(상속인)의 통지나 채무자(을)의 승낙이 있어야 제3자에게 대항할 수 있다(제3자에 우선하여 채권을 받을 수 있다).

증권적 채권(예컨대, 약속어음)의 경우는 양도계약과 증권(약속어음) 그 자체의 배서와 교부가 있어야 권리가 이전된다. 채무면제와 같은 유증은 의사표시만으로 바로 효력이 생긴다. 그래서 '나는 ○○○에게 대여금 채권 500만 원을 면제하노라'는 유언은 물권적 효력이 생긴다(유언 이외의 별다른 절차는 필요하지 않다).

과실(果實)취득권

갑이 '나의 가옥을 홍길동에게 주노라'고 유언한 경우

① 특정물의 수증자(홍길동)는 유언자(갑)의 사망 시(정지조건의 성취 시, 시기부유증의 경우는 시기도래 시)로부터 유증의 이행(가옥명도, 이전등기 등)을 청구할 수 있고 그때부터 목적물의 '과실(임대료 등)'을 취득할 권리가 있다(민 1079조 본문). 과실에는 법정과실(이자, 임료 등)과 천연과실(곡식이나 과일 등)이 포함된다. 유언자가 이와 다른 의사표시를

할 수 있음은 물론이다(갑이 '다만, 내가 죽은 후 3년이 되는 날 소유권을 넘겨 주라'고 유언함이 그 보기이다).

② 유증의무자의 비용상환청구권

상속인 등 유증의무자가 유언자의 사망 후 수유자에게 목적물을 인도할 때까지 과실수취를 위하여 필요비(예컨대, 가옥수리비 등)를 지출한 때는 과실가액의 한도 내에서 수유자에게 그것을 상환하라고 청구할 수 있다(민 1080조).

유증의무자가 목적물에 관하여 비용을 지출한 때는 유치권자의 비용상환청구의 규정에 따라 그 비용을 받기 전에는 물건의 인도를 거부하는 동시이행항변을 할 수 있다. 그리고 상속인은 필요비의 경우는 그 금액을, 유익비의 경우는 그 가액의 증가가 현존하는 조건에 한하여 수유자의 선택에 따라 그 지출금액 또는 현존가액만을 상환하라고 청구할 수 있다(민 325조, 1081조). 이 경우 가정법원은 수유자의 청구에 따라 상당한 상환기간을 허용할 수 있다.

이러한 비용은 유언자의 사망(상속개시) 후 생긴 것에 한정되고, 그 전의 것은 상속재산의 부담이 된다.

상속재산에 속하지 아니한 권리 - 제3자의 소유물을 유증?

① 특정유증의 목적물(예컨대, 가옥)이 원래 유언자의 소유였으나, 유언자의 사망 당시 이미 매각 등으로 상속재산에 속하지 아니한 때는 유언의 효력이 생기지 아니한다(1087조 1항 본문). 이 경우는 유언이 철회된 것으로 볼 수 있다. 특정적 유증의 목적물이 처음부터 유언자의 소유가 아닌 경우 그 유증은 효력이 없다. 금전이나 기타 불특정물의 유증의 경우는 '유언자 소유가 아니라도' 항상 유효하다(갑이 '100만 원을 홍길동에게 주노라'는 유언을 한 경우 현금 100만 원의 소유권이 누구에게 있느냐는 문제되지 않는다).

② 유언자의 뜻이 자신이 사망할 당시 그 목적물이 상속재산에 속하

지 아니하는 경우에도 유언의 효력이 생기기를 바라면, 유증의무자는 그 권리를 취득하여 수유자에게 이전할 의무가 있고, 그것이 불가능하거나, 과다한 비용이 들 경우는 그 가액으로 변상할 수 있다.

가액은 어느 시점의 것인가? 수유자의 변상청구 시를 기준으로 하여야 한다는 견해와 상속개시시를 기준으로 하는 것이 타당하다는 견해로 나누어진다. 상속은 사람의 사망으로 개시되므로 이 기준도 상속개시시로 보는 것이 옳을 것이다.

③ 유언자의 사망 당시 이미 유증의 목적물(가옥 등)에 저당권이나 전세권 등이 설정되어 있는 경우 수유자는 이를 그대로 받아야 하고, 유언자의 상속인 등 유증의무자에 대하여 제3자의 저당권 등 권리를 소멸시켜달라고 청구할 수 없다(민 1085조). 상속인 등 유증의무자는 물건에 대한 담보책임이 없기 때문이다.

유증의 물상대위(物上代位)

① 유증목적물 예컨대, 가옥, 대지 등이 멸실, 훼손, 점유의 침해로 현재 상속재산 중에 없는 경우라도, 그것이 제3자에 대한 손해배상청구권으로 변화되어 존재하고 있는 경우는 그 청구권을 유증의 목적으로 한 것으로 본다(민 1083조).

여기서 멸실은 목적물 자체가 멸실되거나 소유권을 잃은 경우를 말한다. 예컨대, 보험금청구권, 제3자에 대한 손해배상청구권, 토지수용 등으로 인한 수용보상금청구권으로 변경된 경우는 그러한 청구권이 유증의 목적이 된다. 훼손이란 목적물의 가치를 떨어뜨리는 행위가 대부분이고, 나아가 목적물이 다른 물건과 부합, 혼화, 가공으로 멸실되어 보상금청구권으로 변경된 경우도 포함된다.

② 채권을 유증의 목적으로 한 경우(예컨대, ○○자동차 1대의 반환청구권) 유언자가 그 변제받은 물건이 상속재산 중에 있을 때는 그 물건을 유증의 목적으로 한 것(특정물유증)으로 본다(민 1084조 1항). 위의 경우

유언자가 변제받은 것이 금전인 경우는 상속재산 중에 그 금전에 상당하는 금전이 없는 때에도 그 금액을 유증의 목적으로 한 것으로 본다(민 1084조 2항).

위 민법 1083조, 1084조는 임의규정이며, 유언자는 이와 다른 의사표시를 한 때는 그 의사에 따른다(민 1086조). 종류물(쌀이나 설탕 등)의 지급을 목적으로 하는 채권을 유언자가 추심하여 수령한 후 양도하거나 처분한 경우 그 유증은 철회된 것으로 보아야 할 것이다(민 1109조). 예컨대, 갑이 '을로부터 받을 쌀 3가마니에 관한 인도청구권을 주노라'고 유언하여 놓고 갑이 스스로 을에게서 쌀을 인도받아 처분한 경우는 그 처분(생전처분)이 유언과 저촉되기 때문에 유언이 철회된 것으로 본다.

3) 불특정물(종류물)유증의 효력(상속인 등 유증의무자의 담보책임)

불특정물(쌀, 밀가루, 설탕 등) 유증의 경우 상속인 등 유증의무자는 그 목적물에 관하여 매도인과 같은 담보책임을 진다. 따라서 그 목적물에 하자(흠)가 있는 때는 유증의무자는 '하자 없는' 완전한 물건으로 넘겨주어야 한다.

수유자는 손해배상과 완전물급여 중 어느 하나를 선택하여 청구할 수 있는데, 그 중에서 완전한 물건의 급여를 먼저 청구하여야 한다. 일단 물건을 받았으나, 제3의 소유자에게 추탈당한 경우 수유자는 다시 '완전한 물건을 달라'고 청구할 수 있다.

수유자는 매매계약의 해제 같은 것은 청구할 수 없다. 유언은 유언자의 단독행위이므로 이를 수유자가 해제할 수 없음은 이론상 분명하다(공짜로 물건을 받는 사람이 그 유언을 물러달라고 할 수 없음). 상속재산 중 다른 물건에도 동일하게 하자가 있는 경우는 담보책임이 없으나, 완전한 물건을 처분한 경우는 손해배상책임이 있다고 보아야 할 것이다.

그러나 특정물(예컨대, 망인 소유의 자동차 등)유증의 경우는 이러한 담보책임이 없고 상속인은 특정된 물건을 현상대로 인도하면 된다(찌그러진 자동차라도 그대로 넘겨주면 된다. 등록부상 명의이전도 하여 주어야 한다).

5. 부담부유증

1) 서론

개념

부담부유증은 '의무의 이행이 따르는' 유증이다. 예컨대, 내가 '너에게 5억 원을 줄 터이니, 내 아들 홍길동이 20세 될 때까지 매월 1일 50만 원씩 주면서 지도하라'고 유언하는 것이 그 예이다. 이처럼 부담부유증은 유언자가 유언으로 수유자에게 이익을 주면서 동시에 '유언자 자신 또는 제3자를 위하여' 일정한 법률상 의무를 부담시키는 유증이다.

조건부유증과의 구별(법률적 성질)

조건부유증은 조건이 이루어지지 아니하면 유증의 효력이 발생하지 아니하는 데 비하여 부담부유증은 부담 그 자체가 유증의 효력발생을 좌우하지는 않는다. 수유자의 행위를 내용으로 하지 않는 부관(附款 : 조건, 기한, 부담)은 조건은 될 수 있어도 부담은 될 수 없다.

수유자의 행위를 내용으로 하는 부관은 유언자의 의사에 따라 부담으로 할 수도 있고, 조건으로 할 수도 있다. 부담인지 조건인지의 구별은 유언의 해석문제이고, 유언자의 뜻이 분명하지 아니할 때는 부담부유증으로 추정하여야 할 것이다. 유증의 효력을 불확정 상태에 두는 것은 바람직하지 않기 때문이다.

부담부유증은 유언을 하면서 일정한 부담을 지웠을 뿐이지, '어떠한 부담을 이행하면 내가 너에게 ○○원을 준다' 고 하는 것처럼 하나의 '정지조건을 정한 것' 은 아니므로, 수유자가 나중에 부담을 이행하지 아니하여도 효력을 발생한다. 다만, 부담의 불이행으로 인하여 유언취소소송의 문제가 생기는 수가 있을 뿐이다. 그리고 '부담의 불이행을 해제조건' 으로 한 것도 아니므로, 수유자가 부담의무를 이행하지 아니하여도 효력을 상실하지 않는다.

유증의 종류와 부담
포괄유증, 특정유증의 어느 경우이든 유언자는 부담부유증을 할 수 있다.

2) 부담의 무효와 부담부유증의 효력

부담부유증의 부담은 유증의 대가나 반대급부가 아니다. 부담의 내용은 보통 수유자가 받는 '경제적 이익' 의 일부를 수익자에게 주는 것이지만, 반드시 금전적 가치, 경제적 이익이 없는 것이라도 무방하고 유증의 목적물과 전혀 관계없는 것일 수도 있다.

그러나 법률상 의무가 될 수 없는 것, 예컨대, '남의 보증을 서지 말아라', '근검 절약하라' 는 등 도덕적 교훈 등은 부담으로서 효력이 없으므로 법적 구속력이 없다. 부담은 수유자에게 부과된 법률상의 의무이므로 그 내용은 수유자의 행위, 즉 작위(作爲) 또는 부작위(不作爲) 의무이다.

수익자는 유언자 자신, 유언자의 상속인, 제3자 등이라도 상관이 없고 그 제3자는 특정인이든, 불특정 다수인이든 상관없다.

사회질서에 반하는 부담 예컨대, '간통하여서라도 아이를 낳아라. 대를 이어야지' 등 범죄행위를 내용으로 하는 것이나, 가족법상의 행위인 혼인, 입양, 이혼, 파양 등을 종용하거나 혼인의 동의를 미리 유언하는 것은 무효하다. 다시 말해, 법률상 또는 사실상 불가능한 것을 내용으로 하는 부담 등은 무효하다.

부담이 무효라면 유증은 어떻게 되는가? '그 부담이 무효라면 유증을 하지 않았으리라'고 생각되는 경우는 유증 그 자체가 무효가 된다. 그 밖의 경우는 부담만 무효가 되고, 유증은 부담 없는 단순유증이 된다.

3) 부담이행의 의무와 청구

부담이행 의무자는?

부담이행 의무자는 수유자이고, 수유자의 상속인도 의무를 부담한다. 수유자는 '유증가액의 한도' 내에서 부담의무를 이행할 책임이 있다(민 1088조 1항).

수유자가 유증의 승인이나 포기를 하지 않고 사망한 경우(승인하였으나 이행하지 않고 있는 동안에 사망한 경우도 포함한다) 그 상속인이 상속분의 한도 내에서 승인이나 포기를 할 수 있고, 상속인이 승인을 한 때는 그 상속분의 한도 내에서 부담이행의무를 지게 된다.

부담이행청구권자는?

상속인과 유언집행자가 청구권자이다. 상속인이 여러 사람인 경우는 각 상속인이 이행청구를 할 수 있고 반드시 공동으로 청구하여야 하는 것은 아니다. 상속인 중 1인이 수유자인 경우라도 그러하다.

그렇다면 수익자는 이행청구를 할 수 없는가? 민법 제539조 제1항, 제561조를 유추적용하여 수익자도 이익향수의 의사표시를 하여 직접 수유자에 대하여 이행청구를 할 수 있다고 해석함이 타당하다. 유언자의 뜻을 실현할 수 있도록 하고, 다른 상속인이나 유언집행자가 이행청구를 하지 아니할 경우 대책이 없기 때문이다.

4) 수유자의 책임범위

이익보다 무거운 부담?

유언자는 수유자에게 '이익보다 더 무거운' 부담을 지울 수는 없다. 이는 근대법의 원칙이다. 공연히 남에게 덤터기를 씌울 수는 없다. 예컨대, '내가 너에게 이 자동차(시가 1,000만 원 상당)를 줄 터이니, 너는 내 아들에게 매달 금 500만 원씩을 앞으로 10개월 동안 지급하라'는 유언 등을 할 수 없다. 민법은 부담부유증의 수유자는 '유증의 목적의 가액을 초과하지 아니하는 한도에서 부담한 의무를 이행할 책임이 있다'고 규정하고 있다(민 1088조 1항).

부담이 이익보다 무거운 경우의 효력

부담이 유증의 이익보다 큰 경우(부담 > 유증이익), 초과부분만 무효가 되고(앞의 예에서 수유자는 2개월 동안만 500만 원의 부담을 이행할 의무를 지게 되고 그 이상 부분은 무효하다), 유증 전부가 무효로 되는 것은 아니다. 수유자는 초과부분의 이행을 거절할 수 있고, 이미 이행한 경우는 초과부분의 반환을 청구할 수 있다.

가액산정 시점

유증 목적의 가액과 부담 가액의 대소(산정)는 어느 시점을 기준으로 정할 것인가? 수유자의 불이익을 막기 위하여 부담 이행 시를 기준으로 정하여야 할 것이다.

포괄유증의 경우는 채무도 승계한다. 그러므로 '적극재산 – 소극재산'이 마이너스로 나올 때 즉 상속재산이 채무초과일 경우 수유자가 부담을 이행할 의무는 없다.

한정승인을 하면 상속채무와 유증은 상속재산의 범위 내에서 변제하면 된다. 먼저 상속채권자에게 변제를 하고, 그 후에 수유자에게 변제한다(민 1036조). 상속채권자에게 먼저 변제하지 아니하면 수유자에게 변제할 수 없다.

목적물이 감소된 경우

부담부유증의 경우 유증목적물의 가액이 한정승인이나 재산분리로 인하여 감소된 경우는 수증자는 그 감소된 범위 내에서 부담의무를 면한다(민 1088조 2항).

5) 유증의 포기와 부담

수유자가 유증을 포기하면 유증은 소급적으로 실효되고, 그에 따른 부담도 당연히 실효된다. 그러면 유증의 목적인 재산은 유언자의 상속인에게 귀속된다. 유언자가 그 수증자의 포기분을 다른 수증자에게 주도록 하라는 유언을 한 경우는 상속인에게 돌아가지 아니한다.

6) 부담부유증의 취소(부담의 불이행 시)

부담부증여는 쌍무계약이므로 당사자는 서로에 대하여 채무를 이행하라고 청구할 수 있고 만일 이행하지 아니하면 서로 계약을 해제할 수 있으나, 부담부유증은 단독행위이므로 쌍무계약에 관한 규정이 준용될 여지가 없다. 그러므로 수유자가 그 부담을 이행하지 않고 유증의 이행을 청구하더라도 상속인 등 유증의무자는 이를 거절할 수 없다.

수유자가 유언자의 뜻에 어긋나게 부담을 이행하지 아니하여도 그 유증이 당연히 실효되는 것은 아니다. 이 경우 유언자의 유언의 진의를 살리기 위하여 어떠한 조치가 필요하다. 그래서 민법은 부담부유증의 취소제도를 인정하고 있다(민 1111조).

요건

① 수유자가 그 부담을 이행하지 아니할 것

부담의 일부를 이행하지 아니한 경우, 그 일부의 이행만으로는 유언자의 유증 목적을 달성할 수 없을 때는 유증 전부의 취소를 청구할 수 있을 것이다. 이행하지 아니한 부분이 근소한 경우는 취소할 수 없다.

② 상속인이나 유언집행자가 상당한 기간을 정하여 부담의 이행을 최고할 것

예컨대, 언제까지 아이에게 ㅇㅇㅇㅇ원을 지급하라고 독촉하는 경우이다.

취소의 절차

유언자의 상속인이나 유언집행자는 수유자가 위 기간 내에 유언자가 명령한 부담을 이행하지 아니할 경우 가정법원에 유언의 취소를 청구할 수 있다(민 1111조). 유언집행자는 유언자의 의사 실현을 직무로 하는 사람이고, 상속인의 대리인으로 간주되기 때문에 취소청구권을 가진다. 이러한 유언취소사건은 상속개시지 가정법원의 전속관할 심판사항이고 법원의 심판절차에는 수유자를 참여하게 하여야 한다. 유언취소심판에 대하여는 즉시항고를 할 수 있다.

유언의 취소를 가정법원의 가사비송사건으로 정하고 있는 이유는 다음과 같다.

① 유언이 취소되면 유언자의 뜻과는 정반대의 결과를 가져오게 되고, ② 취소의 소급효로 인하여 수익자도 이익을 받을 수 없게 되며, ③ 부담의 이행 여부에 관하여 당사자 사이에 다툼이 생길 수 있고, ④ 상속인과 수유자가 공모하여 수익자의 이익을 부당하게 침해할 우려가 있기 때문이다.

취소의 효과
유언취소의 심판이 확정되면, '취소의 소급효로 인하여' 유증은 처음부터 없었던 것이 된다. 수유자가 받았거나 받을 재산은 유언자의 상속인에게 돌아간다. 그 유증으로 이익을 얻고 있던 수유자와 수익자는 상속인에 대하여 부당이득반환의무를 지게 된다.

그러나 이 취소로 인하여 제3자의 권리를 해하지는 못한다. 수유자가 유증의 목적물(예컨대, 자동차)을 제3자에게 양도한 경우라면 수유자는 금전으로 반환할 책임을 지지만, 제3자는 유효한 권리를 취득하고 만다.

7) 부담부사인증여의 취소

사인증여에는 원칙적으로 유언의 철회에 관한 규정(그 중 방식부분 제외)이 준용된다. 그러나 아래와 같은 예외적인 사례가 있다는 것을 주의하여야 한다. 전체적인 취지는 부담부유증의 취소 경우와 동일하다.

'부담의 이행기가 증여자의 생전으로 정하여진' 부담부사인증여의 수증자가 부담의 전부 또는 이에 비슷한 정도의 이행을 한 경우에는, 위 증여계약체결의 동기, 부담의 가치와 증여재산 가치의 상관관계, 계약상의 이해관계자 간의 신분관계, 기타 생활관계 등에 비추어 위 계약의 전부나 일부를 취소하는 것도 어쩔 수 없다고 인정될 만한 특별한 사정이 없는 이상 민법 제1108조(유언의 철회), 제1109조(유언의 저촉)의 각 규정은 준용되지 아니한다(일본 최고재 1982. 4. 30 판결).

예컨대, 홍길동이 '나의 동상을 내 생전에 만들어 주면 나의 집과 대지를 허풍선에게 준다'는 사인증여계약을 체결한 후, 허풍선이 홍길동의 동상을 만들어주었다면, 홍길동은 함부로 위 사인증여계약을 철회, 취소할 수 없다는 취지이다. 그리고 1심 소송에서 패소한 사람이 2심에서 재판상 화해를 하면서, '원고가 사망하면 A토지를 피고와 그 상속인에게 증여한다'고 약정을 하였다면, 원고는 위 사인증여(계약)를 마음대로 취소할 수 없다(일본 최고재 1983. 1. 24 판결).

6. 유증의 무효와 취소

유증은 유언에 의한 증여이고 유언은 1개의 의사표시로 이루어지는 단독의 법률행위이다. 그러므로 일반적인 의사표시나 법률행위의 무효, 취소에 관한 규정이 적용된다.

유증에 특유한 무효원인 3가지는 다음과 같다.
① 유언자의 사망 전에 수증(유)자가 먼저 사망한 경우(민 1089조 1항)
② 정지조건부유증에서 조건성취 전에 수증(유)자가 사망한 경우(민 1089조 2항)
③ 유언자 사망 시 유증의 목적재산이 상속재산에 속하지 아니한 경우(민 1087조 1항)이다.

그런데 유언자의 분명한 뜻이 '그의 사망 당시 그 목적물이 상속재산에 속하지 않더라도 유증의 목적으로 한 것'이라고 인정하여야 할 경우는 유증의무자는 그 목적물의 권리를 취득하여 수유자에게 이전할 의무를 진다. 만일 그 권리를 취득할 수 없거나, 취득에 과다한 비용이 들 경우에는 그 가액을 변상하여 책임을 면할 수 있다. 위와 같이 유증이 무효하거나, 수증자가 유증을 포기한 때는 유증의 목적인 재산은 상속인에게 귀속된다.

유증에는 특유한 취소원인 한 가지가 인정되어 있다. 즉, 부담부유증의 경우 수증자가 부담을 이행하지 아니할 때는 상속인이 그 유증을 취소할 수 있다. 예컨대, ○○○에게 달마다 100만 원씩 지급하라고 유언하였는데 수증자가 이를 이행하지 아니하는 경우이다.

유언집행

1. 의미

　유언의 집행은 유언자 사망 후(유언의 효력이 발생한 후) 유언서에 표시된 유언자의 의사를 실현하는 행위이다. 유언집행은 상속인이 할 수 있는 것도 있고 유언집행이 필요 없는 것도 있다. 유언자의 유언대로 집행하면 상속인에게 불리하게 되는 경우, 상속인이 미성년자라서 그에게 유언집행을 맡길 수 없는 경우도 있다. 그래서 공정한 유언의 집행을 위하여 민법은 유언집행제도를 두고 있다.
　유언집행자를 지정하여 집행하여야 할 유언으로는 친생부인(민 850조 : 소송제기), 인지(認知, 민 859조 2항 : 인지신고)가 있고, 상속인 자신이 집행할 수 있는 유언으로는 특정적 유증(예컨대, '나의 ○○자동차는 홍길동에게 주어라'는 유언), 상속분의 지정유언(예컨대, '차녀에게 전 재산의 1/3을 주노라'는 유언), 재단법인 설립, 신탁유언 등이 있다.
　유언의 집행이 필요 없는 것으로는 후견인·친족회원·유언집행자의 지정유언, 상속재산분할의 지정·위탁·금지의 유언(민 1012조) 등이 있다.
　유언집행에는 비용이 드는데 이러한 비용(상속재산관리비용, 집행과 관련한 소송비용, 재산목록작성비용, 검인신청비용, 유언집행자의 보수 등)은 상속재산 중에서 지급된다.

2. 유언서의 검인과 개봉

1) 검 인

검인은 유언서의 위조, 변조를 방지하고 유언자의 진의(眞意)를 확보하기 위하여 유언서의 형식, 기타 현상을 있는 그대로 확인하여 보존을 확실하게 하는 일종의 검증절차(증거보전절차)이다.

자세한 것은 이미 유언의 방식을 이야기할 때 설명하였으므로 여기서는 생략한다.

다만, 검인절차의 진행과 관련하여 유언증서나 녹음자료를 보관한 사람 또는 이를 발견한 사람은 유언자의 사망 후(사망사실을 안 후의 의미) 지체 없이 가정법원에 제출하여 검인을 청구하여야 한다(민 1091조 1항). 공정증서, 구수증서유언의 경우는 검인절차가 필요 없다.

위에서 보관자는 유언자의 부탁을 받은 보관자뿐만 아니라, 사실상의 보관자도 포함된다. 보관자가 없을 경우는 발견자(상속인 등)가 유언증서나 녹음자료를 법원에 제출하여야 하고 만일 제출하지 않고 숨긴(은닉한) 경우 그는 상속능력(상속인의 경우), 수증능력(제3자의 경우)을 상실하여 상속결격자, 수증결격자가 된다(민 1004조, 1064조). 이러한 유언서의 제출지연이나 은닉으로 인하여 손해가 발생한 경우 그러한 행위자는 손해배상을 할 의무가 있다.

2) 개 봉

검인절차의 일환으로 가정법원에서는 봉인(封印 : 풀로 붙인 자리에 도장을 찍는 것)된 유언서를 개봉(붙인 것을 떼어서 여는 것)한다. 이러한 유언서를 개봉할 때는 상속인, 대리인, 기타 이해관계인이 참여하여야 한다(민 1092조). 참여를 위하여 법원에서는 기일을 정하여 통지하여야 한다. 통지를 하였는데도 이들이 출석하지 아니하면 이러한 사람들의 참여 없이도 검인과 개봉을 할 수 있다.

　유언서의 검인(민 1091조)과 개봉(민 1092조)은 따로 규정되어 있으나 실제로는 검인과 개봉이 연속하여 하나의 절차로 한 자리에서 진행되고 법원사무관은 개봉 결과 밝혀진 유언서의 내용을 확인하면서 검인조서를 작성한다(가소규 87조).

3) 관할법원 등

　검인심판 사건은 라류 가사비송사건이고 상속개시지의 가정법원 관할에 속한다. 가정법원에서는 검인과 개봉절차를 진행한 후 조서를 작성하고 불출석한 상속인이나 관계인에게 검인사실을 고지하여야 한다. 유언검인과 개봉에 관하여는 가사소송규칙 제85~88조에 자세히 규정되어 있다.

4) 이해관계인의 검인청구

　유언서에 대한 이해관계인(상속인 등)은 유언서의 보관자나 발견자에 대하여 유언서의 제출이나 검인을 받으라고 청구할 수 있는가? 유언서의 제출이나 검인의 의무는 사법상(私法上)의 의무이므로 이를 긍정하여야 할 것이다.

> **참고 판례**
>
> 민법 제1091조에서 규정하고 있는 유언증서에 대한 법원의 검인은 유언증서의 형식, 태양(態樣) 등 유언의 방식에 관한 모든 사실을 조사, 확인하고 그 위조, 변조를 방지하며, 보존을 확실히 하기 위한 일종의 검증절차 내지는 증거보전절차이다.
> 법원의 검인은 유언이 유언자의 진의에 의한 것인지, 여부가 적법한지를 심사하는 것이 아님은 물론 직접 유언의 유효 여부를 판단하는 심판이 아니다. 또한 민법 제1092조에서 규정하는 유언증서의 개봉절차는 봉인된 유언증서의 검인에는 반드시 개봉이 필요하므로 그에 관한 절차를 규정한 데에 지나지 않는다. 그러므로 적법한 유언은 이러한 검인이나 개봉절차를 거치지 않더라도 유언자의 사망에 의하여 곧바로 그 효력이 생기며, 검인이나 개봉절차의 유무로 인하여 효력에 영향을 받지 아니한다(대판 1998. 6. 12, 97다38510).

3. 유언집행자

1) 유언집행자의 결정

 유언자의 뜻을 공정하게 실현하기 위하여 민법은 유언집행절차를 엄격히 규정하고 있다. 유언자는 생전에 유언으로 한 사람이나 여러 사람을 유언집행자로 지정할 수 있고, 그 지정을 제3자에게 위탁할 수도 있다(민 1093조). 유언자의 유언집행자 지정은 반드시 유언으로 하여야 하지만, 집행될 유언과 동일한 방식으로 할 필요는 없다.
 예컨대, 공정증서유언으로 '내 재산의 1/3을 ○○○에게 주노라'는 유언을 한 후 유언집행자 지정을 빠뜨린 후 나중에 자필증서로 '홍길동을 유언집행자로 지정한다'고 유언할 수 있다. 제3자에게 유언집행자의 지정을 위탁하는 것도 유언으로 하여야 함은 문리상 당연하다.

이러한 '지정을 위탁받은' 제3자는 위탁유언이 있음을 안 후 지체 없이 유언집행자를 지정하여 상속인에게 통지하여야 하고, 그 위탁을 사퇴할 때도 이를 상속인에게 통지하여야 한다(민 1094조).

유언집행자에는 3가지 종류가 있다. 즉 ① 유언자의 유언에 따른 지정유언집행자, ② 법원에서 선정하는 선임유언집행자, ③ 법률에서 정한 법정유언집행자가 그것이다.

2) 유언집행자의 승낙 여부

지정유언집행자

유언자가 유언으로 유언집행자를 지정(指定)하거나, '지정위탁을 받은' 제3자가 지정한 유언집행자(지정유언집행자)는 그 취임을 승낙하든지 거절할 수 있다. 일단 취임을 승낙하면 즉시 그 임무를 수행하여야 한다. 승낙의 가부는 가급적이면 속히 결정하여야 한다. 상속인이나 기타 이해관계인에게 불이익을 줄 수 있기 때문이다. 유언집행자는 유언자의 사망 후 지체 없이 이를 승낙하거나 사퇴할 것을 상속인에게 통지할 의무가 있다(민 1097조 1항).

그리고 상속인이나 이해관계인은 유언집행자에게 그 취임승낙 여부에 대한 확답을 상당한 기간 내에 하여 달라고 독촉할 수 있다. 그 기간 내에 확답을 받지 못한 경우는 유언집행자가 취임을 승낙한 것으로 본다(민 1097조 3항). 가정법원은 유언집행자의 임무에 관하여 필요한 처분을 명할 수 있다(민 1096조 2항).

법정유언집행자(상속인)

유언집행자의 지정이 없거나, 지정된 유언집행자가 취임을 거절할 때, 또는 유언자의 위탁을 받은 제3자가 유언집행자 지정을 하지 아니하는 경우 등 유언집행자가 없을 때는 상속인이 법정유언집행자가 된다(민 1095조). 법정유언집행자는 취임하려고 누구에게 통지 등을 할 필요는 없고, 유언집행임무를 지체 없이 개시하여야 한다. 그러나 유언에 의한 인지나 친생부인(親生否認)의 경우와 같이 유언자의 사후에 소송을 걸어서 처리하여야 할 경우라든지, 게다가 상속인과 이해상반될 우려가 있는 경우는 가정법원에 유언집행자 선임 신청을 하여 선임된 유언집행자를 세우는 것이 타당할 것이다.

선임(選任)유언집행자

법원에서 유언집행자를 선임하는 경우는 다음과 같다. 유언자가 유언집행자의 지정이나 위탁을 하지 아니하였거나, 그 지정을 받은 제3자가 지정하지 아니하여 처음부터 유언집행자가 없거나, 지정된 유언집행자나 법정유언집행자인 상속인이 사망, 사퇴, 해임, 결격자가 되었거나 기타 사유로 없어졌는데 상속인이 없거나 공동유언집행자에게 결원이 생긴 경우, 결원이 없어도 법원이 유언집행자의 추가선임이 필요하다고 판단한 경우는 이해관계인의 청구로 가정법원은 유언집행자를 선임한다(민 1096조 1항, 가소 2조 1항, 라류 사건 39호 ; 대결 1995. 12. 4, 95스32). 이렇게 선임된 유언집행자가 선임유언집행자다.

지정유언집행자가 사망하였더라도 상속인이 1명이라도 남아 있을 경우는 그가 법정유언집행자가 되므로 선임유언집행자가 나타날 여지는 없다.

유언집행자가 2인인 경우 그 중 1인이 나머지 1인의 찬성이나 의견을 묻지 않고 단독으로 법원에 공동유언집행자의 추가선임을 신청할 수 있다.

법원에서 누구를 유언집행자로 선임할 것인가하는 문제는 민법 제 1098조 소정의 결격사유에 해당되지 아니하는 이상 법원의 재량에 속한다(대결 1995. 12. 4, 95스32).

유언집행자의 자격
아래와 같은 사람은 유언집행업무의 중요성에 비추어 유언집행자로서의 자격이 없다.

① 무능력자와 파산선고를 받은 자(민 1098조)

상속인, 유언집행자의 지정을 위탁받은 사람, 신탁회사 등 법인(신탁업법 13조 1항 6호)은 유언집행자가 될 수 있다. 유언집행자로 지정될 당시는 무능력자나 파산자이었으나, 취임 당시 능력자가 되거나 복권하고 있으면 상관없다. 유언집행자가 적법하게 취임한 후에 금치산이나 한정치산의 선고를 받은 때는 당연히 유언집행자의 지위를 잃는다.

② 금치산선고를 받지는 아니한 정신병자, 백치 같은 사람은 유언집행자가 될 수 없다.

③ 수증자는 유언집행자가 될 수 없는가?

유증의 실현은 유언자의 뜻을 실행하는 이행행위일 뿐이고, 수증자의 집행행위를 자기계약으로 볼 수 없으므로 수증자에게도 유언집행자의 적격이 있다(서울지법 1995. 4. 28 자 94파8391).

참고 판례

소주영(망인)은 1991년 3월 11일 공정증서로써 그의 처인 신청인에게 이 사건 부동산을 주노라고 유증하고 신청인을 그 유언집행자로 지정한다는 내용의 유언을 하고 1992년 10월 20일 상속인(처인 신청인, 아들인 신청 외 소병과 소근)을 남기고 사망하였다. 신청인은 위 망인의 유언집행자이자 수증자로서 위 유언에 기하여 1994년 11월 5일 서울민사지방법원 등기과에 이 사건 부동산에 관하여 위 유증을 원인으로 하여 신청인 명의의 소유권이전등기신청을 하였다. 이에 서울민사지방법원 등기과 등기공무원은 유언집행자제도의 취지에 비추어 '수증인은 유언집행자의 적격이 없다'는 이유로 부동산등기법 제55조 제2호에 의하여 등기신청을 각하하였다. 이 등기공무원의 처리는 위 판결에 비추어 잘못된 것으로 밝혀졌다(서울지법 1995. 4. 28 자 94파8391 결정)

④ 공증인법 제21조 제3호는 공증인이 촉탁받은 사항에 관하여 이해관계가 있을 때에는 그 직무를 행할 수 없다. 그러므로 공증인이 집행의 대상이 된 유언서를 작성한 경우에는 그 유언의 집행자가 될 수 없다고 보아야 할 것이다.

⑤ 단독상속인은 그가 복수의 유언집행자의 한 사람으로 지정된 경우를 제외하고는 유언집행자의 지위를 부여받을 수 없다. 왜냐하면, 단독상속의 경우 특정 유증이나 출연행위의 집행은 '유언집행자로 지정받지 아니하더라도' 상속인이 이를 할 수 있고 상속재산의 관리도 상속인 고유의 자격으로서 할 수 있기 때문이다.

유언의 내용이 인지 등인 경우에는 상속인으로서의 이해와 유언집행자로서의 직무가 상충하는 등 적정한 유언의 집행을 기대할 수 없기 때문에 유언집행을 할 수 없다.

유언집행자의 지위(소송상 원고적격 문제)

유언집행자는 유증의 목적인 재산의 관리 기타 유언의 집행에 필요한 행위를 할 권리와 의무가 있으므로(민 1101조), 유증목적물에 관하여 경료된, 유언의 집행에 방해가 되는 다른 등기의 말소를 청구하는 소송을 수행하는 경우 유언집행자가 이른바 법정소송담당으로서 원고적격을 가진다(대판 1999. 11. 26, 97다57733). 유언집행자는 유언의 집행에 필요한 범위 내에서는 상속인과 이해상반되는 사항에 관하여도 중립적인 입장에서 직무를 수행하여야 하므로, 유언집행자가 있는 경우 그의 유언집행에 필요한 한도에서 상속인의 상속재산에 대한 처분권은 제한되며, 그 제한 범위 내에서 상속인은 원고적격이 없다.

'지정 또는 선임에 의한 유언집행자는 상속인의 대리인으로 본다'(민 1103조 1항)는 조항의 의미는 유언집행자의 행위의 효과가 상속인에게 귀속함을 규정한 것이지, 유언집행자의 소송수행권과 별도로 상속인 본인의 소송수행권도 언제나 병존함을 규정한 것은 아니라고 해석된다(대판 2001. 3. 27, 2000다26920). 유언집행자가 선임된 경우(예컨대, 인지·친생부인의소)는 그 유언집행자에게만 원고적격이 있고, 상속인 본인에게는 원고나 피고적격이 없다고 보아야 한다.

유언집행자의 권리와 의무

① 유언집행자와 상속인의 관계는 위임규정이 준용된다. 유언집행자는 취임을 승낙하려면 상속인이나 법원에 취임의 통지를 하면 된다(취임공고 등은 필요하지 않다). 그리고 그는 취임 후 바로 그 임무를 수행하지 아니하면 아니 된다(민 1099조). 곧바로 임무를 수행하지 아니하면 임무를 해태한 것으로 본다.

그 임무는 지체없이 상속재산의 목록을 작성하여 상속인에게 교부하여야 하는 일이다(민 1100조 1항). 유언집행자는 유증의 목적 재산의 관리 기타 유언의 집행에 필요한 행위를 할 권리와 의무가 있다(민

1101조). 유언집행자는 선량한 관리자의 주의의무가 있다(민 681조). 유언집행자는 그 사무의 처리로 받은 금전, 기타 물건, 과실을 상속인에게 인도하여야 하고, 상속인을 위하여 자기 명의로 취득한 권리를 상속인에게 이전할 의무가 있다(민 684조).

② 공동유언집행

유언집행자가 여러 사람인 경우, 임무의 집행은 과반수의 찬성으로 결정한다(1102조 본문). 가부동수로 과반수를 얻을 수 없는 경우에는 이를 해임하여 새로 유언집행자를 선임한다. 2인의 공동유언집행자의 1인이 나머지 1인의 동의나 승낙 없이 추가유언집행자의 선임을 신청할 수 있다. 이러한 선임신청이 공동유언집행방법에 위배되었다거나 기회균등의 헌법정신에 위배되었다고 볼 수 없다(대결 1987. 9. 29, 86스11). 그러나 상속재산의 보존행위는 유언집행자 각자가 단독으로 할 수 있다(민 1102조 단서).

③ 유언집행자의 보수

유언으로 유언집행자의 보수를 정하지 아니한 경우, 가정법원은 집행자의 청구에 따라 상속재산의 상황, 기타 사정을 참작하여 지정 또는 선정유언집행자의 보수를 정할 수 있다. 위 보수에 관하여는 위임의 경우 수임인의 보수에 관한 규정이 준용된다(민 1110조 2항). 시간급으로 보수를 정하지 아니한 이상 집행사무를 완료한 후가 아니면 보수를 청구할 수 없으나(후급), 귀책사유 없이 사무처리 도중 사무가 종료된 경우는 이미 처리한 사무의 비율로 보수를 청구할 수 있다.

④ 유언집행 비용

유언의 집행에 관한 비용은 상속재산 중에서 이를 지급한다(민 1107조).

유언증서나 녹음유언의 제출 · 개봉 · 검인청구비용, 재산목록작성비용, 상속재산관리비용(예컨대, 상속가옥의 보존비용), 유언집행자의 선임 · 해임 · 사퇴에 관한 절차비용, 유언집행자의 보수(유언집행을 위하여 소비한 여비, 숙박료 등) 등이 포함된다.

유언서 작성자의 보수는 유언서의 성립과정에 소요된 비용이므로 집행비용에 포함되지 아니한다.

유언집행자의 해임 · 사퇴 · 임무 종료

유언집행자의 임무는 유언집행사무의 완결(절대적 종료원인), 유언집행자의 사망, 결격사유의 발생, 사퇴, 해임(상대적 종료원인)으로 종료된다.

유언집행자가 그 임무를 게을리 하거나, 기타 정당한 사유가 있을 때는 상속인, 이해관계인은 가정법원에 그 해임을 청구할 수 있다(민 1106조).

> **참고 판례**
>
> 유언집행자가 유언에 따라 재단법인을 설립하면서 '설립자가 지명한' 사람을 이사로 선임하지 아니하고, 재단법인의 목적 등을 유언과 달리하여 설립허가신청을 하여 허가처분을 받았다. 이 경우 '설립될 법인의 이사로 지명된' 사람은 그 허가처분을 다툴 법률상 원고적격이 있다. 즉, 그는 유언으로 설립될 재단법인의 이사로 취임할 수 있는 직접적이고 구체적인 법률상 이익이 침해되었다고 주장할 수 있다(대결 1994. 5. 27, 93누23374).

유언집행자는 정당한 사유가 있는 경우에는 가정법원의 허가를 얻어 사퇴할 수 있다(민 1105조). 유언집행자가 법원의 허가 없이 마음대로 언제든지 사퇴할 수 있는 것은 아니다.

유언집행자로 지정(유언자나 제3자)되거나 선정(법원)되는 것은 후견인이 되는 것과 마찬가지로 일종의 공적 의미를 가지는 의무적인 것이다. 그러므로 사임하려면 정당한 사유가 있어야 하고, 법원의 허가를 얻어야 한다. 정당한 사유로는 질병, 먼 곳으로 이사, 장기해외출장, 매우 바쁜 공직 취임 등으로 유언집행사무의 수행이 어려워야 한다.

가정법원은 유언집행자의 사퇴를 심판으로 허가한다. 청구를 기각하는 심판에 대하여는 청구인이 즉시항고를 할 수 있으나 사퇴를 허가한 심판에 대하여는 불복할 수 없다. 따라서 유언집행자가 한 사람도 없게 된 경우 이해관계인의 청구에 따라 가정법원은 새로운 유언집행자를 선임한다. 유언집행자의 임무종료의 경우에는 위임종료에 관한 규정이 준용된다.

그런데 유언집행사무의 종료사유는 이를 상속인에게 통지하거나 상속인이 이를 안 때가 아니면 상속인에게 대항할 수 없다(민 1103조 2항, 962조).

제6장

유류분

1. 서론

1) 개념

 현대 민법의 소유권 절대의 원칙상 누구나 소유재산처분의 자유가 있다. 이 자유는 생전처분뿐만 아니라, 사후처분의 자유까지 보장된다. 사후처분의 자유는 유언의 자유이다. 이러한 재산처분의 자유에 대한 유일한 제한제도가 바로 유류분(pflichtteil : 義務分)이다.
 예컨대, 홍길동이 생전에 재산을 누구에게 증여하거나, 사망하면서 유언으로 '나의 재산을 누구에게 주겠다' 고 한 경우, 홍길동의 상속인들은 한 푼도 받지 못하는 수도 있다.
 이처럼 재산처분의 자유를 무제한 허용하면 상속인들의 생활기반이 붕괴될 우려가 있다. 그래서 상속인들을 보호하기 위하여 법정상속분의 일정비율을 반드시 상속인에게 확보시키려는 제도가 유류분이다.
 유류분은 상속개시 후 상속인이 유산 중 일정비율을 주장하여 확보할 수 있는 부분이고 상속인의 그러한 지위를 유류분권이라고도 한다.

2) 독일 민법과 프랑스 민법상의 유류분

독일 민법
 로마법을 이어받은 독일 민법은 유언상속을 인정하고 있다. 피상속인이 상속인지정을 하여버리면 근친자의 상속권을 박탈할 수 있다. 이러한 상속권을 잃게 되는 사람을 보호하기 위하여 유류분제도를 두었다. 유류분은 피상속인이 그의 유산 중에서 최근 친족에게 남겨 주어야 할 일정비율액(대개 법정상속분의 1/2)이다. 상속권을 박탈당한 유류분권자는 상속인에 대하여 상속재산에 대한 일정비율을 청구할 수 있는 금전채권을 가진다. 이는 채권적(債權的) 권리에 불과하다.

프랑스 민법

게르만 고유법의 전통을 따른 프랑스 민법은 법정상속만을 인정하고, 유언상속은 인정하지 아니한다. 그러므로 피상속인이 임의로 상속권을 박탈하지 못한다. 한편 피상속인이 유언으로 처분할 수 있는 부분도 있는데 이를 임의처분분(freiteil ; 자유분)이라고 하고 이는 미리 법에 정하여져 있다(프랑스 민법 913~919조). 임의처분분을 제외한 나머지가 유류분이다. 유류분을 침해하는 증여, 유증이 이루어진 때는 이를 실효시키는 '감쇄(減殺)' 제도가 있다. 감쇄소권을 행사하면 이미 이루어진 증여, 유증은 무효가 되어 그 효력이 상실된다. 이는 물권적 권리이다.

영미법

철저한 개인주의를 기초로 하는 영미의 코먼로(common law)에서는 피상속인이 상속인의 상속권을 박탈하는 권리를 가지고 있으므로, 유류분제도가 없다.

3) 민법의 규정과 의미

민법은 제정 당시(1960)는 유류분제도를 두지 않고 있다가 1977년 도입하였다(민 1112조~1118조의 7개조를 신설). 역사적으로 우리나라의 조선시대에는 유언으로 재산을 받을 수 있는 사람을 혈족에 국한시키고 있었으므로 유류분제도는 필요 없었다. 그러나 재산전부를 남에게 증여하는 유언(난명 : 亂命)을 무효로 하는 전통과 관습이 있었다.

개인재산처분(유언)의 자유, 거래의 안전과 가족생활의 안정, 가족재산의 공평한 분배 등 서로 대립하는 요구의 타협, 조정 위에 현행 민법상 유류분이 성립하고 있다.

① 피상속인은 자신의 모든 재산을 자유로이 처분할 수 있다. 자유처분할 수 있는 부분과 유류분(처분할 수 없는 부분)이 미리 정하여져 있지는 않다. 그러므로 피상속인의 생전처분이 유류분침해임이 명백하더라도 상속개시(피상속인 사망) 이전에는 누구도 이를 제한, 저지할 수 없다(가처분 등을 청구할 수 없다).
② 추정상속인은 유류분을 미리 보전할 수는 없다. 유류분의 침해 여부는 상속개시시를 기준으로 하여 비로소 결정되고, 상속개시 전에는 피상속인의 재산처분의 자유가 보장되어 있기 때문이다.
③ 상속이 개시되더라도 유류분을 침해한 재산처분(증여, 유증)이 당연히 무효가 되는 것도 아니고, 상속인이 유류분반환청구권을 행사한다고 하여 그것이 무효로 되지도 않는다. 상속인이 원한다면 유류분반환(증여, 유증의 반환)을 청구할 수 있을 뿐이다. 우리 민법상의 유류분청구권은 채권적 효력이 생긴다고 해석하는 이유는 여기에 있다(프랑스 민법과 다른 점이다).

4) 유사개념과 구별 : 기여분과 유류분

① 기여분과 유류분은 서로 관계가 없다. 즉, 기여분은 상속인들 중 한 사람이 상속재산의 형성, 유지에 특별히 기여한 공로가 있을 때, 그 부분을 인정하여 계산하여 주는 제도(상속인들간의 공평을 실현하기 위한 것)이고, 유류분은 피상속인의 재산처분의 자유를 제한하는 것이라 서로 그 취지가 다르다. 따라서 기여분이 아무리 많아도(예컨대, 상속재산 총액 중 70~80%를 차지하더라도) 이는 기여자에게 돌아갈 그의 고유재산이라고 할 수 있으므로 이로 인하여 다른 상속인의 유류분액이 감소, 미달되더라도 이는 유류분의 침해가 될 수 없다. 다시 말하면 기여분은 유류분에 우선하는 것이고 유류분반환청구의 대상이 되지 아니한다. 그러므로 기여분은 유류분계산을 위한 기초재산에 산입(+)하여

서는 안 되고, 유류분산정을 하면서 미리 기여분을 공제할 수도 없다(민 1118조에 의한 1008조의 2가 준용되지 아니함).

② 기여분에 관한 유언

기여분은 상속인들 사이의 협의나 가정법원의 심판으로 정하여지는 것이므로 유언자가 유언으로 이를 정할 수 없다. 따라서 기여분에 관한 유언은 무효라고 해석된다(다만, 실제로 유언을 참작하여 기여분의 협의나 심판을 하는 것은 별개의 문제다).

③ 기여분의 범위

기여분은 상속재산의 가액에서 유증의 가액을 공제한 금액의 범위 내라야 한다(민 1008조의2, 3항). 망인의 생전증여와 유증이 기여분에 우선한다.

예컨대, 홍길동이 임종 시 '나의 전 재산(예컨대, 3억 원이라고 가정)의 1/3 즉, 1억 원을 허풍선에게 주노라'고 유언한 경우, 기여분은 위 유증의 가액인 1/3, 즉 1억 원을 공제한 나머지 2억 원을 넘을 수 없다는 의미다.

어디까지나 망인의 유언(재산처분의 자유)을 존중하기 위한 것이다. 그래서 만일 망인이 전 재산을 몽땅 증여(또는 유증)한 경우라면, 기여자가 아무리 특별한 기여를 하였더라도 기여분은 인정되지 아니하므로 기여자(상속인)도 그 기여분을 주장할 수는 없고 기껏해야 유류분의 반환만을 청구할 수 있다.

④ '기여분을 결정하는' 유증 또는 공동상속인들의 협의

망인이 기여자(상속인)의 특별기여를 인정하는 의미에서 거액의 생전증여, 유증을 하여 유류분이 침해된 경우는 어떻게 되는가? 기여분은 공동상속인들간의 협의나 가정법원의 심판으로 정하여지는 것이므로, 위와 같은 증여 등은 기여분에 해당하지 아니한다. 그러므로 이러한 증여 등에 대하여는 유류분반환청구를 할 수 있다.

다만, 기여분의 결정이 공동상속인들간의 협의로 정하여졌다면 그

것은 유류분의 포기로 볼 수 있을 것이고, 가정법원의 심판으로 정하여졌다면 그것은 하나의 재판이므로, 어느 경우이건 그 기여분에 대하여 유류분반환청구를 할 수 없다(심판으로 정하여진 기여분을 다시 반환하라고 청구하는 것은 심판의 효력을 부인하는 결과가 되기 때문이다). 요컨대, 공동상속인들 사이의 공평을 기하기 위하여 기여분이든, 유류분이든 이를 정하는 협의나 심판과정에서 유류분을 참작하면서 기여분의 액수를 결정하여야 할 것이다.

⑤ 기여분으로 인하여 유류분이 달라지는가?

기여분은 기여자의 법정상속분에 가산되어 구체적 상속분을 변경시키는 것이고, 유류분은 법정상속분에 따라 정하여지는 것이다. 따라서 기여분이 있다고 하여 유류분이 변경되지 아니한다. 기여분은 어디까지나 기여자 개인의 고유한 권리이기 때문이다.

⑥ 유류분반환청구를 당한 상속인이 자신의 기여분을 내세워서 이를 거부(항변)할 수 있는가?

기여분이 정하여지지 아니한 상태에서 다른 공동상속인이 유류분반환청구를 한 경우 기여상속인은 그 반환청구를 거부할 수 있는가? 공동상속인 간의 협의, 가정법원의 심판으로 기여분이 결정되기 전에는 기여상속인일지라도 유류분청구소송에서 자기의 기여분을 공제하여 달라고 항변할 수 없다(대판 1994. 10. 14, 94다8334).

5) 존재 이유

상속인은 상속재산에 대하여 상당한 기대를 하고 있다. 그런데 피상속인이 모든 재산을 증여(생전처분)하거나 유증(사후처분)하여 상속인에게는 하나도 남기지 아니하였을 때 상속인의 기대는 무산되므로 이 기대를 보호하는 장치가 필요하다. 여기서 나온 것이 유류분이다.

피상속인의 재산처분의 자유를 인정하면서도, '남아 있는' 상속인의 생활보장 등을 위하여 일정한 액수의 반환청구를 허용하는 것이 유류분제도이다. 이처럼 유류분은 피상속인의 자의적인 유언을 제한함으로써 유산에 대한 상속인의 기대를 보호하여 상속인의 생활을 보장하고 부양하기 위한 것이다. 그러므로 세계 각국의 민법이 유류분제도를 인정하고 있다.

2. 유류분의 포기

유류분권은 상속개시 후에 일정한 요건이 구비되어야 구체적인 권리로 나타난다. 이러한 유류분권에 근거하여 수증자에 대하여 유류분 부족분의 반환을 요구하는 반환청구권이 생긴다.

상속개시 이전의 유류분권은 추정상속인의 일종의 기대권 또는 잠재적인 권리에 불과하다. 그러므로 상속개시 전에 유류분을 주장할 수는 없다(가등기청구는 불가능).

상속개시 전의 포기

상속인은 유류분권을 상속개시 전에 미리 포기할 수 없고, 포기하여도 무효하다(통설). 피상속인이 압력을 행사하여 사전포기를 강요할 우려도 있고, 상속의 사전포기를 인정하지 아니하고 있는 점, 자녀균분상속권과 유처(遺妻)의 지위향상, 상속개시 전의 유류분권은 일종의 기대권에 불과하므로 포기의 대상이 없다는 점 등이 그 이유이다. 그러므로 유류분권리의 전부나 일부, 특정의 처분행위에 대한 특정의 반환청구권 등을 상속개시 전에 미리 포기할 수 없다(국내 통설).

> **참고 판례**
>
> 유류분을 포함한 상속의 포기는 상속개시 후 일정한 기간 내에서만 가능하고, 상속개시 전에 이루어진 상속포기약정은 그와 같은 절차와 방식에 따르지 아니한 것으로 그 효력이 없다(대판 1994. 10. 14, 94다8334).

상속개시 후의 포기

유류분권리 전체나 개개의 유류분반환청구권은 하나의 개인적 재산권이므로 이를 상속개시 후에는 권리자가 자유로이 포기할 수 있다. 유류분권리자뿐만 아니라 그 승계인도 포기할 수 있으며, 포기의 방법은 반환청구의 상대방에 대한 의사표시로 하여야 하고, 묵시적으로 포기할 수도 있다(예컨대, 상속재산의 협의분할이 이루어진 경우).

유류분 포기의 효과

유류분권리자가 유류분을 포기하면 그 유류분권리자는 처음부터 없었던 것으로 인정하여 유류분을 계산하여야 한다. 이 포기는 공동상속인의 유류분권에 영향을 미치는가?

예컨대, 상속인 2인 중 1인이 포기하면 나머지 1인의 권리가 1/4에서 1/2로 변경되는가 하는 학설이 대립하고 있다.

유류분권의 포기는 상속분의 포기를 의미하는 것은 아니므로, 포기하여도 상속인의 지위를 상실하는 것은 아니고 다른 공동상속인의 유류분에 영향을 미치지 아니한다. 그러므로 1순위의 상속인이 유류분을 포기하더라도, 2순위 상속인이 상속인, 유류분권자가 되는 것은 아니라고 해석함이 타당하다. 이를 긍정하는 일부 견해가 있다.

그러나 유류분권리자가 '상속 그 자체를 포기'하면 그의 유류분은 상속분과 함께 다른 상속인에게로 돌아간다. 유류분을 정하면서 개인의 법정상속분에 대한 비율로 정하는 방법을 택하고 있는 현행법의 해석론으로는 부정설이 타당할 것이다.

유류분 포기는 사해행위인가
　유류분반환청구권의 포기는 채권자를 해치는 사해행위로서 채권자취소의 대상이 될 수 있는가? 견해가 대립될 수 있으나, 부정설이 타당할 것이다.

3. 유류분의 범위

1) 유류분권리자는 누구인가(유류분권리자 범위를 정하는 것은 각국 입법정책의 문제)

　1~3순위 상속인들인 직계비속, 배우자, 직계존속, 형제자매가 유류분권리자다. '상속인들 중 제4순위 상속인들인 3촌, 4촌 이내의 방계혈족'은 유류분권리자가 아니다. 제1·2순위 상속인들이 있는 경우는 제2·3순위 상속인들이 유류분권리를 행사할 수 없다. 이는 상속의 경우와 동일하다. 직계비속이 여러 사람이면 그 중 촌수가 가까운 비속이 먼저 유류분권리자가 되고(민 1000조 2항 전단), 촌수가 같은 경우는 공동유류분권리자가 된다(민 1110조 2항 전단).
　예컨대, 아들, 딸이 손자, 손녀보다 먼저 유류분권리자가 되고, 아들, 딸이 여러 명인 경우는 그들이 모두 같은 순위의 공동유류분권리자가 된다. 사실혼의 배우자는 상속인이 될 수 없으므로, 유류분권리자도 될 수 없는 것은 상속의 경우와 같다.

대습상속인(직계비속과 형제자매(이복형제자매, 이성동복(異姓同腹)형제자매 포함)의 대습자)도 '피대습자의 유류분의 범위 내에서' 유류분권리를 가진다.

태아도 살아서 출생하면 유류분권리자가 될 수 있다.

상속결격자와 상속포기자는 상속권을 상실한 자이므로, 유류분권리자가 될 수 없다. 다만, 상속결격의 경우는 대습상속이 인정되므로 결격자의 배우자와 직계비속은 유류분권리자가 될 수 있다.

상속포기의 경우는 대습상속이 인정되지 아니하므로, 차순위 상속인이 유류분권리자가 된다. 1순위 상속인들이 모두 상속포기를 하면 2순위 상속인이 유류분권리자가 된다.
상속인이 유류분만 포기한 경우는 그는 여전히 상속인이므로, 차순위자는 상속인 자리에 올라갈 수도 없고, 포기된 유류분을 차순위자가 취득할 수도 없다. 대신 포기자를 제외한 다른 공동상속인이 유류분청구권을 행사한다.
공동상속인 중 일부의 사람이 상속 자체를 포기한 경우 포기자는 상속권과 유류분권을 상실하고, 다른 상속인에게 상속권과 함께 유류분도 넘어간다고 보아야 할 것이다.

유류분권리자의 채권자도 채권자대위권의 행사로 유류분반환청구권을 대위행사할 수 있다(통설). 그러나 유류분권리자가 한정승인을 한 경우는 채권자의 대위행사를 인정할 수 없을 것이다(한정상속인의 유류분청구로 회복되는 재산은 상속재산을 구성하기 때문이다).
유류분반환청구권은 일종의 재산권일 뿐이고, 귀속상·행사상 일신전속권은 아니므로, 권리자의 승계인도 이를 행사할 수 있다. 여기서 승계인에는 유류분권리자의 '포괄승계인' 즉, 상속인, 포괄수유자, 상속분 양수인뿐만 아니라, 각 처분행위에 대한 개별적 반환청구권의 양수인인 '특정승계인'도 포함된다.

피상속인의 채권자(상속채권자)는 대위행사할 수 없는가? 유류분권리자가 단순승인을 한 경우에는 상속채권자도 대위하여 유류분반환청구권을 행사할 수 있다고 해석한다. 피상속인의 증여 등 처분행위가 사해행위에 해당될 때 상속채권자가 채권자취소권을 행사할 수 있음은 물론이다.

상속개시 전의 유류분권리자의 지위

유류분반환청구권은 유류분침해행위가 있어야 발생하는 것이고, 특정 유증에 대한 반환청구권은 장래의 상속재산의 변동에 따라 좌우되고, 상속개시시점까지는 전혀 불확정한 상태에 있다. 그러므로 상속개시 전에는 유류분반환청구권을 행사할 수 없고, 상속개시시에 비로소 반환의 필요성이나 그 대상이 확정되고 반환청구권이 발생한다. 그러므로 상속개시 전의 유류분권리자는 반환청구를 할 구체적인 권리가 없다고 보아야 한다.

'피상속인이 생전증여하기로 한' 부동산에 대하여 상속인이 소유권이전(상속개시 후 유류분반환청구로 생길 권리)의 가등기를 미리 하려고 시도하였으나 이는 법률상 불가능하다고 하여 기각되었다(일본 대심원 결정 1917. 7. 18).

2) 유류분(민 1112조)

피상속인의 직계비속, 배우자의 유류분 : 법정상속분의 1/2
피상속인의 직계존속, 형제자매 유류분 : 법정상속분의 1/3
대습상속인의 유류분 : 피대습자의 유류분

3) 유류분의 산정

유류분 산정의 기초 재산

상속개시 당시의 상속재산가액(예컨대, 2억 원)에 증여재산 가액(예컨대, 3,000만 원)을 더하고 여기서 채무(예컨대, 5,000만 원)를 공제하고 남는 금액(1억 8,000만 원)이 바로 유류분 계산의 기초가 되는 재산액이다. 증여재산 가액에는 상속인과 제3자에 대하여 한 증여, 유증이 포함된다.

> 유류분산정 공식 : 〔적극상속재산 + 1년간의 증여액 + 악의의 증여(1년 이전의 것도 해당) + 상속인의 특별수익액(무제한) + 조건부 권리 등 - 상속채무〕× 상속인의 유류분율 - 상속인의 수증액이나 특별수익액

사례 1

홍길동(피상속인)은 1억 2,000만 원의 재산과 채무 6,000만 원을 남기고 사망하였다. 자녀로는 A, B가 있고 이들은 3,000만 원, 2,000만 원의 특별수익을 얻었다. 그런데 홍길동은 사망하기 6개월 전에 C에게 5,000만 원을 증여하였다. 이 경우 유류분을 계산하면 아래와 같다.

- 유류분 선정의 기초재산 : 1억 2,000만 원 + 3,000만 원 + 2,000만 원 + 5,000만 원 - 6,000만 원 = 1억 6,000만 원
- 자녀들의 유류분율 : 1/2×1/2 = 1/4
- 유류분액 : 1억 6,000만 원 × 1/4 = 4,000만 원
- A의 유류분액 = 4,000만 원 - 3,000만 원(특별수익) = 1,000만 원
- B의 유류분액 = 4,000만 원(유류분액) - 2,000만 원(특별수익) = 2,000만 원

자녀들은 C를 상대로 유류분 반환을 청구할 수 있다. 즉, A는 1,000만 원, B는 2,000만 원을 반환하라고 청구할 수 있다.

사례 2

3,000만 원을 남긴 피상속인이 채무 500만 원을 지고 있는 처지에서 상속인이 아닌 갑돌이에게 '2,500만 원을 주노라'는 유언을 한 경우 처와 자녀 1명의 유류분을 계산하면 다음과 같다.
이때는 '적극재산 + 증여액 - 채무'라는 공식에서 유증은 아직 이행되지 아니한 부분이므로 '플러스' 하지 말고 채무만 공제한다. 그러면 2,500만 원이 상속재산이 된다.

- 처의 유류분 : 2,500만 원 $\times [1.5/(1.5+1.0)] \times 1/2$ = 750만 원
- 자녀의 유류분 : 2,500만 원 $\times [1.0/(1.5+1.0)] \times 1/2$ = 500만 원

망인의 유언은 실제로 1,250만 원만 유효하고, 나머지 1,250만 원은 상속인들에게 돌아가게 된다. 결과적으로 갑돌이는 1,250만 원을 받는다.

① 상속개시 당시의 재산
- 적극재산

상속개시 당시의 상속재산은 적극재산만을 의미한다. 증여계약이 이행되지 아니하여 소유권이 아직 수증자에게 넘어가지 아니한 재산도 상속개시시점의 재산으로 보아야(수증자가 공동상속인이든, 제3자이든 불문) 한다(대판 1996. 8. 20, 96다13682).

- 조건부 권리, '존속기간이 불확정한' 권리, 해제조건부 권리도 상속개시시의 적극재산에 포함된다. 이러한 재산은 가정법원에서 선임한 감정인의 평가액을 산입한다(민 1113조 2항).
- 유증(특정유증과 포괄유증 포함)과 사인증여 재산은 상속개시 당시에 현존하는 재산에 포함되어 있다. 따로 이를 합산하지 아니한다. 망

인이 '내가 죽거든 1,000만 원을 허풍선에게 주어라'는 유언을 한 경우 그 1,000만 원은 상속개시 당시의 재산으로 취급하라는 의미이다.

● 피상속인의 일신전속권(종신정기금 등)과 제사용 재산[1정보 =9917.4m²(3,000평) 이내의 금양임야, 1983.48m²(600평) 이내의 묘토인 농지, 족보, 제구]은 상속재산에 해당되지 아니한다. 선조의 초상이나 편지 등은 예술적 가치나 골동품적 가치가 있다 하더라도 산정기초재산에서 제외되어야 할 것이다.

● 채권

망인(피상속인)이 상속인에 대하여 가지는 채권은 상속승인에 따라 혼동(권리자와 의무자가 동일인으로 됨)으로 소멸되는 경우에도 유류분계산을 할 때는 이를 상속재산에 더하여 주어 포함시켜야 한다.

② 증여재산의 가산

증여재산이란 것은 상속개시 전에 이미 증여계약이 이행되어 그 소유권이 수증자에게 넘어간 재산을 가리킨다. 아직 소유권이 피상속인에게 남아 있는 상태로 상속이 개시된 경우의 재산은 당연히 '피상속인의 상속개시 당시 재산'에 포함된다. 그러한 재산이 모두 유류분산정의 기초재산을 구성한다는 것은 앞에서 보았다(대판 1995. 6. 30, 93다11715 ; 1996. 2. 9, 95다17885 ; 1996. 8. 20, 96다13682).

너무 오래 전에 이루어진 증여를 무한정으로 산입하여 반환청구 대상으로 삼을 수 있다면, 수증자 등에게 '예측할 수 없는' 손해를 줄 우려가 있고 거래의 안정을 해치므로 법은 일정한 제한을 가하고 있다.

● 상속개시 전 1년간의 증여

상속개시(피상속인 사망) 전 1년간에 행하여진 증여의 가액을 모두 계산하여 더하여 준다(민 1114조 전단).

증여계약의 '체결 시'를 기준으로 하는 것이지, 증여계약의 '이행 시'를 기준으로 하는 것이 아님을 주의하여야 한다. 예컨대, 홍길동이 사망한 것이 2002년 2월 2일이라면 그로부터 1년 전인 2001년 2월 2

일 이후 1년간 체결된 증여계약을 말하는 것이고, 2001년 2월 1일 이전인 2000년도에 체결된 증여계약에 따라 사망 시까지 이행된 증여액수는 여기에 더할 수 없다.

정지조건부 증여계약이 상속개시 1년 전에 체결되고, 그 조건이 1년 내에 성취된 경우도 '1년간에 행하여진' 증여가 아니다.

여기서 말하는 '증여'는 널리 무상처분을 의미하므로, 민법상증여, 법인설립을 위한 출연행위, 기부행위, 채무면제, 무상의 신탁이익제공, '무상의' 인적·물적 담보의 제공, '대가가 상당하지 아니한' 유상행위 등도 모두 포함된다. 그러나 일상생활상의 예의상의 증여는 여기에 포함되지 아니한다(독일 민법 2330조, 스위스 민법 527조).

● 유류분권리자에게 손해를 가할 것을 알고 한 증여는 1년 이전의 것도 산입

증여계약의 당사자 쌍방이 유류분권리자에게 손해를 입힐 것을 알고 증여한 것은 1년 전에 한 것도 산입한다(민 1114조 후단). 그러므로 수증자가 선의를 가진 경우는 여기에 해당하지 아니한다.

'손해를 가할 것을 안다'는 말의 의미는 '객관적으로 손해를 입힐 가능성이 있다'는 사실을 알면 되고, 유류분권리자를 가해할 의도나 목적, 인식, 의사까지는 필요하지 않다. 그 증여가 유류분을 침해한다는 사실을 인식하고, 다시 장래에 피상속인의 재산이 증가할 수 없다는 예상을 하면서 증여를 하면 그로써 족하다(일본의 통설과 판례 : 일본 대심판 1936. 6. 17, 대심판 1937. 12. 21). 따라서 당사자가 손해를 가할 것을 안 이상 유상행위라도 그 대가가 상당하지 아니한 경우는 정당한 대가를 공제한 잔액, 즉 실질적 증여액을 산입하여야 할 것이다(민 1114조 유추).

결국 위와 같은 주관적 요건은 전 재산에 대한 증여재산의 비율, 증여의 시기, 증여자, 수유자의 연령, 건강상태, 직업 등을 종합 고려하여 '장래 재산이 증가할 가능성이 적다'는 것을 인식하면서 증여하였

느냐는 여부에 따라 결정하여야 할 것이다. 예컨대, 40대의 원기왕성한 남자가 많은 재산을 증여한 경우와 70세의 노인이 거의 전 재산을 증여한 경우 중 후자의 경우는 손해인식의 가능성이 있다고 볼 개연성이 높다. '가해인식' 사실의 입증책임은 유류분청구권자에게 있으므로 그가 이를 증명하여야 한다(일본 최고재 1921. 11. 판결, 신문 1951, 20).

부담부 증여(예컨대, 내가 1억 원을 너에게 증여한다. 다만, 10년간 나의 아내에게 월 50만 원씩 보내라는 유언)의 경우는 목적물의 가액 중 부담의 가액을 공제하고 나머지 액수를 산입하여야 한다.

● 공동상속인 중 한 사람이나 여러 사람의 특별수익분은 1년 이전의 것도 모두 산입한다(민 1118조, 1008조).

특별수익으로 인정될 정도의 증여(혼인자금, 생계자본, 학자금 등)는 상속재산을 미리 준 것(상속분의 선결)이므로 공동상속인들 사이의 공평을 기하기 위하여 민법 제1114조의 규정은 적용되지 않고, 그 수익이나 증여의 시기, 가해의 인식 등을 불문하고 유류분산정 기초재산에 산입되어야 한다(대판 1995. 6. 30, 93다11715 ; 1996. 2. 9, 95다17885). 이 특별수익에는 생전증여, 특정유증, 포괄유증(상속분지정) 등이 모두 포함된다.

공동상속인들 사이의 유류분반환청구는 아래와 같다.

유류분권리자는 자신의 유류분에 미달, 부족한 부분에 한하여 반환청구를 할 수 있고, 상대방(특별수익자)도 자신의 유류분을 초과하는 부분만 반환할 의무를 진다. 만일, 특별수익자가 여러 사람인 경우는 '각자의 유류분액을 초과하는' 수증금액의 비율에 따라 반환하여야 한다. 만일 특별수익자가 '상속인이 아닌' 제3자인 경우는 그 제3자에게 유류분이라는 것이 있을 수 없으므로, 가령 특별수익자와 수증자(제3자)를 상대로 청구할 경우 특별수익자의 유류분초과금액과 제3자의 수증액의 비율로 반환청구를 할 수 있다.

 예를 들어, 홍길동에게 처는 없고 아들과 딸 3남매가 있는데, 홍길동은 제3자인 허풍선에게 1억 원을 증여하였고, 아들 1명에게는 6,000만 원을 미리 주었다. 상속인 중 아들 1명(S)과 딸 1명(D)은 아무 것도 받지 못하고 있었는데 홍길동이 사망하면서 2,000만 원을 남겼다.

 이 경우 S와 D의 유류분을 계산하면, 1인당 적어도 3,000만 원씩〔(1억 원+6,000만 원+2,000만 원)×1/3×1/2〕은 받아야 한다. S와 D의 유류분을 합치면 6,000만 원인데, 홍길동이 남긴 2,000만 원으로 충당하면 4,000만 원이 부족하다.

● 특별수익자와 수증자(허풍선)가 반환할 금액 : 4,000만 원 × 1억 원/(1억 원+3,000만 원) = 3,076만 9,230원(허풍선은 제3자라서 유류분이 없으므로, 그 수증액의 비율로 계산할 수밖에 없다. 만일 허풍선도 상속인이라면 그 자신의 유류분을 초과한 액수를 기준으로 산정할 것이다)

● 특별수익자(아들 1명)가 반환할 금액 : 4,000만 원× 3,000만 원/(1억 원+3,000만 원) = 923만 769원(마침 이 사안의 경우 특별수익자의 유류분이 3,000만 원이므로 이를 초과하는 증여액수인 3,000만 원을 기준으로 한 것임)

● S와 D는 각각 홍길동이 남긴 2,000만 원을 1/2로 나눈 1,000만 원과 허풍선과 특별수익자로부터 받을 금액을 합한 것(3,000여만 원 + 923만여 원 = 4,000만 원)의 1/2씩을 받으면 유류분인 3,000만 원을 받게 된다.

 위와 같은 범위 내에서 홍길동의 재산처분의 자유(유언을 한 경우도 결과는 동일)는 보장되고 상속인 중 일부는 유류분반환을 받음으로써 만족하여야 한다.

 공동상속인들 사이의 유류분반환청구권의 행사는 이론상 상속재산분할절차와 별도로 할 수 있다. 그러나 동시에 이루어지는 것이 바람직하다.

상속인을 보험수익자로 지정한 생명보험계약을 체결한 후 보험계약자인 피상속인이 사망한 경우 상속인이 생명보험금을 탈 수 있게 되는데, 이는 상속재산은 아니라 하더라도 특별수익으로 보고 유류분산정 기초재산에는 산입하여야 한다. 피상속인 사망 시의 해약반환금을 특별수익액으로 보면 될 것이다.

● **기여분** : 이는 유류분산정에 산입할 수 없다(이미 앞에서 설명하였다). 기여분은 기여자의 고유권이기 때문이다.

● **제3자를 위한 무상의 사인처분** : 예컨대, 피상속인이 부동산을 매도하면서 매도인 사망 시 그 매매대금을 제3자에게 지급하기로 약정한 경우는 실제로 증여와 동일하므로 이는 유류분산정의 기초재산에 산입하여야 한다.

● **상당하지 아니한 대가로 한 유상행위** : 유상행위(매매, 채무면제 등)라도 상당하지 아니한 대가 즉, 너무 싸게 매각하고, 당사자 쌍방이 가해인식을 한 경우는 증여로 볼 수 있다. 이 경우는 정당한 대가에서 실제의 매매가액을 공제한 액수를 유류분산정에 가산하여야 할 것이다(참고 : 일본 민법 1039조).

● **유족급여, 사망퇴직금** : 유족급여나 사망퇴직금 등은 상속재산에 속하는지가 문제되는데, 이를 대개 수령권자의 고유권으로 보아야 할 경우가 많다. 그래서 이를 유류분산정에 고려할 것인지는 앞으로 연구할 과제이다〔참고판례 : 대판 1969. 1. 28, 68다1464(유족보상을 상속함에 있어, 사용자의 불법행위책임에 따른 일실수입손해액이 유족보상액보다 다액이면, 그 재산상 손해액 중에서 유족보상금 상당액을 공제한 잔액을 유족보상을 받은 상속인을 포함한 상속인 전원이 상속분에 따라 상속한다), 동지 대판 1969. 2. 4, 68다2178〕.

③ 공제되어야 할 채무

채무를 공제하는 것은 상속분의 순취득분을 계산하기 위한 것이므로, 사법상(私法上) 채무뿐만 아니라, 공법상(公法上) 채무인 세금, 벌금, 과태료 등도 공제한다. 다만, 상속재산에 관한 비용(예컨대, 상속인이 납부할 상속세, 관리비, 소송비용 등)이나 유언집행비용(예컨대, 검인신청비용, 재산목록작성비용 등), 장례비 등은 어차피 '상속재산 중에서 지급되어야 하므로(민 998조의 2)' 여기서 공제할 필요는 없다(다수설). 증여로 인하여 상속인이 부담할 채무는 '공제되지 아니한다'고 해석할 것이다.

유류분산정 기초재산의 평가

① 평가기준과 평가방법 : 유류분산정의 기초재산의 범위가 확정되면 이제는 그 재산의 평가문제가 뒤따른다.

재산의 평가는 물건의 객관적인 교환가치, 즉 거래가격에 따라 평가하는 것이 가장 합리적이다. 그러므로 망인(피상속인)이 임의로 평가방법을 정할 수는 없고, 그러한 방법에 따라 평가하여서는 안 된다고 해석된다.

- 조건부권리나 '존속기간이 불확정한' 권리(예컨대 연대채무, 보증채무 등)는 가정법원에서 선임된 감정인의 평가에 따라 그 가격을 정한다(민 1113조 2항).
- 농지는 거래가격으로, 채권, 주식은 액면가가 아니라 그 거래가격으로 각각 평가하여야 한다.
- 여러 개의 부동산이나 동산, 권리가 집합하여 1개의 영업이나 설비를 이루는 경우는 이들 물건이나 권리는 일체로서 평가하여야 한다.
- 저당권이 설정된 부동산은 담보채권액을 부동산의 가격에서 공제하여야 한다. 그러나 피담보채권이 상속재산 중에 채무로 계산되어 있을 때는 공제하지 아니한다.

● 부담부 증여는 부담액을 채무로, 증여의 액수 전액을 가산하여야 한다.

② 평가의 기준 시 : 상속재산·증여재산 가액의 평가의 기준시점은 상속개시시이고, 그 당시의 가격으로 평가하여야 할 것이다(대판 1996. 2. 9 95다17885). 유류분침해의 범위를 확정하고, 관념적인 유류분반환액을 계산하려면 기준시점을 상속개시시로 정하여야 한다.

● 증여의 목적물이 멸실된 경우

천재지변, 기타 불가항력으로 증여의 목적물이 멸실된 경우는 유류분산정에서 제외시켜야 할 것이고(만일, 멸실로 인하여 보상금이 지급되었다면 그 보상금 자체를 상속개시시의 시가로 환산하여 산정하여야 할 것임), 수증자의 행위로 인하여 그것이 멸실, 소실, 변형된 경우는 원상태대로 존재한다고 보고, 상속개시시의 가액으로 평가하여 가산하여야 한다.

● 수증물이 낡아서 자연히 망가진 경우는 그 물건이 망가지지 아니한 그대로 상속개시시에 현존하는 것으로 보고 평가하여야 할 것이다.

● 증여재산이 금전인 경우

증여 시의 금액을 상속개시시의 화폐가치로 환산한 가격으로 평가하는 것이 타당하다(일본 최고재 1976. 3. 18.판결).

유류분액의 계산과 증명

상속인 각자의 유류분액은 위와 같이 계산하여 나온 금액에 상속인의 유류분 비율을 곱하여 나온다.

> **참고 판례**
> 임야의 생전증여로 인하여 유류분에 부족이 생겼다고 그 반환청구를 하는 경우, 구체적으로 어느 정도의 부족이 생겼는지의 점에 관하여 아무런 증명이 없다면, 그 유류분반환청구는 기각될 수밖에 없다(대판 1995. 3. 10, 94다24770).

4. 유류분 반환청구권의 행사(유류분의 보전)

유류분권리자는 유류분에 부족한 한도에서 유증, 증여된 재산의 반환을 청구할 수 있다(민 1115조 1항).

1) 유류분침해행위의 의미와 그 효력

유류분의 침해는 피상속인이 무상의 생전처분, 사후처분을 하는 바람에, 상속인에게 실제로 내려간 상속분이 유류분에 미달하게 된 상태를 말한다. 이러한 침해행위는 피상속인의 행위로 인한 것이라야 하고, 상속인이 일단 상속한 재산을 피상속인의 의사에 따라 제3자에게 증여한 결과, 나머지 재산이 유류분에 미달된다 해도 이는 유류분침해가 아니다(일본 최고재 1902. 6. 27).

이러한 유류분침해행위는 당연무효가 되는 것은 아니고 그대로 유효하고, 단순히 유류분침해의 한도 내에서 반환청구의 대상이 될 수 있을 뿐이다(일본 최고재 1960. 7. 19 : 통설, 판례).

유류분침해행위의 효력은 민법 제103조 소정의 공서양속규정의 적용대상이 될 것인가?

망인이 자신의 거의 전 재산을 생전 증여한 후, 남은 재산은 전부 유증(유언증여)한 사안에서 그것이 공서양속에 위반되는 것은 아니라고 하고 민법 제103조의 적용을 부정한 판례도 있다(일본 최고재 1962. 5. 29).

2) 유류분반환청구권의 법적 성질

형성권설(다수설)과 청구권설(소수설)

유류분침해행위의 효력을 소멸시키는 형성권이 바로 유류분반환청구권이라는 설이 형성권설이다. 이에 비하여 청구권설은 유류분청구권은 단순한 재산반환청구권이라고 주장한다.

다수설(형성권설)에 의하면 유류분권리자가 반환청구권을 행사하면 '유류분을 침해하는' 증여나 유증은 실효(효력이 소멸)되므로, 유류분권리자는 물권적 청구권에 기하여 목적물반환청구를 할 수 있다. 그래서 증여나 유증이 이행되지 아니한 경우라면 권리자는 그 이행을 거절하여 의무를 면할 수 있고, 이미 이행된 경우는 권리자가 반환을 청구할 수 있다고 해석하고 있다.

청구권설(소수설)에 의하면 유류분권리자의 반환청구로 인하여 증여나 유증이 당연히 실효되는 것은 아니고(당연히 실효된다면 증여의 목적물은 상속재산으로 복귀되어 모든 상속인들의 공유가 된다), 권리자는 유류분의 부족분에 한하여 상대방(수증자나 수유자)에 대하여 반환청구를 할 수 있는 채권적 권리를 가질 뿐이다. 상대방은 반환청구하는 유류분권리자에게만 일정한 반환의무를 지게 될 뿐이라고 설명한다. 생각건대, 우리 민법이 물권변동에서 형식주의를 취하고 있고, 거래의 안전을 위하여서도 청구권설이 타당하다고 본다.

3) 유류분반환청구의 당사자

반환청구권자

이 부분에 관해서는 이 장의 '3. 유류분의 범위'에서 언급하였고, 반환청구자는 유류분권리자와 동일하므로 여기서는 설명을 생략한다. 유류분권리자는 유류분에 부족한 한도 내에서 재산의 반환을 청구할 수 있다(민 1115조 1항). 이 청구권은 행사상·귀속상 일신전속권(一身專屬權)이 아니므로, 유류분권리자뿐만 아니라 그 승계인(상속인, 포괄수증자, 상속분양수인 : 포괄승계인, 유류분반환청구권의 양수인 : 특정승계인)도 이 권리를 행사할 수 있다. 채권자대위권에 기한 대위행사도 가능하고 채권자취소권의 대상이 될 수 있음은 이미 설명하였다.

상대방

유류분반환청구의 상대방은 증여, 유증을 받은 자(수증자, 수유자)와 그 포괄승계인 또는 유언집행자이다(포괄유증이든, 특정유증이든 이를 인정함이 가하다). 유언집행자는 상속인의 대리인으로 본다는 규정(민 1103조)도 있지만, 유언자의 의사집행기관이고 또 상속재산의 관리인으로 볼 수 있기 때문이다. 특정승계인 즉 현재의 권리자에 대하여는 목적물의 반환청구를 할 수 없고, 가액의 반환만을 청구할 수 있다.

증여나 유증의 목적물을 수증자, 수유자로부터 양수한 제3자(현재의 권리자)도 '악의인 경우'는 반환청구의 상대방이 된다. 공동상속인도 상대방이 될 수 있다.

관할법원 – 유류분반환청구는 민사소송인가, 가사소송인가

유류분반환청구 사건은 민사소송사건이므로, 소장을 작성하여 일반법원에 제출하여야 한다. 가사소송사건이 아니므로, 가정법원에 제소할 사건이 아니다.

> **참고 판례**
>
> 유류분반환청구는 원칙적으로 민사소송의 대상이지만, 유증 등으로 인한 유류분침해자가 재산상속인이고 유류분권리자가 그 권리를 행사한다면 재산상속인들 사이의 상속재산분할에 영향을 미치게 되므로, 유류분반환청구의 구체적 실현은 가사비송사건인 상속재산분할절차와 함께 이루어져야 한다(서울가심 1994. 4. 21.선고92느7359).

4) 유류분반환청구권의 행사

행사방법

① 일반적인 경우

유류분반환청구권의 행사는 상대방(수유자, 수증자 등)에 대한 의사표시로 한다. 이는 '상대방 있는' 단독행위이다. 반드시 소(訴)의 제기로만 하여야 하는 것(재판상 청구)은 아니고 의사표시(재판 외의 청구)로도 할 수 있다.

유류분반환청구의 의사표시는 권리침해행위인 유증이나 증여행위를 지정하여 그 반환청구의 의사표시를 하면 족하고, 증여 등으로 인하여 생긴 목적물의 인도청구권이나 이전등기청구권을 행사하는 것처럼 그 목적물을 구체적으로 특정하여야 하는 것은 아니다. 이러한 의사표시로 민법 제1117조 소정의 권리소멸시효기간(1년 또는 10년)의 진행도 중단된다(대판 1995. 6. 30, 93다11715 ; 2001. 9. 14, 2000다66430, 66447).

법정에서 변론 시에 단순히 증여를 부인한다든지, 부동산의 취득이나 보존등기를 한 것만으로는 반환청구권을 행사한 것으로 볼 수는 없다(일본 최고재 1950. 4. 28 판결).

공동상속인들이 상속재산분할심판 청구를 하면 이는 유류분반환청구의 의사표시가 포함되어 있다고 볼 것인가? 예컨대, 1인의 상속인에게 전 재산이 포괄유증된 경우, 다른 공동상속인은 유류분반환청구를 하지 않고는 상속재산분할청구도 할 수 없기 때문에 이 경우의 상속재산분할청구는 유류분반환청구권의 행사를 그 전제로 하므로 반환청구는 당연히 포함되어 있다고 보아야 할 것이다.

유증이나 사인증여의 무효를 주장하면서 상속재산분할청구를 한 경우에도 유류분반환청구의 의사표시가 포함되어 있다고 볼 것인가? 사인증여의 무효를 주장하고 이를 전제로 망인의 예금통장·인장의 교부와 소비금전의 반환을 반소로 청구하여도 이는 유류분반환청구의 취지가 포함된 것으로 볼 수는 없다(대판 2001. 9. 14, 2000다66430, 66447).

이 권리의 행사에도 신의성실의 원칙이나 권리남용금지의 법리가 적용된다(아래의 참고 판례).

> **참고 판례**
>
> 피상속인의 양자(유류분권리자)가 상속개시 수년 전에 양가(養家 : 양부모의 집)가 궁박한 때, 그 궁박에 자기도 상당한 책임이 있는데도 노령의 양부모를 버리고, '양가의 재산은 필요 없다' 면서 양가를 떠났다. 그 후 새로 맞이한 사실상의 양자가 양부모를 모시고 상당한 노력을 하여 왔고 세월이 흘러 양부가 사망하였다. 양자가 사실상의 양자를 상대로 유류분반환청구를 한 사안에서 법원은 이러한 유류분권리자의 행위는 '양친자간의 신의를 파괴한 불신행위' 이고 '피상속인과 사실상의 양자에 대하여 신의에 어긋난 행위' 이며, 유류분제도의 취지에 벗어나는 것이고 형평의 원칙에도 반한다고 하면서 청구를 배척하고 있다(일본 선태고 추전야판 1961. 9. 25).

② 유류분권리자가 여러 사람인 경우

유류분권리자가 여러 사람인 경우 권리자의 반환청구권은 각기 독립된 것이다. 그러므로 권리자는 각자가 독립하여 따로 권리행사를 할 수 있고, 한 사람이 행사하는 것은 다른 사람에게는 전혀 영향을 미칠 수 없다. 다만, 여러 사람이 1개의 소장에 공동원고로서 한꺼번에 청구할 수도 있다. 반환의무자가 여러 사람이더라도, 그들은 각자가 얻은 증여·유증의 가액 비율로 반환할 뿐 서로 연대책임을 지는 것은 아니다.

③ 조건부권리 등에 대한 반환청구

조건부권리나 존속기간 불확정 권리에 대한 반환청구의 경우는 법원에서 선임한 감정인의 평가에 따라 가액을 반환하도록 하는 방법이 좋을 것이다.

반환청구의 한도

유류분을 침해하는 증여가 이루어진 경우 유류분의 반환청구는 '유류분에 부족한 한도' 내에서 행사할 수 있을 뿐이다(민 1115조). 공동상속인 중 일부의 상속인이 피상속인으로부터 증여나 유증을 받아 그것이 자신의 상속분을 초과한다 하더라도, 그로 인하여 다른 공동상속인의 유류분을 침해하지 아니하는 이상 그 초과부분을 반환할 필요는 없다. 이는 피상속인의 유언의 자유를 보장하고 이를 존중하여야 하기 때문이다.

> 유류분 부족액의 계산공식
> (적극상속재산액 + 증여액 - 상속채무액) × 해당 상속인의 유류분율 - 해당 상속인의 수증액(특별수익액) - (적극상속재산액 × 해당 상속인의 상속분율) - (상속채무액 × 해당 상속인의 상속분율)

현물(원물)반환주의인가, 가액반환주의인가

유류분반환청구권의 대상은 현물(現物)인가, 가액(價額)인가? 우리 민법은 현물 또는 원물반환주의를 채택하고 있다고 해석함이 타당할 것이다(대판 2005. 6. 23, 2004다51887).

① 청구권설, 채권적 효력설(가액반환주의)에 의하면 반환청구권은 수증자, 수유자에 대한 대인적 청구권(일종의 부당이득반환청구권)이므로, 원칙적으로 제3자에 대한 추급력(물권적 효력)이 없다. 다만, 수증

자, 수유자가 무자력인데 제3자가 악의를 띤 경우는 그 범위 내에서 부당이득반환청구(현물반환청구)를 제3자에게도 확대하여 할 수 있을 것이다(일본 민법 1040조 1항 단서 참조).

수증자가 증여 목적물을 제3자에게 양도하거나 담보로 제공하여 저당권 등을 설정한 경우는 제3자를 보호(거래의 안전보호)하기 위하여 유류분권리자는 당초의 수증자에 대하여 그 가액의 반환을 청구할 수 있을 뿐이다(민 1014조). 선의의 점유자는 과실수취권이 있기 때문에(민 201조 1항) 수유자는 반환청구를 당할 때까지는 과실을 수취할 권리가 있다.

수증자나 수유자는 수증목적물이 특정되어 있다면 이를 그대로 반환할 수도 있고(원물반환의 원칙), 원물반환에 갈음하여 그 가액을 반환할 수도 있으며, 그 목적물을 제3자에게 양도한 경우는 가격을 변상할 수 있다고 본다.

② 형성권설, 물권적 효력설(현물반환주의 : 다수설)에 의하면, '유류분을 침해하는' 증여나 유증은 유류분반환청구로 인하여 소급적으로 효력이 상실(실효)되므로, 수증자, 수유자는 목적물상의 권리를 잃게 된다. 이미 증여 등이 이행된 물건(수증재산)은 당연히 상속인에게 반환되어야 하고, 그로 인하여 생긴 과실도 부당이득이므로 상환되어야 하고, 미이행의 경우는 상속인에게 이행거절권이 생긴다.

그러므로 수증자가 목적물을 제3자에게 양도하였더라도 그 양도행위는 무효이므로 유류분권리자는 제3자에 대하여 물건의 반환을 청구할 수 있다[추급력(追及力)이 있다]고 한다(프랑스 민법 920~930조와 일본 민법 1031~1041조의 감쇄권의 영향).

③ 반환청구의 목적물의 일부(예컨대, 1/3지분)의 반환으로 유류분의 부족분을 충당할 수 있는 때는 그 목적물이 불가분(예컨대, 건물)하면 공유관계를 성립시키는 방법도 있고, 그 가액으로 정산하는 방법도 있을 것이다(예컨대, 유류분권리자가 목적물의 전부를 반환받고 그 차액을 수증

자에게 돈으로 상환하기로 합의하거나, 수증자가 전부를 차지하고 차액을 정산하는 합의를 할 수 있다). 반환청구의 목적물이 여러 개인 경우는 유류분권리자가 그 목적물을 임의로 선택하여 반환하라고 청구할 수도 있고 수증자가 그 중 임의로 선택하여 반환할 수도 있다.

유류분반환청구의 순서

반환청구의 대상이 되는 유증과 증여가 여러 개인 경우 반환청구의 순서를 정할 필요가 있다. 이는 기득권자와 거래의 안전을 보호하기 위한 것이다.

① 제1차적으로 '유증과 사인증여를 받은' 수유자를 상대로 청구하고 그래도 부족한 경우에는 2차적으로 '생전증여를 받은' 수증자를 상대로 청구한다.

유류분권리자는 먼저 '유증'을 반환 받은 후, 그래도 유류분에 부족이 생기면 그 부족한 한도 내에서 '증여(계약으로 한 증여)'의 반환을 청구할 수 있다(민 1116조). 망인의 생전증여의 뜻을 가급적이면 존중하려는 취지이다. 이는 로마법 이래의 전통적인 원칙이다. 피상속인이 반환청구의 순서에 관하여 위와 다른 유언을 하더라도 이는 무효이다. 민법 제1116조는 생전증여의 효력을 가능한 한 유지하려는 강행규정으로 보아야 하기 때문이다.

사인증여도 유증에 준하는 것이니, 증여보다 먼저 반환 받아야 한다고 해석한다.

> 참고 판례
>
> 유류분반환청구의 목적인 증여나 유증이 병존하고 있는 경우, 유류분권리자는 먼저 '유증 받은 자'를 상대로 유류분 침해액의 반환을 구하여야 하고, 그 후에도 여전히 유류분 침해액이 남아 있는 경우에 한하여 증여를 받은 자에 대하여 그 부족분을 청구할 수 있으며(민 1116조 참조), 사인증여의 경우에는 유증의 규정이 준용될 뿐만 아니라, 그 실제적 기능도 유증과 다르지 아니하므로, 유증과 같이 보아야 할 것이다(대판 2001. 11. 30, 2001다6947).

생명보험계약의 경우 보험계약자의 사망 시 계산된 해약반환금, 제3자에게 수익권을 부여하는 유언신탁 등도 유증에 준하여 취급하여야 할 것이다.

② 증여나 유증을 받은 사람이 여러 사람인 경우는 각자가 얻은 증여나 유증의 가액의 비율로 반환하여야 한다(민 1115조 2항). 사인증여가 여러 개인 경우도 마찬가지이다.

③ 제3자 수증의 경우 그 제3자는 상속인이 아니라서 유류분이라는 것이 없다. 그러므로 유류분권리자는 제3자를 상대로 수증가액을 기준으로 한 금액비율로 반환청구를 할 수 있다(대판 1996. 2. 9, 95다17885, 이 장의 '3. 유류분의 범위' 부분 설명 참조).

유증에 대한 반환청구와 달리 증여에 대한 반환청구는 증여가 이루어진 선후관계를 고려하여 '가장 나중(최근)에 이루어진' 증여부터 반환하고 그래도 부족한 경우는 그 이전의 증여로 순차 소급하여 반환하도록 하여야 한다는 입법론이 있다(일본 민법 1035조, 독일 민법 2329조 3항).

④ 공동상속인 상호간의 유류분반환청구권

상속분의 지정(상속인 중 '차남에게 나의 재산의 1/5을 주겠다'는 유언 : 이는 포괄유증과 동일) 등으로 자기 고유의 유류분액을 초과하는 증여를 받은 상속인들을 상대로 반환청구를 하는 경우는 그 유류분액을 초과한 금액의 비율로 반환청구를 할 수 있다고 보아야 한다(대판 1995. 6. 30, 93다11715). 이는 공동상속인들 사이의 공평을 기할 수 있도록 하기 위한 것이다.

> **참고 판례(하급심 판례)**
>
> 상속인(청구인)들 각자의 유류분 부족금액의 합계액 5,000만 원은 다른 상속인들이 각자가 얻은 유증가액의 비례로 청구인들에게 반환하여야 할 것이다. 그러나 상대방들 또한 공동상속인이므로, 그들 자신의 유류분을 가지고 있는 결과 그들이 얻은 유증가액에서 각자 고유의 유류분의 가액을 공제한 액수로 반환하여야 한다(서울가심 1994. 4. 21 고지 92느7365).

5. 반환청구권 행사의 효력

반환청구권을 행사하면 유류분에 부족한 한도 내에서 유증과 증여의 효력이 당연히 소멸되는 것이 아니고, 가액의 반환을 청구하게 된다. 어떤 특정물건을 증여받은 사람은 물건의 소유권을 이전하든지 가액을 반환하면 된다(형성권설에 의하면 증여 등은 당연히 실효된다).

과실은 반환하여야 할 것인가

수증자는 증여받은 재산(현물)의 반환뿐만 아니라, 그 수증재산에서 생긴 과실('반환청구를 받은' 이후 발생한 과실)도 반환하여야 할 것인가? 긍정설과 부정설이 대립하고 있다. 선의의 점유자는 과실취득권이 있고, 프랑스 민법(제928조), 일본 민법(제1036조)과 같이 명문의 규정을 두지 아니한 우리나라 민법의 해석으로는 부정설이 타당할 것이다.

수증자가 증여 받은 물건을 이미 제3자에게 다시 양도한 경우

제3자 보호를 위하여 유류분권리자는 수증자에 대하여 가액을 청구할 수 있을 뿐이다(민 1014조). 악의의 제3자에 대하여는 현물반환이나 가액반환을 청구할 수 있다고 해석하고 있다.

반환청구를 받은 수증자가 무자력인 경우 그로 인한 손실부분은 유류분권리자의 부담으로 되고 만다. 왜냐하면 다른 수증자의 부담을 증가시킬 수는 없기 때문이다(일본 민법 1037조 참조).

6. 반환청구권의 소멸

유류분반환청구권은 유류분권리자가 상속의 개시 사실, 반환하여야 할 증여나 유증을 한 사실을 안 때로부터 1년 내에 행사하지 아니하면 시효로 소멸한다(민 1117조 전단).
이것은 거래의 안정을 위하여 1년간의 단기시효를 정한 것이다. 한편 유류분반환청구권은 상속개시시로부터 10년을 경과한 경우에도 역시 시효로 소멸한다(민 1117조 후단).

이 기간의 법률적 성질

다수 학설(형성권설)은 앞의 기간 1년은 시효기간, 뒤의 10년은 제척기간이라고 해석하고 있다(형성권설). 그러나 판례와 소수설(청구권설)은 이 모두를 소멸시효기간으로 보고 있다. 그러므로 소멸시효의 이익을 받을 사람이 '시효로 소멸되었다'는 항변을 하지 않고 있으면, 법원에서는 시효에 의한 권리소멸여부를 판단할 수 없다(대판 1993. 4. 13, 92다3595). 유류분반환청구권은 유류분권의 구체적 실현을 위한 채권적청구권이라고 보고 있기 때문이다.

소멸기간의 기산점

상속의 개시사실과 '반환하여야 할 증여, 유증의 사실을 안 때' 로부터 1년 이내에 권리를 행사하여야 한다. 상속개시의 사실과 증여, 유증 사실을 안 때부터로 볼 것인가, 아니면 거기에다가 그 사실이 '유류분을 침해하여 반환청구를 할 수 있음을 안 때' 로부터라고 볼 것인가?

학설은 거래의 안전과 제3자 보호를 위하여 앞의 것으로 해석하고 있고, 판례는 뒤의 것으로 해석하고 있다. 증여의 목적물이 제3자에게 양도된 경우도 마찬가지이다.

> **참고 판례**
>
> 권리자가 '증여 등의 사실 및 그것이 반환되어야 할 것임을 안 때' 라고 해석하여야 하므로, 유류분권리자가 증여 등을 무효라고 믿고 소송상 항쟁하고 있는 경우에는 '증여 등의 사실, 수증자의 증여 주장과 그 주장에 부합하는 증언의 존재를 안 것' 만으로는 곧바로 '반환할 증여가 있었다' 는 것까지 알고 있었다고 단정할 수는 없을 것이다(대판 1994. 4. 12, 93다52563).
> 그러나 민법이 유류분반환청구권에 관하여 특별히 단기소멸시효를 규정한 취지에 비추어보면, 유류분권리자가 소송상 증여의 무효를 주장하기만 하면, 그것이 근거 없는 구실에 지나지 아니하는 경우에도 시효는 진행하지 않는다 함은 부당하다. 그러므로 피상속인의 거의 전 재산이 증여되었고 유류분권리자가 위 사실을 인식하고 있는 경우에는, 그때부터 시효가 진행된다. '증여무효의 주장이 사실상 또는 법률상 근거가 있고 그 권리자가 위 무효를 확실

> 히 믿고 있었기 때문에 유류분반환청구권(증여가 유효하다. 그러
> 면 유류분청구를 한다는 것이 이 권리이다)을 행사하지 못하였다'
> 는 점을 증명한다면 시효의 기산점이 달라질 수 있을 것이다.
> 　그렇지 아니한 경우는 전 재산의 증여 시에 상속인은 그 증여가 반
> 환될 수 있는 것임을 알고 있었다고 추인함이 상당하다(대판
> 1998. 6. 12. 97다38510 ; 2000. 4. 11, 99다23994 ; 2001.
> 9. 14, 2000다66430, 66447).

수증자가 증여재산을 시효취득한 경우와 '이행되지 아니한' 증여재산

　수증자가 증여받은 재산을 오래 점유하여 시효로 권리를 취득한 경우 그러한 재산은 유류분반환청구의 대상이 될 수 없다. 그러나 유류분권리가 제척(제소)기간경과로 소멸되기 전에는 물건의 점유자가 시효취득의 주장이나 항변을 할 수 없다. 그리고 이행되지 아니한 유증재산에 대하여 수유자가 1년 이상이 경과한 후에 상속인을 상대로 '유언대로 이행하라'고 청구한 경우 유류분권리자가 이에 대하여 항변하는 때는 민법 제1117조의 시효규정이 적용될 것인가? 이러한 항변에는 시효가 적용되지 아니한다. 다시 말하면 1년이 지났더라도 유류분권리자는 '유류분침해가 되므로 유류분만은 넘겨줄 수 없다'는 항변을 할 수 있다. 그러한 이행거절의 의사표시만으로 유류분권리행사를 할 수 있고, 그로써 청구권은 실현되기 때문이다.

제2부

상속세법

개설

1. 상속세의 의미 · 기능 · 성격과 그 필요성

자본주의사회에서는 개인이 상속으로 거액의 재산을 무상취득할 수 있다. 이러한 상속으로 인한 부의 편중을 막기 위하여 상속세가 필요하다. 거액의 상속재산에는 거액의 상속세가 부과되어야 한다는 것이 사회적 요청이다. 그래서 현행법은 상속세제도를 두고 있다.

1) 상속세의 의미

개념

상속세는 자연인의 사망을 계기로 하여 무상으로 승계되는 재산(상속재산)을 과세물건으로 삼아 상속인에게 부과하는 조세다. 우리 민법은 호주상속(지금은 호주승계로 변경됨)과 재산상속 2가지를 인정하고 있었으나(민 997조, 980조, 1005조), 지금은 호주상속이 없어졌다. 그래서 지금은 상속이라면 재산상속밖에 없고, 상속세는 호주상속과는 관련이 없다.

공산주의 국가

공산주의 국가들은 생산수단인 토지, 공장 등은 전부 국유로 하고, 그 밖의 소비재 기타 순수한 개인용 동산만을 사유재산으로 인정하고 있다. 이러한 사유재산만은 상속할 수 있고, 이에 따라 사유재산의 편재가 생길 수 있다. 이를 방지하기 위하여 상속세를 부과하고 있다.

무제한적인 사유재산제도 위에 구축된 자본주의 국가에서는 생산수단까지 모두 상속되므로 재산은 비약적으로 집중될 수 있기 때문에 이에 상응하여 상속세의 필요성도 점점 더 커지게 된다.

상속제도의 폐지론
　미국의 학자 리드(Read)는 '좋은 사회를 만들려면' 무엇보다도 상속의 특권을 폐지하여야 한다고 하고 그것도 안 되면 누진적 상속세법을 제정하여야 한다고 주장하였다. 상속세의 누진과세를 가중하게 되면 최후에는 상속 그 자체를 유명무실하게 만들어 버릴 수도 있다. 그러나 상속세는 근본적으로 사유재산제도를 전제로 하는 조세이므로 어떠한 이유로도 상속재산 자체를 몰수하는 것과 같은 정도의 세율을 정하는 것은 허용될 수 없다. 한편 상속은 유가족의 생활보장 기능도 하고 있으므로, 상속세의 최저세율은 낮게 정할 필요도 있다(현행법은 1억 원 이하의 경우 10%의 상속세금을 부과하고 있다).

사회정책적 의미의 상속세
　위와 같은 점을 종합하여 상속세의 의미를 정리하여 보면, 상속세는 증여세와 함께 다음과 같은 사회정책적 의미를 가지고 있다. 첫째, 부의 집중현상을 직접적으로 조정·억제하는 효과를 가져오고, 둘째, 소득재분배를 시도하므로 소득세의 기능을 보완·강화시키고, 셋째, 조세의 형평기능을 강화시킨다.

2) 상속세의 경제적 효과

근로의욕 감퇴
　상속세제도는 사람들의 근로의욕을 감퇴시키는가? 많은 경제학자들은 그렇지 않다고 보고 있다. 즉, 돈을 버는 것만이 유일한 경제적 성취 동기는 아니고, 많은 사람들이 사회적 위신, 권력, 노동의 미덕 등 기타 이유로, 세금과는 무관하게 계속 경제활동을 하고 있다.

소비조장

상속세는 저축을 저해하고 소비를 조장시키는가? 자신의 가족에게 많은 재산을 남겨주려고 하는 사람은 상속세율과는 무관하게 저축을 하고 있다. 다만, 나이가 많아질수록 소비성향이 높아질 가능성은 있다. 왜냐하면 고령에 다가갈수록 사람은 죽음을 의식하게 되고 소유재산이 증가하면 상속세의 누진세율도 높아지므로 소비를 좋아할 여지가 있기 때문이다(돈이란 버는 사람 따로 있고, 쓰는 사람 따로 있다).

3) 상속세의 성격

상속세의 법률적 성질

상속세와 관련된 주장은 다음과 같은 것이 있다.
① 상속세는 실질적으로 상속재산으로 납부되므로 재산세이고, 다만 재산이 이동하는 때에 과세되므로 동적 재산세라고 하는 설
② 상속, 증여로 재산을 취득한 사람 측에서 볼 때 이는 소득이므로 상속세는 소득세라는 소득과세설
③ 소득세 중 일반소득세와 구분되는 특별소득세라고 보는 설
④ 과세물건을 재산의 이전으로 보는 이전과세설(통설)

그러나 상속세는 이전등기의 기회에 부과되는 등록세나 취득세와 같이 재산의 유통에 과세하는 것이 아니고, 축적·집중·편재된 재산 그 자체에 부과하는 조세이며 단지 그 재산의 이전을 계기로 하여 과세된다는 점에서 유통세와는 다르다.

결국 상속세는 국세, 직접세, 자산세, 누진세이고, 부과과세 방식의 조세에 속한다.

2. 상속세의 과세방식(유산세방식과 유산취득세방식)

1) 개설

상속세의 과세방식은 크게 유산세방식과 유산취득세방식으로 나누어진다. 앞의 것은 피상속인의 유산(상속재산 전체)에 대하여 과세하는 방식이고(각 상속인에게 얼마나 재산이 돌아가느냐는 상관없다), 뒤의 것은 유산을 취득한 자의 취득재산에 대하여 과세하는 방식이다. 전자는 주로 상속세의 자산세적 성격을, 후자는 그 수익세적 성격을 포착하고 있다. 현행법은 앞의 유산세방식을 택하고 있다(상속세및증여세법 1조, 13조). 상속인들이 '각자가 받았거나 받을 재산의 점유비율'에 따라 연대하여 납세의무를 부담한다(동법 3조)는 것이 그러한 의미다.

2) 유산세 방식(피상속인의 처지)

이론적 근거

유산세 방식은 망인이 남긴 재산(유산)의 액수에 따라 누진율로 과세하는 방식이다. 이는 부의 집중을 억제하려고 하는 사회정책적인 의미를 가지고 있다. 어떤 개인이 생존 중 부를 축적할 수 있었던 것은 그 사람의 경제적 수완이나 능력이 있었기에 가능하다고 볼 수도 있으나, 사회가 재산의 관리, 운용을 그 사람에게 위탁한 결과로도 볼 수 있다. 그 사람의 상속인도 반드시 망인과 같은 경제적 수완이나 능력을 가지고 있다고 단정할 수 없다. 그래서 상속의 개시로 망인에게서 상속인 앞으로 재산이 이전되는 기회에 망인의 유산 일부가 사회에 환원되어야 한다. 이것이 유산세방식의 이론적 바탕이다. 또한 사람의 사망시점은 그 사람이 생전에 세제상(稅制上)의 특전이라든지 조세의 회피 등으로 축적한 재산을 파악하기에 가장 좋은 시점이다. 이 기회에 이른바 소득세 내지 재산세의 후불(後拂)로 과세하기 위하여는 유산액을 과세표준으로 하는 것이 가장 타당하다.
  미국과 영국이 기본적으로 유산세제를 채택하고 있다.

유산세 방식의 장점
① 상속세과세의 목적은 사람의 일생을 통한 조세부담을 청산한다는 데에 있다. 유산세 방식은 그 목적에 가장 적합하다.
② 유산취득세 방식보다 세금부담을 경감하기 위하여 상속인이 유산분할을 가장하거나 허위의 신고를 할 우려가 적다. 이에 따라 세무집행이 용이하다.

유산세 방식의 단점
① 유산취득세 방식보다 취득자 개인의 담세력에 따른 공평한 과세를 하기가 어렵다.
② 유산취득세 방식에서는 상속인들이 많을수록 세 부담이 가벼워진다. 그러나 유산세 방식에서는 상속인들의 수와 관계없이 부과하게 되어 부의 집중억제나 분할촉진 측면에서 상대적으로 불충분하다.

3) 유산취득세 방식(상속인의 처지)

이론적 근거
유산취득에 대한 과세는 상속재산으로 인한 불로소득에 대하여 과세하는 것이기 때문에 재산취득에 대한 특수한 형태의 소득세로 볼 수 있다.
  개인은 본래 경제적으로 기회가 평등하여야 하므로, 개인이 재산을 무상취득하는 경우 이는 평등하지 않다. 그래서 불로소득의 일부를 국가가 조세의 형태로 흡수하는 것이 적절한 조치라는 것이다.

유산취득세 방식의 장점

① 재산취득자의 개인적 담세력(擔稅力)에 대응하여 합리적으로 과세할 수 있어 공평과세의 이념에 적합하다.
② 상속세의 과세목적의 하나인 부의 집중억제에 효과적이다.
③ 장자상속을 폐지하여 상속인평등의 원칙을 택하게 된 현행 상속법의 취지에 부합한다.

유산취득세 방식의 단점

① 상속인이 세금부담을 감경(減輕)하려고 상속재산분할신고를 조작할 우려가 있다.
② 상속재산분할의 실상이나 내용의 공시(公示)가 잘 안 되어 적정한 세무집행이 곤란하다.
③ 중소기업용 자산·농업용 자산의 경우 그 분할이 곤란하고 그에 따라 상속세부담이 상대적으로 무거워진다. 또한 납세집행의 어려움도 커지게 된다.

4) 상속세및증여세법의 규정

우리나라의 '상속세및증여세법'(이하 '법'이라고 한다 ; 1996. 12. 30 전면개정, 법률 제5193호, 개정 2005. 7. 13 법률 제7580호, 일부개정 2007. 12. 31 법률 제8828호)은 유산세 방식을 채택하고 있다(대판 1984. 3. 27, 83누710 ; 1986. 2. 25, 85누962 ; 1986. 6. 25, 85누692 등).

통설과 판례의 견해는 아래와 같다. 즉, 법 제1조 제1항은 상속이 개시된 경우 피상속인이 거주자인 경우에는 모든 상속재산에 과세하고, 비거주자인 경우에는 국내에 있는 모든 상속재산에 대하여 상속세를 부과한다고 규정하고, 같은 법 제13조 제1항은 상속세 과세가액을 '상속재산의 가액 + 상속개시 전 일정한 기간 내의 증여재산 – 법 제14

조의 공과금 등의 금액'으로 규정하고 있다.

　이와 같이 상속세 과세가액을 망인(피상속인)을 기준으로 산정하며 공동상속의 경우에도 상속인들 사이의 상속재산분할 전의 상속재산가액에 세율을 적용하여 세금액을 산출하는 구조를 취하고 있다. 이는 유산세제의 가장 전형적·핵심적인 내용을 채택하고 있는 것이다.

　다만, 법 제3조 제1항은 이렇게 계산된 세액의 납부에 관하여는 '상속인 또는 수유자는 이 법에 의하여 부과된 상속세에 관하여 상속재산 중 각자가 받았거나 받을 재산의 점유비율에 따라 상속세를 납부할 의무가 있다.'고 규정하여 분할 전의 상속재산에 대한 세액을 원칙적으로 공동상속인 각자의 상속분에 따라 나눈 세액을 납부하도록 하였고, 단지 공동상속인 사이에 각자가 받았거나 받을 재산을 한도로 연대납부책임을 지우고 있다.

3. 상속과 자본이득에 대한 과세

1) 개설

어떤 사람이 1990년 2월 1일 재산을 매수하여 이를 처분하려고 하였으나 뜻대로 안 되어 매각을 연기하여 오다가 2002년 2월 2일 사망하여 상속이 개시된 경우 그 재산의 취득 시부터 위 사망 시까지의 상승된 가치의 증가분 즉, 미실현자본이득을 어떻게 처리할 것인가?

2) 우리나라 소득세법

상속이나 증여로 재산이 무상으로 이전될 때 '상속세가 아닌' 양도소득세를 부과할 것인가?

양도소득은 '자산의 양도로 인하여 발생하는 소득'이고 '양도'라 함은 자산에 대한 등기 또는 등록에 관계없이 매도, 교환, 법인에 대한 현물출자 등으로 인하여 그 자산이 '유상'으로 사실상 이전되는 것을 말한다(소득세법 4조 1항 3호, 88조). 이처럼 현행법은 상속, 증여 등 '무상' 이전의 경우는 양도소득세를 부과하지 아니한다(비과세 방식).

상속인이 상속으로 취득한 재산을 양도할 때는 양도소득세를 납부하여야 하고, 그 양도차익은 '양도가액 – 취득가액'으로 계산한다. 이 경우 상속개시일이나 증여받은 날의 기준시가를 취득가액으로 보도록 규정하고 있다(소득세법 97조 1항 1호).

다만, 예컨대 배우자로부터 1999년 3월 증여 받은 부동산을 5년 이내에 다시 양도할 경우 그 취득가액은 그 배우자의 취득(수증) 당시의 금액으로 하도록 규정하고 있다(소득세법 97조 4항, 승계취득가액기준 방식). 이는 배우자로부터 재산을 증여받는 경우에는 3억 원까지는 면세되도록 규정하고 있는 점(법 53조 1항 1호)을 악용하여 증여세공제혜택을 누린 다음 증여시점을 새로운 취득시기로 삼아 금방 양도하여 양도소득세를 회피하려는 것을 방지하기 위한 규정이다.

4. 우리나라 상속세및증여세법의 체계

상속세의 부과원인

상속세는 사람의 사망으로 인한 상속, 유증(유언으로 증여) 또는 사인증여, 특별연고자 재산분여(민 1057조의2)에 따라 상속인 등이 재산을 취득하였을 때 부과된다(법 1조 1항). 상속세의 부과원인이 되는 상속, 유증, 사인증여가 무엇을 의미하는가? 상속세법에는 아무런 규정이 없다. 상속, 상속인의 범위, 상속분, 상속개시시점, 상속인의 순위, 유증 등의 개념은 민법상의 개념과 마찬가지로 해석하여야 할 것이다(통설).

무제한적 과세재산(국내재산+국외재산)과 제한적 과세재산(국내재산)

상속세의 과세재산은 무제한적 과세재산과 제한적 과세재산으로 나누어진다. 앞의 것은 상속개시 당시 망인의 주소가 국내에 있거나 1년 이상 국내 거소를 둔 경우, 이른바 '거주자'인 경우로서 국내와 국외에 있는 상속재산 전부에 대해 상속세가 부과되고(법 1조 1항 1호), 뒤의 것은 '비거주자'인 경우로 국내에 있는 상속재산에 대해서만 상속세가 부과된다(같은 항 2호). 국내에 반드시 주민등록이 되어 있어야 주소가 있는 것은 아니다(대판 1990. 8. 14, 89누8064). 국내재산은 국내 상속인들이, 국외재산은 국외 상속인들이 각각 소유하기로 협의한 경우 과세대상재산이 국내재산에 한정되므로, 국내재산에 대하여는 국외상속인들은 납세의무를 지지 아니한다(대판 1994. 11. 11, 94누5359). 이 구분은 과세대상, 과세가액계산, 공제 등에 차이가 있다. 비거주자에게도 기초공제 2억 원을 적용하도록 개정되었다.

상속세의 세금액산출 방식은 다음과 같다.

> 상속재산 - 비과세상속재산 - (공과금 + 채무 + 장례비) - 과세가액불산입재산(공익법인출연재산 + 공익신탁재산) + 피상속인의 증여재산 + 생전처분재산가액 = 과세가액

상속개시 전 일정한 기간 내의 증여재산과 피상속인의 생전처분재산은 과세가액에 산입되는 한편 같은 기간 내의 채무부담액은 채무로서 공제되지 아니한다. 공익법인 등에 대한 일정한 출연재산과 공익신탁재산은 과세가액에 산입되지 아니한다.

과세가액에서 다시 기초공제, 배우자 등의 인적공제, 금융재산상속

공제, 재해손실공제 등을 공제한 후의 금액이 과세표준이 된다. 과세표준이 20만 원 미만인 경우는 상속세가 부과되지 아니한다. 과세표준에 해당 세율을 적용하면 산출세액이 되고, 여기에서 다시 증여세액공제, 외국납부세액공제, 단기 재상속에 대한 세액공제를 적용한 것이 신고세액이 된다. 신고세액에서 10%의 공제(법 69조), 연부납부 신청금액(법 71조), 물납 신청금액(법 73조) 등이 공제된 나머지 금액이 신고납부세액이 된다.

현행 상속세율을 보면, 최하 10%에서 최고 50%로 모두 5단계로 나누어 누진과세하고 있다(법 26조). 기초공제액은 2억 원이고(법 18조 1항), 가업상속에 대하여는 1억 원, 영농상속에 대하여는 2억 원의 추가공제혜택이 주어진다. 배우자 상속의 경우에는 원칙적으로 실제 상속받은 금액을 전체 과세가액에서 공제한다.

자녀공제액은 1인당 3,000만 원이고, 미성년자, 60세 이상 성인, 장애인에 대하여는 특별공제제도가 마련되어 있다(법 20조).

한편 원칙적으로 5억 원(법 18조 2항 1호의 경우에는 6억 원, 같은 항 2호의 경우에는 7억 원)의 일괄공제제도를 마련하여 납세자가 위 각 공제의 합계액과 큰 금액을 선택적으로 공제받을 수 있도록 하고 있다(법 21조).

상속세의 세액산출을 도표로 나타내면 다음과 같다.

상속재산 - 비과세상속재산 - (공과금 + 채무 + 장례비) - 기초공제 - 인적공제 등 = 과세표준

과세표준 × 세율 = 산출세액

상속세의 납세의무

1. 상속세의 납세의무자

1) 자연인과 법인

상속인과 수유자(유언으로 재산을 받은 사람)

상속세의 납세의무자는 상속인, 유증이나 사인증여를 받은 수유자나 수증자, 상속재산을 분여 받은 특별연고자(민 1057조의2)이다(법 3조 1항). 이처럼 상속세법상 상속인은 민법상의 상속인만을 의미하지 아니한다는 점에 특색이 있다[이 책에서는 재산을 무상증여(생전증여, 사인증여 포함)받은 사람을 수증자로, 유언으로 재산을 받은 사람을 수유자로 표시한다].

자연인(개인)이 납세의무자가 되는 것이 원칙이나 예외적으로 태아와 법인도 납세의무자가 될 수 있다. 유언 자유의 원칙에 따라 태아나 법인에게도 유증할 수 있기 때문이다. 따라서 유증을 받은 법인 등은 상속세의 납세의무자가 된다.

영리법인은 상속세 면제

다만, 영리법인이 유증을 받으면 이는 법인의 소득으로 인정되어 법인세가 부과되므로, 상속세는 면제받는다. 그러므로 자연인이나 태아 이외의 법인으로 상속세를 납부하는 경우는 비영리법인(공익법인), 비영리법인으로 간주되는 법인격 없는 사단, 재단, 기타 단체에 한정된다.

2) 상속포기자

상속을 포기한 사람도 상속재산 중 받았거나 받을 재산의 비율에 따라 상속세 납부의무를 부담한다(개정법 3조 1항). 그러나 상속포기자는 처음부터 상속인이 아닌 사람이 되어 상속재산을 받을 수 없으므로 결국 납세의무를 지지 아니한다. 상속포기는 소급효가 있으므로 포기자가 다른 상속인에게 상속재산을 증여한 것으로 볼 수도 없으므로 포기자에게 증여세를 부과할 수도 없다(대판 1998. 6. 23, 97누5022).

3) 추정상속인과 유언집행자 등

상속인이 확정되지 아니하였거나(상속인이 태아 상태, 생사불명, 행방불명, 기타 상속권 여부에 다툼이 있는 경우), 상속인이 상속재산에 대하여 처분권한이 없는 경우에는 특별한 규정이 없는 이상 추정상속인, 유언집행자 또는 상속재산관리인에게 상속세를 부과할 수 있다(법 81조 2항).

4) 사실상의 처

사실상 처에게는 민법상 상속권이 인정되지 아니한다. 이러한 처는 유증(단독행위)이나 사인증여(계약)로만 피상속인의 재산을 취득할 수 있다. 이 경우 처는 수유자로서 상속세의 납세의무자가 된다. 피상속인이 사실상의 처에게 상속개시 전 5년 이내에 증여한 재산가액은 상속세부과대상이 된다(법 13조 1항 2호). 이 경우 사실상의 처가 상속인이 되는 것은 아니므로 상속개시 당시 계산상 증가된 세금 부분은 사실상의 처를 제외한 상속인들이 부담하여야 한다.

예컨대, 상속인들이 이미 10%의 세금을 상속세로 납부하였는데, 나중에 망인이 사실상의 처에게 30억 원을 증여한 것이 드러나 40%의 세금을 납부하여야 하는 경우 그 증가된 부분(30%)은 상속인들이 추가로 납부하여야 한다는 의미이다.

2. 상속세 납세의무의 성립 · 확정

1) 납세의무의 성립시기

상속세 납세의무는 상속개시의 시(時)에 성립된다(국세기본법 21조 1항)

　상속은 사람의 사망으로 인하여 개시되며, 상속인은 피상속인의 사망과 동시에 그 권리의무를 포괄적으로 승계하므로, 상속세 납세의무의 성립시기는 원칙적으로 피상속인의 사망시점이다. 상속세법에서 말하는 '상속'에는 유증이나 사인증여를 포함하는 개념이므로 그 경우의 납세의무의 성립시기도 유언자나 증여자의 사망 시다.

　실종선고의 경우는 실종기간 만료 시에 실종자가 사망한 것으로 보므로 그때 납세의무가 성립한다고 보는 견해와 판례가 있다(대판 1994. 9. 27, 94다21542). 그러나 국세부과의 제척기간이 너무 쉽게 경과하여 상속세를 부과할 수 없게되는 사례가 발생할 수 있다. 그래서 개정된 상속세및증여세법 제1조 1항은 실종선고의 경우는 그 '선고일'을 '상속개시일'로 보도록 특별규정을 두고 있다. 예컨대, 1950년 한국전쟁 당시 실종된 사람에 관하여 실종선고신청을 하여 실종선고가 선고된 것은 1999년이라고 가정할 경우 그 실종자가 남긴 상속재산에 관하여는 기간경과로 상속세를 부과할 수 없게 된다. 이러한 경우를 방지하기 위하여 1999년 상속개시시점으로 보는 것이 법의 취지이다.

호적부, 주민등록부 등 공부상 사망일과 사실상의 사망일이 서로 다른 경우는 사실상의 사망일을 상속개시일로 보아야 할 것이다.

상속재산의 평가도 이 상속개시일(또는 증여일) 현재의 시가에 의거하도록 하였으므로(법 60조), 사망시점은 상속재산평가의 기준시점인 동시에 납세의무의 성립시점이 된다.

2) 납세의무와 공동상속

사람의 사망과 동시에 공동상속인들은 상속재산에 대한 권리를 상속하여 공유하게 된다(민 1005조). 상속세의 신고기한(개시시~6개월)까지 공동상속인들의 상속재산이 공유상태 그대로 있고 단독소유로 분할되지 아니한 경우, 상속인들은 민법의 법정상속분에 따라 재산을 취득한 것으로 보고 계산하여 상속세를 신고하여야 할 것이다(법 3조 1항, 67조 1, 2항, 시행령 64조 2항 참조). 공동상속재산의 분할(단독소유로 분할)이 납세의무의 성립요건도 아니기 때문이다.

3) 유증과 사인증여로 인한 납세의무의 성립

상속세법에서 '상속'이란 말은 유증에 의한 수유(受遺)와 사인증여에 의한 수증(受贈) 및 민법상 특별연고자에 대한 상속재산분여를 모두 포함하는 뜻으로 사용된다(법 1조 1항). 유증과 사인증여는 모두 사람의 생전의 재산처분행위이고, 사람의 사망으로 효력이 발생한다는 점에서 공통점이 있으나 유증이 단독행위(유언)인데 반하여 사인증여는 계약이라는 점에서 차이가 있다.

상속세법은 유증과 사인증여가 사망을 원인으로 한 재산의 무상이전행위, 사인행위(死因行爲)라는 점에 공통성이 있기 때문에 상속과 동일하게 취급하고 있다.

유증에는 포괄유증과 특정유증이 있는데 포괄유증을 받은 사람은 상속인과 동일한 권리, 의무가 있으므로(민 1078조), 상속의 경우와 같다.

특정유증의 효력은 채권적인 것이므로, 특정유증물은 상속재산으로서 일단 상속인에게 귀속되며, 수증자는 상속인에 대하여 유증의 이행을 청구할 수 있는 권리가 있다고 보는 것이 일반적인 학설이다. 그러나 법 제1조 제1항은 포괄유증과 특정유증 구별 없이 유증에 의한 수유를 상속에 포함시키고 있고 또한 상속인은 상속재산 중 받았거나 받을 재산의 점유비율에 따라 상속세를 납부할 의무가 있다고 정하고 있다. 그러나 반드시 현실적인 취득을 요구하고 있지 않으므로, 특정유증의 경우에도 유언자의 사망 시에 수유자는 상속세 납세의무를 지게 된다(예컨대, 자동차 1대를 유언으로 증여받은 사람도 납세의무자가 된다는 의미이다).

정지조건부 유증의 경우는 그 조건이 성취된 때로부터 유언의 효력이 생기므로 수유자는 유언자 사망 시에 정지조건적인 권리를 취득하고 조건이 성취된 때에 완전한 권리를 취득한다. 그러므로 상속세의 납세의무는 조건이 미성취 상태이더라도, 상속개시 시점에 성립한다고 할 것이다.

상속세법상 상속재산의 가액은 상속개시일 현재의 시가에 따르므로, 상속개시 당시를 기준으로 수유자가 취득한 조건부 권리를 그 상태대로 평가하여 과세할 수밖에 없다. 정지조건부 권리의 평가는 후에 자세히 본다.

부담부 유증(예컨대, '홍길동에게 5억 원을 주노라. 그 대신 홍길동은 나의 손자 박갑동이 25세 될 때까지 매월 200만 원을 주면서 지도하라'는 유언을 한 경우)에 관하여 상속세법상 명문의 규정은 없으나 그 수유자는 유증의 목적가액을 초과하지 않는 한도에서 부담의무를 이행할 책임이 있으므로, 그 부담이 금전적으로 환산(매월 200만 원)이 가능한 이상 이는 채무의 일종으로 보아 과세가액공제 항목으로 삼아야 할 것이다. 유증자의 사망시점에 유증의 효력이 발생하므로, 납세의무의 성립시기는 일반적인 유증과 동일하다.

4) 피상속인의 소득금액에 대한 납세의무

사람이 2001년 7월 사망하여 상속이 개시된 경우에 그 망인(피상속인)의 그 해(2001년도)의 소득금액에 대하여 납부할 국세를 그 상속인이 납부할 의무를 진다(소득세법 2조 2항). 납세의무도 상속인에게 승계되기 때문이다.

소득세의 납세의무는 과세기간이 종료되는 때에 성립한다고 규정하고 있는데(국세기본법 21조 1항 1호), 사람이 사망한 경우에는 사망한 날 과세기간이 종료되는 것으로 해석된다(소득세법 5조 2항).

이 경우에 피상속인의 소득금액에 대한 소득세는 상속인의 소득금액에 대한 소득세와 구분하여 계산하여야 한다(소득세법 44조). 상속인은 위와 같이 산정한 소득세 등을 상속으로 인하여 얻은 재산을 한도로 하여 납부할 의무를 부담한다(법 3조 4항).

망인의 소득금액 전액에 대하여 소득세를 계산한 후 그 세액을 각 상속인별로 상속지분에 따라 나누어야 한다. 이는 우리 세법이 유산세주의를 채택하고 있기 때문이다.

한편 피상속인에게 부과될 기타 국세 등은 공동상속인 각자의 상속지분에 따라 나누되, 공동상속인들은 각자의 상속재산을 한도로 하여 연대납세의무를 진다.

5) 납세의무의 확정과 시효기간

상속세는 부과납세방식의 조세이다. 그러므로 과세관청이 법 절차에 따라 과세표준과 세액을 결정하는 때에 확정된다. 상속인 등은 상속세의 신고의무를 부담하고 있으나, 이 신고는 납세의무를 확정하는 효력은 없고, 단지 과세관청에서 조사결정을 하는 데 참고자료가 될 뿐이다.

납세의무자의 신고가 없거나 신고세액에 탈루나 오류가 있으면 과세관청에서 직접 조사하여 과세표준과 세금액을 결정하고 이때에 납세의무가 확정된다. 세무서장 등은 위와 같이 결정한 과세표준과 세액을 상속인(수유자 등 포함)에게 납세고지서를 보내어 통지하여야 한다. 납세고지 그 자체는 납세의무의 확정요건이 아니다(대판 1997. 10. 24, 97누11195).

상속세 납세의무가 성립된 후 그 신고기한(6개월, 법 67조 참조)이 경과하면 부과처분을 할 수 있게 되므로 그때부터 부과권의 제척기간이 기산되고, 납부고지된 납부기한의 다음 날부터 징수권의 행사가 가능하므로 그때부터 징수권의 소멸시효기간이 기산(起算)되고 시효가 진행된다(국세기본법 26조의2, 4항, 동시행령 12조의2, 1항 2호).

상속세의 부과권의 제척기간은 부과할 수 있는 날로부터 10년 또는 15년(사기, 기타 부정한 행위로 상속세를 포탈하거나 공제 받은 경우, 또는 상속인이 신고기간 내에 신고를 하지 아니한 경우 등)이다. 일반 세금보다는 소멸기간이 길다.

3. 상속세 납세의무의 범위

1) 일반론

상속인이나 수유자는 상속재산 중 각자가 받았거나 받을 재산의 점유비율에 따라 상속세를 납부할 의무가 있다. 상속인이 여러 사람인 때 상속재산은 공유가 되므로 '상속재산의 점유비율'이란 상속재산에 대한 공유지분비율을 의미한다. 그러므로 현실적인 점유 여부와 상관없이, 공동상속인은 민법상의 법정상속분의 비율에 따라 상속세를 납부하게 된다.

2) 상속재산의 협의분할과 분담비율

상속개시 후 상속포기나 한정승인을 하지 아니한 경우 상속인은 상속이 개시된 때로부터 상속재산에 관한 권리와 의무를 포괄적으로 승계한다. 공동상속의 경우 그 상속재산을 분할하여 각 상속인들의 단독소유로 해체시킬 때까지 상속재산은 잠정적으로 상속인들의 공유에 속한다. 이러한 공유관계를 종료시켜 공동상속인 각자에게 법정상속분에 따라 상속재산을 분배하여 단독소유로 만드는 절차가 상속재산의 분할이다(상속재산분할 : 공동소유 → 단독소유).

망인(피상속인)이 상속재산의 분할방법을 정하거나 이를 제3자에게 위탁하거나, 5년 이내의 상속재산분할 금지의 유언을 한 경우 이외에는 공동상속인은 언제든지 상속재산을 협의분할할 수 있다. 협의를 할 수 없거나 협의가 불가능할 때 상속인들은 가정법원에 그 분할심판을 청구할 수 있다(민 269조).

상속재산의 분할은 상속개시된 때에 소급하여 그 효력이 있으므로 상속재산에 대한 분할이 이루어지면 상속개시시에 분할내용에 따른 상속을 한 것으로 보게 된다. 따라서 이 경우 고유의 상속분을 초과하는 부분도 다른 상속인으로부터 '증여' 받은 것으로 볼 수 없으므로, 이에 대한 공동상속인 사이의 증여세 과세문제는 발생하지 않고 그 분할비율에 따른 상속세만을 납부할 의무를 지게 된다.

예컨대, 3남매가 상속재산을 분할하면서 장남은 7억 원 상당의 가옥을, 차남은 6억 원 상당의 가게를, 장녀는 9억 원 상당의 주식을 각각 나누어 가지기로 분할합의를 하였다면, 장남과 장녀는 증여세를 납부할 의무가 없고(상속개시시에 이미 분할된 재산을 단독으로 승계한 것으로 본다), 각 상속인들은 각자의 분할비율에 따라 상속세를 납부하면 된다는 의미다.

분할협의가 된 재산은 그 분할비율에 따르고, 분할대상에서 제외된 재산은 법정상속분에 따른 각자의 상속재산가액을 산정하여 이를 합산한 후 여기에 과세가액 불산입재산의 가액을 제외하고 채무(그 채무도 법정상속분에 따른다) 등을 공제하는 과정 등을 거쳐 산출되는 상속세과세가액을 기준으로 각 상속인의 세액분담비율을 결정한다(대판 1995. 3. 28, 94누12197).

3) 상속재산의 재분할과 증여세

적법한 재산분할은 원칙적으로 상속재산에 대한 등기, 등록, 명의개서가 이루어진 때로 보고, 그 이후 상속재산의 재분할로 이전되는 재산(증가된 재산)을 증여재산에 포함시켰다(법 31조 3항).

상속재산의 협의분할은 성질상 공동상속인 사이의 일종의 계약이고(대판 1995. 4. 7, 93다54736), 그 형식에는 아무런 제한이 없다. 일단 상속인들 사이에 상속재산에 대한 등기, 등록이 이루어진 경우에는 그에 상응한 상속재산의 분할협의가 있었던 것으로 보는 것이 경험칙상 타당하다. 설사 등기내용과 같은 분할협의가 없었다거나 그와 다른 내용의 분할협의가 있었다 하더라도 상속인들 스스로 대외적으로 등기 등으로 공시를 한 이상 그 후 공시내용과 다른 내용의 재산분할을 주장하는 것은 신의성실의 원칙에 위반하는 것으로서 허용하기 어렵다는 것이 법의 취지이다. 이는 증여세의 회피를 방지하기 위한 것이다.

정당한 사유로 재분할하는 경우

재분할을 상속인 간의 증여로 보기 어려운 명백한 사정이 있는데도 증여로 의제하는 것은 옳지 않다. 그래서 법 제31조 제3항 단서에서 상속세신고기간 내에 재분할하거나, 상속재산의 당초 분할에 무효나 취소 등 일정한 사유가 있는 경우에는 증여로 간주되지 아니하는 것으로 규정하고, 이를 받아서 시행령 제24조 제2항은 그와 같은 정당한 사유로서, '(1). 상속회복청구의 소에 의한 법원의 확정판결로 상속인의 변동, 상속재산에 변동이 있는 경우 (2). 민법 제404조의 규정에 의한 채권자 대위권의 행사에 의하여 공동상속인들의 법정상속분대로 등기 등이 된 상속재산을 상속인 사이의 협의분할로 재분할하는 경우'를 들고 있다〔상속개시 후 타인의 대위에 의한 법정상속지분대로의 상속등기가 이루어진 상태를 방치하여 두었다가 10년이 지난 후 위 등기내용과 다른 협의분할에 의한 등기를 하였더라도 증여세 부과대상이 되지 아니한다(대판 1994. 3. 22, 93누19535)〕.

상속재산분할협의가 유효하게 성립된 후 그 중의 일부 부동산의 가치가 상승하는 등의 사유로 분할내용이 균형을 상실한 경우는 위 조항에서 말하는 '정당한 사유'에 해당되지 않는다. 가치상승을 이유로 재분할할 수 없고 만일 재분할한다면 증여세가 부과된다.

착오로 분할

당초의 협의분할에 착오가 있는 경우는 어떤가? 예컨대, 당초의 분할협의에 따른 상속세 신고 후, 나중에 일부 상속인이 재산의 일부를 숨긴 것이 나타나거나, 생전증여를 혼자 받은 것이 밝혀지는 경우가 있다. 이 경우 당초의 분할협의가 재산일부에 대한 분할협의로서 유효한가, 아니면 착오를 원인으로 전체가 취소되어야 하는가?

민법상의 착오의 법리에 따라 의사표시의 중요부분의 착오로 평가된다면 그 범위 내에서 당초 분할의 취소가 인정되고(민 109조), 재분할에 의한 재산이전은 증여의제로 되지 아니한다고 할 것이다.

착오의 형태가 어떠하든 그 효력에 관한 판단은 객관적 사실에 기초하는 것이라야 한다. 따라서 '당초의 분할이 착오로 인한 것이니 취소하자'고 상속인들 사이에 이의가 없어도 객관적으로 그러한 취소사유에 해당하지 않으면 재분할은 허용될 수 없다. 자기의 상속세액이 예상외로 거액이라든가, 분할로 취득한 재산에 대한 세무서의 평가액이 '분할협의의 기초가 된' 평가액과 다르다는 사유 등은 원칙적으로 취소사유가 되지 않는다고 본다.

상속포기와 경정등기

일단 상속등기가 된 후(상속등기만으로는 상속재산처분행위로 볼 수 없고 법정단순승인이 되지 아니한다 : 대결 1964. 4. 3 63마54), 일부 상속인이 상속포기를 하여 경정등기가 이루어진 경우도 증여의제인가? 일부의 상속등기는 허용되지 아니하고, 일부의 상속인이 공동상속등기에 협력하지 아니하면 다른 상속인이 상속인 전원의 상속등기를 신청할 수 있다. 좌우간 공동 상속인들의 법정상속분대로 상속등기가 완료된 후, 숙려기간 내에 일부 상속인이 상속을 포기하여 경정등기가 불가피하게 된 경우는 포기의 소급효에 의하여 증여의제는 적용될 수 없다. 일단 법정단순승인 사유가 발생하였다면 그 후는 상속포기신고를 할 수 없으므로, 상속인들 사이의 포기에 따라 경정등기가 되었다면 이는 증여로 간주될 수밖에 없다.

4) 공동상속인의 연대납세의무

연대납세의무의 성격

상속인이나 수유자들은 각자가 받은 재산을 한도로 연대하여 상속세를 납부할 의무가 있다(법 3조 4항). 유산세방식의 경우 각 상속인이 납부할 상속세는, '망인(피상속인)이 남긴' 재산에 관하여 납부할 세금으로서 성질상 공유채무이기 때문이다. 공유재산에 관한 국세 등은 공유자가 연대하여 납부할 의무를 부담한다.

국세기본법 제25조의2는 '이 법 또는 세법에 의하여 국세, 가산금과 체납처분비를 연대하여 납부할 의무에 관하여 민법 제413조 내지 제416조, 제419조, 제421조, 제423조 및 제425조 내지 제427조의 규정을 준용한다.'고 규정하여 민법의 연대채무에 관한 규정 중 일부 규정을 준용하고 있는 바, 이는 공동상속인의 연대납세의무에 관하여도 원칙적으로 적용된다고 볼 것이다. 다만, 공동상속인들 각자의 고유의 납세의무는 정하여져 있고 다른 상속인의 체납액에 대하여 상속재산을 한도로 연대납세의무를 부담한다. 이 점에서 민법상의 연대채무보다는 종(從)된 채무로서의 성격을 더 강하게 띠고 있다.

연대납세의무의 성립과 확정

공동상속인의 연대납세의무의 성립과 확정을 위하여 어떤 절차가 필요한가?

대법원 1993. 12. 21 선고 93누10316 전원합의체 판결은, 상속인 전원이 납부하여야 할 총 세금액수만을 납세고지서에 기재하여 고지하는 것만으로는 적법한 부과처분이 있다고 할 수 없고(대판 1996. 9. 24,

96누68), 납세고지서에 납부할 총세액과 그 산출근거(과세표준과 세율, 공제세액 등)를 기재함과 아울러 공동상속인 각자의 상속재산 점유비율(상속분)과 그 비율에 따라 각자가 납부하여야 할 상속세액 등을 계산하여 기재한 연대납세의무자별 고지세액명세서를 그 납세고지서에 첨부하여 공동상속인 각자에게 개별적으로 고지하여야 한다.

징수처분으로서의 납세고지는 '연대납세의무가 있는' 총세액에 대하여 할 수 있고, 이행청구에는 절대적 효력이 있으므로, 상속인 중 1인에 대한 통지만으로 다른 상속인에 대하여도 청구의 효력이 생긴다(민 416조).

공동상속인들의 연대납세의무의 성립이나 확정을 위하여 상속인 각자의 고유 납세의무의 확정 이외에 별도의 절차가 필요하지 않다는 것을 확인한 것이다.

그리고 조세부과권의 제척기간의 대상이 되는 것은 각 상속인에 대하여 부과고지된 개별세액이고 징수절차의 일환으로 고지된 전체 세액은 제척기간의 대상이 아니다(대판 1996. 9. 24, 96누68).

연대납세의무자에 대한 납세의 고지를 하려면 연대납세의무자 전원을 고지서에 기재하여 각자에게 모두 고지서를 발부하여야 한다. 실무상 상속세의 납세고지서는 대표자 ○○○ 외 ○인으로 하여 작성하고, 같은 고지서를 연대납세의무자 인원수만큼 작성하여 연대납세의무자 전원이나 그 대표자에게 송달한다. 국세청 업무지시에 따라 만든 연대납세의무자별 고지세액명세 안내를 첨부하여 배달한다.

연대납부의 징수처분을 받은 공동상속인은 다른 공동상속인에 대한 과세처분의 하자를 이유로 자신에게 한 징수처분의 취소를 청구할 수 없다(대판 2001. 11. 27, 98두9530).

기여분 : 상속세 과세대상임

　공동상속인 중에 상속재산의 유지, 증가에 특별히 기여한 사람이 있을 때에는 상속개시 당시의 상속재산 가액에서 기여한 몫을 공제한 것을 상속재산으로 본다. 법정상속분에 따라 계산한 상속분에다 기여분을 더한 액수가 기여자의 상속분이 된다(민 1008조의2, 1항). 기여분은 상속인들 사이의 협의로 정하고, 그 협의가 성립되지 아니하는 경우에는 기여자의 청구로 가정법원이 이를 결정한다.

　기여분에 관하여 상속세법은 아무런 특별규정을 두지 않고 있다. 기여분도 상속세의 과세대상이 된다. 이에 관하여 실질적으로 기여분은 기여자의 고유재산인데도 상속세를 부과하는 것은 부당하다고 비판하는 견해도 있다.

납세지

1. 납세지의 의미

　납세의무자가 납세의무를 이행하고 권리를 행사하는 데 기준이 되는 장소가 납세지(納稅地)이다. 이는 관할세무서를 정하는 기준도 된다. 상속세의 납세지는 피상속인이 '거주자'인 경우는 상속개시지이고, '비거주자'인 경우는 국내 상속재산 소재지이고, 그 소재지가 여러 곳인 경우는 주된 재산의 소재지(자리 잡고 있는 곳)이다.

2. 상속개시지

　상속개시의 장소는 피상속인의 주소지이다. 주소가 없거나 불분명하면 거소지에서 상속이 개시된다. 이때 주소와 거소의 개념은 소득세법시행령의 규정에 따른다.
　피상속인의 주소지가 상속개시 당시 국내에 있느냐 국외에 있느냐에 따라 과세되는 상속재산의 범위가 달라진다. 상속개시의 장소는 상속세의 관할세무서를 정하는 기준이 된다. 관할권 없는 세무서장이 상속세 부과처분을 한 것은 위법하다(대판 1999. 11. 26, 98두17968).

3. 상속재산 소재지

외국에 거주하는 한국사람(비거주자)이 사망한 경우는 그 상속재산이 국내에 있는 경우에만 납세의무가 발생한다. 상속재산이 어디에 있느냐에 따라 납세지가 결정된다. 상속재산의 소재지는 상속개시 당시의 현황에 따라 재산의 종류별로 판정하여야 한다.

상속재산

1. 상속재산의 범위

1) 세법상 본래의 의미의 상속재산

상속재산에는 금전으로 환가(換價)할 수 있는 '경제적 가치가 있는' 모든 물건과 법률상, 사실상의 권리가 포함된다. 그러나 피상속인의 사망으로 소멸되는 망인의 일신전속권은 제외된다. 담보물권 예컨대, 저당권은 그 저당권으로 담보된 채권과 분리, 독립하여 상속재산이 될 수는 없다.

민법 제1005조는 '상속인은 상속개시된 때로부터 피상속인의 재산에 관한 포괄적 권리와 의무를 승계한다.'고 규정하여 적극재산과 소극재산을 모두 상속재산으로 포함시키고 있다.

그러나 상속세법에서는 '상속재산 - 소극재산(채무)'로 상속재산(상속세 과세가액)을 산출하고 있다(법 13조 1항, 14조). 이처럼 상속세법은 상속재산 중 적극재산만을 상속재산으로 파악하고 있고, 유증과 사인증여로 인하여 취득한 재산도 상속재산의 개념에 포함시키고 있다.

2) 의제상속재산

민법상 상속재산이 아니지만, 상속법에서는 실질적으로 상속재산과 동일하게 보아 상속재산으로 인정하는 것이 있다. 즉, 피상속인이 보험계약자이거나 피상속인이 실질적으로 보험료를 지급한 보험계약으로 인하여 상속인이 받게되는 생명보험금이나 손해보험금, 피상속인이 신탁한 신탁재산, 퇴직금, 퇴직수당, 공로금, 연금 또는 이와 유사한 것으로서 피상속인의 사망으로 인하여 그 상속인 또는 제3자가 받게되는 것 등이 상속재산으로 간주된다.

다만, 국민연금법, 공무원연금법, 사립학교교직원연금법, 군인연금법, 산업재해보상보험법, 근로기준법 등에 의한 유족연금, 유족일시금 등은 상속세과세 대상재산이 아니다.

3) 실질과세의 원칙과 상속재산의 범위 문제

상속개시 후 상속부동산을 상속인 앞으로 매매, 증여를 원인으로 하여 소유권이전등기를 하더라도 그 실질에 따라 그 재산은 상속재산에 포함되고, 증여세 등을 따로 부과할 수 없다. 사람이 사망한 후에는 망인과 상속인이 매매를 할 수도 없다.

인정상여나 가지급금 등

법인세법상 망인에게 귀속되는 인정상여 등이 있는 것처럼 되어 있어도 상속개시일 현재 실질적으로 법인재산이 없는 경우는 이를 상속재산에 포함시킬 수 없다. 또한 개인사업자의 사업용 자산을 상속재산으로 평가할 때, 회계장부상 그 경영주에 대한 가수금 또는 가지급금 명목의 돈이 자산항목으로 기재되어 있다 하여 이를 곧 상속재산으로 볼 것은 아니다.

이 경우 그 경영주(피상속인)가 가수금 또는 가지급금으로 인출한 돈을 사망 당시(상속개시 당시)까지 사용, 소비하지 않고 있었다거나 이를 대가로 다른 자산을 구입한 것이 존재하고 있다는 점을 세무서장이 입증하여야 과세할 수 있다(대판 1992. 6. 9, 91누12974).

부의금(조위금)

상가의 부조금이나 부의금은 상가의 경제적 부담을 덜어주기 위하여 증여되는 것이고 이를 장례비용에 충당하고 남은 것이 있으면 상속인들에게 증여된 것으로 볼 것이다. 그러므로 그 성질상 당연히 상속재산이 아니고, 구 상속세법 제8조(현행법 10조) 소정의 상속재산으로 간주되는 재산도 아니다(대판 1976. 5. 25, 74누277).

은닉 국유재산

상속재산이라고 알고 있었는데 나중에 알고 보니, 은닉국유재산이었고 그것이 부정분배된 것으로 밝혀진 경우, 그 재산의 선의취득자는 매매대금을 분할납부할 수 있고, 일종의 공제혜택이 주어진다(구 국유재산법 40조, 53조의2). 그렇다 하더라도 그러한 재산의 선의취득자에게 상속세를 부과할 수는 없다(대판 1994. 2. 22, 93누21347 ; 1988. 6. 14, 88누2441).

2. 처분 또는 취득 도중의 상속재산

매매 등 유상양도의 경우

상속재산에 대한 매매, 교환, 증여와 같은 양도계약이 이루어져 그 계약의 이행 도중에 양도인이나 양수인이 사망한 경우 그 상속재산의 실체가 무엇인가? 평가는 어떻게 할 것인가?

매도하는 과정에서 중도금까지 받고 등기를 넘겨주지 아니한 상태에서 매도인이 사망한 경우는 매매 목적 토지가 상속재산이 되고, 잔대금을 다 받고 등기만 넘겨주지 아니한 상태에서 사망한 경우는 해당 토지는 상속재산에서 제외된다. 증여계약 후 등기를 넘겨주지 않고 증여자가 사망한 후 그 아들이 당초의 수증인 앞으로 등기를 넘겨주었다면, 그 토지는 여전히 상속재산으로 인정하여야 할 것이다. 위 2가지 경우 모두 평가는 피상속인의 사망당시의 시가로 하여야 할 것이다.

망인(피상속인)이 상속재산을 매도한 경우

피상속인이 토지를 매도한 후 중도금까지 받고 소유권이전등기를 넘겨주지 않은 상태에서 사망하였는데 상속인이 상속 후 잔대금을 받고 등기를 넘겨주는 경우이다. 이 경우 우선 피상속인의 위 토지양도에 따른 양도소득세를 과세할 수 있을까?

우리 법에 따르면 피상속인의 자산취득 시부터 사망 시까지 발생한 자본이득에 대하여는 양도소득세를 과세하지 아니한다.

① 토지대금을 지급받지 아니한 경우

피상속인이 매매계약을 체결하였다고 하더라도 대금을 모두 지급받지 아니한 이상, 소득세법상 양도는 없다. 따라서 토지를 양도하고 잔대금을 지급받기 전에 양도인이 사망한 경우는 양도소득세를 부과할 수 없다(대판 1993. 3. 23, 91누4980).

② 중도금만 수령한 경우

피상속인이 매매대금 1억 원 중 중도금 4,000만 원만을 수령한 상태에서 사망한 경우 상속재산은 토지인가 또는 잔대금지급청구 채권인가? 상속인이 나중에 잔금을 받고 이전등기를 넘겨준 경우(상속인은 이때 양도소득세를 부담한다), 상속재산은 여전히 토지로 보아야 할 것이다. 상속개시 당시에는 아직 양도가 완성된 것이 아니기 때문이다. 다만, 이 경우 그 상속재산을 부동산으로 보든, 대금채권으로 보든, 과세가액 평가와 계산에는 차이가 없다. 즉, 상속재산을 부동산으로 보더라도 그 과세가액은 전체의 대금(1억 원)에서 '피상속인이 이미 수령한' 대금(4,000만 원)을 공제한 나머지 미수령대금(6,000만 원)으로 평가될 것이기 때문이다.

양수인이 사망한 경우는 이전등기청구권을 상속재산으로 보게 되는데, 과세가액은 '이미 지급한' 매매대금(4,000만 원)이다. 매매계약이 중도에 해지된다면 이미 건네준 매매대금(4,000만 원)은 부당이득반환청구채권을 구성하게 된다.

위와 같은 경우 양도인이나 양수인의 상속인들은 상속세를 부담하여야 한다.

③ 잔대금을 모두 받은 경우

잔대금이 모두 완불되고 등기명의가 아직 넘어가지 아니한 부동산은 상속재산에 속하지 않게 되고(매매대금이 상속재산이 되므로 부동산 그 자체에 대한 상속세를 부과할 수 없음), 거꾸로 양수인이 사망한 경우는 등기를 넘겨받기 이전의 재산도 상속재산에 속하게 된다〔부동산 전체 가액(예컨대, 1억 원)이 과세가액이 됨 : 대판 1990. 10. 23, 90누3393 ; 1991. 6. 25, 90누7838 ; 1992. 4. 24, 91도1609〕.

피상속인이 상속재산을 증여 등으로 무상양도한 경우

피상속인이 생전에 토지를 타인에게 증여하고 이를 인도하여 주었는데 이전등기는 넘겨주지 않고 있던 상태에서 사망하고 그 후 상속인이 증여를 원인으로 위 수증인 앞으로 이전등기를 넘겨준 경우이다. 이 경우 증여세와 상속세의 저촉이 문제로 된다.

토지의 경우 증여세 납세의무 성립시기는 이전등기일이다. 따라서 피상속인 사망 당시 증여로 인한 이전등기가 이루어지지 아니하면 증여세 납세의무는 아직 성립된 바 없으므로 증여세는 부과되지 않는다.

이전등기가 경료되기 전이면 그 부동산은 증여자의 상속재산이라고 할 것이므로, 증여자가 사망하면 그 상속인은 상속세를 부담하여야 한다. 상속 이후 수증자에게 증여로 인한 이전등기가 넘어갔을 때, 수증자는 다시 증여세를 부담할 것인가? 이는 부정함이 타당할 것이다(대판 1994. 12. 9, 93누23985).

피상속인이 재산을 증여받은 경우

이는 위의 경우와 반대로 망인(피상속인)이 타인으로부터 토지를 증여받기로 하여 이를 인도받아 사용하다가 그 이전등기를 넘겨받지 못한 상태에서 사망한 경우이다. 이 경우 증여에 근거한 이전등기청구권 그 자체를 상속재산으로 볼 수 있는가? 이는 부정함이 타당하다.

이 경우 증여의 목적물은 토지이지 채권은 아니며 그 목적토지가 증여계약의 이행 중 혹은 이행 전의 상태에 있다고 보아야 하기 때문이다. 상속인은 증여계약상의 수증자의 지위 그 자체를 상속받은 것이고, 피상속인으로부터 특정의 채권 그 자체를 상속받은 경우와는 동일하게 다루기 어렵다.

특히 우리 민법이 증여를 불요식의 낙성계약으로 규정하면서 그 은혜적 무상행위의 특성 때문에, 증여의 의사가 서면으로 표시되지 아니한 경우에는 각 당사자가 이를 해제할 수 있다고 규정하고 있고, 나아가 수증자의 망은(忘恩)행위나 증여자의 재산상태악화 등의 일정한 경우에 증여계약을 해제할 수 있도록 하여 증여계약의 구속력을 대폭 완화하고 있다. 한편 증여계약의 해제는 이미 이행된 부분에 대하여는 영향을 미치지 아니하는 것으로 규정(민 558조)하고 있는 점(판례는 위 '이행한 부분'의 의미를 이전등기절차까지 마친 경우로 해석한다. 대판 1977. 12. 27, 77다834) 등을 고려할 때 증여계약상의 채권을 상속재산으로 보기는 곤란하다.

따라서 이 경우에는 후에 상속인이 증여계약에 따라 이행을 받으면 그때 증여세의 납세의무가 성립되고 상속인이 '상속세가 아닌' 증여세를 납부할 의무를 부담하게 된다. 이행되지 않고 증여계약이 해제된 경우에는 과세대상에서 제외된 채 종결된다.

① 예를 들어, 상속개시 당시 기준시가 3억 원 상당의 상가를 상속한 다음, 3억 원으로 평가하여 상속세를 신고, 납부하였다고 하자. 만일 상속인이 상속개시 후 6개월 안에 위 상가를 5억 원으로 양도하면,

그 상속인은 3억 원 초과부분에 대한 상속세금을 추가로 납부하여야 한다.

3. 기여분

공동상속인 중에 피상속인의 재산의 유지, 증가에 특별히 기여하거나 피상속인을 특별히 부양한 사람이 있을 때는 기여분이 인정된다.

법정상속분에 기여분의 액수를 더한 것이 기여자의 상속분으로 인정된다. 그러면 기여분의 액수는 어떻게 정할 것인가? 공동상속인들의 협의로 정하고, 협의가 안 되면 기여자의 청구에 따라 가정법원이 정한다.

이러한 기여분이 있다고 하여도 공동상속인들 사이의 상속분만이 달라질 뿐이고, 전체의 상속재산에는 변함이 없다. 그래서 상속법은 기여분을 포함한 전부를 상속세의 과세대상으로 삼고 있다. 만일 기여분을 기여자(상속인)의 고유재산으로 인정하여 비과세로 한다면, 상속인들 사이의 협의로 기여분을 많이 인정하여 세금회피의 수단으로 악용될 여지가 있다. 그리고 배우자 공제 등 각종 인적공제도 사실은 상속인들의 기여를 감안하여 마련된 제도라는 측면이 있다. 그래서 기여분을 상속세의 공제항목으로 인정하지 않고 있는 것이다.

4. 비과세재산

국가 정책적 고려, 사회복지, 전통의 계승과 같은 공익목적에서 상속세의 과세대상에서 제외되는 재산이 있다.

1) 전사자 등의 모든 재산(법 11조)

피상속인이 전사하거나 기타 이에 준하는 공무의 수행 중에 입은 부상이나 질병으로 인하여 사망하여 상속이 개시된 경우에는 그 피상속인이 소유하던 모든 재산에 대하여 상속세를 면제한다(법 11조 1항). 시행령 제7조 제1항, 제2항에는 전사와 전쟁에 준하는 경우들을 규정하고 있다.

2) 비과세되는 상속재산

국가나 지방자치단체 또는 공동단체에 유증하거나 사인증여한 재산(법 12조 1호)이다.

문화재 등
문화재보호법의 규정에 의한 국가지정문화재 및 시 · 도 지정문화재, 동법에 의한 보호구역 내의 일정한 토지 등을 말한다.

정당이나 대통령령이 정하는 사회단체에 대한 유증재산, 이재구호금품, 중소기업근로자복지진흥법의 규정에 따라 유증한 근로복지기금 등도 상속세 비과세재산이다.

민법상 제사재산
민법상 분묘에 속한 1정보 이내의 금양임야[관습상 위토(位土)]와 1983.48m²(600평) 이내인 묘토인 농지, 족보, 제구의 소유권은 제사를 주재하는 자가 이를 승계하는바, 상속세법에서도 이러한 제사재산을 과세대상에서 제외하고 있다. 다만 그 시가가 2억 원이 넘으면, 2억 원 초과부분은 과세된다.

이른바 제사재산에 관한 판례를 보면, 금양임야가 수호하는 분묘의 기지가 제3자에게 이전된 경우에도 그 분묘를 사실상 이장하기 전까지 그 임야는 여전히 금양임야의 성질을 지니고 있다. 금양임야는 종손이 제사주재자로서 이를 승계하는 것(구 민법 시대에는 호주상속인이 단독승계함 : 대판 1997. 11. 28, 97누5961)이고, 종손(구 민법 시대에는 호주상속인) 아닌 다른 상속인들 앞으로 이전등기를 하였더라도 무효하고 그 임야는 금양임야의 성격을 유지한다(대판 1997. 11. 28, 96누18069). 금양임야의 상속인과 제사주재자가 서로 다른 경우에는 그 금양임야는 상속인들의 일반상속재산으로 돌아가고, 상속인 아닌 제사주재자에게 그 소유권이 승계되지 아니한다(대판 1994. 10. 14, 94누4059).

묘토인 농지는 이를 경작하여 얻은 수확으로 분묘의 수호, 관리, 제사의 비용을 조달하는 농토를 말하며, 반드시 '제사비용'을 조달하는 농토만을 의미하는 것은 아니다. 상속개시 당시 이미 묘토로 사용되고 있어야 하고 상속개시 후 비로소 묘토로 사용하기로 한 경우는 이에 해당하지 아니한다(대판 1997. 5. 30, 97누4838 : 경작자가 경작대가로 별도의 임야상의 분묘 3기를 벌초하여 온 것에 불과하다면 이를 묘토로 볼 수 없다; 1996. 9. 24, 95누17326). 분묘에 속한 묘토의 범위는 분묘의 승계자를 기준으로 한 1983.48m² 이내가 아니고, 봉사의 대상인 분묘 1기당 1983.48m² 이내를 기준으로 정하여야 한다(대판 1994. 4. 26, 92누19330 : 금양임야의 범위는 분묘 전체를 보아 1정보의 임야로 보고 있는 듯 하다).

그러나 상속세법에서는 제사주재자(1인이면 1인, 여러 사람이면 여러 명 전체를 기준으로 금양임야 1정보(9,917.4m²)와 묘토인 농지 1983.48m²까지만 비과세된다고 규정하고 있다(시행령 8조 3항).

상속세 과세가액의 계산

1. 기본구조

상속인은 상속으로 인하여 재산을 공짜로 얻게 되지만, 어떤 경우는 채무를 떠맡기도 한다. 그래서 적극재산에서 소극재산을 공제한 순증재산의 금액을 기준으로 삼아 상속세를 부과하게 된다.

법률은 조세정책적 필요나 사회정책적 필요에 따라 상속으로 변동된 재산순증액 이외에 일정한 범위의 재산을 과세대상에 더하고, 또는 빼어서 과세범위를 조정하고 있다.

또 피상속인이 국외 거주자인가 국내 거주자인가에 따라 세금계산방식을 다르게 규정하고 있다. 즉, 망인이 국내 거주자인 경우는 상속세 과세가액에 아래와 같은 증여 재산을 더한다.

> 상속세 과세과액 = (상속재산 가액 + 상속개시일 전 10년 이내에 상속인에게 증여한 재산 가액 + 상속개시일 전 5년 이내에 상속인 아닌 제3자에게 증여한 재산 가액) - 〔공과금 - 장례비용 - 채무(위 10년 또는 5년 이내에 진 증여채무를 제외)〕 (법 13조 1항, 14조 1항)

피상속인이 국외 거주자(소위 비거주자)인 경우는 국내에 있는 증여재산만을 위 상속재산가액에 가산하고 공제하는 금액도 해당 상속재산에 대한 공과금, 해당 상속재산을 목적으로 하는 유치권, 질권, 저당권으로 담보된 채무, 국내 사업장에 비치된 장부에 기록된 사업상의 공과금과 채무만이 공제대상이 된다.

2. 생전증여의 가산

1) 입법취지와 증여의 상대방

피상속인이 사망 전 10년 이내에 상속인에게 증여한 재산과 5년 이내에 상속인 아닌 제3자에게 증여한 재산의 가액을 상속재산에 가산하도록 규정하고 있다(민 13조 1항). 이는 상속세의 부과대상이 될 재산을 미리 증여의 형태로 이전·분산시켜 거액의 상속세 부담을 회피하려는 것을 방지하기 위한 것이다(대판 1993. 9. 28, 93누8092 상속개시 후 상속을 포기한 자도 여기에서 말하는 상속인이다 ; 1994. 8. 26, 94누2480).

여기의 '상속인' 속에는 사인증여의 수증자와 유증에 의한 수유자가 포함되지만, 실제로 상속을 받는 선순위 상속인만을 의미하고 후순위 상속인은 여기에 해당되지 않고 아래의 제3자에 해당된다. 상속을 포기한 사람도 여기의 상속인에 해당되는가? 이는 긍정하여야 한다.

왜냐하면 증여는 상속개시 전에 이루어지고 상속포기는 상속개시 후에 이루어지는 것이므로, 서로 관련이 없고, 이를 부정한다면 법이 의도하는 증여재산가산 목적을 달성할 수 없게 되기 때문이다(대판 1993. 9. 28, 93누8092). 이러한 수증자 겸 상속인의 경우는 상속포기자도 납세의무를 부담하도록 법이 개정되었다(법 3조 1항 ; 개정 1999. 12. 28).

2) 가산에서 제외되는 증여재산

증여한 재산이라도 그것이 비과세 재산이거나 공익목적 출연재산인 경우에는 상속세과세과액에 가산되지 아니한다. 그러나 법에 의하여 증여로 의제된 재산의 가액은 가산되어야 한다(대판 1997. 7. 25, 96누13361).

3) 가산의 효과

증여재산의 가액이 상속세 과세가액에 산입되더라도, 이미 증여세를 납부하였다면 그 액수는 2중과세 방지를 위하여 상속세금에서 공제된다. 증여금액이 가산되어 상속세의 누진세율이 적용되어 증가되는 만큼의 상속세는 상속인들이 추가, 부담하여야 한다. '상속인이 아닌' 제3자에게 증여된 경우도 제3자는 상속세를 부담하지 않고, 상속인이 추가분을 부담하는 것은 마찬가지다. 아들이 아버지로부터 농지를 증여받아 경작하다가, 나중에 아버지가 사망한 경우 양도소득세비 과세혜택을 받으려면 자경농지로 경작한 기간을 계산하여야 하는데, 이는 상속 시부터 계산하여야 하고 증여 시부터 합산할 수는 없다(대판 1994. 8. 26, 94누2480). 또 증여재산의 액수를 더하여 상속세금을 신고납부하였다고 하여 이로써 곧 증여세의 신고납부를 한 것으로 볼 수는 없다(대판 1997. 8. 22, 96누15404).

3. 상속재산가액에서 공제할 금액

1) 공과금

망인이 사망한 날 현재 납부하여야 할 조세, 공공요금, 기타 이와 유사한 공과금은 상속재산의 과세가액을 계산할 때 공제하여야 한다. 상속개시일 이후 상속인의 귀책사유로 인하여 납부하였거나 납부할 가산금, 체납처분비, 벌금, 과료, 과태료 등은 공제대상이 아니다. 피상속인이 비거주자인 경우는 국내재산에 관한 공과금만이 공제대상이 된다.

2) 병원비 · 장례비용

피상속인의 입원치료비, 병원비 중 상속개시 당시까지 지급되지 아니한 금액의 10~50%는 상속채무로 공제된다. 상속인들이 효도하느라고 병원비를 자기 돈으로 납부하여 버리면 그 전액을 공제받지 못하게 된다.

장례비용은 상속채무는 아니지만, 상속인의 부담이 되므로 과세가액을 산출할 때 상속재산가액에서 이를 공제한다. 이러한 장례비용에는 묘지구입과 조경비용, 비석, 상석의 설치비용이 모두 포함되고, 사망일로부터 장례일까지 장례에 직접 소요된 금액이라야 한다. 그리고 합리적인 범위 내의 금액이라야 할 것이며, 500만 원 미만이 지출된 경우는 500만 원을 공제하고, 1,000만 원을 초과하는 경우는 증빙서류를 구비 · 제출하면 1,000만 원을 공제하여 준다.

공원묘지 사용료, 시신의 발굴 · 안치비용, 사체의 매장 · 화장비용, 조문객 등에 대한 간소한 음식 접대비용 등이 모두 장례비용이다. 그러나 실종선고로 인한 상속개시의 경우 실종자의 수색비용은 장례비용에 해당되지 아니한다.

화장(火葬)을 장려하기 위하여 납골시설 사용료로 500만 원까지 추가로 공제하여 준다.

3) 채무

공제 대상

상속개시 당시 망인이 부담하고 있던 채무(미지급 이자 채무 포함)는 원칙적으로 모두 공제한다. 아래와 같은 채무를 공제할 것인가는 문제되고 있다.

① 미확정 채무

망인의 사망 당시 채무는 성립되어 있으나, 그 금액은 확정되어 있지 아니한 경우는 피상속인 사망 후 금액이 확정되면 공제대상이 된다. 피상속인이 계속적 보증을 한 후 보증기간 중 사망한 경우는 그 보증기간 만료 시에 채무액이 확정되는 경우(대판 1998. 2. 10, 97누5367), 소송사건의 계속 중에 피상속인이 사망한 후 소송이 종료되어 확정된 변호사비용 등이다(상속통칙 14-0-3은 상속개시 당시 피상속인이 부담하여야 할 확정된 채무만을 공제대상으로 한다고 규정).

② 보증채무 · 연대채무

피상속인이 부담하는 보증채무는 주채무자에게 돈이 없고, 보증인 또는 상속인이 대신 갚아준 후 나중에 구상권을 행사하더라도 상환받을 가능성이 없다고 인정될 때만 그 주채무금액을 공제할 수 있고, 계속적 보증의 경우도 마찬가지다(대판 1998. 2. 10, 97누5367 ; 2000. 7. 28, 2000두1287). 주채무자의 변제불능 상태는 파산, 회사정리, 강제집행절차의 개시, 사업폐쇄, 행방불명, 형의 집행 등으로 사실상 객관적으로 채권회수 불능상태인 경우를 말하고 이는 상속인이 주장하고 증명하여야 한다(대판 1996. 4. 12, 95누10976).

망인을 비롯한 여러 사람이 연대보증을 한 경우는 그 망인(피상속인)의 부담부분의 채무만 공제할 수 있다. 다만, 그러한 연대보증인 중 '돈 없는' 사람이 있어서 그 사람의 부담부분까지 피상속인의 상속재산에서 변제하였다면 그 부분도 공제될 수 있다(대판 1998. 2. 10, 97누5367).

물상보증의 경우 공제할 채무액은 주채무자의 무자력이 입증되면 담보로 제공된 부동산의 평가액에서 근저당권의 채권최고액 범위 내에서 사실상 부담한 금액이다.

③ 퇴직금 지급채무·임대보증금채무

피상속인이 기업을 경영하면서 스스로 고용한 근로자에 대하여 퇴직금을 지급하여야 할 경우 그 퇴직금 상당액은 채무로 공제되어야 한다[상속통칙 14-0-4는 근로기준법(28조)상의 최저퇴직금만을 공제대상으로 정하고 있으나, 그것이 타당한지는 의문이다]. 피상속인이 임차인에 대하여 부담하고 있던 보증금채무는 공제대상이다. 그러나 보증금채무의 합계액이 상속개시 1년 이내에 2억 원 이상 또는 2년 이내에 5억 원 이상인 경우는 상속인이 사용처를 증명하여야 하고, 증명하지 못하면 일정한 액수의 세금을 내야 한다.

증여채무는 공제대상인가?(부정 : 소극)

피상속인이 상속개시 전 10년 이내에 상속인에게 증여하기로 한 증여채무와 5년 이내에 상속인 이외의 제3자에게 증여하기로 한 증여채무는 공제할 채무가 아니다(법 14조 1항 3호). 이 규정은 '이미 증여한' 재산의 가액을 상속세과세가액에 포함시키도록 한 법 13조를 보완하기 위한 규정이다. 이는 상속세 회피나 포탈을 방지하기 위한 제도이다.

만일 망인의 생전에 망인과 상속인 사이에 재산의 증여계약이 성립되어 망인이 증여채무를 부담한 채 사망한 경우 상속인은 상속세를 부담하는 대신, 그 상속인(수증자 : 증여를 받은 사람)은 나중에 증여로 인한 소유권이전등기를 받더라도 별도로 증여세를 부담하지 아니한다고 해석된다.

채무의 입증방법

상속인은 채무부담계약서 · 차용증 · 채권자 확인서 · 주채무자의 변제불능상태 · 담보설정 및 이자지급에 관한 증빙서류(무통장입금증 등) 등을 제시하여야 할 것이다(법 14조, 시행령10조). 상속인은 채무증명책임을 지고 있지만, 입증서류는 반드시 위와 같은 명칭에 구애될 것은 아니라고 본다.

4. 생전처분재산 등의 상속추정

1) 규정내용과 그 입법취지

피상속인이 사망하기 전 1년 이내에 처분하거나 인출한 돈이 2억 원 이상이거나, 부담한 채무의 합계액이 2억 원 이상인 경우(법 15조 1항 1조), 사망 전 2년 이내에 처분 · 인출한 돈이 5억 원 이상이거나 부담한 채무가 5억 원 이상인 경우로서(법 15조 1항 2조) 그 용도가 객관적으로 명백하지 아니한 경우 그 처분대금이나 차용금은 상속인이 상속받은 것으로 추정하고(법 15조 1항) 나아가 피상속인이 '국가, 지방자치단체 및 법령이 정하는 금융기관' 이외의 자에 대하여 부담한 채무로서 상속인이 변제할 의무가 없는 것으로 추정되는 경우에는 그 금액을 상속재산의 과세가액에 가산하여 상속세금을 부과하도록 규정하고 있다(법 15조 2항).

위 규정은 망인이 돌아가실 즈음에 상당히 거액의 현금을 인출한 것이 확인되지만 그 용도가 불명하다면, 이는 상속인에게 돌아간 것으로 추정한다. 그렇게 함으로써 상속세를 부당하게 회피하는 것을 방지하고자 하는 것이다(대판 1992. 9. 25, 92누4413 ; 1995. 6. 13, 95누23 ; 1996. 8. 23, 95누13821).

피상속인이 '국가나 금융기관 등이 아닌' 제3자로부터 빌린 채무(법 15조 2항의 경우)는 채무발생기간이나 금액의 제한도 없이 일종의 허위채무로 추정하고, 그에 따라 유입된 자금이 있다고 보아 상속세 부과대상으로 삼는다. 이 경우도 상속인이 '실제 부담한 채무'라는 사실을 증명하면 세금을 면할 수 있다(그 금액이 과세가액에서 차감될 수 있는 상속채무이냐 하는 문제는 법 제14조 제4항의 요건을 충족하고 있는지 다시 검토하여야 할 문제이다).

원래 과세요건사실의 입증책임은 과세관청이 부담하는 것이 원칙이지만, 과세관청이 위와 같은 경로로 망인에게 유입된 자금 중 용도가 객관적으로 명백하지 않은 돈이 있음을 입증하면, 또한 납세자가 그 용도를 증명하지 못하면, 그 금액 상당의 현금상속이 있는 것으로 추정하고 있다. 이는 입증책임을 전환한 것이라고 할 수 있다(대판 1998. 4. 24, 97누3651 ; 1998. 12. 8, 98두3075).

구 상속세법(1990. 12. 31 개정 전의 것) 제7조의2 제1항은 상속을 한 것으로 '간주'하는 형태로 규정되어 있어서 그 위헌 여부가 문제되었으나 합헌결정이 내려졌다(헌재결정 1994. 6. 30, 93헌바9 ; 동1995. 9. 28, 94헌바23 : 위 '간주' 규정을 '추정규정'으로 해석하는 이상 피상속인의 재산처분행위만을 이유로 상속인에게 불이익한 처우를 받게 하는 것은 아니므로 헌법상 연좌제금지규정을 침해한 것은 아니라고 한다).

2) 적용요건

상속재산의 처분 · 인출 또는 채무부담
예금이나 위탁계좌 등에서 인출하는 것이 그 보기이다(대판 1995. 5. 12, 94누15929). 일반채권의 회수의 경우에까지 이를 확대하여 적용할 수 있는지는 의문이다.

금전의 용도 불명
시행령 제11조 제2항에서 이를 자세히 나누어 규정하고 있다.

① 피상속인이 재산의 처분, 인출 또는 채무부담으로 받은 금전 등을 지출한 거래상대방이 누구인지 확인되지 아니하는 경우

② 거래상대방이 금전 등의 수수사실을 부인하거나 거래상대방의 재산상태 등으로 보아 금전 수수사실이 인정되지 아니하는 경우

③ 거래상대방이 망인의 친족 등 시행령 제26조 제4항의 규정에 의한 특수관계에 있는 자로서 사회통념상 지출사실이 인정되지 아니하는 경우

④ 피상속인이 재산을 처분하거나 채무를 부담하고 받은 금전 등으로 취득한 다른 재산이 확인되지 아니하는 경우(대판 1992. 7. 10, 92누6761 : 피상속인이 사망 전에 구입한 다액의 무기명채권이 증권회사를 통하여 유통되거나 만기에 상환되지 않은 채 그 소재가 밝혀지지 않았다면, 경험칙상 이는 피상속인이 이를 사망 시까지 보관하고 있다가 그의 사망으로 상속인들에게 상속된 것으로 추정된다고 한 사례)

⑤ 피상속인의 연령, 직업, 경력, 소득 및 재산상태 등으로 보아 지출사실이 인정되지 아니하는 경우로(대판 1998. 4. 24, 97누3651 : 피상속인의 임대소득 등 다른 소득에 비추어 부동산처분대금이 지출된 용도가 '상속인들이 주장하는' 용도에 지출되었다고 보기 어렵다) 나누어 규정하고 있다.

그리고 납세자가 처분대금의 80% 이상만 그 처분용도를 입증하면 전

체 처분금액에 대하여 상속세를 부과하지 아니한다(시행령 11조 4항).

금액과 기간적용의 기준

피상속인이 처분한 금액이나 인출한 금액 또는 부담한 채무는 재산 종류별로 계산하여 2억 원(상속개시 1년 이내) 또는 5억 원(상속개시 2년 이내) 이상이어야 한다. 그러나 채무는 소정 기간 내의 것인 이상 발생원인 여하를 불문하고 합계액이 2억 원 또는 5억 원 이상이어야 한다(대판 1993. 1. 15, 92누7429).

위와 같은 재산처분 금액 등이 상속개시일 전 1년 이내에 2억 원 이상, 2년 이내에 5억 원 이상이어야 한다. 다시 말하면 처분가액이 2억 원 이상 5억 원 미만이면 기간적용의 기준은 1년이 되고, 5억 원 이상이면 2년이 된다. 처분대금이나 채무부담으로 실제로 자금을 수령한 때를 기준으로 삼아서 1년 또는 2년 이내에 수령하여야 할 것이다.

3) 적용의 효과

망인의 재산처분가액이나 빌린 채무금액의 용도를 증명하지 못하면 그 전부가 상속세 부과대상이 되는 것이 아니고, '사용처미소명금액 - 처분재산가액'의 20%, 또는 2억 원 중 적은 금액에 과세한다(대판 1992. 9. 25, 92누4413). 예컨대, 처분재산가액 10억 원 중 3억 원의 사용처를 밝히지 못하였다면 1억 원만 과세가액에 더하여 준다. 그리고 새로 부담한 채무액수가 20억 원이면 그 80%인 16억 원에 대한 사용처를 입증하여서는 안되고 18억 원 이상의 사용처를 입증하여야 면세된다. 용도가 객관적으로 명백한 부분은 이를 가산할 수 없다(대판 1990. 3. 23, 89누3311). 그렇다고 처분대상인 재산 그 자체가 상속세의 과세대상이 된다는 의미는 아니고 처분금액을 가산한다는 뜻이다(대판 1994. 12. 2, 93누11166). 처분금액이 확인되지 아니하는 경우는 처분당시의 재산의 평가액을 가산할 수밖에 없을 것이다(상속통칙 15-11—1).

한편 상속인은 망인 대신 '망인(피상속인)에게 부과되어' 납부할 국세, 가산금, 체납처분비를 납부할 의무를 지는데, 그 범위는 '상속으로 인하여 얻은 재산'을 한도로 한다(국세기본법 24조 1항).

위에서 설명한 망인의 재산처분가액 등은 상속인에게 현금으로 상속되었을 때는 그것이 '상속으로 인하여 얻은 재산'에 해당된다. 그것이 현금이라는 것을 증명하지 못하면 망인의 국세 등의 납부의무는 상속인에게 내려가지 아니한다. 세무서장은 간접사실로도 위와 같은 것을 증명할 수 있다(대판 1992. 10. 23, 92누1230 ; 1997. 9. 9, 97누2764 ; 1998. 12. 8, 98두3075).

5. 공익목적 출연재산의 불산입

피상속인이 생전에 공익사업을 위하여 내놓은 재산이나 공익신탁재산은 상속세 과세가액에 산입하지 않고 제외한다. 공익목적 달성을 위한 사회 정책적인 이유에서다.

소득세법, 법인세법에서는 일정한 한도 내에서만 면세로 하는 데 비하여 상속세의 경우는 제한 없이 면세로 하는 데 특색이 있다.

1) 공익사업 출연재산

내용과 입법취지

피상속인(망인)이나 상속인이 종교, 자선, 학술 기타 공익목적 사업을 영위하는 사람에게 출연한 재산에 대하여는 상속세를 면제한다(법 16조 1항). 이는 부의 사회환원이라는 측면과 문화의 향상, 사회복지,

기타 공익의 증진은 국가적으로 중요한 일이므로 이를 장려, 촉진하고 자 하는 취지이다(법 제48조에서는 증여세도 면제한다). 한편 공익사업출 연 재산은 '그 재산을 받은' 사람이 그 공익목적에 이를 사용할 것을 조건으로 상속세를 면제하고 있다. 이는 공익사업의 명목을 앞세워 변 칙적인 재산출연행위를 하여 탈세수단이나 재산증식수단으로 악용하 는 것을 방지하기 위한 규정이다.

  공익성 보장에 장애가 될 수 있는 요소가 있는 경우는 상속세를 부 과한다(대판 1998. 4. 28, 96누15442). 특히 위 규정 중 주식에 관한 법 제 16조 제2항의 내용은 재벌기업 등의 주주들이 공익법인을 설립하고 소유기업의 주식을 출연함으로써 기업에 대한 지배력은 그대로 보유 하면서 상속세의 부담을 줄이는 것에 대비하기 위하여 마련된 것이다. 그래서 출연한 주식이나 출자지분이 기존보유분과 합쳐 발행주식총수 나 총 출자가액의 5%를 초과하면, 그 초과부분에 대하여는 상속세를 부과한다.

불산입(면세) 요건

  위 조항에 따라 상속세를 부과하지 아니하는 요건은 현실적으로 상 속세신고기한(피상속인의 사망일로부터 6개월) 내에 그 출연이 이행되어 공익법인 등이 소유권을 취득하여야 하고(대판 1990. 5. 25, 90누1062), 출연한 상속인(공동상속인 중 상속의 포기 등으로 상속재산을 받지 아니한 자를 포함한다)이 출연 받은 공익법인 등의 이사가 되어서는 안되고 이 사의 선임 기타 사업운영에 관한 중요사항을 결정할 권한도 없어야 한다.

  일단 재산이 출연된 경우 공동상속인 중 1인이 그러한 공익법인의 이사나 이사장으로 취임한 경우는 출연재산 전부가 상속세 과세대상 이 된다. 이사나 이사장으로 취임한 상속인을 제외한 나머지 상속인들 의 상속분에 해당하는 출연부분은 따로 구분되어 면세되는 것이 아님을 주의하여야 한다(대판 1997. 1. 24, 96누10461 ; 원심 서울고등법원 1996. 6. 21, 95구31968).

출연재산의 이익의 전부나 일부가 상속인 등에게 귀속되는 경우에도 일정금액을 과세가액에 산입하여 상속세를 부과하고 있다(법 16조 3항 : 대판 1998. 4. 28, 96누15442).

2) 공익신탁재산 등

상속인이나 피상속인이 신탁법 제65조의 규정에 의하여 종교, 자선, 기타 공익을 목적으로 하는 신탁을 하여 공익법인 등에 출연한 재산에 대하여는 상속세를 면제한다(법 17조 1항, 시행령 14조). 그리고 우리사주 조합원이 조합에서 취득한 주식의 가액에 대하여도 상속세가 면제된다.

상속세의 과세표준과 세액의 계산

1. 총설

피상속인 즉 망인이 국내 거주자인 경우(무제한 납세의무자)는 상속세 과세가액에서 기초 공제, 배우자 공제 등(법 18~24조) 상속 공제를 한 금액이 과세표준이 된다. 그러나 망인이 국내에 거주하지 아니하는 비거주자인 경우(제한 납세의무자)는 과세가액에서 기초 공제만을 뺀 금액이 과세표준이 된다. 거주자 여부를 결정하는 '주소'의 개념이 반드시 주민등록만을 근거로 하지 아니한다.

2. 상속 공제

1) 기초 공제(2억 원)

상속이 개시되면 상속세 과세가액에서 기본적, 일률적으로 2억 원을 공제한다(법 18조 1항). 그리고 가업상속(시행령 15조)의 경우는 30억 원(최소 2억 원)을, 그리고 영농상속〔영농(營農)에는 양축(養畜), 영어(營漁), 영림(營林) 포함〕의 경우는 2억 원을 추가로 공제한다(법 18조 2항). 이와 같은 공제를 받은 상속인이 상속개시일로부터 일정기간 이내에 정당한 사유 없이 상속재산을 처분하거나 가업(10년 이내)이나 영농(5년 이내)에 종사하지 않게 된 경우는 다시 상속세를 부과한다(법

18조 5항).

　상속인이 이러한 가업상속 등 공제를 받으려면 입증서류를 세무서장에게 제출하여야 한다(법 18조 3항). 이는 농어민의 경제활동을 지원하고, 기타 제조업, 건설업, 음식업 등의 가업도 장려하고 지원하기 위한 것이다(조세특례제한법에 특칙이 있음 : 동법 30조의5, 6 참조).

2) 인적 공제

배우자 공제(법 19조 1항)(5억 원)
　① 배우자가 상속을 받는 경우 실제 상속받은 금액이 5억 원에 미달하더라도 상속세 과세가액에서 5억 원을 공제한다. 또 공제 금액은 상속재산의 가액(상속인 아닌 수유자가 유증 등을 받은 재산을 제외하며 법 제13조 제1항 제1호에 규정된 재산을 포함)에 법정상속분을 곱하여 계산하되 공동상속인 중 상속을 포기한 자가 있는 경우에는 그 자가 포기하지 아니한 것으로 보고 계산한 배우자의 법정상속분으로 하고 그 금액이 30억 원을 초과하는 경우에는 30억 원을 한도로 공제한다(법 19조 1항).
　② '실제 상속받은 금액'의 범위를 공식으로 나타내면 아래와 같다.
　● 〔상속재산 − 채무 − 공과금 − 비과세재산가액(금양임야 등) − 수유자(상속인 아님)가 유증받은 재산 + 피상속인이 사망 전 5년 이내에 상속인에게 증여한 재산〕× 배우자의 법정상속분 = ○○○○원(최고 30억 원 한도)
　● ○○○○원 − 피상속인이 사망 전 5년 이내에 상속인에게 증여한 재산 중 배우자에게 증여한 재산가액 = 실제 상속받은 금액

　상속인이 아닌 자에게 유증한 재산에 대하여는 배우자 공제를 받을 수 없다.

③ 배우자의 법정상속지분

피상속인의 배우자가 상속하면서 직계비속이나 직계존속과 공동으로 상속하는 경우 존·비속의 상속분 5할을 가산한다(민 1009조).

예컨대, 배우자와 딸 1명이 상속받게 되었으나, 그 딸이 상속을 포기한 경우에도 배우자 상속공제 시 배우자의 법정상속분은 민법상의 상속분 그대로 1.5/2.5가 되고 이를 공제하여 준다.

④ 상속재산의 분할과 신고

배우자 상속 공제는 상속개시 후 6개월 이내에 상속재산을 분할하여 법 제67조의 규정에 따라 배우자가 상속재산을 신고한 경우에만 적용된다.

분할신고만 하고 실제로 분할하지 아니한 경우에는 공제를 받을 수 없다. 신고기한 내에 분할할 수 없는 부득이한 사유가 있는 경우에는 기한의 다음날로부터 6개월 이내에 상속재산을 분할하여 신고할 수 있다. 그러한 부득이한 사유를 관할세무서에 기한 내에 신고하여야 한다. 부득이한 사유는 상속회복청구 소송이 제기된 경우, 상속인이 확정되지 아니하는 경우 등이다.

⑤ 분할과 신고를 하지 아니한 경우

배우자가 신고기한 내에 상속재산분할과 상속재산가액의 신고를 하지 아니한 경우에는 위 1항의 금액 2분의 1에 상당하는 금액(15억 원 초과시에는 15억 원)에서 '배우자에게 상속개시시부터 5년 이내에 증여한' 재산의 가액만 공제한다.

⑥ 배우자는 누구인가? 여기서 배우자는 법률상 배우자, 즉 민법상 정당한 혼인관계에 있는 배우자를 말하고, 사실혼의 배우자는 해당되지 아니한다. 따라서 사실상 처는 유증(유언에 의한 증여) 등으로 재산을 받아 상속세의 납세의무자가 되더라도 배우자 공제 혜택은 받지 못한다.

⑦ 상속등기 후 공동상속인들이 상속세신고기한(6개월) 안에 상속재

산을 협의분할하여 특정 상속인(예컨대, 배우자)이 자신의 법정상속분을 초과하여 상속재산을 취득하더라도, 그 초과취득분에 대하여 증여세를 부과하지 아니한다. 그러나 협의분할이 확정되어 각 상속인별로 등기, 등록, 명의개서 등이 완료된(6개월) 후 다시 특정상속인으로부터 다른 상속인에게 당초의 분할가액을 초과하여 넘겨주면 증여세가 부과된다.

⑧ 배우자 공제와 기타 인적 공제의 중복

배우자가 장애인인 경우는 배우자 공제금액과 장애자 공제금액을 합산하여 공제한다. 장애자 공제금액은 '500만 원 × 75세에 달하기까지의 연수(年數)'이다. 배우자는 연령의 고하를 불문하고 연로자 공제를 받을 수 없다.

⑨ 배우자 동시사망의 경우

배우자가 동시에 사망한 경우는 배우자의 상속재산에 대하여 각각 개별로 계산하여 과세하며, 배우자 상속공제는 적용되지 아니한다(상속통칙 13-0-2). 그러나 시차를 두고 사망한 경우는 각 배우자의 재산을 개별로 계산하여 과세하되, 후에 사망한 자의 상속세과세가액에는 먼저 사망한 자의 상속재산 중 그의 지분을 합산하고 단기재상속에 대한 세액공제를 한다.

⑩ 배우자가 상속을 포기한 경우

배우자가 실제로 상속한 재산이 없거나, 상속포기를 하여 전혀 재산상속을 받지 아니하는 경우 또는 상속받은 금액이 5억 원에 미달하는 경우에는 신고가 없더라도 상속세금을 계산할 때 5억 원을 공제하여 계산한다(법 19조 3항, 상속통칙 19-0-1). 법정상속분은 5억 원 미만이지만, 실제로 상속받은 금액이 5억 원 이상인 경우에도 5억 원을 공제한다.

⑪ 외국거주자(비거주자)의 사망으로 인한 상속개시의 경우

이 경우는 배우자 상속 공제는 적용되지 아니한다.

⑫ 실종선고의 경우 배우자 공제

실종선고로 인한 상속의 경우는 실종선고일을 상속개시일로 본다. 선고일 현재 배우자가 없으면 배우자 공제도 있을 수 없다. 구체적인 사례를 하나 보자. 남편이 1950년 시작된 한국전쟁 당시인 1951년 2월 1일 실종되었고, 법원의 실종선고는 1999년 5월 7일 내려졌다. 그런데 그 아내는 1996년 4월 5일 병으로 사망하였다. 이 경우 실종기간 만료시기는 1956년 2월 1일이지만, 상속개시일은 1999년 5월 7일이고, 이때 배우자가 없으므로 배우자 공제는 할 수 없다.

⑬ 배우자 공제의 구체적 사례

상속재산의 총합계액이 100억 원이고, 상속인으로는 처와 자녀 2명이 있다고 가정하자.

망인은 그 외에도 상속개시 전 5년 이내에 상속인들에게 이미 증여한 재산이 10억 원(그 중 배우자에게 5억 원을 증여하였다)이 있다. 이외에도 상속이 아닌 유언으로 증여(소위 유증)한 것이 5억 원(이는 상속재산 총액 속에 포함되어 있다)이고, 채무, 공과금, 금양임야 등 비과세재산이 7억 원이다. 이 경우 배우자의 공제액을 계산하면 다음과 같다.

$$(100억\ 원 + 10억\ 원 - 5억\ 원 - 7억\ 원) \times 1.5/3.5 - 5억\ 원$$
$$= 42억\ 원 - 5억\ 원 \Rightarrow 30억\ 원 - 5억\ 원 = 25억\ 원$$

* 배우자 공제액은 30억 원을 한도로 하므로, 30억 원 - 5억 원을 하여 결국 25억 원이 된다.

규정 취지

개정 상속세법의 특징 중의 하나는 배우자 상속 공제액을 대폭 확대한 점이다. 그 내용은 미국의 세법과 비슷하다. 배우자 간의 상속은 세대 간의 수직적 재산 이전이 아니고 수평적 재산 이전이라는 점을 감안한 것이다. 상속재산 중 민법상 법정상속지분인 일정비율까지는 과세하지 않고 두었다가, 잔존 배우자의 사망 시 과세하도록 하였다. 다만, 제한 없이 비과세로 할 경우 고액재산가의 세부담을 면제하여 주는 결과가 되는 점을 고려하여 30억 원의 한도를 설정하였다. 그리하여 '법정상속지분 – 사전증여 재산가액 = 30억 원'까지는 상속세를 부과하지 아니한다.

배우자의 공헌

현행 세법은 배우자에 대한 상속이나 증여의 경우 거의 세금을 부과하지 않도록 고쳤다. 즉, 배우자 상속의 경우에 상속받은 금액 전부를 과세가액에서 공제하는 것과 아울러 배우자로부터 증여를 받은 경우에도 5억 원까지는 비과세로 하도록 하고 있다. 이는 배우자의 공헌과 기여도를 평가하여 반영한 것이다.

이혼 시 배우자의 재산분할청구권 등의 형태로 배우자의 기여분을 인정하고 있는 우리 민법 아래서는 세법에 별도의 규정을 둘 필요 없이 사법의 원리에 따라 지분권의 이전에 관하여 상속세나 증여세를 부과할 수 없다는 주장도 있다.

헌법재판소는 부부의 이혼 시 재산분할로 취득한 재산 중 상속세 인적공제액을 초과하는 부분에 대하여 증여세를 부과하던 규정(구상속세법 규정)은 위헌이라고 결정한 바 있다(헌재 결정 1997. 10. 30, 96헌바14). 이러한 재산은 배우자가 혼인 중의 재산형성과정에 기여한 부분을 찾아가는 데 불과하고 증여받은 것이 아니므로 이에 대하여 증여세를 부과하는 것은 조세법률주의, 조세평등주의에 위배된다고 보았다.

3) 기타의 인적 공제

인적 공제금액(법 20조)
상속인 중 배우자를 제외한 나머지 사람들을 위한 공제를 의미한다.
① 자녀 공제 : 자녀 1인당 무조건 3,000만 원씩 공제된다(법 20조 1항 1호).

공제 대상에서 제외되는 사람으로는 가봉자(처가 재혼하면서 데리고 온 자녀), 대습상속인의 손자나 피상속인의 손자, 태아는 공제 대상(자녀 공제, 미성년자 공제)이 아니다(행정해석 국세청 재삼 01254-2470, 1992. 9. 30). 1997년 1월 1일 이전에는 산아제한정책상 자녀 2명에 대하여 공제혜택을 주었으나, 그 후에는 자녀수의 제한이 폐지되었다.

② 미성년자 공제 : 상속인(배우자 제외)이나 동거가족 중 미성년자는 '500만 원 × 20세에 달할 때까지의 연수' 만큼 계산한 액수가 공제된다(법 20조 1항 2호).

③ 연로자 공제 : 상속인(배우자 제외)과 동거가족 중 60세 이상인 사람이 있으면 3,000만 원이 공제된다(법 20조 1항 3호).

④ 장애자 공제 : 상속인(배우자 포함)과 동거가족 중 장애인은 '500만 원 × 75세에 달하기까지의 연수' 를 계산한 금액을 공제한다. 연수 계산 시 1년 미만의 기간이 나오면 1년으로 간주하여 계산한다.

장애자 등 공제 대상자는 공제 요건으로 반드시 '피상속인과 동거' 하여야 하는 것은 아니다. 미성년자 공제, 연로자 공제, 장애자 공제의 대상이 되는 동거가족은 상속개시일 현재 망인(피상속인)이 사실상 부양(망인의 재산으로 생계를 유지)하고 있는 '배우자의 직계존속', 망인의 직계존·비속과 형제자매를 의미한다.

상속포기 등으로 상속을 받지 아니하는 경우에도 인적 공제는 적용된다.

상속개시 당시 피상속인 손자의 부모가 부양능력이 있는 경우, 이러한 손자는 동거가족으로 볼 수 없으므로 인적공제를 할 수 없다.

장애인은 누구인가? 소득세법시행령 제107조 제1항에 규정되어 있는 심신상실자와 정신지체자 등이고, 이들은 공제를 받으려면 '장애인증명서'를 세무서장에게 제출하여야 한다. 상이자증명서나 장애인수첩도 장애인증명서 대신 사용할 수 있다.

처가 상속하는 경우 시부모나 시동생은 동거가족의 범위에 속하지 아니한다.

인원제한 문제

자녀 공제, 미성년자 공제는 자녀나 미성년자의 인원수에 제한 없이 모두 공제 대상이 된다.

1996년 12월 31일 이전까지는 이들의 공제 시 2인까지만 가능하였다. 당시는 인구팽창억제정책(산아제한 정책 : '둘만 낳아 잘 기르자'는 정책)을 시행하고 있었기 때문이다.

공제의 중복적용 여부

자녀가 미성년자인 경우, 자녀 공제와 미성년자 공제를 중복 합산하여 공제한다. 장애인이 동시에 자녀, 미성년자, 연로자, 배우자에 해당하는 경우는 각각 그 공제 금액을 합산하여 공제한다. 자녀 공제와 연로자 공제, 배우자 공제는 중복 적용할 수 없다.

4) 일괄 공제

사실 사람이 사망하여 상속이 개시되면, 상속인이 정신이 없어 어물어물하는 사이에 시간이 흘러 세금신고기한을 놓치는 사례도 더러 있다. 그래서 법은 상속인의 부담을 덜어주기 위하여 1997년 1월 1일부터 기초 공제와 인적 공제 대신 일괄 공제제도를 도입하였다. 이는 복잡한 공제제도를 단순하게 하고, 중산층의 상속세부담을 완화하기 위한 것이다. 그리고 일괄 공제액도 1999년 1월 1일부터 5억 원으로 통일되었다.

상속인이나 수유자는 기초공제 기타 인적 공제의 합계액이 일괄 공제액 5억 원과 비교하여 어느 쪽이 더 많은지 검토한 다음, 더 많은 금액으로 공제하여 달라고 주장할 수 있다.

배우자 상속 공제는 일괄 공제에 포함되지 아니하므로 상속인은 배우자 공제를 별도로 주장하여 공제를 받을 수 있다. 그러므로 상속 공제액은 '일괄 공제금액 + 배우자 공제금액' 이다.

배우자가 단독으로 상속하는 경우(직계비속과 직계존속이 없는 경우)는 기초 공제(법 18조)와 기타의 중복 공제의 합계액으로만 공제하여 달라고 주장할 수 있을 뿐이고 일괄 공제는 주장할 수 없다.

상속세신고를 하지 아니한 경우

상속세신고를 하지 아니한 경우는 인적 공제와 일괄 공제를 비교할 수 없고, 일괄 공제금액만을 적용하여 공제한다.

5) 금융재산 상속 공제(최고 2억 원까지)

상속개시일 현재 상속재산 중에 '대통령령이 정하는' 순금융재산 가액이 포함되어 있는 경우는 그 금융재산의 가액이 2,000만 원을 초과하면 그 가액의 20%에 상당하는 금액(다만, 2,000만 원에 미달하는 경우에는 2,000만 원)을 상속세과세 가액에서 공제한다. 순금융재산가액의 합계액이 모두 2,000만 원 이하인 경우는 그 가액을 공제한다. 예를 들면, 금융재산이 5,000만 원인 경우는 그 20%에 해당하는 금액은 1,000만 원이지만, 2,000만 원을 공제하여 주고 3,000만 원에 대하여서만 과세한다는 의미이다. 산출된 공제 금액이 2억 원을 넘으면 2억 원만을 공제한다. 1억 원을 초과하여 10억 원까지는 그 순금융재산의 20% 상당액을 공제한다.

금융실명제 실시에 따라 금융재산이 양성화되고 세원 포착률이 높아지게 되어 금융재산의 보유를 적극 장려할 필요성이 증대됨에 따라 1997년 1월 1일 이후 이 제도를 신설하였다. 다만, 고액의 금융재산 소유자에게 과도한 혜택이 주어지지 않도록 공제 한도를 설정하였다. 일괄 공제액(5억 원)과 배우자 최소 공제액(5억 원)을 합한 10억 원까지는 상속세가 면제되므로 2억 원(10억 원의 20%)의 한도를 설정하였다. 그러므로 금융재산이 10억 원이면 최고 한도인 2억 원만을 공제하여 주고 나머지 8억 원에 대하여 과세한다(1억 원까지는 2,000만 원을 공제하고, 10억 원을 초과하면 2억 원만 공제한다).

상속 공제대상인 금융재산

① 금융실명거래및비밀보장에관한법률 제2조 제1호에 규정된 금융기관이 취급하는 예금, 적금, 부금, 계금, 출자금, 금전신탁재산, 보험금, 공제금, 주식, 채권, 수익증권, 출자지분, 어음 등의 금전 및 유가증권

② 한국증권거래소에 상장되지 아니한 주식 및 출자지분으로서 금융기관이 취급하지 아니하는 것

③ 회사가 금융기관을 통하지 아니하고 직접 모집하거나 매출하는 방법으로 발행한 회사채

상속 공제대상이 아닌 금융재산

상속법시행령이 정하는 최대주주나 최대출자자가 보유하고 있는 주식이나 출자지분은 상속세 공제대상에서 제외된다. 여기서 최대주주나 최대출자자란 주주 또는 출자자 1인과 그의 친족, 그가 부양하고 있는 사람 등의 보유주식 등을 합하면 그 법인의 발행주식 총수 등의

10% 이상을 보유한 경우로 보유주식 등의 합계가 가장 많은 주주 등을 말한다.

금융재산 상속 공제 절차

위와 같은 금융재산 공제를 받으려면, '금융재산상속공제신고서'를 상속세 과세표준신고서와 함께 세무서장에게 제출하여야 한다.

공제 기준

적극적 금융재산가액에서 '금융기관에 대한 채무'를 공제한 순금융재산의 가액을 그 기준으로 삼아 이를 공제하도록 하였다.

6) 재해손실 공제

상속개시 후 6개월(상속세신고 기한) 이내에 화재, 붕괴, 폭발, 환경오염사고, 자연재해 등 재난이 발생하여 상속재산이 멸실, 훼손된 경우 그 손실가액을 비과세로 처리하여 과세가액에서 공제하여 준다. 다만, 보험금이나 배상금 등으로 그 손실액을 보상받을 수 있는 경우에는 그러하지 아니한다. 그 손실가액을 계산하는 방법은 상속세및증여세법시행령 제20조와 상속세기본통칙 23-20-1에 자세히 규정되어 있다. 증여세의 경우는 증여 후 3개월 이내에 재난이 발생하면 손실액을 공제하여 준다. 이러한 손실 공제를 받고자 하는 사람은 관할세무서에 신고서를 제출하여야 한다.

7) 상속 공제금액 적용의 한도와 비거주자의 경우

여러 가지 공제를 하더라도 공제액에는 한도가 있다. 즉 상속세과세가액에서 '상속인 아닌 사람'에게 유증이나 사인증여한 가액, 법 제13조의 규정에 의한 증여재산가액(법 53조 1항 또는 54조의 규정에 의하여 공제받은 금액이 있는 경우는 그 증여재산가액에서 이를 차감한 가액)을 차감한 잔액을 초과하지 못한다(24조). 여기서 상속세과세가액에는 상속재산으로 간주되는 보험금, 퇴직수당 등이 포함된다.

상속인에게 유증한 가액은 인적 공제를 할 수 있으나, 상속인 아닌 사람에게 유증한 가액은 인적 공제를 할 수 없다. 그러므로 상속인이 아닌 손자에게 상속재산 전부를 유증한 경우는 인적 공제대상이 될 수 없다.

상속개시 당시 국내에 주소나 거소가 없는 사람(비거주자)이 사망하여 재산을 남기고 상속이 시작된 경우는 1997년 1월 1일 이후 기초공제 등 일체의 상속 공제가 적용되지 아니한다.

상속 공제의 구체적인 사례

홍길동이 1997년 12월 5일 사망하여 상속이 개시되었는데 그는 한국에 거주하면서 국내에 재산 50억 원을 남겼다. 상속인으로는 그의 처와 장녀(18세), 장남(16세)이 있고, 장애자인 65세의 모친이 살아 계신다.

홍길동은 임종 시 '내 재산 중 금 19억 원을 허풍선(상속인 아닌 제3자)에게 주노라' 고 유언하였다. 그런데 사망 전 5년 이내에 상속인에게 증여한 재산이 25억 원(배우자 : 5억 원, 자녀 2명: 20억 원)이 있고 사망 전 3년 이내에 상속인 아닌 제3자에게 증여한 재산이 20억 원이다. 부채와 공과금, 장례비는 20억 원이다.

위 금액은 가업이나 영농상속 공제대상이 아니고, 재해손실 공제대상도 아니라고 가정하자.

① 상속세의 법정신고기한 내(1998. 6. 5)에 과세표준신고를 한 경우
● 기초 공제 : 2억 원
● 배우자 상속 공제 : 19억 원〔(50억 원 - 19억 + 25억 원)×1.5/3.5〕- 5억 원(기초 공제 5억 원을 공제하기 전의 한도는 30억 원이다)
● 자녀 공제 : 6,000만 원(1명에 3,000만 원씩)
● 미성년자 공제액 : 3,000만 원
딸(18세) 1,000만 원(2년 × 500만 원), 아들(16세) 2,000만 원(4년 × 500만 원)을 합한 금액(상속개시일 현재부터 만 20세 될 때까지의 기간을 계산하여 1년 1개월이 나와도 2년으로 계산하여 준다. 즉 1년 미만의 단수는 1년으로 간주하여 계산한다).
● 연로자 공제 : 3,000만 원
● 장애자 공제 : 5,000만 원(10년 × 500만 원)
● 금융재산 상속 공제액 : 2억 원(10억 × 20%)

이상으로 보건대, 공제적용한도액 - 일괄 공제를 할 것인가? 이 사례의 경우 배우자 상속 공제와 금융재산 상속 공제를 제외한 나머지 공제액이 합계 3억 7,000만 원이고 일괄 공제액이 5억 원이다. 그래서 금액이 큰 5억 원을 선택하면, 상속 공제액은 26억 원(19억 원 + 5억 원 + 2억 원)이 된다.

이 사례에서 공제액의 최대한도는 31억 원〔(50억 원 + 25억 원 + 20억 원) - (유증액 19억 원 + 증여액 25억 원 + 부채 20억 원)〕이 된다.

과세표준은 95억 원 - 26억 원을 하여 69억 원이 된다.

② 신고기한 내에 과세표준신고를 하지 아니한 경우
● 배우자 상속 공제액 : 7억 원(법정상속액 × 1/2 - 배우자에 대한 증여액 = 24억 × 1/2 - 5억 원)

- 일괄 공제액 : 5억 원
- 공제 한도액 : 12억 원(7억 원 + 5억 원)
- 상속세과세표준 : 95억 원 - 12억 원 = 83억 원

3. 상속세의 과세표준과 세율

1) 과세표준

상속세금의 액수를 계산하려면 과세표준에 세율을 곱하여 산출한다. 그리고 과세표준은 '과세가액 - 상속공제금액' 원이다.
과세표준이 20만 원 미만인 때는 상속세를 부과하지 아니한다.

2) 세율

상속세의 세율은 다음과 같고(법 26조, 2000. 1. 1 이후), 이는 5단계의 초과누진세율로 되어 있다.

과세표준	세율
1억 원 이하	10%
1억 원 초과 5억 원 이하	1천만 원 + 1억 원 초과금액의 20%
5억 원 초과 10억 원 이하	9천만 원 + 5억 원 초과금액의 30%
10억 원 초과 30억 원 이하	2억 4천만 원 + 10억 원 초과금액의 40%
30억 원 초과	10억 4천만 원 + 30억 원 초과금액의 50%

개정 세법에서는 제도를 단순화하여 상속세든, 증여세든 그 세율과 과세구간을 통일하였다. 그러므로 망인이 재산을 생전에 증여하는 것이 유리할까, 아니면 상속으로 하는 것이 유리할까 고민할 여지가 없어졌다. 생전증여를 하든 상속으로 하든 그로 인한 재산의 무상취득자(수증자, 수유자, 상속인)는 동일한 액수의 세금을 납부하여야 하기 때문이다.

증여세를 상속세보다 무겁게 부과할 경우 부의 동결효과가 나타나, '경제활동이 왕성한' 젊은이들에게 재산이 내려가지 아니하여 결과적으로 경제활동이 위축될 우려가 있다고 한다.

독일에서는 상속인의 순위에 따라서 세율을 달리하고, 모두 26단계로 나누어 최고세율을 70%로 정하고 있고, 일본에서는 9단계로 나누어 최고세율을 70%로 정하고 있다. 미국, 일본, 독일 등 선진국의 상속세의 세율은 소득세율(최고 40%)보다 높다. 캐나다와 호주는 상속세와 증여세를 없애고 소득세만 과세하고 있다고 한다.

신고와 납부에 따르는 손익

상속인은 상속개시일로부터 6개월 이내에 상속세의 과세가액과 과세표준을 관할 세무서장에게 신고하여야 한다. 그리고 각종 공제에 관련한 서류도 함께 제출하여야 한다. 이렇게 기간 내에 신고하기만 하면 세금의 납부여하를 불문하고 상속세금의 10%의 감면 혜택을 받을 수 있다.

만일, 위 6개월 기간 내에 신고하지 않거나 허위신고를 하면 20%에 상당하는 추징금액이 가산된다. 신고와 납부를 강제하기 위한 조치로 보이나 납세자에게 너무 가혹하고 불리한 것이라고 생각된다. 또한 위헌의 소지가 남아 있다.

이러한 신고에 따라 세무서장은 세금액수를 결정하고, 만일 신고가 없으면 스스로 조사하여 세금액을 결정한다. 세무서장이 결정된 세액을 납부하라고 통지하고, 통지된 납부기한 내에 납부하지 아니하면 일정한 가산금(10%)이 붙는다.

4. 상속세의 세액계산

1) 산출세액과 결정세액

상속인들의 취득지분과 상관없이 전체 상속재산의 과세표준에 세율을 곱하여 산출세액이 나온다. 이 산출세액에서 아래와 같은 할증과세를 더하고 각종 세액공제를 한 나머지가 '신고납부할 세액' 또는 결정세액이 된다.

2) 세대를 건너 뛴 상속에 대한 할증과세

할아버지가 그 아들이 생존하고 있음에도 불구하고 손자에게 재산을 증여하거나 유증한 경우에는 손자는 원래의 산출세액에 일정한 할증률을 곱하여 계산한 금액을 세금으로 더 내야 한다. 이 경우에는 법 제26조의 규정에 의한 상속세산출세액에 상속재산(법 제13조의 규정에 의하여 상속재산에 가산한 증여재산 중 상속인 또는 수유자가 받은 증여재산을 포함한다) 중 그 상속인 또는 수유자가 받았거나 받을 재산의 비율을 곱하여 계산한 금액의 30%에 상당하는 금액을 가산한다. 다만, 대습상속의 경우는 그러하지 아니한다.

이를 수식으로 표시하면 다음과 같다.

> 할증과세액 = 할증 전 산출세액 × 〔세대 생략 상속인 등의 상속재산가액 / 총 상속재산가액(생전증여재산가액 포함)〕× 30/100

이에 대한 과세의 이론적 근거는 1세대 1회 과세 원칙에 있다. 상속세는 1세대간 재산의 무상이전에 과세하여야 하는 조세라는 것이다. 위와 같은 세대 생략 이전으로 재산을 무상취득하는 사람은 대개 연령이 어려서 그 재산을 적정한 투자에 이용하지 못하기 때문에 국민경제적으로도 손실을 초래할 우려가 있어서 바람직하지 못할 뿐만 아니라 부를 직계친족 집단 내로 집중시키면서 중간 세대가 부담했어야 할 조세부담을 회피하는 결과가 생긴다. 이를 방지하기 위하여 이 제도가 도입되었다.

우리 상속세법은 1996년 12월 30일 전문개정으로 그 할증과세율을 30%로 인상하였다.

3) 세액 공제

증여세액 공제

상속재산에 가산된 증여재산이 있는 경우에는 상속세산출세액에서 증여세액(증여재산에 대한 증여 당시의 증여세 산출세액)을 공제하여 준다.

① 수증자가 상속인 또는 수유자가 아닌 경우에는 상속세산출세액에, 상속재산〔가산한 증여재산(5년 또는 3년 내에 증여한 재산)을 포함〕의 과세표준에 대하여 가산한 증여재산의 과세표준이 차지하는 비율을 곱한 금액을 한도로 하여 전체 상속세금액에서 공제한다.

② 수증자가 상속인 또는 수유자인 경우는 상속인 또는 수유자 각자가 납부할 상속세액에, 그 상속인 또는 수유자가 이미 받았거나 받을 상속재산 중 가산한 증여재산이 차지하는 비율을 곱한 금액을 공제하

여 준다.

이는 이중과세를 방지하여 공평과세, 실질과세의 원칙에 부합시키기 위한 것이다. 아직 증여세가 부과되지 아니한 상태이더라도 상속세의 세액결정을 하려면 증여세액을 계산하여 위 규정에 따라 공제하여야 할 것이다. 다만, 제척기간의 경과로 증여세를 부과할 수 없는 경우에는 위 공제규정은 적용되지 아니한다.

③ 구체적인 사례를 보자.

사례 1 100억 원을 상속받은 경우 상속세금은 얼마인가?

홍길동이 1997년 2월 5일 사망하면서 100억 원의 재산을 남겼다. 홍길동의 처와 장남(21세), 차남(17세)이 상속인들이고, 홍길동의 장례비로 1,000만 원이 들어갔다. 이 경우 상속세는 얼마나 납부하여야 할까? 26억 775만 원을 납부하면 된다. 계산 내역은 아래와 같다.

1. 공제 내역
   가. 기초 공제 : 2억 원
   나. 장례비 공제 : 1,000만 원
   다. 인적 공제 : 장남 : 3,000만 원
                  차남 : 4,500만 원〔3,000만 원 + 미성년자 공제액 (500만 원 × 3년)〕
   라. 배우자 공제 : 30억 원(상속지분이 30억 원을 초과할 경우의 공제 한도이며, 상속재산분할과 신고를 한 경우에만 적용된다. 분할과 신고를 하지 아니한 경우는 15억 원을 공제한다)
2. 공제액 합계 : 32억 8,500만 원(가 + 나 + 다 + 라)
3. 과세표준 : 67억 1,500만 원(100억 원 - 32억 8,500만 원)
4. 산출세액 : 28억 9,750만 원〔과세표준이 67억여 원이라 30억 원을 초과하므로 세율은 50%이며, 계산공식(법 26조 상속세 세율 조항 참조)은

10억 4,000만 원 + 30억 원을 초과하는 금액 즉 37억 1,500만 원 × 50/100]

5. 신고를 하면 10% 감면 : 26억 775만 원

   (28억 9,750만 원 - 2억 8,975만 원)

6. 상속인별로 납부할 세금을 계산하면 아래와 같다(법정상속지분에 따름).

   처   : 26억 775만 원 × 3/7 = 11억 1,176만 7,142원
   장남 : 26억 775만 원 × 2/7 = 7억 4507만 1,428원
   차남 : 26억 775만 원 × 2/7 = 7억 4507만 1,428원

사례 2 다음 자료로 상속세에서 공제하여야 할 증여세액을 계산하면 아래와 같다.

- 상속개시일 : 1997. 3. 10(상속개시일 현재 피상속인은 국내 거주)
- 신고 내역(1997. 9. 6)

  상속재산가액 : 20억 원(증여재산 포함)

  상속세 산출세액 : 5억 원

  상속세 과세가액에 가산한 증여재산에 대한 증여세 산출세액은 다음과 같다고 가정한다.

증여일자	수증자	증여가액	산출세액
1993. 2. 1	배우자	300,000,000	84,250,000
1994. 4. 10	장남(성년)	200,000,000	42,500,000
1995. 7. 10	차남(미성년)	200,000,000	47,750,000
1996. 2. 20	영리법인	500,000,000	(153,000,000)

상속인의 상속재산 점유비율은 배우자 50%, 장남 30%, 차남 20%로 가정하자(증여재산을 포함한 전체 상속재산에 대한 점유비율이다).

〈해설〉 상속인별 상속세 및 증여세액 공제액

상속인	상속세 산출세액	증여세액 공제 (영리법인)	상속인이 부담할 상속세액	증여세액 공제 (상속인별)	차감납부 세액
배우자			187,500,000	75,000,000	112,500,000
장남	500,000,000	125,000,000	112,500,000	42,250,000	70,250,000
차남			75,000,000	47,750,000	27,250,000
계	500,000,000	125,000,000	375,000,000	165,000,000	210,000,000

① 영리법인에 대한 증여세액 공제 : 125,000,000원

㉮ 증여 당시의 증여세 산출세액

153,000,000원(500,000,000 × 0.4 - 47,000,000)

㉯ 증여세액 공제의 한도액

500,000,000 × 5억/20억 = 125,000,000원

증여세액 공제는 ㉮와 ㉯ 중 적은 금액인 125,000,000원이 되며 산출세액에서 직접 차감함.

② 상속인이 부담할 상속세액 계산

● 배우자 : (500,000,000 - 125,000,000) × 50% = 187,500,000원
● 장남 : (500,000,000 - 125,000,000) × 30% = 112,500,000원
● 차남 : (500,000,000 - 125,000,000) × 20% = 75,000,000원

③ 상속인별 증여세액 공제액 계산

● 배우자 : 증여세액 공제액 ; 75,000,000원(㉠ 및 ㉡ 중 적은 금액)
　㉠ 증여 당시 증여세 산출세액 ; 84,250,000원
　㉡ 한도액 계산 ; 187,500,000 × 3억/15억 × 50% = 75,000,000원
● 장남 : 증여세액 공제액 ; 42,250,000원(㉠ 및 ㉡ 중 적은 금액)
　㉠ 증여 당시 증여세 산출세액 ; 42,250,000원

ⓒ 한도액 계산
　　112,500,000 × 2억 원/15억 원 × 30% = 50,000,000원
● 차남 : 증여세액 공제액 ; 47,750,000원(㉠ 및 ⓒ 중 적은 금액)
　　㉠ 증여 당시 증여세 산출세액 ; 47,750,000원
　　ⓒ 한도액 계산
　　75,000,000 × 2억 원/15억 원 × 20% = 50,000,000원

민법 제1008조 제3항의 제사재산은 제사를 주재하는 사람이 이를 승계한다고 규정하고 있고, 또 구상속세법 제8조의2, 제2항은 일가의 제사를 계속하기 위하여 제사용 재산을 증여받은 경우 그 가액을 증여세과세가액에서 제외시킨다(증여세를 부과하지 않는다)는 취지를 규정하고 있다. 그러므로 제사의 주재권이 없는 사람으로부터 제사용 재산인 금양임야를 증여 받은 경우는 그 가액을 제외시킬 수 없고, 증여세를 부과하여야 한다(대판 2000. 9. 5 선고 99두1014 ; 동지 1994. 10. 14, 94누4059).

외국납부세액 공제

상속재산이 외국에 있는 경우 재산소재지국과 피상속인의 주소지국(우리나라)에서 각각 조세를 부과하여 이중의 조세부과를 할 우려가 있다. 그래서 상속세산출세액에 '총 상속재산과세표준에서 국외 상속재산과세표준이 차지하는' 비율을 곱하여 계산한 금액의 범위 내에서 외국납부세액을 공제하여 준다. 이것이 외국납부세액 공제 혹은 국외 상속재산 면세제도다(법 29조, 영 21조).

공제절차는 시행령 제21조 제1항에 자세히 규정되어 있다.

단기 재상속 세액 공제(법 30조 1항)

① 상속개시 후 10년 이내에 상속인이나 수유자가 사망하여 다시 상속이 개시되는 경우, 전의 상속세가 부과된 상속재산 중 재상속분에 대하여는 이미 납부한 상속세 상당액을 공제하는 제도다. 그 공제율은 1년 이내에 재상속되는 경우는 100%, 그 다음부터는 매 1년마다 10%씩 감축한다.

이와 같은 제도는 단기간 내에 상속이 반복되는 경우 상속인의 과중한 부담을 고려한 것이다. 1년 만에 상속인이 사망하였는데도 또 동일한 상속세를 부과한다면 국가가 결국 그 상속재산을 모두 원시취득하는 결과가 초래될 수 있다. 세대생략 이전(移轉) 재산에 대한 할증과세 후 중간세대가 갑자기 사망한 경우에도 이미 과세된 부분이 환급되지 아니한다는 점에서 균형이 맞지 않다. 이전의 상속재산이 그대로 유지되다가 그 후의 재상속 재산에 포함되어 있는 경우에만 공제된다.

② 동시사망 추정과 단기 재상속 세액 공제

동시사망 추정의 경우 예컨대, 부모가 같은 날짜에 사망한 경우 부모가 남긴 재산에 대하여 각각 별개로 상속세를 과세하기 때문에 단기 재상속 세액 공제 문제는 발생하지 아니한다. 그러나 부모가 시차를 두어 사망한 경우는 단기 재상속 세액 공제를 하여야 한다.

상속세 세금계산 구조

| 총상속 재산 | − | 비과세 재산 | − | 상속과세가액불산입재산 | − |

- · 본래의 상속재산
- · 간주 상속재산
- · 증여재산
- · 상속개시 전 처분재산 등

- · 금양임야
- · 묘토인 농지

- · 공익법인 등에 출연한 재산

· 공과금 · 장례비용 · 채무 · 감정평가비용 등	=	상속세과세가액	−	상속 공제	=

- · 기초 공제
- · 배우자 공제
- · 기타 인적 공제
- · 금융재산 공제
- · 재해손실 공제

| 과세표준 | × | 세율 | = | 산출세액 | + |

· 10~50%

| 세대를 건너뛴 상속에 대한 할증과세 | − | 세액 공제 | = | 납부할 세액 |

· 30% 가산

- · 신고 세액(10%)
- · 증여세
- · 단기 재상속 세액
- · 외국 납부 세액

상속세의 부과

1. 신고와 자진납부

상속인이나 유언집행자, 상속재산관리인은 망인의 사망일로부터 6개월 이내에 관할세무서장에게 상속세금신고를 하여야 한다.

유언집행자나 관리인의 경우는 집행자 등으로 지정되거나 선임되어 직무를 시작한 날로부터 6개월 이내에 신고하여야 하고 상속인이나 망인의 주소가 외국에 있는 경우는 9개월 이내에 신고하여야 한다. 상속인이 누구인지 확정되지 아니한 경우는 '6개월 이내의 위 세금신고와는 별도로' 상속인 확정일로부터 30일 이내에 상속인의 상속관계를 기재하여 세무서장에게 제출하여야 한다. 상속인은 금융자산확인신청을 할 수 있고(금융감독원 소비자보호센터 전화 : 국번없이 1332), 국토해양부 국토정보센터(전화 : 02-2110-8338)에 신청하여 상속부동산을 파악, 확인할 수 있다.

위와 같은 신고를 제대로 한 사람은 10%의 세금감면혜택을 받게 되고(법 69조 1항 ; 대판 1997. 10. 28, 96누14425 참조), 이를 하지 아니한 사람은 10~20%의 가산세를 물게 되어 있다(신고불성실 가산세). 이는 신고를 장려, 유도하기 위한 것이다.

상속인은 위와 같이 신고를 할 뿐만 아니라, 신고기간 내에 스스로 세금을 납부하여야 한다. 이와 같이 자진납부를 하지 아니하면 역시 가산세가 부과된다(1일 0.03%). 연부연납의 경우를 제외하고 일정한 경우 납세자는 세금의 일부를 기한 경과 후 45일 이내에 분납할 수 있다.

2. 세액의 결정과 통지

1) 과세표준과 세금액수의 결정(부과세방식의 조세= 상속세)

세무서장은 상속개시일로부터 12개월 이내(신고 시로부터 6개월, 신고가 없는 경우는 신고기한으로부터 6개월 이내)에 상속세의 과세표준과 세금의 액수를 결정하여 부과한다. 이 결정 시에 납세의무가 확정된다. 상속인의 신고를 받아서 이를 결정하지만, 신고가 없거나 신고에 누락이나 오류가 있는 경우는 관청에서 이를 조사하여 결정한다. 신고기한 내에 부과처분을 하지는 아니한다.

국가의 부과권 제척기간은 신고기한의 다음날부터 진행된다(대판 1990. 11. 9, 90누5320). 수시부과, 세액의 탈루나 오류 시의 조사결정, 과세가액이 30억 원 이상인데 단기간 내에 가격이 급등한 경우에 관한 특별규정이 있다. 위 12개월이 지난 후의 부과처분이 위법하다고 말할 수는 없을 것이다.

2) 가산세

신고불성실 가산세(10~20%)
상속인이 상속세의 신고를 기한 내에 하지 않았거나, 표준에 미달하게 신고한 경우는 20%에 상당하는 가산세를 납부하여야 한다. 공식은 '(산출세액 + 세대생략 할증과세액)×(미달신고금액 / 결정과세표준) × 20/100'이다(대판 1997. 6. 27, 96누15862 ; 1997. 7. 25, 96누13361).

납부불성실 가산세

상속인이 기한 내에 자진납부를 하지 않거나, 세금액수에 미달하게 납부한 경우, '결정세액 - 실제 납부한 세액'에 대한 10%의 가산세를 납부하여야 하고, 1년이 지나도 납부하지 아니한 경우 등에는 최고 20%의 가산세를 납부하여야 한다.

3) 상속세금 액수의 결정 통지

세무서장은 상속인에게 상속세의 '과세표준과 세금액수'를 결정하여 이를 납세고지서로 통지하여야 한다. 이 경우 계산명세서를 첨부하여야 한다. 상속인이나 수유자가 여러 사람인 경우 대표상속인 1인에게만 통지할 수 있고 이 통지의 효력은 모든 상속인에게 미친다. 그러나 이는 행정편의를 위한 송달방법에 관한 특별규정에 지나지 않는다. 그러므로 세무서에서는 공동상속인 각자가 납부하여야 할 세금액수를 개별적으로 구분, 특정하여 고지하여야 한다. 그러므로 납세의무자 홍길동 외 3인, 상속세 총액 ○○○○원, 그 산출근거만을 기재하여 고지하면, 그러한 상속세부과처분은 위법하게 된다(대판 1997. 3. 25, 96누4749). 상속인 1인의 상속분 범위 내에서는 적법한 처분이 될 수도 있다(대판 1989. 11. 10, 88누7996).

4) 경정청구의 특례

상속세금이 확정된 후에도 새로운 상속인이 나타나서 인지청구의 소송, 상속회복청구의 소송을 제기한다든지, 상속재산이 수용 또는 포락된다든지(예컨대, 상속등기를 한 토지에 관하여 포락을 원인으로 한 소유권이전등기말소등기가 이루어진 경우), 최대주주의 할증평가된 주식 등을 상속세신고기한으로부터 6개월 이내에 일괄 매각함으로써 최대주주의 주식 등에 해당하지 않게 되는 등 후발적 사유 발생으로 당초의 상속재산의 가액에 변동이 초래된 경우 등 일정한 사유가 발생한 경우는 상속인은 그러한 사유의 발생일로부터 6개월 이내에 상속세액을 고쳐 달라고 세무서장 등에게 경정청구를 할 수 있다. 이러한 경정청구를 과세관청에서 거부한 경우는 거부처분취소소송으로 구제를 받을 수 있다.

3. 상속세 납세의무의 완화

1) 연부연납(年賦延納)

상속세(또는 증여세)가 거액이고 상속재산을 매각하기도 어려운 경우도 있다. 그래서 분할납부제도가 있다. 즉, 세액이 1,000만 원을 초과하는 경우 상속인은 상당한 담보를 제공하고 관할세무서장에게 3년 이내에 해마다 납부할 수 있도록 허가하여 달라고 청구할 수 있다. 3년 기간은 연납허가일로부터 3년간이다. 허가의 통지기한도 신고기한 경과 후 30일 이내에 하여야 한다. 가업상속의 경우는 그 분납기간이 5년이다. 가업상속재산이 전체 상속재산의 50% 이상인 경우는 그 기간이 10년이다.

이 제도는 납세자의 자력유무와 직접적으로 관련이 없으므로, 연부연납허가 요건이 갖추어져 있으면 세무서장은 반드시 이를 허가하여야 한다. 따라서 그 허가행위는 기속재량행위이다[대판 1992. 3. 27, 91누7729 ; 1992. 4. 10, 91누9374(증여세에 관한 사안임)]. 제공된 담보의 액수가 세금액수에 미달하는 경우 그 담보재산 가액의 범위 내에서 연납을 허가할 수 있다.

연부연납에는 원래의 세금에 일정한 가산금이 부가되며, 납세자가 기한 내에 납부하지 아니하거나 담보를 변경한 경우 등에는 그 허가가 취소된다. 연부연납신청 철회와 관련하여 납세자에게 납부불성실 가산세를 부과할 수 있는가? 판례는 가산세를 부과할 수 없다고 판결하여 이를 부정하였다.

2) 물납(物納)

상속재산(또는 증여재산) 중 부동산과 유가증권의 가액이 전체의 2분의 1을 초과하고 상속세나 증여세의 납부세액이 1,000만 원을 초과하는 경우에는 납세의무자는 관할세무서장에게 물납(물건으로 납부)을 청구할 수 있다. 물납으로 충당할 수 있는 재산은 부동산, 국·공채 등 유가증권이다. 예금증서나 통장은 '상속세의 물납에 충당할 수 있는' 유가증권이 아니다(대판 1989. 5. 9, 88누3833). 이 물납허가도 기속재량행위다.

비상장 회사의 주식을 물납으로 납부하겠다고 신청한 사안에서 세무서장이 '처분상 부적당하다'고 인정하고 물납청구를 거부한 경우 그 처분은 재량권을 일탈한 것은 아니라(적법하다)고 한 판례가 있고(대판 1977. 4. 26, 76누233), 그 비상장주식의 관리·처분에 장애가 없다면 이를 허용하여야 한다고 한 예도 있다(대판 1995. 7. 28, 94누15820). 그런데 상속세및증여세법시행령 제74조 제1항 제2호는 상장주식, 상장채권도 원칙적으로 물납대상이 아니라고 규정하고 있다.

저당권 등이 설정되거나, 토지와 그 지상건물의 소유자가 다른 부동산, 묘지가 설치되어 있는 토지 등은 물납에 사용할 수 없다. 그러므로 물납에 사용할 물건은 완전한 것이어야 하고 관리와 처분상 장애가 없어야 한다. 만일, 건물에 임차인이 들어있는 경우는 그 임차인을 내보낸 다음에 납부할 수 있다(그래서 납세자가 건물의 임차인을 상대로 건물명도소송을 하는 경우도 있다).

적법한 물납신청을 한 후 과세관청의 권유에 따라 연부연납신청을 하고 물납신청을 철회한 경우, 신고납부기한 다음날부터 그 철회 시까지의 기간에 대하여 납부불성실가산세를 부과할 수는 없다(대판 1995. 10. 12, 95누1705). 요건에 맞지 아니한 물납신청을 한 경우는 불성실가산세를 납부하여야 한다(대판 1995. 9. 29, 95누1712 ; 1998. 9. 8, 97누12853).

3) 문화재 등에 대한 세금 징수유예

상속재산 중에 지정문화재, 문화재보호구역 안의 일정한 토지, 박물관이나 미술관에 보존되어 있는 등록자료 등이 포함되어 있는 경우는 그 재산가액에 상당하는 상속세액의 징수를 유예한다.

징수유예를 받으려면 유예액에 상당한 담보를 제공하여야 한다. 징수유예된 문화재가 유예기간 중에 다시 상속된 경우는 유예한 상속세액의 부과결정을 철회하고 이를 다시 부과하지 아니한다.

그러나 상속인이 유예기간 중에 문화재를 남에게 유상양도하거나, 박물관자료를 인출한 경우는 세무서장은 지체 없이 유예된 세금의 징수절차를 밟아야 한다.

4. 상속세의 소멸(10년)

상속세도 일정한 기간까지 부과하거나 징수하지 않고 세월이 흘러가면 소멸된다. 새로 개정된 국세기본법(1997. 1. 1 시행)에 의하면, 상속세와 증여세는 이를 부과할 수 있는 날로부터 10년이 지나면 부과권이 소멸된다. 이 10년은 권리소멸의 제척기간이다.

그러나 납세자가 사기 기타 부정한 행위로 세금을 포탈하거나, 환급, 공제받은 경우나 상속세및증여세법 제67조, 제68조의 규정에 의한 신고서를 제출하지 않거나, 신고를 하였더라도 허위신고 또는 누락신고를 한 경우(그 허위신고, 누락신고를 한 부분에 한하여)는 15년이 지나야 세금이 소멸된다(국세기본법 26조의2, 1항 4호).

상속재산의 평가

1. 평가의 기본원칙

　상속재산의 평가문제는 납세액을 결정하는 기준이 되므로, 납세자와 국가, 지방자치단체(과세관청)의 이해가 대립되는 중요한 문제다. 이 문제는 평가의 시기(어느 시점을 기준으로 평가할 것이냐) 문제와 평가의 방법(어떻게 평가할 것이냐) 문제로 나누어진다.
　평가에 관한 기본원칙은 시가주의(時價主義)이다. 상속재산 또는 증여재산의 가액은 상속개시일 또는 증여일(이것이 평가기준일이다) 현재의 시가로 평가하여야 한다.
　시가산정이 어려운 경우에는 상속재산의 종류, 규모, 거래상황 등을 감안하여 법 제61조 내지 제65조에 규정된 법정평가방법에 의한다. 법 제61조 내지 제65조와 시행령 제4장 제49조 내지 제63조에서는 각종 재산의 평가방법에 관하여 구체적으로 규정하고 있다.
　저당권이 설정된 재산을 평가할 경우는 시가나 법정평가방법에 의한 평가액과 담보된 채권액을 비교하여 큰 금액으로 한다.
　사실상 임대차계약이 체결되거나 임차권 등기가 된 재산을 평가하는 경우도 임차보증금의 액수와 시가 중 큰 금액으로 한다. 이는 시가주의에 대한 예외라고 할 수 있다.

2. 평가의 기준시점

재산의 평가는 상속개시일 현재를 기준으로 한다. 이것이 평가기준일이다. 상속재산에 가산되는 증여재산의 가액은 증여일 현재의 시가에 의한다.

구상속세법(1993. 12. 31. 법률 제4662호로 개정되기 전) 제9조 제1항은 상속재산의 일부로 간주되어 상속재산의 가액에 가산되는 증여재산(망인이 생전에 상속인들 중 일부 자녀에게 미리 증여한 재산 등)의 가액을 상속개시 당시의 현황에 의하도록 규정하고 있었다.

헌법재판소는 1997. 12. 24 선고 96헌가19, 96헌바72(병합) 결정에서 위 규정은 피상속인의 사유재산 처분권에 대하여 중대한 제한을 가하는 것이고, 증여 당시와 상속개시 당시의 가액증가분에 대하여 상속세와 양도소득세를 이중으로 부담시키는 결과를 초래하여 조세법률주의에 위반되므로 헌법(23조 1항, 37조 2항, 38조, 59조)에 위반된다고 결정하였다.

개정법 제60조 제4항은 위 헌법재판소의 결정의 취지를 그대로 반영한 것이다.

3. 시가에 의한 평가

실무상 주로 문제가 되는 것은 '시가'로 볼 수 있는 범위가 어디까지이냐를 둘러싼 사실인정의 문제이고, 법률에서는 평가방법으로 시가주의를 선언함과 동시에 별도의 법정평가방법을 규정하고 있어서 그 두 가지의 방법의 적용요건에 관한 해석의 문제이다.

시가의 의미

시가는 불특정 다수인 사이에 자유로이 거래가 이루어지는 경우에 보통 성립된다고 인정되는 거래가액이고, 수용·공매가격 및 감정가격 등 대통령령에서 정하는 가액을 시가로 인정하고 있다.

원칙적으로 일반적이고 정상적인 거래에서 형성된 객관적 교환가격이 바로 시가이다(대판 1994. 12. 22, 93누22333 ; 1993. 4. 13, 92누8897 ; 1998. 7. 10, 97누10765 : 상속개시일로부터 약 4개월 25일 후에 이루어진 매매가액 98억 원을 상속개시 당시의 시가로 인정한 원심판결을 잘못이라고 하면서 파기하고 있다. 이 사안에서 상속개시 2개월 전의 2개 감정평가 법인이 평가한 평가액의 평균치는 63억 원에 불과하다는 점, 이 토지의 매수지연으로 매수인이 사업시행기간에 맞출 수 없어서 다급한 상황에서 매매가 이루어진 점 등을 고려할 때 위 98억 원은 객관적인 교환가격을 반영한 적정가액이라고 단정할 수 없다).

시가는 첫째 주관적인 요소가 배제된 객관적인 것이라야 하고, 둘째 거래로 형성된 것이어야 하며, 셋째 그 거래는 일반적이고 정상적인 것이어야 하며, 넷째 기준시점의 재산의 구체적인 현황에 따라 평가된 객관적 교환가치를 적정하게 반영하여야 한다.

시가주의를 시행하려면 평가대상 재산이 거래시장에서 매매가 잘 되는 이른바 '시장성'이 풍부하여야 하고 동종 재산의 등가성이 전제되어야 한다.

상속인이 계속하여(예컨대, 20년 이상) 생존 용도에 사용하는 재산(주택이나 그 부지, 농지, 중소업자의 사업용 자산, 중소기업가의 보유주식 등)은 양도하거나 거래대상으로 삼지 않고 이용만 하고 있다고 하자. 이때는 교환가격이 아닌 이용가격(수익환원가격)으로 평가하는 것이 헌법상 응능부담(應能負擔)의 원칙이나 토지공소유권의 법리 등에 부합한다는 견해가 있다.

시가의 범위

'수용·공매가격 및 감정가격 등 대통령령에서 정하는 바에 의하여 시가로 인정하는 경우'라는 것은 상속개시일이나 증여일 전후 6개월(증여의 경우는 3개월) 이내에 매매, 감정, 수용, 민사소송법에 따른 경매나 공매가 있는 경우에 확인되는 아래와 같은 가액을 의미한다.

① 상속재산에 대한 매매를 한 사실이 있는 경우 그 거래가액(다만, 법 26조 4항에 규정된 특수관계에 있는 사람과 사이의 거래라서 그 거래가액이 객관적으로 부당하다고 인정되는 경우는 제외된다)

② 주식과 출자지분을 제외한 문제의 상속재산에 대하여 '재정경제부령이 정하는 공신력 있는' 2개 이상의 감정기관(지가공시및토지등의평가에관한법률에 의한 감정평가법인을 의미한다. 시행령 49조 1항 2호, 규칙 15조 1항)이 평가한 감정가액이 있는 경우는 그 감정가액의 평균액(개인공인감정사의 평가는 여기에 해당되지 아니한다. 그리고 일정한 조건을 전제로 평가하여 상속세 등의 납부목적에 적합하지 아니한 경우나 그 재산의 원형대로 감정하지 아니한 경우는 제외된다. 감정가액이 법정평가액의 80%에 미달하는 경우는 세무서장이 다른 감정기관에 의뢰하여 다시 감정한 가액에 따른다)

③ 상속재산에 대하여 수용, 경매 또는 공매사실이 있는 경우는 그 보상가액, 경매가액, 공매가액

도로가 상속재산인 경우 그 평가가액은 0(제로)으로 규정한 종전의 상속법기본통칙 제44조의9는 판례도 이를 인정하고 있다(대판 1994. 8. 23, 94누5960).

그러면 소급감정가격을 시가로 볼 수 있는가? 공신력 있는 감정기관(개인공인감정사도 무관)이 정상적이고 합리적인 방법으로 평가하여 나온 가액인 이상 소급감정으로 평가한 것이라도 시가로 볼 수 있다(대판 1993. 7. 27, 92누19323 ; 1995. 5. 26, 94누15325).

상속개시 직전에 체결된 매매계약금액, 상속개시 2년 전 또는 3년 전, 3년 3개월 전의 감정가격, 1년 3개월 내지 1년 10개월 전의 거래가

격, 증여세부과시 이전 2년 4개월 전의 매매가격등을 시가로 본 판례들이 있고, 상속개시일로부터 4년 전의 한국감정원의 감정가격을 시가로 본 판례도 있다(대판 1993. 10. 8, 93누10293, 93누10309). 상속개시시와 감정시 사이에 시가하락이나 토지상황의 변화가 있었다는 등 특별한 사정이 없는 이상, 4년 전의 감정가격을 시가로 보아야 한다는 요지이다.

4. 보충적 평가방법

1) '시가를 산정하기 어려운 경우'의 의미

법정평가방법(법 61조~65조)을 적용하려면 먼저 '시가를 산정하기 어려운 경우'라야 한다(법 60조 3항). 종전 판례는 법정평가방법을 적용하려면 먼저 '상속재산의 시가를 산정하기 어렵다'는 점이 주장, 입증되어야 하는데, 그 주장·입증책임은 과세관청에 있으며(대판 1993. 6. 11, 92누16128 ; 1993. 7. 27, 92누19323 ; 1994. 8. 23, 94누5960 등) 그 입증의 정도도 매우 엄격하게 요구하여 왔다. 즉, 상속개시 당시부터 상속세부과 당시까지 목적부동산이 실제 거래된 바 없다거나(대판 1993. 2. 26, 92누787) 시가로 볼 수 있는 범위를 정한 기본통칙 39 - 9 제1항 각 호에 해당하지 않는다고 하여 곧바로 '시가를 산정하기 어려울 때'에 해당하는 것으로 볼 수 없다고 하였다(대판 1986. 12. 9, 86누584 ; 1989. 10. 10, 89누2509 ; 1990. 12. 21, 90누6309 ; 1993. 7. 27, 92누19323).

그러나 근래의 판례는 상속개시 당시까지 목적물이 처분된 일이 없고 별도로 감정가격도 존재하지 않는 경우에는 '시가를 산정하기 어려운 경우'로 판단하고 있다〔대판 1995. 6. 13 선고 95누23(부동산에 관한 것)

; 1995. 12. 8 선고 94누15905, 1996. 10. 29 선고 96누9423(비상장주식에 관한 것)]. 결국은 납세자가 더욱 낮은 감정가격의 존재를 입증하여야 하게 되었다. 이는 실질적으로 입증책임의 전환을 인정한 것으로 평가되고 있다.

상속세과세처분에 대한 취소소송이 제기된 경우는 사실심(2심법원) 변론종결 당시까지 상속재산의 시가가 증명되면, 그 시가에 따라 정당한 세액을 산출한 다음, 과세처분의 위법여부를 판단하게 된다(대판 1999. 4. 27, 99두1595 ; 1996. 8. 23, 95누13821).

2) 부동산의 평가

토지 및 주택

토지는 개별공시지가(지가공시및토지등의평가에관한법률)로, 주택은 개별(공동)주택가격으로 각각 평가한다. 공시지가가 없는 토지는 관할 세무서장이 인근의 유사한 토지의 공시지가를 참작하여 평가한 금액으로 하고, 땅값이 급등하는 지역의 경우는 배율방법(국세청장이 정한 배수 × 개별공시지가)으로 평가한다.

환지예정지는 환지로 새로 취득하는 토지의 지목, 지적에 의하여 평가하고, 사실상의 도로, 하천, 제방, 구거 등은 공시지가가 없어서 재산가치가 없다고 인정되면 '0'으로 평가한다.

건물(주택 제외)

건물의 평가는 건물의 신축가격, 구조, 용도, 위치, 신축연도 등을 참작하여 국세청장이 산정, 고시하는 가액, 이른바 국세청 기준시가로 한다. 아파트 등 공동주택의 경우는 국세청장이 해마다 그 대지와 건물의 가액을 일괄하여 산정 고시하는 가액으로 평가한다.

판례
　증여 당시는 공시지가가 고시되지 않았다가 증여 이후 비로소 공시지가가 고시된 경우(그것이 납세자에게 유리하게 낮아진 경우)는 당연히 고시된 그 해의 공시지가를 기준으로 하여 증여토지를 평가하여야 한다(대판 1996. 8. 23, 96누4411).

3) 유가증권 등의 평가

　'예금·적금 등의 평가(예입총액+미수이자) - 원천징수세금액'이 평가액이다.

상장주식
　한국증권거래소에서 거래되는 주식이나 출자지분(이를 보통 상장주식이라고 한다)은 평가기준일을 정하여 그 기준일 전후로 각 2개월간 공표된 한국증권거래소 종가평균액으로 평가한다. 주식 거래실적의 다소를 묻지 아니한다.
　예컨대, 홍길동이 2001년 10월 1일 사망하였다면 2001년 8월 1일부터 2001년 12월 1일까지 4개월간 공표된 주식의 종가평균액을 과세가액으로 인정한다는 의미다. 그러나 위 기간 중에 증자, 합병 등 사유가 발생한 경우에는 그 평가가 달라질 수 있다.

비상장주식과 출자지분
　한국증권거래소에 상장되지 아니한 주식 등은 최근 3년간의 순손익액의 가중평균액을 기준으로 한 순손익가치로 평가한다. 그 순손익가액이 해당 법인의 순자산가치(순자산가액/발행주식 총수)에 미달하는 경우는 순자산가치에 따른다.
　특히 총자산가액 중 부동산이 50% 이상이거나, 3년 이상 계속하여 결손인 법인의 주식도 순자산가치로만 평가하도록 하여 주식평가액을 현실화하고, 할증평가대상을 지분율 1% 이상에서 10% 이상으로 축소하였다. 그리고 상장준비중인 주식을 통한 변칙증여를 방지하기 위하여 유가증권신고일 6개월 이전부터 상장일까지의 기간 중에는 공모가격으로만 평가하던 방법을 버리고, 공모가액과 비상장주식의 평가방법으로 평가한 가액 중 많은 금액으로 평가하도록 한 점에 특징이 있다.

판례는, 위 '순손익액'을 계산할 때 법인세법상 각 사업연도의 소득금액에 의하는 것이 아니라 그 소득금액 중에서 주주에게 배당의 대상이 되지 아니하는 법인세 등 사외유출금을 공제한 나머지 수익에 의하여 산출하여야 하고(대판 1978. 1. 31, 77누134), 법인의 채권이 회수불능상태에 있어서 위 순자산가액에서 제외하여야 할 경우는 '예외적인 사유'에 해당하므로, 납세의무자가 이를 입증할 책임이 있다(대판 1995. 3. 14, 94누9719)고 하였다.

시행령에서는 법인세법 제21조의 규정에 의하여 손금불산입되는 벌금, 과료, 과태료, 가산금, 체납처분비, 공과금, 업무와 관련 없는 지출, 각 세법에서 정하는 징수불이행으로 인하여 납부하였거나 납부할 세액, 그밖에 지정기부금과 접대비의 한도초과액, 타법인출자에 따른 지급이자로서 손금불산입된 금액 및 당해 사업연도의 법인세액, 방위세액과 주민세액 등을 각 사업연도의 소득에서 공제하도록 규정하고 있다. 다만, 위 각 금액은 반드시 상속개시일 전 최근 3년간의 각 사업연도 소득금액계산에서 손금계정에 계상(計上)되어야 한다(대판 1986. 8. 9, 86누191).

다른 한편, 국세 또는 지방세의 과오납금에 대한 이자와 기관투자자가 상장법인으로부터 받은 배당소득은 각 사업연도의 소득 계산을 할 때 익금불산입되었던 것이기 때문에 주식평가상의 '손순익액'을 계산할 때는 각 사업연도의 소득금액에 가산하여야 한다.

'순자산가액'을 계산하려고 할 때는 부채를 공제하여야 하고, 그 부채에는 '고정부채에 속하는' 퇴직급여충당금이 포함된다(대판 1977. 11. 22, 77누227 ; 1980. 11. 11, 79누312). 개정규칙은 임원이나 사용인 전원이 퇴직할 경우에 지급할 추계퇴직액을 전액 부채로 인정하고 있다.

상속개시일까지 발생한 소득에 대한 법인세 및 주민세로서 납부할 세금액(대판 1998. 11. 27, 96누16308)과 '이익이 발생하여 나누어주기로 확정한' 배당금과 상여금도 부채에 포함된다. 여기서의 법인세액 등은 실제로 납부하였거나 납부할 세액을 의미하므로 세액공제감면이 행하여지기 전의 산출세액이 아니라 결정세액을 가리킨다.

그러나 상속개시일까지 아직 익금(益金)에 산입되지 아니한 수출손실준비금과 해외시장개척준비금에 대한 법인세, 주민세, 방위세는 그 부과 여부가 불확실하므로 이를 위 공제할 부채에 포함시킬 수 없다(대판 1991. 1. 29, 90누4136).

판례는 위 순자산가액을 계산함에 있어 회사가 보유 중인 제품가액에 대한 평가를 예상수익을 배제한 최종 투입원가인 장부가액으로 한 것은 정당하다고 한다(대판 1997. 2. 11, 96누2392).

한편 위 평가방법은 비상장주식의 경우 그 주식에 대한 불특정인 사이에서의 매매의 실례가 없고 객관적이고 합리적인 방법으로 평가한 감정가액도 존재하지 않는 경우에 행하는 방법이므로(대판 1995. 12. 8, 94누15905 ; 1996. 12. 10, 95누18602), 그에 관한 객관적 교환가치를 적정하게 반영하였다고 인정되는 주식매매의 실례가 있는 경우에는 그 가액을 시가로 보아야 한다(대판 2000. 7. 28, 2000두1287 등). 물론 회사의 경영권을 지배하는 이례적인 주식매매대금을 적정가격이라고 보기는 어렵다(대판 1985. 9. 24, 85누208).

비상장주식의 감정과 관련하여 증권회사가 유가증권의 인수업무를 수행하기 위하여 필요한 기준을 정한 '유가증권분석에 관한 기준'이라는 것이 있다. 판례는 위 기준은 주식을 시가에 비하여 낮게 평가하는 경향이 있으므로 위 기준에 따른 평가액이 법에서 말하는 객관적이고 합리적인 방법으로 평가한 시가에 해당한다고 볼 수 있는가가 의문시된다고 하고 있다(대판 1993. 12. 10, 93누18891).

또 반대의 각도에서 위 기준은 일반적으로 설립 후 5년 이상 사업활동을 계속하면서 배당 등을 위한 노력을 하여 온 법인의 기업공개나 증자 시의 주식평가에 관한 규정이어서 사업개시 후 3년 미만 법인의 주식평가에 이를 적용하면 오히려 주식의 실제시가의 반영에 미흡하므로 위 기준에 따라 주식을 평가한 것은 위법하다고 한 판례(대판 1995. 12. 8, 94누15905)도 있다.

① 비상장주식 등의 평가와 관련된 판례의 요지
● 구상속세령(1990. 12. 31 개정 전) 제5조 제5항 제1호 (나)목 단서 소정의 사업개시일은 설립등기일이라든가 사업자등록일 등을 기준으로 형식적으로 판단할 것이 아니라고 하고, 자동차정류업 등을 사업목적으로 하는 회사가 사업용 건물을 준공한 것이 1989년 10월 13일이라면 이때를 전후하여 회사의 사업이 개시되었다고 할 것이다(대판 1995. 12. 8, 94누15905).

● 구상속세령(1990. 5. 1 개정 전) 제5조 제5항 제1호 (나)목에서 규정하는 비상장주식이나 출자지분의 보충적인 평가방법의 요소 중 순자산가액평가법은 법인이 청산될 것을 가정하는 이른바 청산가치에 의한 평가를 전제로 하고 있는 것이고, 평가 당시 그 법인의 사용인 전원이 퇴직할 경우에 지급하여야 할 퇴직금추계액 전부가 그 (다)목 소정의 부채에 해당하여 그 전액이 공제대상이 된다고 할 것이다.

법 시행규칙 제5조 제3항 제3호는 상위법령의 근거나 위임이 없이 비상장법인의 순자산가액을 산정함에 있어 위 퇴직금추계액의 50%만을 부채에 포함된다고 규정하여 그 공제대상범위를 축소하였으나 이는 납세의무자에게 불리한 규정으로서 조세법률주의의 원칙에 위배되어 그 효력이 없다(대판 1996. 2. 15, 94누16243 전원합의체).

● 구상속세령(1990. 12. 31 개정 전) 제5조 제5항 제1호 (나)목은 비상장주식의 보충적 평가방법을 정하고 있으며 해당 법인이 보유하는 자산 중 일부에 관하여만 시가감정서가 있거나 정상적인 거래에 의한 취득가액이 밝혀진 경우에는 그 자산의 시가를 해당 시가감정서나 취득가액에 의하여 산정하는 것은 정당하고, 그 시가감정서의 감정가액이 증여시점으로부터 3년 전을 기준시점으로 삼은 것이고 그 취득가액이 증여시점으로부터 약 1년 8개월 전의 것이라 하더라도 관세관청이 그 각 시점에서의 자산의 가액이 증여일 현재의 가액보다 높지 않다는 것을 입증한 경우에는 그 감정가액이나 취득가액을 당해 자산의 증여 당시의 시가로 볼 수 있다(대판 1996. 10. 29, 96누9423).

● 법인의 컨트리클럽 회칙에 의하면 입회금은 클럽의 회원가입금으로서 해당 법인은 회원의 탈회 시에는 반환하도록 되어 있다.

그 법인이 회원권에 대하여 어떤 권리도 보유하고 있지 아니하므로 과세관청이 보충적 평가방법에 의하여 그 법인의 비상장주식의 가액을 산정함에 있어서 그 법인의 장부상의 입회금을 기준으로 하여 법인의 부채를 평가한 것은 적법하다.

위 비상장주식을 보충적 평가방법으로 평가함에 있어 주식의 증여시점으로부터 12일 뒤를 기준으로 삼은 대차대조표에 기하여 그 법인의 순자산가액을 산정한 경우 그 것은 적법하다(대판 1996. 10. 29, 96누9423).

기업공개 준비 중인 주식 등의 평가

기업공개를 목적으로 금융감독위원회에 유가증권신고를 한 경우와 장외거래를 목적으로 신고를 한 주식이나 출자지분은 법 제63조 제2

항 제1호와 제2호, 시행령 제57조에서 법 제63조 제1항 제1호의 평가방법에 대한 특례를 규정하고 있다.

국·공채 등 기타 유가증권의 평가

법 제63조 제1항 제2호, 시행령 제58조, 제58조의2에 정한 방법으로 평가한다.

한국증권거래소에서 거래되는 국채, 공채, 사채와 전환사채 등(다만 평가기준일 이전 2개월의 기간 중 거래실적이 없는 것은 별도의 평가방법에 의함)은 법 제63조 제1항 제1호 (가)목 본문의 규정을 준용하여 평가한 가액과 평가기준일 이전 최근일의 최종시세 가액 중 큰 가액에 따른다.

경영권 프리미엄의 할증

경영권이 포함된 주식은 보통의 주식보다 높은 가격으로 거래된다. 이와 같은 이른바 경영권 프리미엄은 지분보유 비율이 클수록 많다는 점을 감안하여 그 주식 등 보유자가 최대주주(출자자) 및 그 특수관계자이면 통상적인 평가액에 일정 비율을 더한 금액을 그 가액으로 한다. 그 비율은 최대주주 등의 지분율이 50% 이하이면 20%를 더하고, 지분율이 50%를 초과하면 30%를 더한다. 이 경우 최대주주 등이 보유하는 주식이나 출자지분은 주식 등의 상속개시일이나 증여일로부터 소급하여 1년 이내에 양도하거나 증여한 주식 등을 합산하여 계산한다.

4) 조건부 권리 등의 평가

조건부 권리(상환이 완료되지 아니한 분배농지 : 대판 1980. 5. 27, 79누295), 존속기간이 불확정한 권리, 신탁의 이익을 받을 권리 또는 소송

중의 권리 및 대통령령에서 정하고 있는 '정기금수령' 권리의 평가는 그 권리의 성질, 내용, 잔존기간 등을 기준으로 대통령령이 정하는 방법에 따라서 평가한다.

조건부 권리는 본래의 권리의 가액을 기초로 하여 평가기준일 현재의 조건내용을 구성하는 사실, 조건성취의 확실성 기타 여러 사정을 감안하여 평가한 적정가액으로 하고[대판 1979. 5. 29, 78누334 : 타인의 채무를 위한 담보로 제공되어 있는 부동산을 평가할 경우는 채무자(타인)가 자신의 채무를 이행할 확실성이 없는 경우는 그 피담보채무액을 공제하여야 한다], 존속기간이 불확정한 권리의 가액은 평가기준일 현재 권리의 성질, 목적물의 내용연수(耐用年數) 기타 여러 가지 사정을 감안하여 평가한 적정가액으로 한다.

소송 중의 권리는 평가기준일 현재의 분쟁관계의 진상을 조사하고 소송진행의 상황을 감안하여 평가한 적정가액으로 한다. 이 경우 문제의 과세처분 취소소송의 변론종결시까지 법원의 판결 등을 통하여 채권의 범위가 구체적으로 확정되었다면 그 판결에 따라 확정된 금액을, 상속개시 당시의 현황에 따라 적정하게 평가된 채권의 가액으로 인정한다(대판 1993. 4. 13, 92누10982).

그밖에 신탁의 이익을 받을 권리와 정기금을 받을 권리의 평가는 시행령 제61조와 제62조에서 규정하고 있다.

조건부 권리의 평가에서는 조건부 유증이나 부담부 유증의 경우 수유재산의 평가가 문제된다.

우리 상속세법상 상속재산의 가액은 상속개시일 현재의 시가에 의하도록 되어 있으므로 법리상은 상속개시 당시를 기준으로 수유자가 취득한 조건부권리를 그 상태대로 평가하여 과세함이 원칙일 것이다.

그러나 정지조건부 유증의 대상인 조건부 권리는 상속이나 양도가 제한되는 등 일반의 조건부 권리와는 다르게 파악되고 있고(상속의 제한에 관하여는 민법 제1089조 제2항에서 명문으로 규정하고 있다), 그 평가방법의 어려움을 감안할 때 비록 명문의 규정이 없기는 하나 최소한 납세자의 신고 당시나 과세관청의 과세처분 당시 이미 조건이 성취된 상태라면 그 시점을 기준으로 수유자가 취득한 재산 자체를 평가의 대상으로 삼는 방법이 허용되어야 할 것이다(일본의 상속세법기본통칙도 정지조건부 유증의 경우는 조건이 성취된 때를 재산의 취득시기로 본다고 규정하고 있다).

조건부 권리인 상태대로 평가하였는데 나중에 조건이 성취되거나 성취되지 않은 것으로 확정된 경우 상속세법이나 국세기본법상의 경정청구를 허용할 것인가? 이를 부정함이 옳을 것이다.

부담부 유증의 경우 그 수유자는 유증의 목적가액을 초과하지 아니한 한도에서 부담한 의무를 이행할 책임이 있으므로, 그 부담이 금전으로 환산할 수 있는 것이면 채무의 일종으로 보아 공제하는 것이 타당할 것이고, 입법으로 규정하여야 할 부분이다.

5) 저당권 등 담보로 제공된 재산의 평가

저당권이나 질권이 설정된 재산(상속개시 당시), 양도담보재산, 전세권등기가 된 재산은 법 제60조의 규정에 불구하고 그 재산이 담보하는 채권액 등을 기준으로 다음 각 호에 의하여 평가한 가액과 법 제60조의 규정에 의하여 평가한 가액 중 큰 금액을 그 재산의 가액으로 한다. 이때 동일한 재산이 다수채권의 담보로 제공되어 있는 경우에는 피담보채권액의 합계액을 피담보채권액으로 본다.

물건의 증여가액을 평가할 때는 아래와 같은 액수를 과세대상으로 한다.

① 저당권(공동저당권과 근저당권 제외)이 설정된 재산의 가액은 피담보채권액

② 공동저당권이 설정된 재산의 가액은 피담보채권액을 공동저당된 재산의 상속개시 당시 가액으로 안분하여 계산한 금액

③ 근저당권이 설정된 재산의 가액은 평가기준일 현재의 피담보채권액

④ 질권이 설정된 재산과 양도담보재산의 가액은 피담보채권액

⑤ 전세권이 등기된 재산의 가액은 등기된 전세금

판례는 토지와 건물에 대한 임료의 총액은 알 수 있으나 토지와 건물의 임대료의 구분이 되어 있지 아니한 경우에 그 구분은 토지와 건물의 기준시가에 의한 가액에 비례하여 안분계산하는 방식으로 하여야 한다고 한다(대판 1997. 3. 14, 96누3517). 이는 다른 담보가 공동담보 형식으로 설정되어 있는 경우에 유추될 수 있을 것이다.

또한 판례는 근저당권에 관한 위와 유사한 법정평가방법을 정한 구 상속세법 제9조 제4항 및 동시행령 제5조의2 제3호에 관하여 이를 추정규정으로 해석하고 있는바(대판 1993. 3. 23, 91누2137), 이에 의하면 납세의무자는 상속재산의 실제가액보다 많은 금액을 피담보채권 최고액으로 하여 근저당권을 설정한 사정을 입증하여 위 규정의 적용을 벗어날 수 있게 되고, 이러한 원리는 다른 담보권이나 부동산임차권에서도 마찬가지로 적용된다고 한다(대판 1997. 12. 26, 97누8366).

하나의 부동산에 근저당권이 2건 이상 설정되어 병존할 경우에는 채권최고액을 합산하여 평가할 수밖에 없을 것이다(대판 1990. 5. 8, 90누1021).

6) 기타 재산의 평가

지상권 · 부동산을 취득할 수 있는 권리, 회원권 등은 법 제61조 제5항, 시행령 제51조에서 평가방법을 정하고 있고, 선박 · 항공기 · 차량 · 건설기계 · 입목 · 상품 · 원재료 · 서화 · 골동품 등 유형재산은 법 제62조와 시행령 제52조에서, 예금 · 저금 · 적금 등은 법 제63조 제4항에서, 영업권 · 특허권 · 실용신안권 등 무체재산권은 법 제64조와 시행령 제59조에서 각 평가방법을 정하고 있다.

7) 상속재산의 공매처분에 따르는 배당우선순위 문제

부동산에 근저당권설정등기가 마쳐진 후에 그 설정자가 사망하여 그 상속인에게 상속세부과처분이 내려진 경우 위 상속세가 근저당권부 채권보다 우선권이 있는가? 근저당권자(은행)가 세무서를 상대로 '세무서가 저당부동산을 공매처분하여 그 대금 7억여 원을 상속세에 충당한 것' 은 무효라고 주장하면서 그 부당이득반환청구를 하였다.

법원은 상속세를 당해세 채권이라고 보고, 상속세를 근저당권부 채권보다 우선하는 것으로, 즉 공매대금의 배분처분에 중대하고 명백한 하자가 없다고 판결하고 있다(대판 1995. 4. 7, 94다11835 - 1986. 12경의 구 국세기본법 제35조 제1항 단서 제3호, 국세기본법시행령 제18조 제1항, 대판 1987. 3. 24, 86누768).

상속세의 절세(節稅) 기타

1) 상속재산분할협의의 시기

상속이 개시되면 예컨대 상속부동산의 상속(이전)등기 이전(以前)에, 특히 상속개시 6개월(상속세신고기한) 이내에 상속인들 사이에 상속재산분할협의서를 만들어서 망인으로부터 직접 상속인들 앞으로 이전등기를 하는 것이 가장 유리하다. 그렇게 하여야 등록세, 취득세, 교육세, 농특세 등의 2중부담을 방지하고, 증여세도 내지 않아도 되기 때문이다.

2) 가수금, 가지급금 등의 처리

가령 아버지 홍길동이 중소기업(개인업체)을 경여하면서 주식회사(법인)의 대표이사로서, 회사에 자금 5억 원을 빌려주고 그것을 가수금이나 가지급금 명목으로 7억 원을 반환받은 경우, 순수반환금액은 2억 원이 되는바, 그 사용처를 밝히지 못하면 상속인이 2억 원을 상속한 것으로 보고 상속세금을 추징당하게 된다. 그러므로 이러한 경우는 그 사용처를 분명하게 하기 위하여 장부나 영수증 등을 꼼꼼히 챙겨놓아야 한다.

3) 30억 원 이상의 재산을 상속한 경우

30억 원 이상의 재산이 상속된 경우 세무서에서는 상속인별로 상속개시 당시의 재산현황과 상속개시 후 5년되는 시점의 재산현황을 비교분석하여 그 사이에 비정상적으로 가액이 증가되었다고 인정되면 상속세를 추징하는 경우도 있다.

4) 상속재산의 처분시기와 양도소득세

피상속인이 10년 전에 취득한 부동산을 사망시기에 임박하여(1~2년 내) 5억 원 정도에 매도하면 10년 동안 증가된 양도차익에 대하여 많은 액수의 양도소득세를 내야 한다. 그러나 상속인이 상속을 받고 나서 1년 후에 양도하면 양도차익이 별로 없어서 양도소득세를 낼 것이 없어진다. 망인이 처분하여 얻은 대가 5억 원에 대하여 그 사용처를 밝히지 못하면 상속세를 내야 한다. 상속인은 상속개시 후 최소한 6개월이 지나서 상속재산을 처분하는 것이 좋다.

5) 속칭 사전(事前)상속의 특전

조세특례제한법(2007. 12. 31 법률 제8827호) 상의 창업자금 증여와 가업승계를 할 경우 사전상속의 특전을 얻을 수 있다.

60세 이상의 부모가 18세 이상의 자녀(국내거주자)에게 중소기업창업자금으로, 또는 10년 이상 경영하여 오던 가업계승 목적으로 2010년 12월 31일까지 30억 원 정도의 자금이나 주식·출자지분을 증여하는 경우는 '상속세및증여세법' 상의 여러 가지 제한을 전혀 받지 않고, 5억 원을 공제받고 나머지에 대하여는 10%의 세율(매우 낮은 세율)로 계산한 세금만 낼 수 있다. 이는 경제의 활성화를 도모하기 위한 세법의 개정에 따른 것이다(조세특례제한법 30조의5, 6 참조).

참고문헌

곽윤직, 『상속법』, 박영사, 1997
김주수, 『주석친족상속법』, 법문사, 1993
김주수, 『친족·상속법』, 법문사, 2000
박병호, 『가족법논집』, 도서출판 진원, 1996
배경숙·최금숙, 『친족상속법강의(제일법규)』, 2000
소성규, 『법여성학(제일법규)』, 1996
이경희, 『가족법』, 법원사, 1999
이경희, 『유류분제도』, 삼지원, 1995
김상용·이상태·김철홍·이경희, 『객관식문제해설 민법 I』, 법원사, 1999
이희배, 『가족법학논집』, 동림사, 2001
이희배, 『재산상속의 법률』, 청림출판사, 1992
임성순, 『조세법』, 박영사, 2005
『조세법총론』, 사법연수원, 2005
『상속세및증여세법』, 사법연수원, 2001
『개정증보 법원실무제요 - 가사 -』, 법원행정처, 1994
『상속법의 제문제(재판자료 78집)』, 법원도서관, 1998
『상속세및증여세법』, 사법연수원, 2001
황재성 편저, 『상속세및증여세법』, 서울시립대학교, 2001
김광정·김종관, 『상속·증여세의 실무』, 조세통람사, 1998
『판례공보 LX - CD 대법원예규 - 호적편 -』, 1998년
『판례공보 LX - CD 대법원예규 - 등기편 -』, 1998년
오양균 편저, 『가족법』, 형설출판사, 2001
유정, 『유정 변호사의 가족법』, 형설출판사, 2001
임영호 편저, 『가족법의 정리』, 유스티니아누스, 2001
박성렬 편저, 『친족상속법』, 유스티니아누스, 2001
김종원 편저, 『핵심정리 가족법』, 만파, 2001
이영규, 『가족법』, 대명출판사, 2002
『일본의 주석민법(26~28) 相續(1~3)』, 유비각콤멘타르, 1993
太田武男, 『相續法槪說』, 日本日粒社, 1997

가림출판사 · 가림M&B · 가림Let's에서 나온 책들

문 학

태양의 법
오오카와 류우호오 지음 / 민병수 옮김 / 신국판 / 246쪽 / 8,500원

영원의 법
오오카와 류우호오 지음 / 민병수 옮김 / 신국판 / 240쪽 / 8,000원

석가의 본심
오오카와 류우호오 지음 / 민병수 옮김 / 신국판 / 246쪽 / 10,000원

옛 사람들의 재치와 웃음
강형중 · 김경익 편저 / 신국판 / 316쪽 / 8,000원

지혜의 쉼터
쇼펜하우어 지음 / 김충호 엮음 / 4×6판 양장본 / 160쪽 / 4,300원

헤세가 너에게
헤르만 헤세 지음 / 홍영의 엮음 / 4×6판 양장본 / 144쪽 / 4,500원

사랑보다 소중한 삶의 의미
크리슈나무르티 지음 / 최윤영 엮음 / 신국판 / 180쪽 / 4,000원

장자-어찌하여 알 속에 털이 있다 하는가
홍영의 엮음 / 4×6판 / 180쪽 / 4,000원

논어-배우고 때로 익히면 즐겁지 아니한가
신도희 엮음 / 4×6판 / 180쪽 / 4,000원

맹자-가까이 있는데 어찌 먼 데서 구하려 하는가
홍영의 엮음 / 4×6판 / 180쪽 / 4,000원

아름다운 세상을 만드는 사랑의 메시지 365
DuMont monte Verlag 엮음 / 정성호 옮김
4×6판 변형 양장본 / 240쪽 / 8,000원

황금의 법
오오카와 류우호오 지음 / 민병수 옮김 / 신국판 / 320쪽 / 12,000원

왜 여자는 바람을 피우는가?
기젤라 룬테 지음 / 김현성 · 진정미 옮김 / 국판 / 200쪽 / 7,000원

세상에서 가장 아름다운 선물
김인자 지음 / 국판변형 / 292쪽 / 9,000원

수능에 꼭 나오는 한국 단편 33
윤종필 엮음 / 신국판 / 704쪽 / 11,000원

수능에 꼭 나오는 한국 현대 단편 소설
윤종필 엮음 및 해설 / 신국판 / 364쪽 / 11,000원

수능에 꼭 나오는 세계단편(영미권)
지창영 옮김 / 윤종필 엮음 및 해설 / 신국판 / 328쪽 / 10,000원

수능에 꼭 나오는 세계단편(유럽권)
지창영 옮김 / 윤종필 엮음 및 해설 / 신국판 / 360쪽 / 11,000원

대왕세종 1 · 2 · 3
박충훈 지음 / 신국판 / 각 권 9,800원

세상에서 가장 소중한 아버지의 선물
최은경 지음 / 신국판 / 144쪽 / 9,500원

건 강

아름다운 피부미용법
이순희(한독피부미용학원 원장) 지음 / 신국판 / 296쪽 / 6,000원

버섯건강요법
김병각 외 6명 지음 / 신국판 / 286쪽 / 8,000원

성인병과 암을 정복하는 유기게르마늄
이상현 편저 / 카오 샤오이 감수 / 신국판 / 312쪽 / 9,000원

난치성 피부병
생약효소연구원 지음 / 신국판 / 232쪽 / 7,500원

新 방약합편
정도명 편역 / 신국판 / 416쪽 / 15,000원

자연치료의학
오홍근(신경정신과 의학박사 · 자연의학박사) 지음
신국판 / 472쪽 / 15,000원

약초의 활용과 가정한방
이인성 지음 / 신국판 / 384쪽 / 8,500원

역전의학
이시하라 유미 지음 / 유태종 감수 / 신국판 / 286쪽 / 8,500원

이순희의 순수피부미용법
이순희(한독피부미용학원 원장) 지음 / 신국판 / 304쪽 / 7,000원

21세기 당뇨병 예방과 치료법
이현철(연세대 의대 내과 교수) 지음 / 신국판 / 360쪽 / 9,500원

신재용의 민의학 동의보감
신재용(해성한의원 원장) 지음 / 신국판 / 476쪽 / 10,000원

치매 알면 치매 이긴다
배오성(백상한방병원 원장) 지음 / 신국판 / 312쪽 / 10,000원

21세기 건강혁명 밥상 위의 보약 생식
최경순 지음 / 신국판 / 348쪽 / 9,800원

기치유와 기공수련
윤한홍(기치유 연구회 회장) 지음 / 신국판 / 340쪽 / 12,000원

만병의 근원 스트레스 원인과 퇴치
김지혁(김지혁한의원 원장) 지음 / 신국판 / 324쪽 / 9,500원

김종성 박사의 뇌졸중 119
김종성 지음 / 신국판 / 356쪽 / 12,000원

탈모 예방과 모발 클리닉
장정훈 · 전재홍 지음 / 신국판 / 252쪽 / 8,000원

구태규의 100% 성공 다이어트
구태규 지음 / 4×6배판 변형 / 240쪽 / 9,900원

암 예방과 치료법
이춘기 지음 / 신국판 / 296쪽 / 11,000원

알기 쉬운 위장병 예방과 치료법
민영일 지음 / 신국판 / 328쪽 / 9,900원

이온 체내혁명
노보루 야마노이 지음 / 김병관 옮김 / 신국판 / 272쪽 / 9,500원

어혈과 사혈요법
정지천 지음 / 신국판 / 308쪽 / 12,000원

약손 경락마사지로 건강미인 만들기
고정환 지음 / 4×6배판 변형 / 284쪽 / 15,000원

정유정의 LOVE DIET
정유정 지음 / 4×6배판 변형 / 196쪽 / 10,500원

머리에서 발끝까지 예쁘게 하는 부분다이어트
신상만 · 김선민 지음 / 4×6배판 변형 / 196쪽 / 11,000원

알기 쉬운 심장병 119
박승정 지음 / 신국판 / 248쪽 / 9,000원

알기 쉬운 고혈압 119
이정균 지음 / 신국판 / 304쪽 / 10,000원

여성을 위한 부인과질환의 예방과 치료
차선희 지음 / 신국판 / 304쪽 / 10,000원

알기 쉬운 아토피 119
이승규 · 임승절 · 김문호 · 안유일 지음 / 신국판 / 232쪽 / 9,500원

120세에 도전한다
이권행 지음 / 신국판 / 308쪽 / 11,000원

건강과 아름다움을 만드는 요가
정판식 지음 / 4×6배판 변형 / 224쪽 / 14,000원

우리 아이 건강하고 아름다운 롱다리 만들기
김성훈 지음 / 대국전판 / 236쪽 / 10,500원

알기 쉬운 허리디스크 예방과 치료
이종서 지음 / 대국전판 / 336쪽 / 12,000원

소아과전문의에게 듣는 알기 쉬운 소아과 119
신영규 · 이강우 · 최성항 지음 / 4×6배판 변형 / 280쪽 / 14,000원

피가 맑아야 건강하게 오래 살 수 있다
김영찬 지음 / 신국판 / 256쪽 / 10,000원

웰빙형 피부 미인을 만드는 나만의 셀프 피부건강
양해원 지음 / 대국전판 / 144쪽 / 10,000원

내 몸을 살리는 생활 속의 웰빙 항암 식품
이승남 지음 / 대국전판 / 248쪽 / 9,800원

마음한글, 느낌한글
박완식 지음 / 4×6배판 / 300쪽 / 15,000원

웰빙 동의보감식 발마사지 10분
최미희 지음 / 신재용 감수 / 4×6배판 변형 / 204쪽 / 13,000원

아름다운 몸, 건강한 몸을 위한 **목욕 건강 30분**
임하성 지음 / 대국전판 / 176쪽 / 9,500원

내가 만드는 한방생주스 60
김영섭 지음 / 국판 / 112쪽 / 7,000원

몸을 살리는 건강식품
백은희·조창호·최양진 지음 / 신국판 / 384쪽 / 11,000원

건강도 키우고 성격도 올리는 자녀 건강
김지돈 지음 / 신국판 / 304쪽 / 12,000원

알기 쉬운 간질환 119
이관식 지음 / 신국판 / 264쪽 / 11,000원

밥으로 병을 고친다
허봉수 지음 / 대국전판 / 352쪽 / 13,500원

알기 쉬운 신장병 119
김형규 지음 / 신국판 / 240쪽 / 10,000원

마음의 감기 치료법 우울증 119
이민수 지음 / 대국전판 / 232쪽 / 9,800원

관절염 119
송경욱 지음 / 대국전판 / 224쪽 / 9,800원

내 딸을 위한 미성년 클리닉
강병문·이향아·최정원 지음 / 국판 / 148쪽 / 8,000원

암을 다스리는 기적의 치유법
케이 세이헤이 감수 / 카와키 나리카즈 지음 / 민병수 옮김
신국판 / 256쪽 / 9,000원

스트레스 다스리기
대한불안장애학회 스트레스관리연구특별위원회 지음
신국판 / 304쪽 / 12,000원

천연 식초 건강법 건강식품연구회 엮음 / 신재용(해성한의원 원장) 감수
신국판 / 252쪽 / 9,000원

암에 대한 모든 것
서울아산병원 암센터 지음 / 신국판 / 360쪽 / 13,000원

알록달록 컬러 다이어트
이승남 지음 / 국판 / 248쪽 / 10,000원

당신도 부모가 될 수 있다
정병준 지음 / 신국판 / 268쪽 / 9,500원

키 10cm 더 크는 키네스 성장법 김양수·이종균·최형규·표재환·김문희 지음
대국전판 / 312쪽 / 12,000원

당뇨병 백과
이현철·송영득·안철우 지음 / 4×6배판 변형 / 396쪽 / 16,000원

호흡기 클리닉 119
박성학 지음 / 신국판 / 256쪽 / 10,000원

키 쑥쑥 크는 롱다리 만들기
롱다리 성장클리닉 원장단 지음 / 4×6배판 변형 / 256쪽 / 11,000원

내 몸을 살리는 건강식품
백은희·조창호·최양진 지음 / 신국판 / 368쪽 / 11,000원

내 몸에 맞는 운동과 건강
하철수 지음 / 신국판 / 264쪽 / 11,000원

교 육

우리 교육의 창조적 백색혁명
원상기 지음 / 신국판 / 206쪽 / 6,000원

현대생활과 체육
조창남 외 5명 공저 / 신국판 / 340쪽 / 10,000원

퍼펙트 MBA IAE유학네트 지음 / 신국판 / 400쪽 / 12,000원

유학길라잡이 I - 미국편
IAE유학네트 지음 / 4×6배판 / 372쪽 / 13,900원

유학길라잡이 II - 4개국편
IAE유학네트 지음 / 4×6배판 / 348쪽 / 13,900원

조기유학길라잡이.com
IAE유학네트 지음 / 4×6배판 / 428쪽 / 15,000원

현대인의 건강생활
박상호 외 5명 공저 / 4×6배판 / 268쪽 / 15,000원

천재아이로 키우는 두뇌훈련
나카마츠 요시로 지음 / 민병수 옮김 / 국판 / 288쪽 / 9,500원

두뇌혁명
나카마츠 요시로 지음 / 민병수 옮김 / 4×6판 양장본 / 288쪽 / 12,000원

테마별 고사성어로 익히는 한자
김경익 지음 / 4×6배판 변형 / 248쪽 / 9,800원

생생 공부비법 이은승 지음 / 대국전판 / 272쪽 / 9,800원

자녀를 성공시키는 습관만들기
배은경 지음 / 대국전판 / 232쪽 / 9,500원

볼링의 이론과 실기 이택상 지음 / 신국판 / 192쪽 / 9,000원

고사성어로 끝내는 전자문
조준상 글·그림 / 4×6배판 / 216쪽 / 12,000원

내 아이 스타 만들기
김민성 지음 / 신국판 / 200쪽 / 9,000원

교육 1번지 강남 엄마들의 수험생 자녀 관리
황송주 지음 / 신국판 / 288쪽 / 9,500원

초등학생이 꼭 알아야할 위대한 역사 상식
우진영·이양경 지음 / 4×6배판 변형 / 228쪽 / 9,500원

초등학생이 꼭 알아야할 행복한 경제 상식
우진영·전선심 지음 / 4×6배판 변형 / 224쪽 / 9,500원

초등학생이 꼭 알아야할 재미있는 과학상식
우진영·정경희 지음 / 4×6배판 변형 / 220쪽 / 9,500원

한자능력검정시험 3급·3급II
한자능력검정시험연구위원회 편저 / 4×6판 / 380쪽 / 7,500원

교과서 속에 꼭꼭 숨어있는 이색박물관 체험 이신화 지음
대국전판 / 248쪽 / 12,000원

초등학생 독서 논술(저학년) 책마루 독서교육연구회 지음
4×6배판 변형 / 244쪽 / 14,000원

초등학생 독서 논술(고학년) 책마루 독서교육연구회 지음
4×6배판 변형 / 236쪽 / 14,000원

놀면서 배우는 경제
김솔 지음 / 대국전판 / 196쪽 / 10,000원

건강생활과 레저스포츠 즐기기
강선희 외 11명 공저 / 4×6배판 / 324쪽 / 18,000원

아이의 미래를 바꿔주는 좋은 습관
배은경 지음 / 신국판 / 216쪽 / 9,500원

취미·실용

김진국과 같이 배우는 와인의 세계
김진국 지음 / 국배판 변형양장본(올 컬러판) / 208쪽 / 30,000원

경제·경영

CEO가 될 수 있는 성공법칙 101가지
김승룡 편역 / 신국판 / 320쪽 / 9,500원

정보소프트 김승룡 지음 / 신국판 / 324쪽 / 6,000원

기획대사전 다카하시 겐코 지음 / 홍영의 옮김
신국판 / 552쪽 / 19,500원

맨손창업·맞춤창업 BEST 74
양혜숙 지음 / 신국판 / 416쪽 / 12,000원

무자본, 무점포 창업! FAX 한 대면 성공한다
다카시로 고시 지음 / 홍영의 옮김 / 신국판 / 226쪽 / 7,500원

성공하는 기업의 인간경영 중소기업 노무 연구회 편저 / 홍영의 옮김
신국판 / 368쪽 / 11,000원

21세기 IT가 세계를 지배한다
김광회 지음 / 신국판 / 380쪽 / 12,000원

경제기사로 부자아빠 만들기
김기태·신현태·박근수 공저 / 신국판 / 388쪽 / 12,000원

포스트 PC의 주역 정보가전과 무선인터넷
김광회 지음 / 신국판 / 356쪽 / 12,000원

성공하는 사람들의 마케팅 바이블
채수명 지음 / 신국판 / 328쪽 / 12,000원

느린 비즈니스로 돌아가라
사카모토 게이이치 지음 / 정성호 옮김 / 신국판 / 276쪽 / 9,000원

적은 돈으로 큰돈 벌 수 있는 부동산 재테크
이원재 지음 / 신국판 / 340쪽 / 12,000원

바이오혁명
이주영 지음 / 신국판 / 328쪽 / 12,000원

성공하는 사람들의 자기혁신 경영기술
채수명 지음 / 신국판 / 344쪽 / 12,000원

CFO 교텐 토요오 · 타하라 오키시 지음 / 민병수 옮김
신국판 / 312쪽 / 12,000원

네트워크시대 네트워크마케팅
임동학 지음 / 신국판 / 376쪽 / 12,000원

성공리더의 7가지 조건
다이앤 트레이시 · 윌리엄 모건 지음 / 지창영 옮김
신국판 / 360쪽 / 13,000원

김종결의 성공창업
김종결 지음 / 신국판 / 340쪽 / 12,000원

최적의 타이밍에 내 집 마련하는 기술
이원재 지음 / 신국판 / 248쪽 / 10,500원

컨설팅 세일즈 Consulting sales
임동학 지음 / 대국전판 / 336쪽 / 13,000원

연봉 10억 만들기
김농주 지음 / 국판 / 216쪽 / 10,000원

주5일제 근무에 따른 한국형 주말창업
최효진 지음 / 신국판 변형 양장본 / 216쪽 / 10,000원

돈 되는 땅 돈 안되는 땅
김영준 지음 / 신국판 / 320쪽 / 13,000원

돈 버는 회사로 만들 수 있는 109가지
다카하시 도시노리 지음 / 민병수 옮김 / 신국판 / 344쪽 / 13,000원

프로는 디테일에 강하다
김미현 지음 / 신국판 / 248쪽 / 9,000원

머니투데이 송복규 기자의 부동산으로 주머니돈 100배 만들기
송복규 지음 / 신국판 / 328쪽 / 13,000원

성공하는 슈퍼마켓&편의점 창업
나명환 지음 / 4×6배판 변형 / 500쪽 / 28,000원

대한민국 성공 재테크 부동산 펀드와 리츠로 승부하라
김영준 지음 / 신국판 / 256쪽 / 12,000원

마일리지 200% 활용하기
박성희 지음 / 국판 변형 / 200쪽 / 8,000원

1%의 가능성에 도전, 성공 신화를 이룬 여성 CEO
김미현 지음 / 신국판 / 248쪽 / 9,500원

3천만 원으로 부동산 재벌 되기
최수길 · 이숙 · 조연희 지음 / 신국판 / 290쪽 / 12,000원

10년을 앞설 수 있는 재테크
노동규 지음 / 신국판 / 260쪽 / 10,000원

세계 최강을 추구하는 도요타 방식
나카야마 키요타카 지음 / 민병수 옮김 / 신국판 / 296쪽 / 12,000원

최고 설득을 이끌어내는 프레젠테이션
조두환 지음 / 신국판 / 296쪽 / 11,000원

최고의 만족을 이끌어내는 창의적 협상
조강희 · 조원희 지음 / 신국판 / 248쪽 / 10,000원

New 세일즈 기법 물건을 팔지 말고 가치를 팔아라
조기선 지음 / 신국판 / 264쪽 / 9,500원

작은 회사는 전략이 달라야 산다
황문진 지음 / 신국판 / 312쪽 / 11,000원

돈되는 슈퍼마켓&편의점 창업전략(입지 편)
나명환 지음 / 신국판 / 352쪽 / 13,000원

25·35 꼼꼼 여성 재테크
정원훈 지음 / 신국판 / 224쪽 / 11,000원

대한민국 2030 독특하게 창업하라
이상헌 · 이호 지음 / 신국판 / 288쪽 / 12,000원

왕초보 주택 경매로 돈 벌기
천관성 지음 / 신국판 / 268쪽 / 12,000원

주식

개미군단 대박맞이 주식투자
홍성걸(한양증권 투자분석팀 팀장) 지음 / 신국판 / 310쪽 / 9,500원

알고 하자! 돈 되는 주식투자
이길명 외 2명 공저 / 신국판 / 388쪽 / 12,500원

항상 당하기만 하는 개미들의 매도·매수타이밍 999% 적중 노하우
강경무 지음 / 신국판 / 336쪽 / 12,000원

부자 만들기 주식성공클리닉
이창회 지음 / 신국판 / 372쪽 / 11,500원

선물·옵션 이론과 실전매매
이창회 지음 / 신국판 / 372쪽 / 12,000원

너무나 쉬워 재미있는 주가차트
홍성무 지음 / 4×6배판 / 216쪽 / 15,000원

주식투자 직접 투자로 높은 수익을 올릴 수 있는 비결
김학균 지음 / 신국판 / 230쪽 / 11,000원

법률 일반

여성을 위한 성범죄 법률상식
조명원(변호사) 지음 / 신국판 / 248쪽 / 8,000원

아파트 난방비 75% 절감방법
고영근 지음 / 신국판 / 238쪽 / 8,000원

일반인이 꼭 알아야 할 절세전략 173선
최성호(공인회계사) 지음 / 신국판 / 392쪽 / 12,000원

변호사와 함께하는 부동산 경매
최환주(변호사) 지음 / 신국판 / 404쪽 / 13,000원

혼자서 쉽고 빠르게 할 수 있는 소액재판
김재용 · 김종철 공저 / 신국판 / 312쪽 / 9,500원

"술 한 잔 사겠다"는 말에서 찾아보는 채권·채무
변환철(변호사) 지음 / 신국판 / 408쪽 / 13,000원

알기쉬운 부동산 세무 길라잡이
이건우(세무서 재산계장) 지음 / 신국판 / 400쪽 / 13,000원

알기쉬운 어음, 수표 길라잡이
변환철(변호사) 지음 / 신국판 / 328쪽 / 11,000원

제조물책임법
강동근(변호사) · 윤종성(검사) 공저 / 신국판 / 368쪽 / 13,000원

알기 쉬운 주5일근무에 따른 임금·연봉제 실무
문강분(공인노무사) 지음 / 4×6배판 변형 / 544쪽 / 35,000원

변호사 없이 당당히 이길 수 있는 형사소송
김대환 지음 / 신국판 / 304쪽 / 13,000원

변호사 없이 당당히 이길 수 있는 민사소송
김대환 지음 / 신국판 / 412쪽 / 14,500원

혼자서 해결할 수 있는 교통사고 Q&A
조명원(변호사) 지음 / 신국판 / 336쪽 / 12,000원

알기 쉬운 개인회생·파산 신청법
최재구(법무사) 지음 / 신국판 / 352쪽 / 13,000원

생활법률

부동산 생활법률의 기본지식
대한법률연구회 지음 / 김원중(변호사) 감수 / 신국판 / 480쪽 / 12,000원

고소장·내용증명 생활법률의 기본지식
하태웅(변호사) 지음 / 신국판 / 440쪽 / 12,000원

노동 관련 생활법률의 기본지식
남동희(공인노무사) 지음 / 신국판 / 528쪽 / 14,000원

외국인 근로자 생활법률의 기본지식
남동희(공인노무사) 지음 / 신국판 / 400쪽 / 12,000원

계약작성 생활법률의 기본지식
이상도(변호사) 지음 / 신국판 / 560쪽 / 14,500원

지적재산 생활법률의 기본지식
이상도(변호사) · 조의제(변리사) 공저 / 신국판 / 496쪽 / 14,000원

부당노동행위와 부당해고 생활법률의 기본지식
박영수(공인노무사) 지음 / 신국판 / 432쪽 / 14,000원

주택·상가임대차 생활법률의 기본지식
김운용(변호사) 지음 / 신국판 / 480쪽 / 14,000원

하도급거래 생활법률의 기본지식
김진흥(변호사) 지음 / 신국판 / 440쪽 / 14,000원

이혼소송과 재산분할 생활법률의 기본지식
박동섭(변호사) 지음 / 신국판 / 460쪽 / 14,000원

부동산등기 생활법률의 기본지식
정상태(법무사) 지음 / 신국판 / 456쪽 / 14,000원

기업경영 생활법률의 기본지식
안동섭(단국대 교수) 지음 / 신국판 / 466쪽 / 14,000원

교통사고 생활법률의 기본지식
박정무(변호사) · 전병찬 공저 / 신국판 / 480쪽 / 14,000원

소송서식 생활법률의 기본지식
김대환 지음 / 신국판 / 480쪽 / 14,000원

호적·가사소송 생활법률의 기본지식
정주수 (법무사) 지음 / 신국판 / 516쪽 / 14,000원

新 상속과 세금 생활법률의 기본지식
박동섭 (변호사) 지음 / 신국판 / 492쪽 / 14,500원

담보·보증 생활법률의 기본지식
류창호 (법학박사) 지음 / 신국판 / 436쪽 / 14,000원

소비자보호 생활법률의 기본지식
김성천 (법학박사) 지음 / 신국판 / 504쪽 / 15,000원

판결·공정증서 생활법률의 기본지식
정상태 (법무사) 지음 / 신국판 / 312쪽 / 13,000원

산업재해보상보험 생활법률의 기본지식
정유석 (공인노무사) 지음 / 신국판 / 384쪽 / 14,000원

처 세

성공적인 삶을 추구하는 여성들에게 우먼파워
조안 커너·모이라 레이너 공저 / 지창영 옮김
신국판 / 352쪽 / 8,800원

贏 이익이 되는 말 話 손해가 되는 말
우메시마 미요 지음 / 정성호 옮김 / 신국판 / 304쪽 / 9,000원

부자들의 생활습관 가난한 사람들의 생활습관
다케우치 야스오 지음 / 홍영의 옮김 / 신국판 / 320쪽 / 9,800원

코끼리 귀를 당긴 원숭이-히딩크식 창의력을 배우자
강웅인 지음 / 신국판 / 208쪽 / 8,500원

성공하려면 유머와 위트로 무장하라
민영욱 지음 / 신국판 / 292쪽 / 9,500원

등소평의 오뚝이전략
조창남 편저 / 신국판 / 304쪽 / 9,500원

노무현 화술과 화법을 통한 이미지 변화
이현정 지음 / 신국판 / 320쪽 / 10,000원

성공하는 사람들의 토론의 법칙
민영욱 지음 / 신국판 / 280쪽 / 9,500원

사람은 칭찬을 먹고산다
민영욱 지음 / 신국판 / 268쪽 / 9,500원

사과의 기술
김농주 지음 / 신국판 변형 양장본 / 200쪽 / 10,000원

취업 경쟁력을 높여라
김농주 지음 / 신국판 / 280쪽 / 12,000원

유비쿼터스시대의 블루오션 전략
최양진 지음 / 신국판 / 248쪽 / 10,000원

나만의 블루오션 전략-화술편
민영욱 지음 / 신국판 / 254쪽 / 10,000원

희망의 씨앗을 뿌리는 20대를 위하여
우광균 지음 / 신국판 / 172쪽 / 8,000원

끌리는 사람이 되기위한 이미지 컨설팅
홍순아 지음 / 대국전판 / 194쪽 / 10,000원

글로벌 리더의 소통을 위한 스피치
민영욱 지음 / 신국판 / 328쪽 / 10,000원

명 상

명상으로 얻는 깨달음
달라이 라마 지음 / 지창영 옮김 / 국판 / 320쪽 / 9,000원

레포츠

수영이의 브라질 축구 탐방 삼바 축구, 그들은 강하다
이수열 지음 / 신국판 / 280쪽 / 8,500원

마라톤, 그 아름다운 도전을 향하여
빌 로저스·프리실라 웰치·조 헨더슨 공저 /
오인환 감수 / 지창영 옮김 / 4×6배판 / 320쪽 / 15,000원

퍼팅 메커닉
이근택 지음 / 4×6배판 변형 / 192쪽 / 18,000원

아마골프 가이드
정영호 지음 / 4×6배판 변형 / 216쪽 / 12,000원

인라인스케이팅 100%즐기기
임미숙 지음 / 4×6배판 변형 / 172쪽 / 11,000원

배스낚시 테크닉
이종건 지음 / 4×6배판 / 440쪽 / 20,000원

나도 디지털 전문가 될 수 있다!!!
이승훈 지음 / 4×6배판 / 320쪽 / 19,200원

스키 100% 즐기기
김동환 지음 / 4×6배판 변형 / 184쪽 / 12,000원

태권도 총론
하웅의 지음 / 4×6배판 / 288쪽 / 15,000원

건강하고 아름다운 동양란 기르기
난마을 지음 / 4×6배판 변형 / 184쪽 / 12,000원

수영 100% 즐기기
김종만 지음 / 4×6배판 변형 / 248쪽 / 13,000원

애완견114
황양원 엮음 / 4×6배판 변형 / 228쪽 / 13,000원

건강을 위한 웰빙 걷기
이강옥 지음 / 대국전 / 280쪽 / 10,000원

우리 땅 우리 문화가 살아 숨쉬는 옛터
이형권 지음 / 대국전판 올컬러 / 208쪽 / 9,500원

아름다운 산사
이형권 지음 / 대국전판 올컬러 / 208쪽 / 9,500원

골프 100타 깨기
김준모 지음 / 4×6배판 변형 / 136쪽 / 10,000원

쉽고 즐겁게! 신나게! 배우는 재즈댄스
최재선 지음 / 4×6배판 변형 / 200쪽 / 12,000원

맛과 멋이 있는 낭만의 카페
박성찬 지음 / 대국전판 올컬러 / 168쪽 / 9,900원

한국의 숨어 있는 아름다운 풍경
이종원 지음 / 대국전판 올컬러 / 208쪽 / 9,900원

사람이 있고 자연이 있는 아름다운 명산
박기성 지음 / 대국전판 올컬러 / 176쪽 / 12,000원

마음의 고향을 찾아가는 여행 포구
김인자 지음 / 대국전판 올컬러 / 224쪽 / 14,000원

골프 90타 깨기
김광섭 지음 / 4×6배판 변형 / 148쪽 / 11,000원

생명이 살아 숨쉬는 한국의 아름다운 강
민병준 지음 / 대국전판 올컬러 / 168쪽 / 12,000원

틈나는 대로 세계여행
김재관 지음 / 4×6배판 변형 올컬러 / 368쪽 / 20,000원

KLPGA 최여진 프로의 센스 골프
최여진 지음 / 4×6배판 변형 올컬러 / 192쪽 / 13,900원

해양스포츠 카이트보딩
김남용 편저 / 신국판 올컬러 / 152쪽 / 18,000원

KTPGA 김준모 프로의 파워 골프
김준모 지음 / 4×6배판 변형 올컬러 / 192쪽 / 13,900원

골프 80타 깨기
오태훈 지음 / 4×6배판 변형 / 132쪽 / 10,000원

신나는 골프 세상
유응열 지음 / 4×6배판 변형 올컬러 / 232쪽 / 16,000원

풍경 속을 걷는 즐거움 명상 산책
김인자 지음 / 대국전판 올컬러 / 224쪽 / 14,000원

이신 프로의 더 퍼펙트
이신 지음 / 국배판 / 336쪽 / 28,000원

주니어출신 박영진 프로의 주니어골프
박영진 지음 / 4×6배판 변형 올컬러 / 164쪽 / 11,000원

골프손자병법
유응열 지음 / 4×6배판 변형 올컬러 / 212쪽 / 16,000원

3,3,7 세계여행
김완수 지음 / 4×6배판 변형 올컬러 / 280쪽 / 12,900원

박영진 프로의 주말 골퍼 100타 깨기
박영진 지음 / 4×6배판 변형 올컬러 / 160쪽 / 12,000원

10타 줄여주는 클럽 피팅
현세용·서주석 공저 / 4×6배판 변형 / 184쪽 / 15,000원

여성실용

결혼준비, 이제 놀이가 된다 김창규·김수경·김정철 지음
4×6배판 변형 올컬러 / 230쪽 / 13,000원

대한법률연구회가 만드는 생활법률의 기본지식 16

일 · 반 · 인 · 을 · 위 · 한

新 상속과 세금 생활법률의 기본지식

지은이/박동섭
펴낸이/강선희
펴낸곳/가림M&B

등록/1999. 1. 18. 제5-89호
주소/서울 광진구 구의동 57-71 부원빌딩 4층
대표전화/458-6451   팩스/458-6450
홈페이지/ http://www.galim.co.kr
전자우편/ galim@galim.co.kr

ⓒ GALIM M&B, 2008

저자와의 협의에 의하여 검인을 생략함.

이 책의 무단 전재나 복제를 금합니다.
이 책의 자세한 내용의 판권 표시는 표지 날개에 있습니다.

ISBN 978-89-89107-44-6 14360
978-89-89107-41-5 14360(세트)